北京市哲学社会科学规划项目
北京市教育委员会专项资助

北京市哲学社会科学研究基地成果选编 2011

下

beijingshizhexueshehuikexue
yanjiujidichengguoxuanbian

北京市哲学社会科学规划办公室
北京市教育委员会
北京市哲学社会科学研究基地
编

首都师范大学出版社
CAPITAL NORMAL UNIVERSITY PRESS

图书在版编目(CIP)数据

北京市哲学社会科学研究基地成果选编.2011/北京市哲学社会科学规划办公室，北京市教育委员会，北京市哲学社会科学研究基地编.—北京：首都师范大学出版社，2011.5

ISBN 978-7-5656-0360-0

Ⅰ.①北…　Ⅱ.①北…　②北…　③北…　Ⅲ.①哲学社会科学－科技成果－汇编－北京市－2011　Ⅳ.①C121

中国版本图书馆CIP数据核字(2011)第075913号

BEIJINGSHI ZHEXUE SHEHUI KEXUE YANJIU JIDI CHENGGUO XUANBIAN 2011(XIA)

北京市哲学社会科学研究基地成果选编2011(下)

北京市哲学社会科学规划办公室
北京市教育委员会　　编
北京市哲学社会科学研究基地

首都师范大学出版社出版发行
地　址　北京西三环北路105号
邮　编　100048
电　话　68418523(总编室)　68982468(发行部)
网　址　www.cnupn.com.cn
三河市富华印装厂　印刷
全国新华书店发行
版　次　2011年5月第1版
印　次　2011年5月第1次印刷
开　本　787mm×1092mm　1/16
印　张　26.75
字　数　484千
定　价　110.00元(全二册)

目　录

首都流通业研究基地

（北京工商大学）

基地名称：首都流通业研究基地
依托单位：北京工商大学
项目类别：北京市科技创新平台项目

基于“世界城市”目标的北京国际商贸中心城市建设[①]

北京城自古以来就是一个商业城市，超过3000年的建城史和850年的建都史，积淀了发达的商脉和深厚的商业文化底蕴。尤其是明清以来，随着政治中心地位的强化和人口的迅速增加，万商云集，各地精品无不荟萃于此，北京成为中国北方的贸易枢纽和商业重镇。

新中国成立以来，北京作为世界著名古都和全国的政治文化中心，经过60年的建设，已经成为基础设施优越、服务业比较优势突出、经济社会文化繁荣的现代国际城市。《北京市土地利用总体规划（2006—2020年）》提出建设“世界城市”的目标，北京成功举办奥运会后，在建设“人文北京、科技北京、绿色北京”的科学发展思路基础上，提出建设“北京国际商贸中心城市”，这是一个宏伟的战略构想。从各个方面的条件看，笔者认为北京建设国际商贸中心城市，具有可能性和可行性。

一、北京建设国际商贸中心城市的可能性

目前，国内明确提出建设类似国际贸易中心的城市和地区，主要有上海和“深港地区”。

上海在提出建设国际金融中心、国际航运中心基础上，去年提出建立国际贸易中心，明确落点在大虹桥地区和浦东。上海建设国际贸易中心具有得天独厚的条件。从金融市场看，2008年，上海证券交易所股票市值14253.5亿美元；上海期货交易所全年成交金额4.2万亿美元。从航运市场看，2008年，上海海港吞吐总量达5.61444亿吨，居世界第一，其航海运力在2001至2008年间增长260.8%；上海空港货运能力在2005至2008年三年间增长40.2%；2008年上海物流业增加值达262.5亿美元。金融、航运与贸易，相互推动，共同发展，这是上海建设国际贸易中心最好的理由。

“深港地区”是近年来中国乃至世界经济发展最活跃的地区之一，两地

---

① 本文是《首都流通现代化研究》项目的阶段成果。

产业互补，经济互动，目前已成为全球人流、信息流、资金流、物流的集散地。2009 年，“深港地区”已经获得了国务院批复的建设“五大中心”的定位，即建设全球性的金融中心、物流中心、贸易中心、创新中心和国际文化创意产业中心。深港全球性贸易中心的建设目标由此确立。

深圳和香港加起来面积是 3000 平方公里，人口有 2000 万。GDP 总量 3000 亿美元，两地的股票市值是 20000 亿美元，两地的集装箱的吞吐量是 4000 万标箱。据香港测算，到 2020 年，按 8% 的增长率，两地的 GDP 总量将达到 1.1 万亿美元，届时将超过伦敦，和洛杉矶相近，是全世界第三大都会。(届时纽约 GDP1.7 万亿美元；东京 1.4 万亿美元；洛杉矶 1.1 万亿美元；伦敦 0.5 万亿美元。)可见，“深港地区”建设全球性的贸易中心，与其他四个中心建设相得益彰，是具有现实可能性和可行性的。

北京定位于“国家首都、世界城市、文化名城和宜居城市”，建设“国际商贸中心城市”的战略构想是较为科学的战略选择。

第一，从世界经济大势来看，全球金融危机凸显了“中国模式”的优越性，后危机时代中国经济仍然具有持续增长的巨大潜力，人民币在世界金融体系中的地位不断提升。北京作为中国政治心脏和经济强市，在这种世界经济大势中会凸显其领军地位，其国际化程度会迅速提升，吸引国际投资、参与国际事务的能力和影响力会日益提高。

第二，北京作为环渤海地区的中心城市和华北地区的重要贸易枢纽，也是中国铁路、公路和航空枢纽，交通非常发达。距离海上门户天津港只有 160 公里。2008 年，北京首都国际机场旅客吞吐量达到 5566 万人次，世界机场排名第 8 位，货运量世界机场排名第 9 位；2009 年 1—11 月，客运量 6700 万人次，跃居世界第 5 位，成为亚洲第一大机场。

第三，北京具有建设国际商贸中心良好的产业基础。服务业在 GDP 中的比重超过 73%，在全国大城市中处于第一位。截止到 2009 年 10 月份，北京电子商务网站达到 8.4 万个，其中 B2C 企业网站达 4067 家，在钢材、木材、棉花等电子交易上，北京均居全国第一。北京特色商业得到充分发展，已形成 10 个市级特色商业街区和 15 个区域性特色商业街，400 余家特色商店、特色餐厅为主体的特色商业体系。在第二届中华老字号品牌价值百强榜上，有 53 个北京老字号上榜，位居全国首位。从产业地位来看，北京经济总量的十分之一、社会就业的四分之一、税收的五分之一来自商业服务业，成为拉动经济增长的重要力量。

第四，北京是一个经济活力非常旺盛和消费力很强的特大型国际城市。人均 GDP 已近一万美元，生活方式正在走向富裕阶段。北京是大城市小农村，城市化率超过 75%。北京是全国各界精英的荟萃之地，集中了大量高消费人群。胡润中国富豪排行榜上榜 353 位中北京有 47 位，占 13.3%。奢侈品牌在北京的发展也十分惊人，“富一代”创造财富，“富二代”成为消费奢侈品的重要力量，超越自身经济实力进行奢侈品消费的“后排观众”构成了奢侈品消费的新推力。北京2008、2009年连续两年社会消费品零售总额超过上海，成为中国大都市之首。

第五，北京是国际交往中心和世界著名旅游目的地。2008年奥运会直接提升了北京的国际形象。2008年入境旅游人数380万人，国内旅游1.4亿人次，旅游收入达到2000多亿人民币。目前入境旅游者人均消费较低，人均在京消费1000多美元，具有较大的消费潜力。

第六，北京具有良好的商业环境，是人才高地，首都效应明显。2009福布斯中国大陆最佳商业城市排行榜，北京位居第六位，其中城市规模指数、人才指数和创新指数排在前列。优惠的投资政策、商业环境和人才环境、良好的商业设施和民生设施，以及接近宏观、监管机构及产业政策决策中心的优势，宜居宜商，都是吸引民营及跨国公司投资的重要砝码，高端产业和总部经济将会给北京带来更大的发展潜力。目前，北京总部企业集中度很高，全国103家央企90家总部在北京，2009年世界500强中有43家中国企业上榜，其中26家总部在北京。部分世界500强的地区总部设在北京。世界500强企业在北京投资项目已达到447个。北京的商务服务体系日益完善，全球著名的会计师事务所7家、著名的律师事务所6家进入北京。

第七，北京这几年商业发展迅速，零售商业品级与品味迅速提升。除了一些老的商业地标，如燕莎、赛特、国贸、百盛、当代、翠微、王府井、西单商场等中高档零售业，中友、新世界、SOGO等时尚店外，近几年新兴业态和新的商业地标不断出现，新光天地、蓝色港湾、金源新燕莎、世贸天阶、西单大悦城、金融街购物中心、东方新天地、三里屯VILLAGE、西环广场、华贸购物中心等新地标、新业态、新品牌，使北京零售业焕然一新，大大增加了零售业的品级、品味与吸引力。

但认真分析，北京建设与“世界城市”相适应的国际商贸中心城市，还有很多薄弱环节。首先是“国际性”不够，虽为世人熟知，但不是众多国际机构所在地，也没有明显的国际社区（如唐人街、小意大利等）。在经济与金融方面，北京的商业硬件发达但软件不足；虽是金融决策管理中心，各大金融总部管理着超过50万亿资产，但不是国际金融活动中心，没有股票交易所，中介服务还不够发达。在文化与体育方面，缺少蜚声国际的文化机构（如博物馆和大学）、浓厚的文化气息（如国际电影节、交响乐团、歌剧团、美术馆和街头表演者）、强大而有影响力的媒体（如着眼于世界的BBC、纽约时报、法新社和路透社），等等。

二、北京建设国际商贸中心城市要有标杆与标准

北京建设国际商贸中心城市，在发展规模与质量上应找到标杆城市，进而找到最基本的标准。世界上典型的国际商贸中心城市有纽约、伦敦、东京、巴黎以及新加坡、香港等。这些城市的发展经验和发展水平，应该成为北京的标杆与参照系。

总结世界典型的国际商贸中心城市的建设经验，大体可以发现，这些城市整个商业环境安全、便捷，能够满足多元多层次多样化需求，充分体现出商贸的人本化、人文化、时尚化、绿色化、信息化和高效率，综合体现在以下十个显著特征。

第一，对国际著名品牌的吸引力。国际商贸中心是国际著名品牌，尤其是奢侈品的必争之地，是这些品牌代理商基地、总部基地。路易·威登、古驰、香奈儿、巴宝利、爱马仕和兰姿等大牌在这些城市云集，成为它们实现品牌梦想的“价值高地”。北京现在已累计批准外商投资零售店铺 2500 家，品牌专卖店占零售外资店铺总数的 66.8%，世界 280 家顶级零售商中已有 101 家在北京开展经营，各大高档商场吸引了数千个国际品牌，其中不乏国际一线品牌，但还不是代理商基地、总部基地。在中国，多数国际著名品牌的代理商集中在香港和上海。

第二，对高端消费人群的吸纳力。国际商贸中心的市场半径很长，可以延伸至全国，一个、两个国家，甚至全球。比如巴黎、伦敦、香港不仅对本国和本地区的消费者有强大吸引力，甚至对全球消费者，特别是全球高端消费者同样有强大吸引力。2008 年香港入境游客超过 2000 万人次（跻身全球第七位），其中大陆消费者到香港购物就花费了 686 亿港元；中国游客到欧洲的巴黎、伦敦等城市人均购物消费超过 1000 欧元。国际商贸中心应是消费者的“价格洼地”，国际品牌因为价格低所以对高端消费人群吸纳力强。北京目前的商业吸纳力不够，国外人来了只游不买，只是国内部分高端消费在支撑高端商业。原因很简单，这里是“价格高地”而非“价格洼地”。美世咨询公司对全球生活消费的一项调查表明，世界十大高消费城市，[①] 北京榜上有名，位列第九，按北京目前的 GDP 和人均可支配收入计算，消费价格过高。

第三，对周边城市的巨大辐射力。国际商贸中心因其物流成本低、商业氛围好、商业资本和店铺扎堆效应明显，产生巨大的商业能量，使得周边中小城市无法与之抗衡，城市群内部靠竞争形成产业分工，商贸中心尤

---

① 2009 年世界十大高消费城市的排名是：东京、大阪、莫斯科、日内瓦、香港、苏黎世、哥本哈根、纽约、北京和新加坡。

其是高档商业多集中于中心城市。新兴古典城市化理论认为：集中交易可以改进交易效率，降低交易成本。市场会自发地形成最优的分层城市结构，大中小城市并存，有序分工。不像目前，商业品级分工不明显，连二三线城市都有国际一线品牌，这是不太正常的。批发业也具有很大的中心城市效应，纽约的批发零售贸易比为3.13:1；而东京的这一比例高达9.5:1。

第四，对时尚生活方式的领导力。国际商贸中心是时尚的风向标，如在著名品牌新款时装的发布，新电影、新音乐的首映式或首发式以及某种新的生活方式的流行方面，起到领导潮流的作用。美国"全球语言监督"（Global Language Monitor）在调查及分析全球媒体、网络及网志的用字及用词等基础上，发布"全球时尚城市排行榜"，从2007—2009年三年排名看，纽约、罗马、巴黎、伦敦、米兰始终稳居前五位。巴黎有香榭丽舍大街和奥斯曼大街；纽约有第五大道和麦迪逊大街；购物者到意大利米兰的蒙提拿破仑街（Via Monte Napoleone），可以感受最新的时装流行趋势；而伦敦多种族的人群在这座充满魅力的城市共享着他们的文化风格、时尚与美食；罗马拥有有别于米兰的更加高贵、平和、大度、自由和包容的时尚。一项由中国国情研究会和《VOGUE服饰与美容》杂志联合组织，盛世指标数据管理有限公司研究执行的《2006年VOGUE中国时尚指数研究报告》所推出的"最时尚的中国城市"，排名依次为：上海、广州、北京、深圳、杭州、大连、珠海、厦门、成都和三亚，上海遥遥领先，它作为中国国际化城市代表，从"十里洋场"到"东方明珠"，短短百年历史，演绎太多时尚传奇，而成为中国时尚的代表。北京尽管名列第三，但在时尚领导力方面影响还不大。

第五，与高品质购物消费方式相适应的综合服务力。国际商贸中心城市具有健全的服务体系和独特便捷的服务项目，这种软件与好的硬件环境往往相得益彰。一般来讲，除了诸如导购服务、送货服务、定制服务、邮寄服务、退换服务、维修服务、信息服务、退税服务以及相应的金融、餐饮和娱乐服务等常规服务和配套服务外，还会有很多个性化服务。例如，巴黎推出兼具游购娱综合功能的PARIS CITY PASSPORT（巴黎城市护照）就是一种独特服务，持有这种护照的人，能在巴黎旅游局评选出的上百个有代表性的地点（包括文化、景点、购物、娱乐等单位），享受10%—50%折扣等各种特殊优惠，成为巴黎的VIP客人。该卡售价只有5欧元，在各旅游问讯处和旅游促进署的网站等都有售。还有一本名为PARIS FOR YOU（《您的巴黎》）的册子，提供巴黎吃、住、行、游、购、娱全方位信息、各资源整合产品信息、旅游路线指导，让游客到了巴黎有如家的感觉。还有，巴黎免费提供巴黎交通图和巴黎旅游交通图，在巴黎主要的交通枢纽，如地铁站和旅游点等地都能免费取到。其中巴黎交通图设计为袖珍型的，能放到签夹里，展开后，巴黎蜘蛛网式的交通网络清晰可辨；旅游交通图重点突出，各大著名旅游景点及乘车方案一目了然。又如，国外客人在这里购物退税，全球回报集团这一全球最大的购物退税（tax free shopping）体系为你提供十分便捷的退税服务。在这样服务周全的城市购物或游览，人们是不会有陌生感的。

第六，在质量、价格等方面的诚信度和公信力。国际商贸中心城市均是诚信度和公信力很高的城市。比如巴黎是精湛工艺的代名词，皮革加工、服装制作工艺精致绝伦；人们在纽约、伦敦、东京、巴黎购物很少担心上当，精心选择只会在价格上有意外惊喜。北京有些产品如内联升千层底布鞋、同仁堂的蜜丸等给人留下的质量印象是好的。但由于某些街区、某些店铺、某些市场仍有假冒伪劣的商品或蒙骗的行为，使有此经历的人望而生畏，这是一大软肋。

第七，商品品牌和零售品牌的影响力。国际商贸中心城市一般都具有影响力较大的本土商品品牌和零售品牌。世界上著名的服饰、化妆品、珠宝、腕表等品牌多出自国际商贸中心城市那些设计大师和能工巧匠之手。同时这些城市也都有历史悠久、全球驰名的高档商店。来到巴黎，有巴黎春天、老佛爷、北岸百货；到东京有高岛屋百货、东武百货、伊势丹百货、丸井百货、PARCO 百货；到伦敦有 Harrods 百货和 Selfridges 百货；到纽约第五大道有最高档的商场 Bergdorf Goodman，有以名贵珠宝首饰著名的 Saks 百货公司和被称为“香水化妆品博物馆”的 Sephora 等名店。

《福布斯》杂志公布 2009 年“全球消费之都”排名，北京列为第 15 位；世界最受欢迎的“美食之城”，北京名列第 8 位。前者排名是根据世界最好的商店及世界名牌在该城市的集中度来确定的，集中度越高意味着这座城市越喜欢追求时尚。排名前 4 家，第一是伦敦，集中世界最好的商店 59.26%；第二是巴黎，集中世界最好的商店 49.79%；第三是纽约，集中世界最好的商店 46.91%；第四是迪拜，集中世界最好的商店 45.68%。北京目前集中世界最好的商店 36%。本土零售品牌有燕莎、赛特、百货大楼、西单、翠微、当代等，老字号品牌有同仁堂、全聚德、张一元、六必居等，但规模和影响都不大。连锁品牌有国美、物美、超市发、京客隆等，与大而强的沃尔玛 4000 家店、4000 亿美元营业收入的规模比，相距甚远。即使中国连锁百强的综合实力也难敌一家沃尔玛。

第八，特色商业街区的感召力。国际商贸中心城市一定是有一个或几个特色商业街区令人向往的，它既是商业名片、符号、窗口，又是消费者满足需求、实现购娱餐目标的首选之地。在这些城市里，举世闻名的商业街区和各种标志性商店、餐饮店、剧场等，刺激顾客购买欲望，使顾客流连忘返。伦敦的牛津街、摄政街、邦德街、皮卡得利、西区、中国城等商业街区比邻，街区连接成片，每个街区各具特色、功能齐全，形成强大感召力和吸引力。北京也有王府井、前门—大栅栏、西单等商业中心以及三里屯、后海、红桥、秀水、潘家园等特色街区，但商业街区之间不连贯，商业中心之间和特色街区内部店铺同质性强，顾客很难有连续逛下去的动力和精力。

第九，商业业种业态以及经营手段的创新力。这种创新能力来源于国际商贸中心城市巨大的消费能力和多元的消费需求、商业生态环境里激烈的竞争和科技、文化日新月异变化的推动。西方发达国家近200年来商业发展的历史、我国100多年尤其是改革开放以来的商业发展历程，都说明商业业种、零售业态及经营手段的升级、创新与改变，多是从重要的商贸中心城市开始，进而带动整个产业的发展的。如第一间百货店创立在巴黎，第一家超市出现在纽约。反过来，商业业种业态以及经营手段的创新力强弱，直接反映出一个城市商贸中心地位的高低和功能的强弱。

第十，商业对当地经济发展、城市发展的贡献力。大凡国际商贸中心城市都是服务业发达的城市，其服务业创造的GDP均超过该城市GDP总额的85%。其中的商业服务业有较大的贡献，从事批发零售餐饮业的就业人口一般超过30%。北京服务业增加值占全市GDP比重已经超过73%；商业创造的增加值超过占GDP的比例超过10%，占第三产业增加值中的13.8%。以批发零售餐饮业为主体的商业服务业涉及从业人员230万人，在全市职工人数中所占比例超过25%，税收贡献占全市税收的22%。同时，国际商贸中心城市的商业服务业保障和提升宜居品质，带动旅游，促进其他产业发展；繁荣城市，彰显城市文化特色。

三、北京建设国际商贸中心城市可资借鉴的国外经验

纵观典型的国际商贸中心城市纽约、伦敦、东京、巴黎，它们分别有300年到3000年不等的历史，其共同点：一是贸易起家，二是有清晰的城市历史文化记忆，三是都是或曾经是国家首都。这些城市靠它们日益发达的交通、趋好的商业环境和不断扩大的政治文化吸引力，逐渐发展成为影响全球的商贸中心城市，甚至是主导世界的城市。

从上述城市发展道路和经验看，建设国际商贸中心城市是一个历史过程，涉及的因素错综复杂。从直接层面看，可资借鉴的主要经验有：

第一，商旅结合建设国际商贸中心。如伦敦、巴黎的旅游当局不遗余力地把购物作为其城市亮点对旅游者进行包装。伦敦旅游局每年推出了新版本的《伦敦购物指南》和《奢侈品伦敦购物指南》，便于旅游者按图索骥前去购物。巴黎市旅游局根据游客的消费剖面图，设计了几种不同的购物路线，分别为豪华路线，即到富人街区逛高档商店和世界著名的时装设计师的商店；时尚路线，即到时尚街区购物，或是对热衷购物的游客提供浪漫

购物旅游路线。在浏览名胜的同时，平均30%以上的时间用于购物。外国游客在香港平均停留4天，在伦敦平均停留5天，而在纽约平均停留大约一周，其中至少都有一天的时间用于购物。目前，外国游客在北京停留3天，如多停留一天，其花费将增加200美元。

第二，商展结合建设国际商贸中心。国际商贸中心城市大都定位于“国际会展中心”，注重把会展与商业服务业结合起来，以良好的商业环境支持会展业，反过来以大型会展业拉动旅游、商业、物流、通讯、餐饮、住宿等多种产业，成为带动区域产业聚集的“动力引擎”。目前国际上展览业的产业带动系数大约为1∶9甚至1∶10，具有巨大的乘数效应。根据业内权威人士估算，国际会展业的产值约占全世界各国GDP总和的1%，但加上相关行业的获益，对全球经济的贡献达到8%。来自会议专业工作者国际联盟（MPI）的数据表明，全世界每年举行的大型国际会议大约有2.5万个，每年国际会议的产值约为2800亿美元，由此衍生的经济效益难以估量。大型国际会议仅在北美地区就创造了75万个工作机会。因此，国际会展项目的竞争十分激烈。从国际上看，纽约、巴黎、伦敦、日内瓦，汉诺威、慕尼黑、新加坡、香港等都是著名的“展览城”。2006年巴黎大区展览馆的展览总面积达59.5万平方米，一年举办近400个大小展会，约有10万家企业参展，接待900万观众。有时在同一天里甚至有15个不同行业的展会举行，这使得巴黎成为无可争辩的商务活动首选地之一。国际会议和大会协会（ICCA）的统计数据显示，2007年北京举办国际会议87场，在国际大会排名第八位，而新加坡则以举办120场国际大会排名第三。可见，发展商业与发展会展业结合，是建设国际商贸中心必由之路。

第三，商文结合建设国际商贸中心。文化底蕴深厚的世界城市，在建设国际商贸中心过程中，特别注重文化艺术的积累、挖掘、固化、创新与展示，以文兴商兴旅，以商旅促文，商旅文互动。如，伦敦有众多的文化艺术形式，歌剧、音乐剧、古典音乐、摇滚、爵士乐、皇家芭蕾、踢踏舞，应有尽有，光西区剧院就有52家，2008年的观众人数达到1381万人次，票房收入4.81亿英镑。整个伦敦至少有1000个以上的剧场，专门设有伦敦剧院协会（Society of London Theatres）进行行业管理。这些文化场所都与商业服务业交织在一起，形成相互促进的良性循环。巴黎在商文结合上也是一座无与伦比的城市，以巴黎歌剧院为首的各大剧场演出排期表令人眼花缭乱，巴黎没有一天在没有音乐、舞蹈、戏剧的冷清中度过。巴黎尤以“艺术之都”最负盛名，巴黎的美术馆和博物馆极多，卢浮宫、奥塞和蓬皮杜等，几千年的世界美术史都浓缩在此。除了这三大美术馆外，还有诸多国立近代美术馆、大小宫殿，罗丹美术馆、毕加索美术馆、服装博物馆以及海洋、人类、文化、电影博物馆等，数不胜数。可见，国际商贸中心城市，是有文化的城市，商业与文化发展相互渗透，文化之都与商业之都建设珠联璧合，是国际商贸中心城市发展的重要经验。

迪拜虽然也是一个古商路驿站，但真正发展则是20世纪50年代发现石油开始的，尤其近几年迪拜发展神速，建了世界上最奢华的七星级酒店(帆船酒店)和世界第一高塔"迪拜塔"(828米)，但是水泥堆砌，没有多少底蕴，近几年来制造的泡沫经济差点引发金融危机第二波。这种建在沙漠上的时尚之都，不应是我们追求的目标。

第四，商娱结合建设国际商贸中心。商业与娱乐业本身就是不可分离的。大多数国际商贸中心城市在发展商业的同时，大力兴办娱乐业，用大型娱乐设施和项目吸引消费者，从而促进商品和服务消费。

众所周知，迪斯尼把动画片所运用的色彩、刺激、魔幻等表现手法与游乐园的功能相结合，成为最诱人的娱乐场所。现在世界上有5个迪斯尼公园，美国洛杉矶和奥兰多、日本东京、法国巴黎、中国香港各有一家，其中有三个建在国际商贸中心城市。东京迪斯尼乐园在2000年高峰时接待的游客人数为1730万人次。香港迪斯尼是规模最小的，每年接待游客达到500万人次。上海争得建设世界第六个迪斯尼公园，对其建设国际贸易中心城市是非常有利的。

因此，各个国际商贸中心城市均不遗余力地引进与建设大型娱乐设施，发展娱乐街区。纽约是世界上无与伦比的娱乐城市，百老汇既是文化，也是娱乐。巴黎的康康舞给人带来巨大声色冲击，宏大的场面，豪华的布景，热火朝天的音乐，健美奔放的女郎，虽不够高雅却充满欢乐和活力；红磨坊、丽都、疯马和拉丁天堂等夜总会，足以让巴黎之夜不眠；塞纳河的游船，也给人带来美景、美食与美乐的享受。韩国首尔"乐天世界"做得也非常出色。

除此以外，商工结合、商业与金融结合、商业与物流结合，都是建设国际商贸中心必不可少的。

目前公认的世界商贸中心城市，都有发达的工业，尤其是特色加工制造业，多是高档品牌和奢侈品牌以及民族工艺品的设计中心与加工地，这些城市集中着很多掌握各种独特工艺技术的大师和技术人才，这是形成国际商贸中心城市的产业基础。

发达的商贸业离不开发达的金融业。根据万事达国际组织的排名(2008)，全球十大金融中心依次是伦敦、纽约、芝加哥、法兰克福、东京、首尔、巴黎、马德里、米兰和孟买。万事达国际组织公布的"全球商贸中心"前三甲是伦敦、纽约和东京。中国香港排名第5、上海第32、北京第46。这说明商贸中心与金融中心是直接相关的。

商业与物流业也是相互促进的，国际商贸中心城市毫无疑问是商流、物流、信息流的集散地。随着信息化时代的到来，在大型国际贸易中心城市，由于地价攀升，承担集散功能的传统物流正在外移，但与这些城市自身生产与消费相适应的物流配送业仍是相当发达的。

四、怎样加快北京国际商贸中心城市的建设

打造国际商贸中心城市是一项相当复杂的庞大系统工程和动态工程。需要长期的努力，要靠政府、企业、消费者及社会各界的协力。保守估计，北京至少需要经过十年左右的努力，到 2020 年，初步形成国际商贸中心城市的雏形；到 2050 年，北京建成世界城市之时，国际商贸中心随之成熟起来。加快北京国际商贸中心城市的建设的主要路径和策略是：

第一，做好规划方案。发动各方力量充分论证，明确北京国际商贸中心的定位、目标和战略框架。要进行国情、市情及自身的优劣势分析，进行认真的国际比较，对未来十年以至二三十年城市演变规律、方向以及竞争城市的发展趋势进行科学的研究预测。尤其不能回避北京缺少直接出海口、非金融运行中心、单一机场、大气污染、人文素质较低以及在拥有国际组织数量、接待国际游客数量、常住外籍人士占总人口比重等指标方面与全球一流世界城市存在较大差距等不利因素，制定系统科学的发展规划。

第二，再造体制与机制。目前，北京在体制与机制方面存在的最大障碍是商业、旅游业、娱乐业、会展业、文化业分属各个不同政府职能部分管理，画地为牢，铁路警察各管一段；内外贸虽都归商务部管理，但没有完全打通；物流业多头管理，不能统一进行资源优化。因此，必须深化体制改革，建立统一的决策机制与协调机制。甚至可以用办奥运会的经验，克服体制性障碍，实现产业联动、互动，比如针对大型会展、娱乐设施安排以及商业街区改造等。

第三，凸现京商文化特色。即打造具有东方魅力、京商特色的时尚之都。北京建设国际商贸中心城市，可以有标杆，但不能复制标杆，要标新立异。标东方之新，立京商之异，在实践中形成自身的发展理念与文化特色。为此，要提升京派老字号品牌地位，使之逐渐走向世界；打造以前门—大栅栏、王府井大街为代表的北京特色街区；开发皇都旅游资源的深度价值和附加值；发展以“京剧”为代表剧种的演艺事业等。

第四，实现城市联动与城乡联动。建设北京国际商贸中心城市，不能形成“孤岛”，要形成京津塘城市群，解决港口问题，实现产业互补和功能分工，避免“城市飞地”。同时，改变北京城乡二元结构，以城市优势产业拉动农村建设，提高城市化率，实现城乡共同繁荣。

第五，优化产业结构与功能。从研究国际商贸中心城市应有的功能出发，完善与优化北京的商贸产业结构。根据满足消费者安全、便捷、舒适、

刺激、体验、享受等需要相对应的购物、餐饮、休闲娱乐、学习、文化欣赏、体育锻炼等功能，首先安排好商贸生态结构，保持合理的行业结构与规模结构；其次要按照“两轴—两带—多中心”的城市空间新格局，调整空间区域结构，保持城市中心、区域中心与社区，城市与乡村合理的商业资源分布；再次按照引进与创新相结合的思路完善业态结构，保持业态的多样性；还有就是完善品牌结构，保持国外品牌与国内品牌，本地品牌与外埠品牌，奢侈品牌、高中档品牌与一般品牌，时尚品牌与传统品牌，商品品牌、服务品牌与零售品牌等不同类别品牌的合理性与丰富度，满足多样化的消费需求，使不同人群在其中都能找到自己所需，使这个城市能够驱动每个人的消费动力。尤其在发展商业街区上，要特别重视业态结构、生态结构和品牌结构的优化，不能大业为王，大店为王，大牌为王，更不能千店一面，要形成良性竞争的生态商圈。

第六，创造良好的商业环境与消费环境。北京的商业硬件环境已经是世界一流，要人性化、人文化改造。重点是加强软件环境建设，主要是加强中介(法制、律师、会计、咨询等)服务、信用服务、信息化服务以及各种商业服务等。Anholt 城市品牌指数评判城市的标准，更注重生活方式、口碑、文化多元性、文化生活和天气、污染程度以及建筑和公园的外表吸引力，以及每个城市在过去 30 年里在科技、文化和政治领域对世界的贡献大小等，这是我们在完善商业软件环境时值得关注的。

第七，培植本土产品品牌和零售品牌。北京建设国际商贸中心城市，要有独特的品牌“标识”，包括产品品牌标识和零售品牌标识。在产品品牌上，做强做大同仁堂、全聚德、联想等意义重大；在零售品牌上，要在现有品牌基础上重点扶持，运用市场机制促使其快速发展，这方面任重道远。

第八，加强政治营销与政府营销。打造国际商贸中心城市要靠市场力、文化力、科技力，更离不开“政治力”，要进行政治营销和政府营销策划。比如能否争取到国际大型展会、大公司总部以及大品牌、大订单，政治力量、政府力量很重要。Anholt 认为：“较精明的政府一直以来都将他们的城市看作是一个需要向外推广的品牌。但全球化的后果之一就是城市之间对游客、投资者、企业和重大盛事的竞争变得空前激烈，因此适当注重声誉现在已经以一种前所未有的方式加以强制。”例如英国首相布莱尔 1997 年掌权后，推出了“酷不列颠”(Cool Britannia) 计划，新加坡通过专门的会议管理局为争取国际大型会展所做的努力，均有很好效果。北京奥运会做了很成功的政治营销，连续九届的京港洽谈会也是很好的整体商业营销。北京应该借助政治中心优势，充分利用政治力和政府营销手段，加快建设国际商贸中心城市的步伐。

（作者：王成荣　首都流通业研究基地研究人员　教授）

基地名称：首都流通业研究基地
依托单位：北京工商大学
项目类别：北京市优秀人才 D 类资助项目

竞争与互补：大宗商品电子市场和期货市场内生关系的动态分析
——基于白糖现货价格、远期价格和期货价格演进的实证分析①

大宗商品电子市场究竟属于“变相期货”还是“市场需求的反映”，是备受关注的焦点问题。以现货价格、远期价格和期货价格联动关系的变化为切入点，比较分析期货上市前后电子交易市场和现货市场之间动态关系的变化，揭示电子交易市场和期货市场之间的内生关系。对于我们正确看待大宗商品现货市场、电子交易市场和期货市场之间的关系，具有重要的现实意义。

一、研究背景和研究意义

我国大宗商品电子交易市场是通过网络与电子商务共建的交易平台，对相应物品进行即期现货或中远期交易的市场。本文大宗商品电子交易市场主要是指中远期电子交易，因其交易方式和期货市场类似、但交易制度和规范远不如期货市场严格而屡受争议。本文选择“大宗商品电子交易市场与期货市场之间的关系”进行研究，主要基于两个原因：

第一，学术界不存在既定答案。学术界现有两种观点：一是大宗商品电子交易市场有其存在的客观需求，其立足现货、提升现货，为期货市场培育品种、培育市场和培育投资者；二是大宗商品电子交易市场实行类似于期货保证金交易的制度，但因缺乏配套的当日无负债结算制度等一系列交易制度和风险管理措施，实行“变相期货”交易但又不在相应监管下进行交易，导致其交易中存在较大的风险隐患，可能成为社会的不稳定因素。

对于大宗商品电子交易市场与期货市场的关系，迄今这一问题尚不存在确定答案，其主要原因在于多数研究是规范描述，或基于理论探讨得出，

---

① 本文是《竞争与互补：大宗商品电子市场和期货市场内生关系的动态分析》项目的最终成果摘要，项目编号：20071D0500300144。

无法获得大多数同行的认同。

第二，存在实践价值。目前上市的23个期货品种中，有19个品种存在或曾经存在现货、期货和远期市场并存的状况，具有普遍性。

鉴于理论研究和解释现实问题的需要，本文对大宗商品电子交易市场和期货市场之间的关系进行研究具有重要的理论和现实意义。为客观评述两者的关系，本文尝试从现货价格与远期价格以及现货价格、远期价格与期货价格三者内生关系而非外部制度的角度，运用相关数据、采用5种实证方法客观评述现货、远期和期货市场之间的关系，这就避免了就市场谈市场和就两者关系谈两者关系的问题。而且，从目前研究现状来看，该领域多数研究者重点关注期货价格与现货价格的动态关系和国内外同品种期货价格之间的动态关系，仅有少数研究者尝试分析远期价格与现货价格的动态关系，尚没有研究者针对现货价格、远期价格和期货价格三者关系进行分析。

考虑到前期的调研积累和数据的可得性，本文选择白糖这一期货和电子交易市场都较活跃的品种，对南宁、柳州等地食糖电子交易市场和郑州商品交易所白糖期货市场之间的关系进行研究，考察白糖现货价格、远期价格和期货价格之间动态均衡关系的内在变动，揭示白糖电子交易市场和期货市场之间的内生性发展关系，为电子交易市场和期货市场的发展提供借鉴意义。

二、基本设想和研究思路

关于同一商品远期价格和期货价格之间的关系，可能存在下述几种假设情况：

第一，两者为相互竞争的关系。这种关系表现为白糖期货上市后，期货价格和远期价格相互竞争、相互替代。从价格关系来看，2006年随着期货市场的上市，由于期货价格和远期价格都属于远期信号，但是期货价格因市场交易制度和市场流动性水平较高表现出更高的价格发现效率，因此期货价格与现货价格的关系替代了远期价格与现货价格的关系，两者呈相互替代、此消彼长的竞争关系。

第二，两者为竞争互补的关系。这种关系表现为白糖期货上市后，由于期货价格和远期价格都属于远期信号，期货价格可在一定程度上替代远期价格，削弱了远期价格和现货价格的均衡关系，但两个市场的各自特点使得两者共同配合起来对现货市场提供了一个更好的远期价格信号，价格发现效率高于白糖期货市场上市前远期价格对现货价格的均衡关系。远期价格和期货价格之间存在内在均衡关系，一旦出现背离时套利交易可促使两者朝着均衡方向迈进，因此两者呈现替代和互补共存的关系，随着对方的发展关系日益紧密。

第三，两者是弱的竞争关系，更多体现为互补和共同促进的关系。这种关系表现为白糖期货上市后，由于期货价格和远期价格的互补性，两个市场呈相互增强和补充的关系，加强了远期价格和现货价格的均衡关系，并且两个市场共同配合起来相对于现货市场而言提供了一个更好的远期价格信号，价格发现效果高于白糖期货市场上市前远期价格和现货价格的均衡关系。且从单个市场来看，单个市场和现货价格也存在极强的均衡关系，因此，两者相互补充，两个市场随着双方发展交易量日益扩大、价格关系日益紧密，呈现互补共存的关系。

本文首先实证分析了 2000. 1. 6—2009. 11. 27 白糖远期价格和现货价格之间的关系，并根据白糖期货市场上市的时间，将 2000—2009 年分为 2000. 1. 6—2006. 1. 5 和 2006. 1. 6—2009. 11. 27 年这两个时期，比较研究白糖远期和现货价格之间关系的变动状况，反映两者关系的动态变化特征；在此基础上进一步实证分析了 2006. 1. 6—2009. 11. 27 白糖期货价格与现货价格以及白糖现货价格、远期价格与期货价格之间的关系，通过多方面的实证分析，得出目前白糖远期价格和期货价格之间关系究竟属于上述哪种关系类型。

三、白糖远期价格和现货价格动态关系的变动分析

(一)数据来源和方法选取

1. 数据选取

本文选取 2000 年 1 月 9 日到 2009 年 11 月 27 日之间白糖远期价格和现货价格数据进行分析，其中，远期价格采用文华财经和世华财讯系统的桂糖电子市场活跃月份的远期价格，现货价格采用柳州和南宁白糖价格数据。期货价格是 2006. 1. 6—2009. 11. 27 年郑州白糖期货活跃月份的价格数据，

2. 方法选择

本文选取协整分析、Granger 因果检验、VAR 方法、方差分解和脉冲响应函数这五种方法进行实证检验。其主要原因是：ADF 检验和协整分析检验两变量之间是否存在长期均衡关系；Granger 因果分析考察两个变量的相互引导关系；VAR 方法衡量市场的短期波动状况以及当系统偏离均衡状态时两个变量的调整速度和调整方向，从而辨别出两个市场所处的地位；方差分解法分析每一个结构冲击对内生变量变化(通常用方差度量)的贡献度；脉冲响应函数主要分析残差项的一个标准差对期货价格和远期价格变动的冲击作用。

（二）期货上市前后白糖远期价格和现货价格之间均衡关系的实证分析

1. 单位根检验（ADF）与协整检验（Johansen 方法）

（1）单位根检验（ADF）。协整分析前，首先检验两组价格的时间序列是否为平稳序列。如果价格的时间序列存在单位根，说明序列是非平稳序列，需进行一阶差分，继续检验一阶差分后的时间序列是否为平稳时间序列。如果差分后的序列通过检验，则说明价格的一阶差分序列均为平稳时间序列（即原序列为一阶单整序列），此时可建立协整模型，进行协整检验。为消除量纲影响，价格序列为取对数后的序列。

表 1　2000—2005 年白糖远期价格和现货价格序列的 ADF 检验结果

水平和一阶差分序列的单位根检验			不同显著性水平的临界值		
项目	ADF 检验值	p 值	1% 的临界值	5% 的临界值	10% 的临界值
YQ	-1.031	0.744	-3.435	-2.864	-2.568
XH	-0.788	0.822	-3.435	-2.864	-2.568
DYQ	-17.868	0.000	-2.567	-1.941	-1.617
DXH	-48.920	0.000	-2.567	-1.941	-1.617

表 2　2006—2009 年白糖远期价格和现货价格序列的 ADF 检验结果

水平和一阶差分序列的单位根检验			不同显著性水平的临界值		
项目	ADF 检验值	p 值	1% 的临界值	5% 的临界值	10% 的临界值
YQ	-1.440	0.563	-3.437	-2.865	-2.568
XH	-1.280	0.641	-3.437	-2.865	-2.568
DYQ	-29.002	0.000	-2.568	-1.941	-1.616
DXH	-25.684	0.000	-2.568	-1.941	-1.616

注：YQ 表示白糖远期价格取对数后的序列；XH 表示白糖现货价格取对数后的序列；DYQ 表示白糖远期价格取对数后的一阶差分序列；DXH 表示白糖现货价格取对数后的一阶差分序列；后文如再次出现均表示相同含义。在水平序列的检验方法上，由于两序列均明显围绕常数波动，因此我们选择含有常数项的检验方法；在差分序列的检验方法上，我们选用了无常数项和趋势项的检验方法。

单位根检验结果表明（表 1 和表 2），白糖期货上市前后，在 10% 的显著性水平下，两序列均不能拒绝原假设，它们是非平稳的。一阶差分后，在 1% 的显著性水平下，两序列均可拒绝原假设，即不存在单位根。由此可见，2000—2005 年和 2006—2009 年白糖远期价格和现货价格序列均可认为是一阶单整 I(1) 的，满足建立协整模型的前提条件。

（2）协整检验（Johansen 方法）。采用 Johansen 协整模型进行协整关系检验时，通过计算迹统计量和最大特征值统计量，与临界值比较，从而由少到多地逐步检验序列存在的协整关系个数。

表 3 2006 年前后白糖远期价格和现货价格序列的协整检验结果(迹统计量)

时间	滞后阶数	原假设下协整关系个数	特征值	迹统计量	5% 临界值	p 值
2000—2005 年	2	r = 0	0.010	12.903	12.321	0.040
		r≤1	0.000	0.106	4.130	0.789
2006—2009 年	2	r = 0	0.010	10.745	15.495	0.228
		r≤1	0.002	1.724	3.841	0.189

表 4 2006 年前后白糖远期价格和现货价格序列的协整检验结果(最大特征值统计量)

时间	滞后阶数	原假设下协整关系个数	特征值	最大特征值统计量	5% 临界值	p 值
2000—2005 年	2	r = 0	0.010	12.798	11.225	0.026
		r≤1	0.000	0.106	4.130	0.789
2006—2009 年	2	r = 0	0.010	9.020	14.265	0.285
		r≤1	0.002	1.724	3.841	0.189

注：以上两张表中滞后阶数的确定均按照 SC 原则①选取。

协整检验结果表明(见表 3 和表 4)，在白糖期货上市前后的两个时段中，2000—2005 年，r = 0 原假设“远期价格和现货价格不存在协整关系”对应的迹统计量的 p 值为 0.040，对应的最大特征值统计量的 p 值为 0.026，r≤1 原假设“远期价格和现货价格存在一个协整关系”对应的迹统计量和最大特征值统计量的 p 值均为 0.789。结果一致表明，可在 5% 的显著性水平下拒绝“远期价格和现货价格不存在协整关系”的原假设，而无法拒绝存在一个协整关系的假设，这说明白糖远期价格和现货价格在 2000—2005 时间段存在显著的协整关系；2006—2009 年，r = 0 原假设对应的迹统计量的 p 值为 0.228，对应的最大特征值统计量的 p 值为 0.285，结果一致表明，无法在 10% 的显著性水平下拒绝“远期价格和现货价格不存在协整关系”的原假设，这说明白糖远期价格和现货价格在 2006—2009 年不存在显著的协整关系。

白糖期货合约上市后，远期价格与现货价格长期均衡关系减弱，可能是同样作为远期价格信号的期货市场的竞争关系削弱了白糖远期价格和现

① 实际上，SC 原则和 AIC 原则在最有滞后项的选取上结论不一致，对此我们又进行了 LR 似然比检定，结果显示，SC 原则的最优滞后项是更佳的，以后结果也均相同。

货价格之间的紧密程度。

2. 格兰杰因果检验(Granger Causality Test)

协整检验考察变量之间是否存在长期均衡关系，但是这种长期均衡关系是否构成因果关系格兰杰因果检验进行分析。

表5　2000—2005年白糖远期价格和白糖现货价格序列的格兰杰因果检验结果

原假设	观测数	F统计量	伴随概率	结果
YQ不是XH的Granger原因	1313	18.933	0.000	拒绝
XH不是YQ的Granger原因	1313	0.454	0.635	无法拒绝

表6　2006—2009年白糖远期价格和白糖现货价格序列的格兰杰因果检验结果

原假设	观测数	F统计量	伴随概率	结果
DYQ不是DXH的Granger原因	903	45.405	0.000	拒绝
DXH不是DYQ的Granger原因	903	0.219	0.640	拒绝

注：根据SC原则，2000—2005年和2006—2009年滞后期均为2。由于2000—2005年水平序列存在协整关系，我们可以对水平序列进行因果检验，而2006—2009年水平序列不存在显著的协整关系，因此我们对一阶差分后的序列进行检验。相应地，最优滞后期由2减少为1。

因果检验结果表明(见表5和表6)，在两个时段中，2000—2005年，在检验原假设“远期价格不是现货价格的Granger原因”时，伴随概率为0.000，能够在1%显著性水平下拒绝原假设，即在1%显著性水平下，白糖远期价格是现货价格的Granger原因；反过来的伴随概率为0.635，即白糖现货价格不是远期价格的Granger原因；2006—2009年，在检验原假设“远期价格不是现货价格的Granger原因”时，伴随概率为0.000，能够在1%显著性水平下拒绝原假设，即在1%显著性水平下，白糖远期价格变动是现货价格变动的Granger原因；反过来的伴随概率为0.640，即白糖现货价格变动不是远期价格变动的Granger原因。

因此，白糖期货合约的上市，并没有改变远期价格对现货价格的单向引导关系。远期价格对现货价格始终表现为较显著的引导关系，而现货价格对远期价格不存在引导关系。

3. 信息共享模型

在协整检验基础上，为进一步衡量白糖远期价格与现货价格之间的引导关系，我们建立信息共享模型①。2000—2005年误差修正项采用Johansen

① 由于2000—2005时间段存在协整关系，我们选取向量误差修正模型(VECM)，而2006—2009时间段不存在协整关系，我们选取向量自回归模型(VAR)。

方法进行估计，滞后阶数按照 SC 原则选取。

(1)2000—2005 年信息共享模型的分析结果。

本时段向量误差修正模型中误差修正项的估计选取序列和协整方程均不含截距项的方法。估计结果如下(见表 7)：

$$D(XH) = -0.019 * ECM(-1) - 0.315 * D(XH(-1)) + 0.193 * D(YQ(-1)) \tag{1}$$

$$D(YQ) = -0.001 * ECM(-1) + 0.016 * D(XH(-1)) + 0.039 * D(YQ(-1)) \tag{2}$$

$$ECM(-1) = XH(-1) - 1.002 * YQ(-1) \tag{3}$$

2000—2005 年结果表明，(1)式误差修正项系数在 1% 水平下显著异于 0(T 统计量为 -3.568)，(2)式的误差修正项系数在 10% 水平下不显著异于 0。说明当系统偏离均衡状态时，误差修正项对现货价格变动具有显著的负向调节作用，对远期价格变动不具有显著的调整作用。

进一步考察除误差修正项以外的模型系数，(1)式中，在 1% 显著性水平下，D(YQ(-1))系数显著；(2)式中，在 10% 显著性水平下，D(XH(-1))系数不显著。由此可知，在 1% 的显著性水平下，白糖远期价格的短期变化对现货价格的短期变化影响显著，反之并不成立。

表 7　2000—2005 年和 2006—2009 年信息共享模型的结果

		2000—2005 年			2006—2009 年	
项目	说明	ECM(-1)	D(XH(-1))	D(YQ(-1))	D(XH(-1))	D(YQ(-1))
D(XH)	系数	-0.019	-0.315	0.193	0.045	0.212
	标准差	0.005	0.027	0.042	0.036	0.031
	T 值	[-3.568]	[-11.742]	[4.607]	[1.247]	[6.742]
D(YQ)	系数	-0.001	0.016	0.039	-0.020	0.043
	标准差	0.004	0.018	0.029	0.043	0.037
	T 值	[-0.304]	[0.898]	[1.375]	[-0.469]	[1.148]

注：在较大样本的情况下，T 统计量值在 1%、5% 和 10% 显著性水平下的临界值约为 2.326、1.645 和 1.282。

(2)2006—2009 年信息共享模型的分析结果。

向量自回归模型结果如下(见表 7)：

$$D(XH) = 0.045 * D(XH(-1)) + 0.212 * D(YQ(-1)) \tag{4}$$

$$D(YQ) = -0.020 * D(XH(-1)) + 0.043 * D(YQ(-1)) \tag{5}$$

2006—2009 年结果表明，(4)式中，在 1% 显著性水平下，D(YQ(-1))系数显著；(5)式中，在 10% 显著性水平下，D(XH(-1))系数不显著。由此可知，在1%的显著性水平下，白糖远期价格的短期变化对现货价格的短期变化影响显著，反之并不成立。

信息共享模型结果表明，白糖期货合约上市前后，远期价格变动对现货价格变动均具有显著影响。2000—2005 年，误差修正项对现货价格具有负向调节功能。

4. *方差分解*

为进一步刻画白糖期货上市前后远期价格与现货价格之间的联动关系，本文利用 Hasbrouck 的方法，将价格变动的方差进行分解，求出远期和现货价格波动分别所占的比重，以评价两者的相互影响。方差分解和脉冲响应函数均需利用信息共享模型的回归结果。

方差分解结果表明(图 1—图 4)：2000—2005 年，白糖远期价格的总方差来自自身部分始终高于 99%，远大于来自白糖现货价格的部分(1%)；2006—2009 年，白糖远期价格的总方差来自自身部分同样始终高于 99.97%，大于来自白糖现货价格的部分(0.03%)。由此可见，期货合约上市前后，白糖现货价格对白糖远期价格的波动影响水平都较弱，白糖远期价格更多受到自身价格波动的影响。

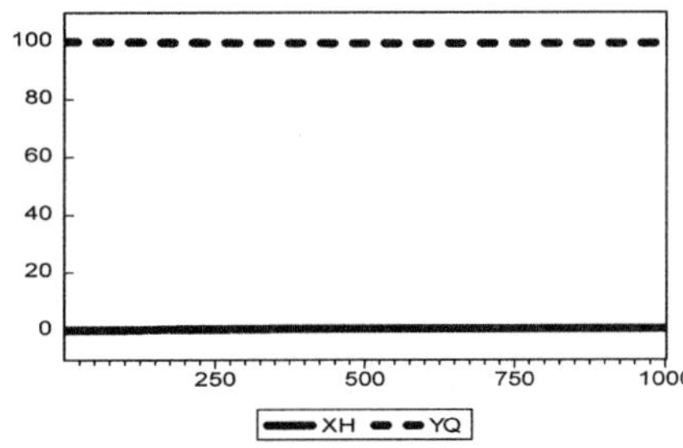

图 1　白糖远期价格 2000—2005 年方差分解结果

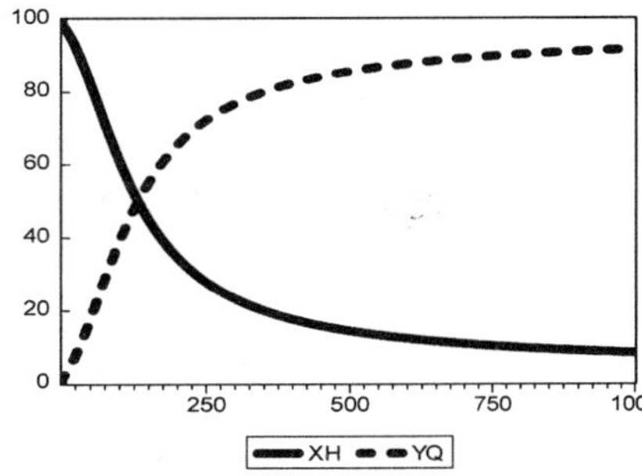

图 2　白糖现货价格 2000—2005 年方差分解结果

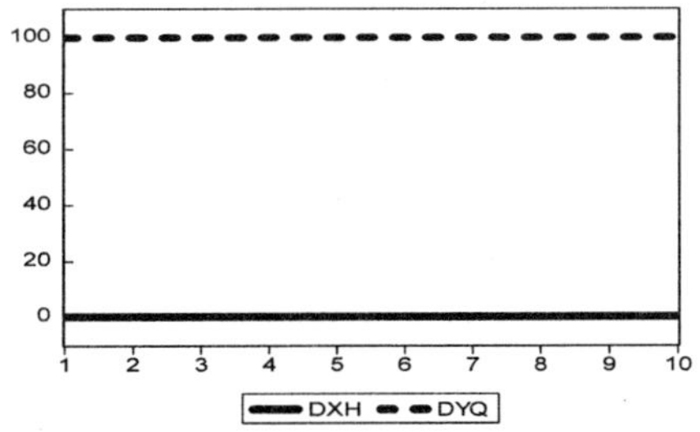

图 3　白糖远期价格 2006—2009 年方差分解结果

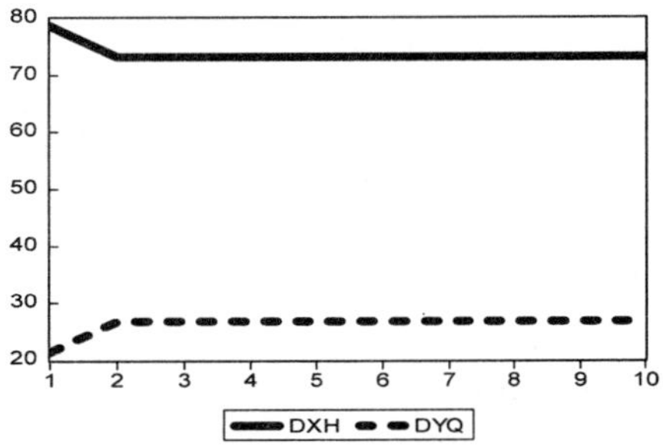

图 4　白糖现货价格 2006—2009 年方差分解结果

同样的，2000—2005 年，白糖现货价格的总方差来自自身部分随着作用期数的增加呈不断下降趋势(最后趋近于0)，而来自白糖远期价格的部分呈不断上升趋势(最后趋近于100%)；2006—2009年，白糖现货价格的总方差来自自身部分从第3期开始稳定于73.20%，大于来自白糖远期价格的部分(26.80%)。由此可见，期货合约上市后，白糖现货价格受自身的影响越来越大，而受远期价格的影响越来越小。

5. 脉冲响应函数

脉冲响应函数反映了远期和现货价格一个标准单位的冲击对整个系统长期的影响效果，可从另一个侧面刻画远期和现货价格变动之间的相互影响。

脉冲响应函数结果表明(见图5—图8)：2000—2005年，白糖远期价格对来自现货价格的标准差新息(innovation)反应始终不强烈；2006—2009年，白糖远期价格对来自白糖现货价格的标准差新息反应同样不强烈，在第4期迅速衰减为0。

同样的，2000—2005年，白糖现货价格对来自白糖远期价格的标准差新息立即产生强烈反应，且呈现不断上升态势，最终稳定在0.0146的水平。2006—2009年，白糖现货价格对来自白糖远期价格的标准差新息同样立即产生强烈反应，但在第6期迅速衰减为0。由此可见，期货合约上市后，白糖现货价格受远期价格的冲击越来越小，且冲击持续时间也越来越短。

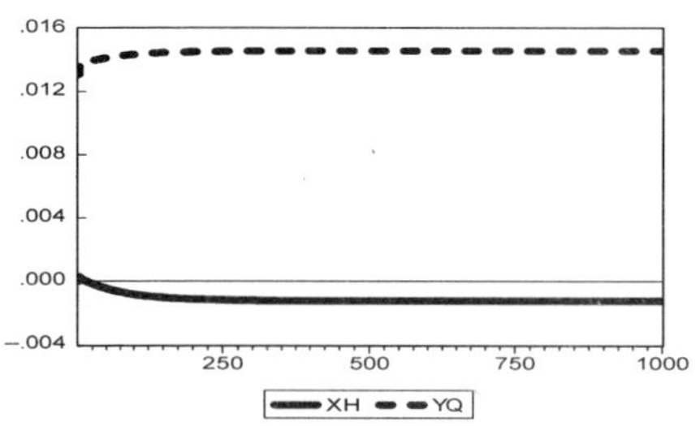

图5 白糖远期价格2000—2005年脉冲响应函数的结果

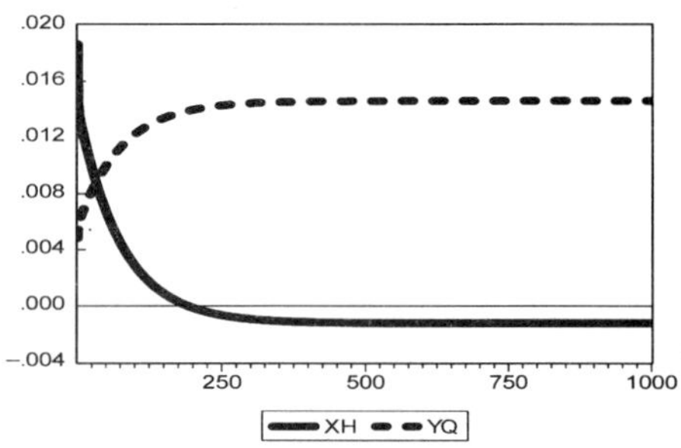

图6 白糖现货价格2000—2005年脉冲响应函数的结果

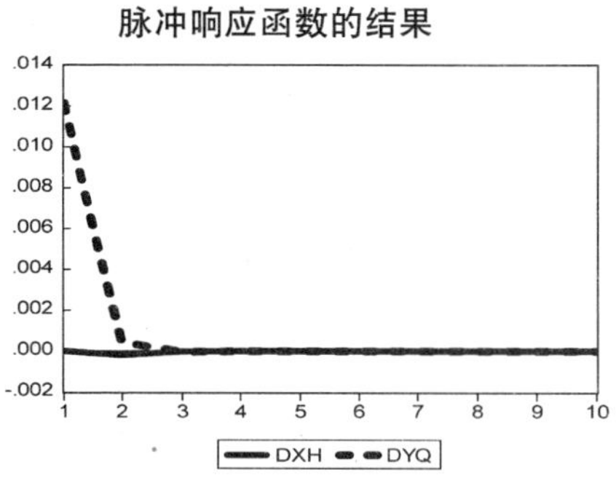

图7 白糖远期价格2006—2009年脉冲响应函数的结果

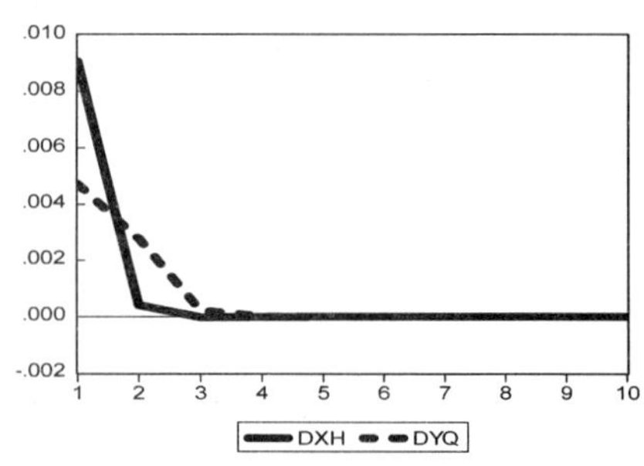

图8 白糖现货价格2006—2009年脉冲响应函数的结果

（三）远期价格和现货价格关系的实证结论

五种计量方法的结果一致表明：

第一，期货合约上市后，白糖远期价格和现货价格的联动关系逐渐减弱，远期价格和现货价格的长期均衡关系（协整）逐渐弱化；

第二，远期价格对于现货价格的引导以及影响的显著性并未随期货合约的上市而改变；

第三，远期价格波动对现货价格短期波动的影响程度逐渐降低，现货价格受远期价格的标准差冲击逐渐降低，且冲击持续的时间日益缩短。

总之，从远期价格和现货价格的关系可以看出，白糖期货价格可能对远期价格产生替代效应，但需进一步证据予以证明。

鉴于第四部分重点放在2006—2009年期货价格与现货价格的联动关系以及现货价格、远期价格和期货价格三者关系的动态演变上，现将2006—2009年远期价格与现货价格关系的主要结论概括如下，以作对照。

第一，白糖远期价格和现货价格不存在显著的协整关系。

第二，在1%显著性水平下，白糖远期价格变动是现货价格变动的Granger原因；现货价格变动不是远期价格变动的Granger原因。

第三，在1%的显著性水平下，白糖远期价格短期变化对现货价格短期变化影响显著，反之并不成立。

第四，白糖远期价格波动对现货价格短期波动的影响程度逐渐降低，现货价格受远期价格标准差冲击逐渐降低，且冲击持续时间日益缩短。

四、白糖现货、远期和期货价格关系的动态演变分析

本部分首先对白糖期货价格与现货价格的联动关系进行实证分析，以检验是否白糖期货价格对远期价格形成替代关系；在此基础上，进一步对白糖现货价格、远期价格和期货价格三者动态关系进行分析，得出较为客观的结论。

（一）2006—2009年期货价格与现货价格、远期价格与现货价格的比较分析

运用ADF检验、Johansen协整检验和格兰杰因果检验对2006—2009年期货价格与现货价格进行实证分析，得出如下结论（过程略）：

第一，白糖期货价格和现货价格序列是一阶单整的；

第二，2006—2009年远期价格与现货价格、期货价格与现货价格两个变量均没有构成显著的协整关系，这表明在与现货价格形成长期均衡机制方面，期货价格尚没有取代远期价格。

第三，在1%显著性水平下，白糖期货价格变动是现货价格变动的Granger原因；反过来伴随概率为0.079，仅能通过10%显著性水平的检验，

即白糖现货价格变动也是期货价格变动的 Granger 原因，但显著性水平不高，现货价格对期货价格有微弱的价格引导关系。

Granger 因果检验表明，远期价格和期货价格均对现货价格具有显著的引导关系，现货价格对远期价格没有显著的引导关系，而对期货价格形成微弱的引导，这表明期货价格与现货价格的联系，比远期价格与现货价格的联系更为紧密，但并没有完全取代远期价格对现货价格的引导地位。

(二)2006 年期货合约上市后，现货价格、远期价格和期货价格的联动关系

上述计量结果使得我们逐渐尝试下述新思路：期货价格和远期价格在本质上都属于远期价格信号，两者是否共同构成了对现货价格的联合引导；若的确如此，期货价格和远期价格共同形成的远期价格信号是否强于以前的远期价格信号？为此，我们构建了现货价格、远期价格和期货价格三个价格序列构成的价格体系，着重考虑两个远期价格信号对于现货价格是否发挥更强更有效的引导关系，在此逻辑的基础上建立三个变量的 VAR 模型。

1. 协整检验

表 8 2006—2009 年白糖现货价格、远期价格和期货价格序列的协整检验结果

滞后阶数	原假设下协整关系个数	特征值	迹统计量	5% 临界值	p 值	最大特征值统计量	5% 临界值	p 值
2	r = 0	0. 027	33. 889	29. 797	0. 016	24. 033	21. 132	0. 019
	r≤1	0. 009	9. 856	15. 495	0. 292	7. 982	14. 265	0. 381
	r≤2	0. 002	1. 875	3. 841	0. 171	1. 875	3. 841	0. 171

协整检验结果表明(表 8)，r = 0 原假设对应的迹统计量的 p 值为 0. 016，对应的最大特征值统计量的 p 值为 0. 019，r≤1 原假设对应的迹统计量和最大特征值统计量的 p 值均大于 0. 1，r≤2 原假设对应的迹统计量和最大特征值统计量的 p 值也均大于 0. 1。因此，协整结果一致表明，可在 5% 的显著性水平下拒绝“远期价格、期货价格和现货价格不存在协整关系”的原假设，而无法拒绝“远期价格、期货价格和现货价格存在一个协整关系”的原假设。即白糖远期价格、期货价格和现货价格在 2006—2009 年存在显著的协整关系。

由此可见，白糖期货上市后，只有将远期价格和期货价格同时考虑，才能形成与现货价格的长期均衡约束机制，这种长期均衡机制如果能够对现货价格的走势产生显著的影响，则可有说服力地表明，远期和期货的联合价格信号提供了更有效的信息。

2. VECM 模型

将三变量构成的 VAR 模型加入协整约束，再进行回归求解，新的

VECM 模型结果为：

D(XH) = -0.005 * ECM(-1) +0.041 * D(XH(-1)) +0.050 * D(QH(-1)) +0.162 * D(YQ(-1)) (1)

D(QH) = -0.029 * ECM(-1) +0.073 * D(XH(-1)) -0.106 * D(QH(-1)) +0.141 * D(YQ(-1)) (2)

D(YQ) =0.003 * ECM(-1) -0.027 * D(XH(-1)) +0.034 * D(QH(-1)) +0.010 * D(YQ(-1)) (3)

ECM(-1) = XH(-1) +2.233 * QH(-1) -3.241 * YQ(-1) (4)

表 9　2006—2009 年白糖现货价格、远期价格和期货价格序列信息共享模型的结果

项目	说明	ECM(-1)	D(XH(-1))	D(QH(-1))	D(YQ(-1))
D(XH)	系数	-0.005	0.041	0.050	0.162
	标准差	0.003	0.036	0.017	0.035
	T 值	[-1.713]	[1.132]	[2.955]	[4.635]
D(QH)	系数	-0.029	0.073	-0.106	0.141
	标准差	0.007	0.083	0.039	0.080
	T 值	[-4.109]	[0.878]	[-2.761]	[1.768]
D(YQ)	系数	0.003	-0.027	0.034	0.010
	标准差	0.004	0.043	0.020	0.042
	T 值	[0.893]	[-0.629]	[1.672]	[0.236]

注：在较大样本的情况下，T 统计量值在 1%、5% 和 10% 显著性水平下的临界值约为 2.326、1.645 和 1.282。

结果表明(表 9)，(1)式的误差修正项系数在 5% 水平下显著异于 0(t 统计量为 -1.713)，(2)式的误差修正项系数在 1% 水平下显著异于 0(t 统计量为 -4.109)，(3)式的误差修正项系数在 10% 水平下也不显著异于 0。这表明，当系统偏离均衡状态时，误差修正项对白糖现货价格和期货价格的变动具有显著的负向调节作用(系数符号为负号)，对远期价格变动不具有显著的调整作用。

进一步考察除误差修正项以外的模型系数，(1)式中，在 1% 显著性水平下，D(QH(-1))和 D(YQ(-1))系数均显著；在(2)式中，在 5% 显著性水平下，D(YQ(-1))系数显著；(3)式中，在 5% 显著性水平下，D(QH(-1))系数显著。由此可知，在 1% 的显著性水平下，期货价格和远期价格的短期变动对现货价格的短期变动均影响显著，而远期价格的短期变动影响更为显著；远期价格和期货价格的短期变动互相引导，并均在 5% 水平下显著；现货价格的短期变动对远期价格和期货价格均无显著影响，仅通过长期均衡关系对期货价格形成影响。

综上所述，由期货价格和远期价格构成的联合价格信号不仅与现货价格形成长期均衡机制，而且这种均衡关系对现货价格影响较为显著，这是期货价格与现货价格或者远期价格与现货价格的关系所无法比拟的。因此，远期价格和期货价格形成一种互补的关系。从短期影响看，三个变量系统与任何双变量系统形成的价格引导关系均未发生改变，但三变量系统的整体显著性水平比任何两变量系统都更高；此外，远期价格和期货价格的变动均在 1% 显著性水平下对现货价格变动影响显著，这从侧面反映了远期价格和期货价格虽然存在竞争关系，但任何一个价格都无法取代甚至弱化另一价格的影响，唯一的差异在于远期价格受现货价格影响不显著，而期货价格却受到现货价格显著影响（在本模型中体现在误差修正项上），因此期现货价格相对于远期现货价格联系更紧密一些。

3. *方差分解*

方差分解法衡量远期价格和期货价格对现货价格波动的贡献率，结果表明（图 9），尽管白糖现货价格总方差来自自身部分随着作用期数的增加呈不断下降趋势，但始终处于较高水平，并最终收敛于 87.80%；而来自白糖远期价格的部分呈不断上升趋势，并最终收敛于 11.80%；来自期货价格的部分始终较小，并最终收敛于 0.40%。由此可见，白糖现货价格更多受到自身的影响，贡献率始终在 87% 以上，而远期价格对现货价格的波动形成一定影响，期货价格仅对现货价格波动产生极其微弱的贡献。方差分解结果表明，期货价格和远期价格在短期内均对现货价格波动产生影响，两者的价格贡献形式和比率略存在一定差异。

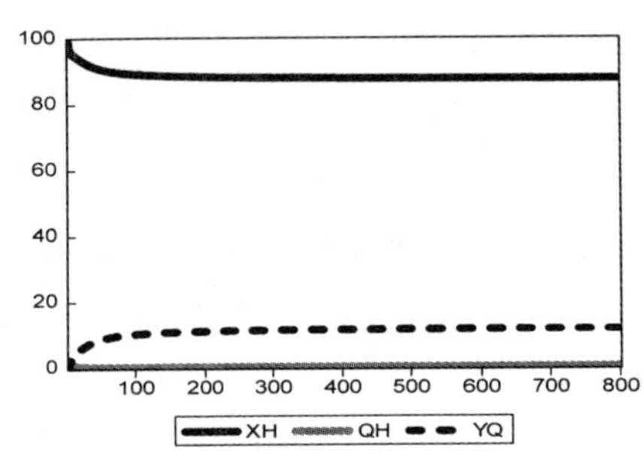

图 9　白糖现货价格的方差分解结果

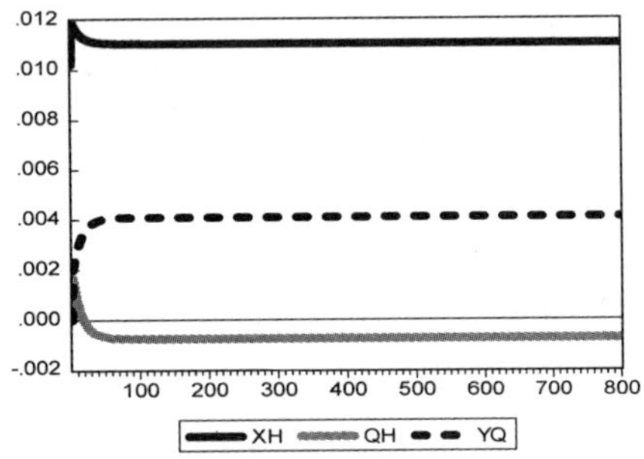

图 10　白糖现货价格的脉冲响应结果

4. *脉冲响应函数*

脉冲响应函数反映体系变量的一个标准单位冲击对整个系统长期的影响效果，可进一步深入反映现货价格、远期价格和期货价格变动之间的相互影响。

脉冲响应函数结果表明(图 10)，白糖现货价格对来自自身价格的标准差新息立即反应强烈，对数价格增加了 0.010，其后基本稳定在 0.011 附近，表现为一种长期持续的正向冲击；白糖现货价格对来自远期价格的标准差新息开始反应并不强烈，但随着作用期的增加呈不断上升的势头，最终稳定在 0.004 的水平，表现为一种持续正向的冲击；白糖现货价格对来自期货价格的标准差新息开始反应较为强烈，对数价格增加了 0.002，但随着作用期的增加呈现不断下降的势头，最终稳定在 -0.001 的水平，表现为一种长期负向的冲击。由此可见，白糖现货价格受自身的冲击始终强烈，而远期价格表现为持续正向冲击，期货价格表现为长期负向冲击，从绝对量上看，远期价格对现货价格的冲击更大。脉冲响应函数结果表明，期货价格和远期价格在短期内均对现货价格产生冲击，两者的冲击方向和冲击程度存在一定的差异，期货价格和远期价格呈现明显的竞争和互补关系。

五、白糖远期价格和期货价格关系的实证结论

白糖现货价格、远期价格和期货价格任意两个变量的联动关系以及三个变量的联动关系的实证结果表明：

(一)白糖远期价格和期货价格之间表现为竞争互补关系

第一，期货价格和现货价格的引导关系、远期价格和现货价格的引导关系两者总体上差异不大，因此，期货价格并没有完全替代远期价格。

第二，远期价格和期货价格本质上都属于远期信号，对现货价格发挥引导功能，两者的共性决定了其内在具有一定的竞争关系。实证分析表明，期货合约上市后，远期价格和现货价格的协整关系弱于上市前远期价格和现货价格的协整关系，可能受到市场发展等多种因素的影响，但期货价格的竞争是一个重要因素，现货价格、远期价格和期货价格三者联动关系的实证分析也验证了这一点。

第三，期货价格上市后远期价格对现货价格引导关系的显著性并未削弱，但内在的紧密关系有所下降，这表明期货市场和远期市场存在一定的竞争关系；远期价格和期货价格联合起来形成更显著的协整关系、差异化的现货引导形式(远期单向、期货弱双向)、波动和冲击的区别和长期短期的影响显著性水平都反映了远期价格和期货价格之间存在一定差异，这决定了两者之间存在互补关系。

(二)远期价格和期货价格协同综合起来提供更优更有效的远期价格信号

第一，鉴于期货价格和现货价格、远期价格和现货价格两者都不存在显著的协整关系；但当期货价格、远期价格联合与现货价格作用时，三者存在很显著的协整关系，而且其协整关系的显著性强于期货合约上市前，

因此，远期价格和期货价格协同起来提供更有效合理的远期价格信号。考虑到市场价格之间的内在均衡关系和套利交易的存在，仅靠一个市场，价格信号的有效性受制约。

第二，远期价格和期货价格协同起来更有效地引导现货价格，因此，大宗电子市场和期货市场的共同发展可以对引导现货市场发展起到更为积极的作用。

(三)期货价格和远期价格均以对短期现货价格的单向引导作用为主，但两者配合起来对现货价格的影响力和解释力更强

总之，从内在关系来看，远期市场和期货市场具有竞争互补的关系，两者构成的联合价格信号不仅与现货价格形成长期均衡机制，而且这种均衡关系对于现货价格形成较为显著的影响，对现货价格有更强的解释力，这是期货价格和远期价格任何一个与现货价格都无法实现的。从与现货价格之间的紧密联系来看，期货价格与现货价格的紧密关系强于远期价格与现货价格的紧密关系；从现货价格的短期价格波动和方差来看，远期价格的影响力比期货价格的影响力要强。目前来看，期货市场和远期市场两个市场各具特点，体现出竞争与互补并存的局面，两个市场共同发展更有助于提供合理的价格信号，可以更好地指导现货、服务现货和提升现货市场。

参考文献

1. 华仁海、仲伟俊：《对我国期货市场价格发现功能的实证分析》，《南开管理评论》，2002 年第 5 期。
2. 张屹山、方毅、黄琨：《中国期货市场功能及国际影响的实证研究》，《管理世界》，2006 年第 4 期。
3. 杨照东、汪琛德、宋娜娜：《商品期货与现货价格关系研究综述》，《经济师》，2008 年第 1 期。
4. 刘庆富、张金清、华仁海：《LME 与 SHFE 金属期货市场之间的信息传递效应研究》，《管理工程学报》，2008 年第 2 期。
5. 刘向丽、成思危、汪寿阳、洪永森：《期现货市场间信息溢出效应研究》，《管理科学学报》，2008 年第 6 期。
6. 何川、杨立兵、李晓刚、周浩：《应用 VAR 模型分析电力期货与现货价格关系》，《电力系统自动化》，2009 年第 4 期。
7. 赵进文：《我国期货市场与国际期货市场关联度分析与协整检验》，《中国软科学》，2004 年第 5 期。
8. 高辉：《国内外燃料油价格关联度及动态滚动预测的模型研究——基于日数据的实证分析》，《国际石油经济》，2005 年第 2 期。
9. Donald Lien, Li Yang. Intraday Return and Volatility Spillovers across International Copper Futures Markets. International Journal of Managerial Finance, Vol. 5, 2009.

10. 李军、韩清萍：《我国钢材远期合约与现货产品价格实证研究》，《北京科技大学学报》（社会科学版），2007 年第 4 期。

（作者：刘晓雪　首都流通业基地研究人员　副教授
王沈南　首都流通业基地研究人员　硕士研究生）

首都卫生管理与政策研究基地

（首都医科大学）

基地名称：首都卫生管理与政策研究基地
依托单位：首都医科大学
项目类别：研究基地自设项目

村卫生室医疗卫生服务现状的卫生政治学分析
——北京市 H 区村卫生室实地观察个案研究①

村卫生室是农村三级医疗服务网络的最底层，是直接面向农村百姓提供医疗卫生服务的机构。农村医疗服务网络的网底是否坚实稳固，是否能够为广大农村居民提供安全、有效、方便、价廉的公共卫生和基本医疗服务，既直接检验着村卫生室的服务提供水平，也同时检验着政府在坚持公共医疗卫生的公益性，着力解决农村居民“病有所医”问题方面是否积极作为、有效行动。近年来，党和政府通过进一步完善县、乡、村三级医疗服务网络，在农村广泛开展新型农村合作医疗制度，已经初步完成了农村医疗制度框架的设计与建设。但目前随着农村医疗卫生事业的快速发展，一些新的问题也在逐渐凸显，如城乡医疗资源配置的不平衡，农村医疗保健的不健全、村卫生室的后续发展力量不足等，使得我国农村医疗卫生事业的发展水平与广大农民群众日益增长的医疗服务需求不相适应，这些问题已成为当前农村医疗卫生事业发展中亟待解决的问题。对于这些问题的解决，不仅有赖于医学科学技术的普及与发展，医疗卫生制度的改革与完善，同时也有赖于社会政治、经济、文化的综合发展，特别是政府的有效引导、卫生政治制度的有力保障。

为深入了解目前北京市 H 区村卫生室的政策匹配、运行情况，首都医科大学课题组采用目的抽样原则，在北京市选取 H 区作为调研现场，在综合考虑村落历史、经济、文化发展水平的基础上，从 H 区抽取 C 乡、B 镇、Q 镇三个乡镇，分别于 2009 年 7 月和 2009 年 12 月，先后两次下乡调研，历时 21 天，选取 40 个行政村的 42 位村医、106 位村民、40 个村卫生室，进行了实地观察和深入访谈，具体了解了村卫生室所面临的政策环境、村医的服务提供情况等。

---

① 本文是《北京特定历史时期赤脚医生现象的反思性研究》项目的阶段成果。

一、村卫生室医疗卫生服务中的政策保障性因素分析

(一)政府采取购买服务的方式向村医提供补助，使村医队伍趋于稳定

适宜的经济报酬是村医队伍稳定的重要的经济基础。回溯 H 区乡村医疗的发展历史，可以很清晰地看到经济利益的适当满足对于村医队伍的稳定发展起到了积极的推进作用。在赤脚医生时期，H 县通过统一由大队计工的方式核定赤脚医生的经济补助，当时要求赤脚医生每月定期参加集体生产劳动，参加农业生产劳动在 120—150 天左右，一天的工分为 10.05 分，属高等劳力，一年约 3000 多工分。由于在经济条件上有较好的保障，H 县的赤脚医生队伍不断壮大，1979 年赤脚医生已经扩大到 701 人，对改变当地缺医少药的落后面貌起到了积极的作用。

1982 年，随着农村联产承包责任制的出现，赤脚医生和合作医疗赖以依托的集体经济开始解体，赤脚医生因肩负防疫、保健任务占去一定的搞家庭副业的时间，而在防保报酬上又未得到合理的补偿，他们的积极性受到了抑制。为缓解这一矛盾，由 H 县卫生局发文，规定持有“乡村医生”证书的村医，平均每人每月补助 7.5 元，持有“赤脚医生”证书的村医，平均每人每月补助 3.5 元。尽管政府对赤脚医生给予了一定的补助，但微薄的补助不足以维持赤脚医生的基本生存。“赤脚医生报酬的急剧降低，使之与基层干部的收入拉开了距离，从而其心理上有低人一等之感。即使普通农民对赤医的乡土感情和道德评价并未因此而降低，但报酬上的不平等仍很难使赤医维系一种地位上的优越感。”① 于是出于现实经济利益的考虑，他们转向其他经济收益较好的职业，如选择承包务农、做生意或到工厂做工等方式来谋求生计，从而造成村医队伍的逐步流失。

村医队伍的流失给 H 区乡村医疗的发展带来了消极的影响，有的村庄出现了无医看病的现象，村民只能选择到其他村落或上一级医疗机构就诊。为了解决村医的补助问题，吸引村医重新回到本职岗位，2008 年北京市采取政府购买村级基本医疗卫生服务项目的方式来核定支付村医的经济补助。目前受聘村医在规划设岗的基础上，其补助由两部分构成，村医承担村级公共卫生工作职能的部分，每人每月补助 400 元；承担常见疾病防治，为群众提供零差价药品职能的部分，每人每月补助 400 元，合计 800 元。除解决村医的基本待遇外，北京市针对乡村医生还建立了相应的养老保险制度，北京市已经初步确定的《关于建立健全乡村医生社会养老保险制度与基本待遇保障机制的意见》提出：自 2008 年 1 月 1 日起，只要符合执业资质，在村

① 杨念群：《再造“病人”：中西医冲突下的空间政治(1832—1985)》，中国人民大学出版社，2006 年，第 400 页。

级医疗机构受聘执业累计满20年及以上的乡村医生，如参加养老保险，男年满60周岁，女年满55周岁的，每人每月可领取300元养老金，乡村医生执业不足20年的，按执业年数计算，每执业1年，每人每月领取养老金的标准为15元。此外，村医还可通过出售非零差率药品，获得一定的差价补助。由于政府对村医给予了适当的经济补助，用制度维护了村医的合法权益，使得流失的村医开始逐渐回归，也较好地稳定了现有的村医队伍，使村卫生室能够保持平稳的正常运行。

（二）政府对村卫生室基本建设经费的投入，促进其硬件建设趋于标准化配置

2005年北京市政府把全市1486个标准化村级卫生机构工程建设和传染病救治体系及乡镇急救站建设纳入市政府折子工程，市发改委安排8970万元支持1486个标准化村级卫生机构建设。为全面贯彻落实《北京市农村卫生机构标准化建设“1486”工程和传染病接诊室、专用门诊、隔离留观室及乡镇急救站建设》文件精神，H区于2005年启动标准化村卫生室建设项目208个，于2005年11月底前完成竣工验收工作。本次观察的村卫生室根据相关政策要求，依托政府出资，在房屋面积、医疗器械和基本设施方面基本都已实现标准化配置。40个村卫生室中已有36个（90.0%）纳入“1486工程建设项目”范围，均于2005年分别接受政府约4万元的资金补助，完成标准化建设，建成后的卫生室面积在$40m^2$—$100m^2$。绝大多数按统一要求制作了醒目的村卫生室标牌及各功能科室标牌，并由区县卫生局统一配备了诊疗、消毒灭菌、急救、健康教育、药品贮存等常用的医疗设备和基础的办公设备。40个村卫生室中，有29个村卫生室（72.5%）已严格按照要求做到四室分开（诊室、治疗室、药房、宣教室），另有少数卫生室未能将治疗室和诊室分开，或者受地理面积的限制，未设宣教室（观察室）。40个村卫生室中仅有1家村卫生室的房屋面积为$30m^2$（C乡YS村卫生室），其余的均在$40m^2$以上，最大的约$120m^2$（B镇的SY村和Q梓镇的KT村），平均面积为$(60.87 \pm 19.08)m^2$。

（三）乡镇政府在资金补缺与突发公共卫生事件的应对方面对村级医疗给予较充分的支持

H区乡镇政府每年会根据财政规划，在改善乡村环境卫生条件、传染病防治、倡导农村卫生教育等公益性事业方面投入资金。在村卫生室房屋的使用上，在取暖费、电费的投入方面，乡镇政府基本都会提供一定的便利条件或责成村委会帮助解决。40个村卫生室中有35个村卫生室均由村委会免费提供其房屋。在第二次观察的33个村卫生室中，66.7%的村卫生室表示村委会会给予其日常维护必要的资金支持，如取暖、水电、设备维修等费用中的一项或多项。

在公共卫生防疫方面，乡镇政府会辅助乡镇卫生院为村级医疗卫生服务的开展提供必要的支持，如传染病、流行病的宣传组织、健康教育工作的动员、配合等。在访谈中，B 镇卫生院的相关负责人表示：“乡镇政府设有文教卫办公室，主要是组织协调工作，通知各村做两癌筛查、全面体检”。在面对传染病流行与突发公共卫生事件时，乡镇政府与村卫生室常常会通过共享医疗信息的方式联合行动、相互支持来发挥稳定民众心态的作用。例如在 2003 年 SARS 肆虐时，村卫生室与乡镇政府之间就曾建立了良好的信息共享机制；2009 年甲型 H1N1 流行时村卫生室也被镇政府视为基层疫病信息报送的主渠道和重要的宣传窗口，镇政府会专门派主管卫生的副镇长去村卫生室进行视察监督。

乡镇政府对村卫生室的资金支持和应急状态时的快速反应对于改善所属地的环境卫生条件，预防控制传染病和其他疾病的流行，培养农民良好的卫生习惯和文明生活方式，起到了一定的促进作用。

二、村卫生室医疗卫生服务中的政策制约性因素分析

（一）村卫生室未纳入新农合定点医疗机构范围，村民就医受到影响

村卫生室是与农民百姓在生活空间上最为接近的医疗机构，由于村医与村民较为密切的生活交往，村医较其他医疗机构的医务人员，对病患的熟悉程度、与病患的交流沟通能力往往会更强，因此村卫生室常会因其便利的位置与富有温情的医疗氛围而成为村民就医时的重要选择。在实地观察中，106 名被访谈村民针对不同类型的医疗机构进行客观选择时，总体顺位排列中，最经常去的是村卫生室。（见表 1）

表 1　实地观察的村民客观上最经常去的医疗机构的顺位排列情况

医疗机构	C 乡				B 镇						Q 镇				合计	
	QD 村		ED 村		NY 村		SY 村		BG 村		KT 村		YJ 庄			
	频数	顺位	频数	顺位	频数	顺位	频数	顺位	频数	顺位	频数	顺位	频数	顺位	频数	顺位
村卫生室	6	2	10	1	15	1	0	3	7	1	8	1	2	2	48	1
社区卫生服务站			3	2			13	1							16	3
乡/镇卫生院	3	3	2	3	0	3	0	3	1	2	0	2	0	3	6	4
区医院	8	1	1	4	1	2	2	2	1	2	8	1	14	1	35	2

村民在被问及患病时选择哪类医疗机构及其主要考虑的因素时，村民考虑的首要因素是距离因素（86 人次），其次是经济因素（48 人次）和技术因素（41 人次）。可见，村民对村卫生室的优先选择显然是考虑到距离较近、

医药费用较为实惠、村医对村民比较熟悉等原因。

随着当地经济收入的增长及新农合对参合农民补偿比例的增大，H 区新型农村合作医疗在筹资水平、补偿标准、补偿范围和补偿封顶线方面均有较大的提高。以住院补偿为例，2010 年 H 区参合农民在辖区公立一级医院及社区卫生服务机构就医，补偿比例为 70%，和 2009 年相比上调 15%；辖区二级医院及私立医院补偿比例为 60%，上调 10%；本区外医院补偿比例为 50%，上调 5%。在这样的政策环境下，村卫生室与其他纳入新农合报销范围内的医疗机构相比，其看病所显现出的经济实惠的优势正在逐渐减弱，尽管村卫生室减免挂号费，但村民在村卫生室的其他医疗费用仍需完全自费。因此村民即使对村医有个人的偏好与情感，也会出于对医疗成本的考虑而不得不选择其他医疗机构就医。访谈中绝大多数村医认为由于村民在村卫生室看病无法报销，所以导致很多村民舍近求远去社区站或乡镇卫生院、区医院看病，村卫生室的门诊量明显减少。

访谈中村医和村民都对村卫生室的生存状态表现出一定的忧心，村医表示将村卫生室排除在新农合报销范围之外，会导致农民看病不方便，也会使村卫生室的医疗功能在竞争中趋于萎缩。在第二次实地观察中，33 个村医被问及村卫生室的未来发展时，有 31 个村医表示希望将村卫生室纳入新农合报销范围。这样的呼声既反映了村卫生室目前惨淡经营的现状与村民就医便利化需求之间的尖锐矛盾，也反映了村医希望在基层医疗服务中发挥其应有作用的强烈愿望，这是在乡村医疗改革中，在对村级医疗机构进行功能定位过程中政府在制定政策时应当慎重考虑的。

（二）社区卫生服务站与村卫生室的重复建设，导致卫生资源浪费

在第二次实地观察中，课题组发现 33 个村卫生室中，有 23 个村在本村或附近设有社区卫生服务站，其中 B 镇的 SAD 村、SY 村存在社区卫生服务站和村卫生室并存的现象。站与室的重复建设使得在核心村医疗服务的开展出现重叠情况，由于村卫生室目前并未被纳入新农合定点医疗机构范围，所以在与服务站并存的村落环境中，医疗服务的功能在竞争中出现严重萎缩。有的村医表示村卫生室在与社区站的竞争中，由于报销机制的缺失，会直接影响村医的医疗服务提供和经济收益，这将会使村卫生室难以为继。

在观察中，室与站均开展基本医疗和公共卫生服务，在医疗服务的内容上呈现趋同性，但室与站的医生反映他们几乎没有什么业务往来。由此可见，站与室作为农村的基层医疗机构，目前的状况是各行其是，在基本医疗和公共卫生服务开展中缺少必要的协作。

尽管由于未纳入新农合定点医疗机构等政策原因，村卫生室与社区站在业务竞争上处于劣势，但在调查中 91% 的村医仍然坚信村卫生室对于服务群众、方便百姓就医是不可或缺的，社区站的设立无法取代村卫生室存在的价值。村医认为村卫生室便利的地理位置，熟人环境中的乡情、亲情，村民对村医的信任与尊重，是村卫生室所特有的优势。在访谈中村医在与社区站的医生相比较时把自身的优势总结为以下几点：(1)方便群众，村民能就近、就急获得基本的医疗服务。村医的工作时间较为灵活，会根据季节的变换和村民的生产实践、作息规律进行相应的调整。所有访谈村医均表示，村民熟知自己的联系方式，可随时通过电话联系出诊事宜，基本都能保证随叫随到。(2)对村民熟悉，服务态度好。村医与村民关系近，熟知村民的姓名和病症。在服务过程中，村医通常都会和村民进行较好的沟通，对其进行认真的询问、查体或诊脉，耐心地倾听病人对自己疾病症状的陈述。(3)收费较低，对困难家庭允许赊账。对特别贫困的村民村医往往出于悬壶济世的职业传统和同族同乡的亲情、乡情，会给予一定的救济救助，如减免部分费用或者允许赊账，各卫生室一年赊账几十元到几百元不等。

目前站与室的并存，医疗功能的重叠，使得村卫生室的医疗功能受到抑制，贴近百姓的医疗特色无法充分发挥，有的村卫生室甚至将主要的功能弱化为出售零差率药和防保宣传，基本医疗很少开展。

(三)村卫生室人员职业素质偏低，后继乏人现象严重

在被观察的村医中，年龄最小者43岁，年龄最大者69岁，平均年龄为56.88±6.18岁，年龄在50岁以上(包括50岁)的有37人，占88.1%，年龄在60岁以上的村医，达45.2%，而年龄在40—50岁的村医仅有11.9%，年龄结构严重老化。就从业年限来看，被观察村医平均从医时间达38年，88.1%的村医在20世纪60—70年代就已经从事农村医疗卫生工作了。92.9%的村医是原来的赤脚医生，后通过进修取得了乡村行医资格，最早者于1965年开始担任赤脚医生。随着村医年龄的增长，其知识更新意识、更新能力也趋于放缓。村医的学历以高中或中专为主，占66.7%，其次是初中，占28.5%，大专以上学历的仅占4.8%。村医的受教育程度、学历层次普遍偏低。

村医队伍的专业技术水平参差不齐，看病种类受限，不能较好地满足村民的日常医疗服务需求。访谈中81.1%的被观察村民认为村医平常能看头疼脑热等常见病。这与村民希望村医在治疗头疼脑热等常见病基础上能看一些复杂疾病，包括高血压、脑梗塞等心脑血管疾病、老年病及一些慢性病、急性病处理和急救等医疗需求存在一定的差距。

村医队伍年龄结构老化，职业素质偏低，亟须新的具有较高学历和专业素养的年轻人加入。但目前由于村医资质进入的门槛较高，经济待遇又较其他医疗机构偏低，不足以对年轻一代形成有效的激励，致使乡村医生的人才继替出现严重的短缺问题。在被访中91%的村医表示村里的年轻人不愿从事村医工作，多数人担心村卫生室无人接班会给乡村的基础医疗工作带来阻碍，难以满足农民的就医需要。

我国的《乡村医生从业管理条例》规定：自2004年1月1日起，进入村医疗卫生机构从事预防、保健和医疗服务的人员，应当具备执业医师资格或者执业助理医师资格。同时《中华人民共和国执业医师法》规定，只有具有高等学校医学专科学历或者中等专业学校医学专业学历，在执业医师指导下，在医疗、预防、保健机构中试用期满一年的，才可以参加执业助理医师资格考试，相当一部分人员因此被挡在报考大门之外。目前全国统考的执业助理医师资格考试，是针对具有经过系统化专业教育的毕业人员而设置的，具有一定的难度，即便是对于获得中专文凭的乡村医生而言，其通过率也非常低。而能够通过执业助理医师资格考试的乡村医生往往因经济待遇和发展机会等原因，而选择社区站或乡镇卫生院就职。过高的准入门槛使乡村医生队伍的社会继替陷入困境。一方面有大量暂未取得合法执业资格的医学高校毕业生被闲置，另一方面是关闭了这类医疗人才进入村级医疗机构的大门，使乡村医生队伍难以“新陈代谢”，为非法行医、迷信活动创造了空间①。

三、村卫生室医疗卫生服务可持续发展的政策建议

(一)政府应将村卫生室逐步纳入新农合定点医疗机构范围，方便农民就医

由于目前H区村卫生室未纳入新农合定点医疗机构范围，其医疗功能的发挥受到一定抑制，一边是村卫生室的勉力维持，一边是百姓就近就医的迫切需求。目前从政府层面已有相关政策出台，力图弥合村卫生室与新农合之间出现的裂痕。2008年北京市卫生局在《关于推进2009年本市新型农村合作医疗统筹补偿工作的意见》中指出：在规范村卫生室财务制度、诊疗制度和运行机制的基础上，可将纳入镇村规范化管理的、有条件的村卫生室纳入新型农村合作医疗定点范围。该意见发布后，北京市F区和M县开始在辖区内试点，将部分验收合格的村卫生室纳入新农合医疗定点就医范围，村民就诊可享受报销。M县规定参合农民在定点村卫生室就诊，药费按30%的比例减免。F区对纳入新农合定点医疗机构范围的村卫生室实行严格管理，规定应当为参合人员提供本级执业许可范围内的医疗服务，门诊医疗费用、住院医疗费用应当符合《北京市基本医疗保险规定》的药品目录、诊疗项目目录及服务设施范围和支付标准，并规定村卫生室不得接纳参合人员住院。同时建立定点医疗机构准入、退出机制，实施医疗机构落

---

① 夏松青：《论村卫生室在农村卫生服务网络中的地位和作用》，《卫生经济研究》，2008年第6期，第24—26页。

实新型农村合作医疗政策“不良记录社会公示制度”。

F区与M县的上述医改措施，对于提高新农合的医疗保障水平，方便参合农民就医提供了现实可行的范例。将村卫生室与新农合政策相衔接，可以较好地带动村卫生室建设的标准化、服务的规范化、管理的信息化和收费的公开化，增进新农合广覆盖给百姓带来的便利，提高新农合资金使用的效率，也有助于更好地调动政府、集体、个人等多方力量加强村卫生室的建设。

在将村卫生室纳入新农合定点医疗机构过程中，可以通过推行乡村一体化管理，进一步完善村卫生室的管理体制和运行机制。由乡镇卫生院履行对村级卫生室的人员、药品、财务和医疗的统一管理职能，确保村级卫生室健康发展。统一进药渠道、统一工作规范、统一收费标准，建立出入库及核查制度，控制医疗经营活动中伪劣假药和过期药品的流入，提高医疗服务质量①。

（二）政府应在农村卫生资源配置上有清晰的政策定位，引导农村医疗机构合理发展

目前在北京农村实际上有两种卫生服务体系，原来的乡镇卫生院下面是村卫生室；现在，乡镇卫生院同时也是所在乡/镇的社区卫生服务中心，两块牌子一套班子，下面分别是村卫生室和按基本满足远郊平原地区和山区居民分别出行20分钟、30分钟以内可及社区卫生服务的要求建立的社区站。社区站通常设在2—3个行政村的中心部位，一般实行8小时工作制，进行收支两条线管理，社区站工作人员的待遇和运行经费由财政保障。

在第二次实地观察中，社区卫生服务站与村卫生室基本上都提供公共卫生与基本医疗服务，服务内容上差别不大。距离社区站较远的村卫生室基本与社区站没有业务竞争，而距离社区站较近的村卫生室往往与社区站在医疗卫生服务功能的发挥上出现重叠，由于村卫生室目前并未被纳入新农合定点医疗机构范围内，在与服务站并存的村落环境中，其医疗服务功能在竞争中出现严重萎缩。因此在社区站的选址和村卫生室的设立上，卫生行政主管部门应充分考虑空间位置对两类医疗机构所带来的影响，按它们各自所承担的职责任务、服务人口、服务半径等因素，合理规划和设置站与室的执业地址。同时应明确两者的分工，社区站应该进一步加强公共卫生服务（预防、保健、健康教育、康复、计划生育技术指导）和基本医疗服务（一般常见病、多发病的诊疗服务）的服务水平，做到两类服务内容的并行协调发展。距离站较近的村卫生室应当着重加强公共卫生服务的功能，

---

① 郝潇：《加强农村村级卫生室建设，实现“人人享有基本医疗卫生服务”》，《决策探索》，2008年第12期，第52—53页。

辅助社区站提供预防保健方面的基础性服务。距离站较远的村卫生室应在确保其承担疾病监测报告、预防接种等公共卫生任务完成的基础上，着重加强基本医疗服务功能，为附近百姓提供及时有效、方便快捷的基本医疗初级诊治服务。通过提高社区站的综合服务功能，使社区站在村卫生室与社区卫生服务中心之间起到一个调配的作用，同时因地制宜地探索村卫生室医疗卫生服务提供的具体特点和内容，推进两类医疗机构医疗卫生资源的互补及各自优势的发挥。

（三）政府应建立适当的人才引进机制，吸引优秀卫生人才向农村流动

据本次观察，总体而言，村级卫生专业技术人才匮乏，卫生服务水平偏低，村医的社会继替正随着村医年龄结构的普遍老化成为制约村卫生室可持续发展的严峻问题。因此在基层医疗人才培养上，政府应启动实施以全科医生为重点的基层医疗卫生队伍建设计划，进一步健全卫生人才下乡支农制度。政府应制定农村医疗卫生服务岗位需求计划，面向农村招募较优秀的高中毕业生，通过单独考试、择优录取、签订服务协议等方式，与高等医科院校共同启动定向免费培养全科医生人才计划，村去村来，规定其毕业后须回到村卫生室服务。

另外，政府也可借鉴目前大学生村官选送培养制度，制定切实可行的鼓励扶持办法，鼓励医学院校的毕业生到农村医疗机构行医。为他们规定一定的服务年限，每月发放适当的工资，在服务期间为他们制定相应的发展培训计划，通过老一代村医的传、帮、带，让他们熟悉乡村医疗的内容与特色。待服务期满后，县、乡公立医院招聘人才时，在同等业务水平基础上可以优先考虑录用他们。以政府为主导，通过完善精神物质奖励、职务职称晋升等措施，增强乡村医生岗位的吸引力，使其成为医科院校大学毕业生择业的一种优先选择。在执业准入上，应当适当降低目前的准入门槛，为具有规定学历的医学高校毕业生进入农村医疗服务市场创造条件。

同时对村卫生室所有在岗人员提供专业技术培训和进修深造机会，与城乡医院结成对口支援关系，积极发展农村远程教育、远程医疗，加强城市与农村医疗服务人员的业务指导和学习交流。

以逐步改善村医的经济待遇为基础，以村医专业素养的提升与发展为激励，通过加强全科医学教育，逐步实施免费为农村定向培养全科医生和招聘执业医师计划，造就大批愿意扎根农村，服务农民的实用的合格医生，保证乡村医生队伍建设的可持续性。

（四）政府应加强绩效考核制度的执行力，促进各项服务有序开展

村卫生室医疗服务功能的实现，不仅依赖村医在执业行为中高度的责任感、使命感来进行自律，更依赖于卫生行政部门及其他第三方组织通过监督管理来实现他律。卫生行政部门监督的重点应是村卫生室的妇女、儿童、老年人等特殊人群的预防保健工作，以及传染病的监测报告以及慢性病的早期发现、早期诊断和早期治疗。乡镇卫生院应对村医的基本医疗和公共卫生服务工作开展日常性的业务指导和监督，根据村级基本医疗卫生服务的相关标准和要求实行分类考核。考核内容主要包括协助做好预防接种、传染病控制、慢性非传染病防治、妇幼保健与生殖健康、健康教育、村级公共卫生管理等公共卫生、基本医疗服务以及合理用药等项目的开展情况。评价方式应由卫生部门自评向镇级政府、村级组织、卫生部门和村民共同评价转变。

在对村医的绩效考核中，需进一步完善制度管理网络，建立公正、公开的监督管理体制，将村医的绩效考核真正落实到每一项明细的考核项目中，严格按照评估标准进行考核监督。通过村委会、村民和卫生行政主管部门三方联动，将日常的监督与阶段性的检查与年终评估结合起来，将村医的考核结果与村医的经济报酬直接挂钩，奖惩分明，使绩效考核工作成为村医提供保质保量医疗卫生服务的有力的鞭策力量，使国家投入到村卫生室的资金产生预期的公共效益。同时需要明确界定农村卫生管理部门在绩效考核方面的权责义务，强化行政问责制度，以提高其行政执行力。

中国社会历史发展经验充分证明：身心健康既是公民个人美好生活的基础，又是整个社会协调发展的基础，还是人类本性、人类需要满足和人类社会进步的客观要求①。加强村卫生室的服务功能，改善村卫生室的服务能力，对于保障农民的卫生安全，提高农民的健康素质具有重大意义，也是对广大农村百姓基本健康权益的尊重和维护。在村卫生室的可持续发展中，政府应当坚持公共医疗卫生的公益性，落实政府主体责任，加大投入，整合资源，加强政府在制度、规划、筹资、服务、监管等方面的职责，进一步完善村卫生室的服务功能，提高村级医疗卫生服务的水平和质量，缩小城乡居民享有公共卫生服务的差距，促进医疗公平和可及的实现。

参考文献

1.《北京市人民政府办公厅转发市卫生局等部门关于建立健全乡村医生社会养老保险制度与基本待遇保障机制意见的通知》(2010－04－06)，http：//www. fsou. com/html/text/lar/169681/16968156. html.

2.《H 区 1486 工程和传染病救治体系及乡镇急救站建设项目全部竣工各媒体争相报道》(2005－12－06)，http：//www. hrtrip. com/html/200512/2005120635207281. html.

3.《北京市 H 区 2010 年新农合参合工作圆满结束》(2010－04－15)，http：//nc. mofcom. gov. cn/news/13756161. html.

① 刘继同、吴明：《卫生政策的“国策”地位与卫生政治学的独特视角》，《中国医院管理》，2006 年第 9 期，第 8—10 页。

4. 中华人民共和国国务院令：《乡村医生从业管理条例》（2005 - 08 - 02），http：//www.gov.cn/banshi/2005 - 08/02/content_ 19251.html.
5.《北京市卫生局关于推进2009年本市新型农村合作医疗统筹补偿工作的意见》（2010 - 04 - 06），http：//www.fsou.com/html/text/lar/170355/17035514_ 1.html.
6. 中共北京市委、北京市人民政府：《关于推进北京市农村基本医疗卫生制度建设工作的若干意见》（2010 - 07 - 07），http：//www.bjcc.gov.cn/News/18/20081022/380.html.

（作者：张旭平　首都卫生管理与政策研究基地研究人员　副教授
吕兆丰　首都卫生管理与政策研究基地首席专家　教授
王晓燕　首都卫生管理与政策研究基地执行主任　教授
彭迎春　首都卫生管理与政策研究基地研究人员　副教授
彭　炜　首都卫生管理与政策研究基地　硕士研究生
宋晓霞　首都卫生管理与政策研究基地　硕士研究生）

基地名称：首都卫生管理与政策研究基地
依托单位：首都医科大学
项目类别：北京市哲学社会科学“十一五”规划研究基地项目

以有效控制费用为目标的医疗服务预付费方式的选择研究①

一、课题研究的目的

通过全面科学的分析，推荐北京市有条件采用的相对最佳的医疗服务预付费方式，为今后建立适合北京市情况的医疗费用支付体系提供可靠依据。

二、课题需要回答的主要问题

(1)北京市现行的医疗服务付费方式是否存在较严重的缺陷，其严重程度是否导致需要对付费方式或付费体系做重要的制度性调整。

(2)目前国内外实际运行的各种医疗服务付费方式中是否存在相对最佳的方式。

(3)北京市对尚未实行的潜在的相对最佳付费方式是否有比较迫切的需求，各利益相关者集团对实行这种付费方式的可接受性如何。

(4)北京市实行相对最佳的医疗服务付费方式，在技术操作上是否可行。

三、各种支付方式的简单介绍

(一)后付制

后付制是指按服务项目付费方式，其特点是医院的收入同提供医疗服务的项目多少有关，优点是能调动医疗服务供方的积极性；缺点是会诱导医疗服务供方提供过度的医疗服务等。

在按服务项目付费的制度下，保险方应该对服务的过程进行审查，以确保供方信息的准确、合理。但医疗保险经办机构需要对大量的服务项目和收费账单进行审核，工作量极大，管理成本很高，目前通行的做法是只

① 本文是《以有效控制费用为目标的医疗服务预付费方式的选择研究》项目的最终成果摘要，项目编号：07AbZH064。

对消费额大于几万元以上的病例进行审核。

(二)预付制

预付制是预算支付制的简称，是指在医疗活动开始之前，政府部门，或医保机构，或医院自身预先确定给医疗机构的补偿标准。支付标准在一定时期内是固定的，一段时期后按实际情况的变化再做相应的调整。预付制主要有总额预算、按人头定额付费、按服务单元定额付费、按单病种定额付费、按疾病诊断相关分组定额预付制，即 DRGs-PPS。

1. 总额预付制(global budget)

总额预付制是由政府部门或医疗保险经办机构与医疗服务供方协商，根据医疗机构前几年发生的医疗费用，确定该医疗机构一定时期(一般为一年)的预算总额。

2. 按人头定额付费(capitation)

按人头付费方式指医疗保险机构按照合同规定的时间(一般一年)，根据定点医疗机构服务对象的人数和规定的人头定额，支付给供方固定的医疗服务费用。

3. 按服务单元付费(service unit)

按医疗服务单元定额支付，是指在医疗保险中将医疗过程划分为相同的服务单元(如一个门诊人次、一个住院日或一位患者一次住院)，医保机构根据历史资料制定出平均服务单元费用标准，根据定点医疗机构为参保患者提供的服务单元数量结算付费的一种方式。

4. 按单病种定额支付(disease)

按单病种定额支付，是指以一个病种的一次住院治疗为付费定额单位的支付方式，多选择没有并发症的单纯病种。

5. 按疾病诊断相关分组定额预付制(DRGs-PPS)

DRGs-PPS 是当前国际上应用较为广泛的一种医疗服务预付制方式，以住院患者为对象，先将病人按系统分成若干 MDC，再按照资源消耗相近和临床治疗相近的原则将每个 MDC 中分成若干 DRG，根据费用或成本资料对每一个 DRG 制定支付标准。

四、现况及问题分析

(一)北京市医疗服务付费方式的现况

目前，北京市实行按医疗服务项目付费为主、单病种和服务单元付费为辅、少数职业人群按人头定额预算付费，多种付费方式并存的付费体系。

按项目付费是指医疗服务的支付方根据医疗服务供方提供服务的项目及其数量，按照每个服务项目的价格向医疗机构提供补偿的方式。其定价单元是服务项目，项目定价的基础数据是项目消耗的成本。

少数住院病种的医保病人其医疗费用实行按病种标准结算。北京市目前推出十种疾病的单病种付费办法，2006 年按病种支付病例占医保患者当年全部出院病例的 3.22%，按病种支付病例费用占医保患者当年全部住院收费的 1.14%。还有部分区属公费医疗人群实行按人头定额预算支付给指定的承包医院。

（二）按医疗服务项目定价结算支付方式中政府的作用方式与效果

1. 作用方式

（1）对服务项目成本进行准确的测算。

准确定价的基础是测算每一个服务项目的必要成本。由于物价和劳动力价格总是处于变动中，因此测算必须周期性进行。北京市的医疗服务项目有四千多个，测算工作是巨大的工程，最近一次全面的项目成本测算还是在 1999 年。

（2）对服务项目进行准确的定价和及时的周期性调整。

即便测算出几千个服务项目的必要成本，也不意味着能够以此为依据实施定价或调整价格。按照惯例物价长期稳定才是价格调整的“窗口期”，实际情况是近二十年来，“窗口期”既少又短，而非窗口期往往很长。

2. 效果

综合上述两点，在医疗服务项目的成本测算和定价两个环节上，价格背离价值是一种常态，而价格符合价值则比较少见。在此支付方式中政府的作用既难于做到，更难于做好。

（三）按医疗服务项目结算支付方式中医院的作用

按医疗服务项目结算支付是我国和我市长期以来采取的主要支付方式，这种支付方式操作简单。医生和患者对医疗服务的选择权较大，如无经济约束则患者容易得到自己满意的服务。同时，此种支付方式能够强烈刺激医疗服务供方提供医疗服务的积极性，使其不断改善服务条件，开展新的项目，提高服务能力。

但是，该支付方式下，由于向医疗机构支付费用的数量取决于服务项目的种类和数量，因此必然会导致供方诱导医疗需求的发生，包括医学检查、用药、手术以及治疗和护理上的过度需求和提供，造成医疗费用不合理增长；医院过多应用高、精、尖医疗技术。医院通过提供过度医疗服务来增加自身收入。由于医患双方信息不对称，医院占有信息主动权，患者无法知道自己是否得到合理的治疗。政府难以控制医疗费用的不合理增长。

（四）现行医疗服务费用支付方式的特点

（1）名义价格和实际价格的背离，即项目价格与疾病治疗价格的背离。

（2）制约疾病治疗实际价格的主要因素是病人的实际支付能力，而不是医疗服务项目定价的制约作用。

(五)现行医疗服务费用支付方式可能的好处

1. 解决了医院的生存问题

如前所述，政府长期对服务项目的定价标准不随劳动力和产品市场价格的变动情况进行调整，导致对部分医疗服务项目定价过低，使得医院只得通过对患者多提供服务项目或提供昂贵项目的办法来解决由于部分医疗项目定价过低所导致的医疗服务无法进行的问题，这种支付方式为医院自身的生存问题提供了“以错对错”的解决办法。

2. 解决了医院的发展问题

虽然医疗服务的项目价格多年来并没有随着劳动力和产品市场价格的上升情况而向上调整，但是从实际情况看，目前三甲医院在完成正常的业务活动后，大都有相当的财力投入扩大再生产，标志着目前这些医院总的收费数量高于或等于医疗业务所需要的费用。近二十年来医院利用项目价格与疾病治疗价格背离的特点，利用自己对疾病治疗的实际收费权，使得医院尤其是大型医院获得了长足的发展，也使医务人员的待遇得到了一定的改善。

虽然有上述两方面的好处，也必须指出，由于这是一种以成本增长为前提条件的收入增长策略，是一种以错易错的办法，社会为此付出了沉重的代价。

(六)现行医疗服务费用支付方式存在的问题

医院在项目服务的数量和种类上能动的空间比较大，由于医疗服务上医生和病人信息的不对等以及利益的驱动，医生向病人开大处方、大检查，“以药养医”、“以检查养医”等一系列现象的出现具有了普遍性。促进了医疗费用不适当地过快上涨。2005 年 7 月卫生部高强部长讲：“近八年来，全国医院人均门诊和住院费用平均每年分别增长 13% 和 11%，大大高于居民人均收入增长幅度。”根据我们的调查，北京市也与高强同志所讲的情况基本相同。

医疗服务费用上涨过快的危害：

导致群众看病贵。卫生部最近一次所做的《国家卫生服务调查》显示，过去 5 年，城市居民年均收入增长了 8.9%、农村增长了 2.4%，而城市、农村的年均医疗卫生支出则分别增长了 13.5% 和 11.8%，导致有 49.9% 的人应就诊而不去就诊，29.6% 的人应住院而不住院，出现了老百姓“看病贵”“看病难”的问题。北京市没有进行类似的调查，但是上述调查结果基本上也可以代表北京市的情况。此外，还导致了城镇职工医疗保险筹资额加大，从而进一步导致部分企业没有能力交纳，社会自主择业的劳动者不愿意交纳的问题。同时还大大地增加了行政事业单位医疗保障问题对财政的压力。

（七）医疗费用上涨过快中支付方式所发挥的作用

医疗费用上涨的原因很多，有合理的因素，如高新医疗技术的应用、物价和劳动力价格上涨等。20 世纪 80 年代美国改革支付方式，实施按诊断相关分组预付制（DRGs-PPS）以来对于控制医疗费用的增长起到了显著的效果。根据兰德公司的研究结果，美国在实施 DRGs-PPS 后，医疗费用的增长率由 14% 下降到 3%。说明支付方式确实对医疗费用的上涨速度发挥了重要的影响。相当于一个重要的控制器。

五、改革医疗服务费用支付方式的社会需求

（一）从国家卫生改革看改革支付方式的必要性

卫生改革的总体目标是：用比较低廉的费用提供比较优质的医疗服务。近年来医疗费用迅速增长的势头显然是与卫生改革的总体目标背道而驰的，因此，选择合适的支付方式来控制医疗费用的过快增长以利于实现三项改革的总体目标，成为当前卫生改革中亟待解决的问题。

（二）从群众关心的热点问题看改革支付方式的必要性

2005 年中国青年报社会调查中心的民意调查显示，群众普遍反映：医疗卫生改革十多年以来，医院虽然越来越多，看病却越来越难，而且越来越贵。60.1% 的人认为，现在看病比 10 年前更难了，89.9% 的人看病支出占家庭总收入的比例比 10 年前有较大增长，越来越贵的医药费让很多患者在医院门前望而却步。

（三）从直接利益相关者的视角和态度看改革支付方式的社会需求

医疗服务收费的直接利益相关者是医院、患者和保险机构三方，本课题组对北京市的医、患、保三方人员进行了抽样问卷调查，对患者的调查选择在友谊医院、宣武医院、和平里医院的住院患者中进行，接受调查的对象共 364 人，对医院院长和主管副院长的调查使用了北京医院协会的人员名单，采用分层随机抽样的方法进行，共调查了 36 人，对于医疗保险管理机构人员的调查，共抽取了市劳动与医疗保险局、市医保中心和 11 个区医保中心，每个机构抽取科长级以上人员 3 名，共 39 人。

利益相关者调查中各方对于支付方式改革的看法：

（1）改革的必要性。

医、患、保三方均认为当前医疗费用上涨速度快、医院存在一定程度过度服务或过度检查以及不规范收费行为的情况，各方都认为目前我国已具有进行支付方式改革的必要性。

(2)改革的迫切性。

调查显示，绝大多数患者认为当前医疗费用增长快，希望政府采取办法解决群众看病贵问题。医院管理者认为在考虑医院及病人利益的原则上采用科学的计算方法，将支付方式由事后结算改为事前结算，有利于医院建设发展，也能对解决“看病贵”问题能起到一定作用。医保部门也认为需要一种相对科学合理的支付方式，一方面规范医疗行为，同时解决当前医疗费用控制的难题，故各方对于支付方式改革的迫切性已经达成一定共识。被咨询的专家也认为当前开展本研究很有现实意义。

(3)支付方式改革的价值取向。

利益相关者各方认为在今后的支付方式改革中，政府应把医患双方利益的平衡作为基本的价值取向。专家咨询结果显示，多数专家认为支付方式的选择中需要协调考虑各方的利益。在此过程中，应处理好医、患、保三方的关系。

(4)支付方式改革的方向。

目前按服务项目结算和付费，是在治疗结束后一并结算医疗费用，是一种典型的后付制，而按照病种结算，按照诊断相关分组结算、按照服务单元结算、按照人头预算、按照总额预算的支付方式则是在事前确定支付标准，实际上是预算支付制，即本文中所称的“预付制”，在利益相关者调查中，医院院长和医保部门的人员对实施预付制是改革的方向基本达成共识。

(四)支付方式改革的技术需求

本研究组通过文献查阅、专家咨询、小组讨论，在支付方式改革的技术需求上达成的共识如下：

(1)能够合理补偿医疗服务成本；

(2)能够有效控制医疗服务费用的不合理上涨；

(3)能够保证医疗服务的质量和医疗服务安全；

(4)能够使管理部门和管理者的管理简单易操作；

(5)支付方式能够被患者所接受；

(6)支付方式可持续实行。

在上述六项中。重要的是四个：一是能够满足并不超越医疗服务中合理治疗发生的合理成本的需要；二是能够保证医疗服务的质量；三是能够有效控制医疗服务费用的上涨幅度；四是能够使医保部门和医院管理者的管理容易操作。如果我们深入研究上述四项，会发现第二项和第三项的内涵基本上可以合并入第一项，那么实际上最重要的有两项：一是能够满足并不超越医疗服务中合理治疗发生的合理成本的需要。二是能够使医保部门和医院管理者的管理容易操作。

六、文献研究的主要发现

支付方式改革已作为医疗费用控制的主要手段，成为许多国家医疗保险制度和卫生改革的核心。从各国医疗保险费用支付方式改革的实践来看，许多发达国家已将住院病人按服务项目支付的后付制转为实行预付制，支付方式呈现出多元化的趋向。总的来看，国际医疗保险支付方式的发展有以下几方面趋势。

（一）部分后付制发展为预付制

世界各国的医疗保险实践已经证明，按服务项目为代表的后付制是促使医疗服务供方诱导需求，导致医疗费用迅速增长的重要原因之一。为此，各国开始实施各种预付制支付方式。如美国实施 DRGs-PPS 支付方式以来对于控制医疗费用的增长取得了显著的效果。根据 RAND 公司的研究结果，美国在实施 DRGs-PPS 后，政府每年节约 180 亿美元的医疗费用，患者平均住院时间缩短了 20%，医疗费用的增长率由 14% 下降到 3%。

（二）单一支付方式发展为混合支付体系

各种支付方式均有其利弊，医疗费用支付的单一模式存在着局限性。从国际趋势来看，各国医疗保险费用基本上都趋向于采取混合支付体系。1983 年起，美国对全美享受老年医疗保险（Medicare）和贫困医疗救助（Medicaid）的住院病人采取按 DRGs-PPS 支付方式，此外，美国在健康维护组织（Health Maintenance Organization）中采取按人头付费的支付方式。从国内现状来看，较多的城市采用总额支付或按服务单元（即次均住院费用/床日住院费用）支付为主，按病种付费等支付方式为补充的混合支付方式。

（三）按疾病诊断相关分组（简称 DRG）付费成为改革的趋势

自美国率先在国际上推行按疾病诊断相关分组（DRGs）付费的支付制度之后，近年来，DRGs 已被越来越多的国家所采用，英国、澳大利亚、德国、法国、瑞典、挪威、瑞士、韩国、日本等国均在研究美国 DRGs 的基础上，根据本国国情及使用目的，建立了本国的病种组合方案。尽管 DRGs 也存在一些弊端，如医疗服务供方可能为获取更高补偿提高诊断等级、管理成本较高等，但按病种或 DRG 付费的预付费支付方式仍然日益受到各国的青睐，成为医疗保险制度改革和医疗费用控制中的一个突破口。

七、国内调研的主要发现

（一）关于服务单元定额付费

基本上可以为医疗机构所接受，对于控制医疗费用上涨起了较好的作用。但其弊端是对成本补偿的核定还是太粗糙。

（二）关于总额预算支付

保证了医疗保险基金收支平衡，但总额支付制度下也产生了医疗机构为防止超“总额”而减少了服务内容、降低服务质量，出现推诿重病人的现象，挫伤了医疗机构改善服务态度、提高服务质量的积极性。

（三）关于按照人头定额付费

对医疗费用的控制作用强，但是需方和供方都有很大意见。定额标准制定的随意性很大。

（四）关于单病种定额付费

可以达成“既能够补偿成本，又能够控制费用”的效果，各地有逐渐扩大单病种结算范围的趋势，目前的困难是大多数地方对病情变异大，医疗费用变异大的病种，尚无进行病种收费的测算办法，导致定额结算的单病种较少，覆盖率较低。

（五）关于按 DRGs 付费

目前尚无任何地区实行。

八、对各种支付方式的评价

采取专家咨询方法，选取了 19 位国内曾经深入研究过医疗费用支付方式的专家，请他们在合理反映医疗服务成本的程度、有效控制医疗服务费用不合理上涨的作用、保证医疗服务质量和医疗服务安全的作用、医疗保险局管理的可操作性、医院管理的可操作性、支付方式的可持续性，六个方面对各种预付费支付方式进行比较和评价。

不同支付方式在不同评价指标的得分情况及分析如下：

（一）合理反映医疗服务成本的程度

合理反映医疗服务成本是衡量一种支付方式优劣最重要的指标，表 1 列出了不同支付方式该指标上的专家评分情况（所有的指标满分为 7 分）。

表 1　不同支付方式合理反映医疗服务成本程度情况

支付方式	均值
DRGs-PPS	5.58
按单病种	4.32
按服务项目	4.16
以服务单元为主的混合支付方式	3.90
以总额预付为主的混合支付方式	3.84
按服务单元	2.84
按人头	2.68
总额预付制	2.58
该评价指标得分均值	3.74

从专家评分的均值看，在合理反映医疗服务成本的程度上，几种支付方式中最合理的是 DRGs-PPS，并且与第二位的差距较大；其次为按单病种、按服务项目、以服务单元为主的混合支付方式、以总额预付为主的混合支付方式；按服务单元定额支付、按人头付费得分较低；专家评分最低的是总额预付制。

（二）有效控制医疗服务费用不合理上涨的作用

有效控制医疗服务费用的不合理上涨是评价支付方式的重要指标之一，表 2 列出了不同支付方式在该指标上的专家评分情况。

表 2　不同支付方式有效控制医疗费用不合理上涨作用情况

支付方式	均值
DRGs-PPS	5.84
按人头	5.21
按单病种	5.05
总额预付制	5.00
按服务单元	4.68
以总额预付为主的混合支付方式	4.68
以服务单元为主的混合支付方式	4.16
按服务项目	1.79
该评价指标得分均值	4.55

从专家评分的均值看，在有效控制医疗服务费用不合理上涨的作用方面，几种支付方式中最有效的是 DRGs-PPS，其次为按人头付费、按单病种付费、总额预付制、按服务单元定额支付、以总额预付为主的混合支付方式、以服务单元为主的混合支付方式，专家评分最低的是按服务项目支付。

（三）保证医疗服务质量和医疗服务安全的作用

保证医疗服务的质量和医疗服务安全是评价支付方式的重要指标，表 3 列出了不同支付方式在该指标上的专家评分情况。

表 3　不同支付方式保证医疗服务质量和医疗服务安全作用情况

支付方式	均值
DRGs-PPS	5.05
以服务单元为主的混合支付方式	4.05
以总额预付为主的混合支付方式	4.00
按服务项目	3.95
按单病种	3.95

续表

支付方式	均值
按服务单元	3.11
总额预付制	3.00
按人头	2.95
该评价指标得分均值	3.76

从专家评分的均值看，在保证医疗服务质量和医疗服务安全的作用方面，几种支付方式中最好的是 DRGs-PPS，并且与第二位的差距较大；以服务单元为主的混合支付方式、以总额预付为主的混合支付方式、按服务项目付费、按单病种付费四种方式基本相同；再次是按服务单元付费、总额预付制；专家评分最低的是按人头支付。

（四）医保局管理的可操作性

本研究将管理简单易操作性作为评价指标之一。在专家咨询中将此指标进一步分解为医疗保险局管理的可操作性和医院管理的可操作性两个指标。表 4、表 5 分别列出了不同支付方式医疗保险局管理的可操作性和医院管理的可操作性专家评分情况。

表 4　不同支付方式医疗保险局管理可操作性情况

支付方式	均值
按人头	5.42
按服务单元	5.26
总额预付制	4.84
按单病种	4.74
按服务项目	4.68
以服务单元为主的混合支付方式	4.42
以总额预付为主的混合支付方式	4.42
DRGs-PPS	4.00
该评价指标得分均值	4.72

从专家评分看，在医疗保险局管理的可操作性方面，几种支付方式中最好的是按人头支付，其次是按服务单元付费、总额预付制、按单病种付费、按服务项目付费、以服务单元为主的混合支付方式、以总额预付为主的混合支付方式，专家评分最低的是 DRGs-PPS。但本组的差距不大，DRGs-PPS 的平均值仍然达到了 4 分，在七分制记分法中位于中等。

（五）医院管理的可操作性

表 5　不同支付方式医院管理的可操作性情况

支付方式	均值
按服务项目	5. 68
按人头	4. 32
按服务单元	4. 26
DRGs-PPS	4. 26
以服务单元为主的混合支付方式	4. 05
以总额预付为主的混合支付方式	4. 00
按单病种	3. 95
总额预付制	3. 95
该评价指标得分均值	4. 31

从专家评分的均值看，在医院管理的可操作性方面，几种支付方式中最好的是按服务项目付费，其次是按人头支付、按服务单元付费、按 DRGs-PPS 付费、以服务单元为主的混合支付方式、以总额预付为主的混合支付方式，专家评分最低的是按单病种付费和总额预付制。

（六）支付方式的可持续性

支付方式可持续实行也是评价支付方式的重要指标之一，表 6 列出了不同支付方式该指标上的专家评分情况。

表 6　不同支付方式可持续实行性

支付方式	均值
DRGs-PPS	5. 06
以总额预付制为主的混合支付方式	4. 00
按单病种	3. 84
以服务单元为主的混合支付方式	3. 79
按人头	3. 63
按服务单元	3. 21
总额预付制	3. 21
按服务项目	2. 84
该评价指标得分均值	3. 69

从专家评分的均值看，在支付方式的可持续实行方面，最好的是 DRGs-PPS，其次是以总额预付为主的混合支付方式、按单病种付费、以服务单元为主的混合支付方式、按人头付费、总额预付制、按服务单元付费，专家

评分最低的是按服务项目支付。

各种支付方式评价总结如下：

表7　各个支付方式得分情况

支付方式	均值	中位数	标准差	标准误	最大值	最小值	变异系数
DRGs-PPS	4.96	5	1.76	0.17	7	1	0.35
按单病种	4.31	4	1.53	0.14	7	1	0.38
以总额预付为主的混合支付方式	4.16	4	1.31	0.12	7	2	0.33
以服务单元为主的混合支付方式	4.06	4	1.31	0.12	6	1	0.33
按人头	4.04	4	1.56	0.15	7	1	0.39
按服务单元	3.89	4	1.64	0.15	7	1	0.41
按服务项目	3.85	4	2.02	0.19	7	1	0.50
总额预付制	3.76	4	1.64	0.15	7	1	0.41
合计	4.13	4	1.64	0.05	7	1	0.41

表8　各个支付方式不同评价指标专家评分均值

评价指标	支付方式								评价指标得分均值
	总额预付制	按服务项目	按服务单元	按人头	以服务单元为主的混合支付方式	以总额预付为主的混合支付方式	按单病种	DRGs-PPS	
合理反映医疗服务成本的程度	2.58	4.16	2.84	2.68	3.90	3.84	4.32	5.58	3.74
有效控制医疗服务费用不合理上涨	5.00	1.79	4.68	5.21	4.16	4.68	5.05	5.84	4.55
保证医疗服务质量和医疗服务安全	3.00	3.95	3.11	2.95	4.05	4.00	3.95	5.05	3.76
医疗保险局管理的可操作性	4.84	4.68	5.26	5.42	4.42	4.42	4.74	4.00	4.72
医院管理的可操作性	3.95	5.68	4.26	4.32	4.05	4.00	3.95	4.26	4.31
支付方式的可持续实行	3.21	2.84	3.21	3.63	3.79	4.00	3.84	5.06	3.69
支付方式得分均值	3.76	3.85	3.89	4.04	4.06	4.16	4.31	4.96	4.13

从各种支付方式的总分看，得分最高的支付方式为按 DRGs 付费，并且明显高于第二位，可见实施按 DRGs 付费已得到了专家的认可。以下依次为按单病种付费、以总额预付为主的混合支付方式、以服务单元为主的混合支付方式、按人头付费、按服务单元付费、按服务项目付费，总分最低的支付方式为总额预付制。

九、对各种支付方式的选择

(一)按服务项目付费

按服务项目付费是目前最普遍的支付方式，可以实现“满足医疗服务中发生的成本”的要求，在医院管理上具有较好的可操作性，但因其不能实现“不超过医疗服务中合理治疗发生的合理成本”的要求，应被列为下一步改革的对象。

(二)单病种定额付费

从道理上可以实现“满足并不超越医疗服务中合理治疗发生的合理成本”的要求。但实际操作过程中，如果对每一种疾病的每一种情况都制定一个科学合理的收费标准，制定收费标准的过程会过于复杂，技术上无法实现，DRGs 优于单病种付费支付方式就在于此。目前的情况是许多地方对一部分病种制定了收费标准，而其他大部分病种实行其他收费方式，其缺点是会使医院将“创收”冲动转移到未实行病种定价的病人身上，实际运行效果并不理想，故按病种付费与其他方式比较也不应列为最优先的选择。

(三)按照总额付费

虽然可以保证医疗保险机构经费收支的总量平衡，但是由于既不能实现“满足医疗服务中发生的成本”的要求，也不能实现“不超过医疗服务中合理治疗发生的合理成本”的要求，同时加大医院管理难度，故不应该列为北京市的选择。按照以总额预付为主的混合支付方式付费实施的优缺点与按总额付费类似，故也不列为北京市的选择。

(四)按照人头付费

可以保证医疗保险机构经费收支的总量平衡，在医疗保险部门管理上也比较简单易操作，但其缺点是既不能实现“满足医疗服务中发生的成本”的要求，也不能实现“不超过医疗服务中合理治疗发生的合理成本”的要求，故不适宜全面推开。

(五)按照服务单元付费

可以极其粗略地实现“满足医疗服务中发生的成本”的要求，同时可以极其粗略地实现“不超过医疗服务中合理治疗发生的合理成本”的要求，但精确程度实在太差。不少城市的医疗保险机构为了克服按服务单元支付不精确的弊端，采取了按服务项目结算与按服务单元结算相结合的办法，对按项目结算未达到单元定额的住院病人费用按项目结算；但是这样做的弊端是：会刺激医院对按项目结算未达到单元定额的病人多提供服务项目，以谋求多获得补偿，这从一个侧面说明按单元结算存在着难以克服的内部缺陷。故不应该列为北京市的选择。

（六）按照 DRGs 付费

能够比较精确地实现“满足医疗服务中发生的成本”的要求，比较精确地实现“不超过医疗服务中合理治疗发生的合理成本”的要求，该支付方式已由专家论证具备较多优越性，得到了专家的一致肯定。利益相关者调查结果亦显示，医疗服务供方和医保部门也对实施 DRGs 控制费用不合理增长的作用予以肯定，并对北京市开展实施 DRGs 持赞成态度。因此可以将其列为北京市对住院病人首选的支付方式，可以部署开展 DRGs 试点。

十、政策建议

北京市对住院病人实行以 DRGs 为主的支付方式，在目前各种支付方式中，针对个体，DRGs 能够最好地反映资源消耗，同时又不致过于繁琐。针对医院，可以满足医院总的医疗支出的费用补偿。能够抑制不同医院间收费畸重畸轻的问题，能够反映不同医院之间治疗强度上的差异。具体的方法建议如下：

(1)开放个别病种暂时不实行 DRGs，即采用高新技术治疗尚未确定诊疗规范的个别病种暂不实行 DRGs。实行医院申请制度。

(2)个别病种的个别高值耗材暂时不列入 DRGs 支付范围，实行单独支付。实行医院申请制度。

(3)其余绝大多数病种开始实施 DRGs 支付时，按 DRGs 的标准支付 70% 的费用，按服务项目的标准支付 30% 的费用，每年减少按服务项目支付的比例 10%，按 DRGs 的标准增加支付 10%，三年后实施完全按 DRGs 支付。

(4)成立北京市 DRGs 测算中心和医疗服务项目成本测算中心。因为 DRGs 需要每 2 年左右调整一次分组轴线和支付标准，必须有专门的 DRGs 测算中心从事此项工作。北京市从以费用为基础的 DRG 支付逐步转换为以成本为基础的 DRGs 支付，必须有专门的机构测算医疗服务项目成本，需要每 2 年左右调整一次项目成本。因此上述两机构是必需的。

(5)研究 DRGs 支付的线外支付标准。对超过 DRGs 平均住院日的病例，要研究 DRGs 补充支付标准。

十一、成果的学术价值、应用价值及社会影响

(1)研究报告呈送北京市人力资源与社会保障局后，受到了该局领导同

志的高度重视，表示研究报告内容翔实，回答了北京市卫生改革中迫切需要回答的问题，研究结论正确有力。该研究报告已经为北京市医疗付费方式的改革和有关政策的制定提供了政策支持，北京市有关部门已经决定在本市部分医院实施 DRGs 付费方式的试点，本项决策即吸收了上述研究报告及研究结论中的合理成分。

(2)完成了课题研究报告，在国内卫生管理类杂志中影响因子最高的核心期刊《中华医院管理杂志》发表了 5 篇研究论文。已经达到了预期目标。

(3)论文发表后在社会上引起积极的反响，曾三次应中华医学会继续教育学会和北京大学医院管理学会的邀请为全国 200 多名医院和医保管理者做专题学术报告，且反响很好。

(4)2009 年课题年度考核后，北京市哲学社会科学规划办公室主办的《北京社科》刊物 2009 年 11 期(成果摘要)栏目刊出了本课题研究结果的部分内容——北京市医疗费用支付方式的现状及问题分析。

参考文献

1. 郝模、吴延明:《与社会协调解决问题：卫生事业可持续发展的基石》,《中华医院管理》, 1998 年第 1 期。
2.《北京市基本医疗保险费用结算暂行办法》(京劳社医发[2001]17 号)。
3. 邓晨珂:《改变医疗费用支付方式是重要的改革途径》,《中国药业》, 2006 年第 15 期。
4. 黄慧英:《美国诊断相关分类法的综合介绍》,《国外医学医院管理分册》, 1990 年第 4 期。
5. 卢祖洵:《社会医疗保险学》, 人民卫生出版社, 2003 年。
6.《北京市基本医疗保险急性阑尾炎手术治疗单病种付费管理办法》(京医保发[2004]65 号)等。
7.《北京市基本医疗保险肾移植术后抗排异治疗定额付费管理试行办法》(京医保发[2005]55 号)。
8. 于坤、曹建文:《医保费用控制政策对医院用药行为的影响》,《中国医院管理》, 2004 年第 8 期。
9. 中华人民卫生部:《中国卫生统计年鉴(2005 年)》, 中国协和医科大学出版社, 2005 年。
10. 卫生部统计信息中心:《中国卫生服务调查研究——第三次国家卫生服务调查分析报告》, 中国协和医科大学出版社, 2004 年。
11. 朱士俊、鲍玉荣:《医疗费用支付方式改革——DRGs 简介》,《中华医院管理杂志》, 2006 年第 10 期。
12. 赵郁馨、陈兴宝:《澳大利亚的病例组合》,《中国卫生资源》, 1998 年第 3 期。
13. 广州市劳动与社会保障局:《广州市城镇职工医疗保险医疗费用结算办法》, 印发《广州市城镇职工医疗保险医疗费用结算办法》的通知(穗劳社医[2003]14 号)。

14. 郝模、林尚立、刘俊：《解决看病贵等技术非常成熟 关键是政府的决心》，《中国卫生资源》，2007 年第 3 期。

15. Achim Schmid, Ralf Götze. Cross-national policy learning in health system reform: The case of Diagnosis Related Groups . Oxford: Blackwell Publishing Ltd, 2009.

16. Rod Jones. Toward real measures of hospital efficiency. Camberley: ACMA, 2009.

17. S. Kwon. Changing Health Policy Process: Politics of Health Care Reform in Korea. Seoul: Seoul National University, 2002.

（作者：常文虎　首都卫生管理与政策研究基地研究人员　教授）

北京对外交流与外事管理研究基地（外交学院）

基地名称：北京对外交流与外事管理研究基地
依托单位：外交学院
项目类别：研究基地自设项目

主体间认知差异与中国的外交决策①

一

认知差异是决策研究中不可回避的问题。比较突出的认知差异有两种，一种可以称为主客认知差异，即认知主体与客观事实之间的差异。任何决策都要有事实根据，但是这种事实并非完全的客观事实，而是决策者认知世界中的事实。决策者的认知越是接近客观事实，决策的准确度也就越高，决策意图便越可以实现。当我们研究决策的时候，需要研究决策者认知世界，因为这个认知世界总是存在错误知觉的。二是主体间认知差异，即决策环境中不同行为体对同一事物的不同认知。行为体的认知世界是在多种复杂的环境中形成的，这个环境中存在不同的、但却又是不断互动的行为体。他们都是根据自己的历史背景和实践经验，对环境和环境中的其他行为体做出判断，并在这种判断的基础上进行决策。诸多错综复杂的因素——宏观的和微观的、经济的和社会的、内部的和外部的——构成了一个错综复杂的决策环境。这个环境越是复杂，其中的互动因素和互动关系也就越多，不同行为体对同一事物的认知差异也就越大。对于第一种的主客认知差异已有不少著述，②但主体间认知差异及其导致的后果却没有深入的、有重要影响的研究成果。

外交决策中的主体间认知差异也是明显的。由于行为体的认知是基于自己的知识结构、文化背景、实践经验、信息渠道等一系列因素做出的，所以主体间认知差异总是存在的，在无政府状态的国际体系中尤其如此。明智的决策者会敏感地意识到认知差异并尽力缩小这样的认知差异，以便改善决策环境，使决策意图得以更大程度上的实现。所以，研究外交决策离不开研究决策者的认知，也必须研究决策环境中不同行为体的认知。当

---

① 本文是《新时期国际秩序：大国关系与中国外交战略》项目的阶段成果。

② ［美］罗伯特·杰维斯著，秦亚青译：《国际政治中的知觉与错误知觉》，世界知识出版社，2003 年。

环境趋于复杂的时候，主体间认知差异会加大，造成决策困难，因此对主体间认知差异的研究也就越是必要。世界情势瞬息万变，不同行为体对同一客观事物的认知表现出不同程度的差异。如果这种差异过大，不仅给决策带来困难，甚至会导致重大的决策失误。张伯伦认为自己的外交努力可以带来一代人的和平，但是，他的慕尼黑之行并没有阻止希特勒的侵略行动。主客认知差异理论一般将这一错误归因于张伯伦对客观事实的错误认识，但这样分析无疑忽视了他的认知和希特勒的认知之间存在的巨大落差。也许，正是这种主体间认知差异导致了绥靖政策的彻底失败。

自 20 世纪 80 年代以来，中国与世界的关系发生了历史性的变化。国际体系经历了冷战后的巨大变化，中国和世界的相互依存程度大大提高。其中最重要的一点是中国国内政治、经济和社会进程与国际体系发展和国际社会运作处于高度和密集的互动状态，几乎任何国际行为体都会与中国打交道，任何重大国际事务都会对中国国内的进程产生影响，任何重大国内事务也会对国际进程产生影响。随着中国的迅速发展，这种交互影响的效应越来越明显。这就意味着中国的外交决策必须面对国内国际两个相互交错的场景，在一种双层博弈中进行。[①]中国的外交决策环境确实变得越来越复杂，国内国际大互动的实际使得中国外交决策必须考虑不同行为体之间的认知差异问题，因之也使这一问题成为研究人员的重要课题。

二

当前，中国外交决策面对三种主要的主体间认知差异。

一是中外认知差异，即国内国际对中国的不同认识，突出表现在我们自己和国际社会对中国的身份定位存在不同的看法。中国国家身份的定位本来就十分复杂，中国也确实呈现出一种多重身份的状态：既大又小，既强又弱，既富又贫。经过改革开放 30 年的发展，中国的经济实力迅速上升，国内生产总值已经占据世界第三的位置。同时，中国是一个人口大国，自身发展很不平衡，国内不同地区经济差异很大，人均国民生产总值也依然很低。事实上，以任何一种单一身份不加区别地界定中国的国家身份都会失之偏颇。

但是，在决策过程中，人们往往希望以一种明晰的身份来界定中国，以便减轻决策压力和简化决策程序，加之审视角度的不同，就中国身份问题，不同决策者的认知差异就显现了出来。从对自己国情的了解和对国际权力结构的认识，我们对中国的身份定位包含了两个基本要素：中国是一

---

① Robert Putman. Diplomacy and Domestic Politics: The Logic of Two-Level Games, International Organization, Vol. 42, No. 3, 1988, pp. 427—462.

个发展中国家，仍处于社会主义发展的初级阶段。从某种意义上讲，这无疑是一个事实。中国幅员辽阔、人口众多，地区之间的差异和社会阶层之间的差异都是巨大的。据此，中国在可以预见的未来会将主要精力集中在国内的发展上面。但是，国际舆论却更多地将中国视为一个准超级大国、世界第二大强国。金融危机之后，这种认识进一步加强。“两强治世”（G2）、“中美国”（Chimerica）等概念被不断地制造出来，各类国际会议现在似乎没有中国人的参与就不能称之为完整的国际会议。不仅如此，在一些重要国家的外交决策和全球战略制定过程中，都将中国视为最重要的因素之一。所以，对于中国的国际身份和地位，中外主体间差异是明显的，并且成为我国外交决策的一个问题。

二是纵向认知差异，即国内政治精英与民众之间的认知差异。中国对外决策的主体人群与中国的草根群体对中国国际战略和对外政策的一些方面存在不同认识。由于外交决策的特点，公众掌握的信息和政治精英掌握的信息存在很大的不同。应该说，政治精英尤其是参与决策过程的人士对信息的掌握是超过公众的，有时甚至是垄断性的。公众的信息大多来自公开的国内媒体和相互之间的传播。比如在古巴导弹危机期间，苏联和东欧的公众认识到的苏联实力远远超出了苏联的实际力量，他们所认识到的美国实力也要低于美国的实际力量。所以，虽然包括赫鲁晓夫在内的苏联最高决策层知道双方的实际力量对比，并因此决定撤出部署在古巴的导弹，但这种退让使很多人感到困惑不解，尤其使苏联的盟国感到失望和沮丧。

中国纵向认知差异的一个主要方面，表现在对外政策的所谓“软”与“硬”上面。改革开放确定了中国的主要战略是国民经济发展，从而明确中国对外战略的主要方面是为国民经济发展创造和维护有利的国际环境，国际合作也就成为中国对外战略的主导内涵。“和平、发展、合作”是中国对外决策的指导方针，你中有我、我中有你的整体态势对中国发展是有利的。“发展”实际上被界定为中国的一个至关重要的核心利益。应该说，30 年来，这一外交方略是明智的，它实现了中国对外战略的基本意图，维护和营造了一个比较有利的国际环境，使得美国等一些国家无法对中国采取当年对苏联的遏制战略。否则，中国的国民经济发展会遇到更大的国际障碍，中国的国民生产总值也不会达到目前坐三望二的地位。

公众希望看到更加阳刚的外交。一百多年来中国始终在追求国家强盛和民族复兴，这是一种不能泯灭的政治心理，也是中华民族复兴的主要动力。[①]随着中国国家实力的上升，这种希望会进一步加强。与此同时，民族

① Qin Yaqing. Struggle for Identity: A Political Psychology of China's Rise, in Brantly Womack, ed., China's Rise in Historical Perspective, Lanham: Rowan and Littlefield, 2010, pp. 249—269.

主义也会上升。民族主义从来都是一柄双刃剑，一方面，它激发一个民族的集体自强精神，使这个民族能够自立于世界民族之林，推动民众为民族大业努力奋斗。对中国这个近现代史上饱受外国列强欺辱的国家来说更是如此。另一方面，极端民族主义会刺激非理性情绪，会自我封闭，也会使得一个国家在国际社会中处于孤立状态。公众希望中国有更加强硬的外交，这是两种民族主义成分混合的结果。互联网时代确实在某种意义上使世界变得扁平起来，权力的集中程度下降，信息的来源多元化，信息的传播速度加快，信息自身也变得复杂起来，传播过程中建构起来的信息也就成为“真实”信息。①虽然公众的呼吁并不全是理性的，但是它却成为国家决策环境中的要素之一，直接影响到国家的外交决策和国家国际行为的余地。

三是横向认知差异，即国内利益群体之间对同一事物的认知差异。国内国际两个政治进程中的利益关系是十分复杂的，中国全面进入国际社会之后，中国社会内部的利益出现了迅速多元化的趋势，利益多元化推动了利益群体的形成，利益群体的形成导致了对同一事物的不同认知。利益群体政治是任何政体中不可忽视的一个部分，也是外交决策中内外互动的一个主要组成部分。当年埃里森从对古巴导弹危机决策的研究中凝练出“政府部门政治”(governmental politics)的非理性决策模式，主要是讨论不同政府部门都试图如何将自己的部门利益确立为国家利益，并且形成竞争。埃里森虽然考虑到部门之间的利益分歧，但采用的仍然是一种国家主义的研究方式，把重点集中在政府内部的不同部门之间，没有考虑社会群体在外交决策中的影响和作用。②

但是，社会力量是重要的外交决策环境因素。中国社会多元利益的发展是一种正常的社会现象，它也必然进入外交决策进程。这种情景也加大了集团之间的认知差异，并且随着中国社会的发展和中国利益的海外延伸，不同利益都要求在外交决策中有所体现，这就使得决策程序变得更加复杂。比如，出口企业的利益可能与内销企业不同，沿海地区的利益可能与内陆地区不同，环保部门的利益可能与能源部门不同，等等不一。在社会多元化和权力相对流散的情况下，高度集中地确定国家在国际体系和国际社会中的利益已经很难做到。即便已经在国家层面理性确定了的国家利益，也会由于集团利益的介入而在实现过程中发生某种程度的变异。

三

内外、纵向和横向这三种主体间认知差异在任何政体、任何社会中都

① 参见[美]托马斯·弗里德曼著，何帆等译：《世界是平的》，湖南科学技术出版社，2006年。

② Graham Allison, Philip Zelikow. Essence of Decision: Explaining the Cuban Missile Crisis, 2nd ed., New York. Longman, 1999.

会存在，所以它是一种普遍的决策现象。但是主体间差异的程度是可以不同的，也是可以通过采取措施加以调节的。对于外交决策环境而言，主体间认知差异程度越大，决策也就越复杂、越困难，对外政策的执行和运作余地也就越小。20 世纪五六十甚至七十年代的中国，这种差异虽然也存在，但是在一种相对低的程度上运行，对外交决策环境并没有产生明显的和决定性的影响。改革开放以来，中国的国际环境和国内环境都发生了重大变化。国际社会经历了冷战后的转型，中国自身也处于改革开放带来的巨大社会变革之中，中国与国际社会的相互作用日益明显、日益加大。这种高速度发展和高密度互动也使得认知差异日趋明显。对于转型和迅速发展的社会来说，这属于正常现象。但需要考虑的问题是，如何缩小这些差异，以便使外交决策更加科学，外交手段更加合理，外交战略意图更能够得以充分实现。

主体间认知差异很容易产生期望落差。中外差异使得国际上一些人认为中国不愿意承担国际责任：我们仍然是一个发展中国家，但国际舆论实际上将中国视为世界第二大国。这种认知差异的一个明显结果就是国际社会要求中国承担更大的国际义务，其中不少甚至远远超出了中国的实际能力，哥本哈根会议的减排目标就是一个实际的个案。在其他领域，类似例子仍然很多。并且，随着中国的进一步发展，这样的要求会更多。比如在环保、核裁军、对外援助、地区安全等不同跨国问题领域，对中国的期望值都有增高的趋势。纵向认知差异趋于导致国民对国家的对外政策不理解，认为中国外交太“软”的观点主要就是这种认知差异推动形成的。横向认知差异则趋于将群体利益等同于国家利益，从自我利益的视角解读国家利益，甚至在知道国家整体利益的时候，也会将群体利益置于国家利益之上。

对外决策环境的难易在很大程度上取决于主体间认知差异程度的大小，缩小主体间认知差异会使决策环境的便利面上升，困难面下降，反之亦然。中国外交决策目前面临的一个难题是：一方面中国在迅速发展，对外关系出现了前所未有的扩展，中国外交面对的国际国内形势更趋复杂；另一方面，以上讨论的三类差异都呈现上升态势，且在有的时候是急速的跳跃式上升。这种情景加大了外交决策和政策执行的难度。

自然，有许多措施可以缓解这类问题，比如合理的公共外交战略、有效的高层外交协调机制等等。由于这类认知差异已经成为外交决策必须面对的一个问题，本文希望重点提出主体间认知差异这一概念，目的是设计外交决策研究的一个次级议程，使研究人员关注主体间认知差异，思考这类差异是如何产生的，在什么条件下、采取什么措施，可以使主体间认知差异加大或是缩小。对于经历五千年之大变局的中国来说，对于面临复杂多变内外形势的中国外交来说，这无疑是一个十分重要的问题。

参考文献

1. [美]罗伯特·杰维斯:《国际政治中的知觉与错误知觉》,世界知识出版社,2003 年。
2. [美]托马斯·弗里德曼著,何帆等译:《世界是平的》,湖南科学技术出版社,2006 年。
3. Robert Putman. Diplomacy and Domestic Politics: The Logic of Two-Level Games, International Organization, Vol. 42, No. 3, 1988.
4. Graham Allison, Philip Zelikow. Essence of Decision: Explaining the Cuban Missile Crisis, 2nd ed., New York: Longman, 1999.
5. Qin Yaqing. Struggle for Identity: A Political Psychology of China's Rise, in Brantly Womack, ed., China's Rise in Historical Perspective, Lanham: Rowan and Littlefield, 2010.

(作者:秦亚青　北京对外交流与外事管理研究基地学术委员会主任　教授)

基地名称：北京对外交流与外事管理研究基地
依托单位：外交学院
项目类别：研究基地自设项目

奥运会与北京国际化：理解中国与国际体系的互动[①]

自20世纪90年代中期以来，中国参与国际体系以及二者之间的关系问题一直是学术界关注的重点。很多学者从当前中国和平发展的战略角度分析了中国参与国际体系的意义和必要性，阐述了中国参与国际体系的历史进程，讨论了中国参与国际体系的特征和动力来源。[②] 学者们认为，中国参与国际体系的程度日益加深，融入国际体系的范围涉及广泛，并且中国在融入国际体系的过程中发生了身份转变。[③] 但是，中国与国际体系的互动究竟是以怎样的方式进行的？在中国加入国际组织的过程中，国际制度又如何影响并塑造了中国对国际体系的认同？哪些因素影响了中国与国际体系的互动？[④] 这些问题，学术界尚缺乏深入细致的经验研究。本文选取北京奥运会作为典型案例，将奥运会看做是一项国际制度，考察奥运会的制度规范如何影响北京的国际化进程及其行为。[⑤] 通过该案例，我们希望从一个侧面来理解中国与国际体系的互动机制和影响因素。

---

① 本文是《奥运会与北京国际化：理解中国与国际体系的互动》项目的最终成果节选。

② 参见朱立群、黄超：《中国参与国际体系的评估指标及相关分析》，《江海学刊》，2009年第5期；陈向阳：《“国际体系中的中国角色”评价》，《现代国际关系》，2008年第12期；朱立群、赵广成：《中国国际观念的变化与巩固：动力与趋势》，《外交评论》，2008年第1期；许嘉、蔡玮：《国际制度与中国的选择》，《国际政治研究》，2007年第4期；陈启懋：《国际体系和中国国际定位的历史性变化》，《国际问题研究》，2006年第6期。

③ 陈颖：《中国与国际体系的互动关系》，《当代世界》，2009年第3期，第11页；朱立群：《观念转变、领导能力与中国外交的变化》，《国际政治研究》，2007年第1期。

④ 秦亚青认为，对这一问题的研究是中国学派可能产生的重要思想和经验来源，参见秦亚青：《国际关系理论中国学派生成的可能与必然》，《世界经济与政治》，2006年第3期。

⑤ 国际制度简单地说是规范或者观念的汇聚，它可以经由社会化机制改变国际关系行为体的行为。奥运会不仅仅是国际奥林匹克委员会主办的国际性综合运动会，它在本质上还是一种制度规范，是由世界各国共同创造、并在不断发展的一种全球文化和制度规范。北京从申办到成功举办奥运会的过程，实际上也是一个遵守国际制度规范、与国际社会接轨、实现北京进一步国际化的过程。本课题正是在这个意义上展开的研究，目标是通过北京奥运会这一典型案例考察北京的国际化进程，并由此透视中国与国际社会的关系。

一、研究问题的提出

改革开放以来，特别是 20 世纪 90 年代中期以来，中国在全球和地区事务中的立场越来越与国际规范和实践相一致，中国处理全球或地区安全事务的方式也变得日益主动和富有建设性。[①] 中国加入国际社会的速度是惊人的。根据《国际组织年鉴》的统计，2000 年中国参与的各类国际组织总数是 3090 个，其中协定性国际组织为 1415 个；[②] 2004 年中国参与的各类国际组织总数为 4238，其中协定性国际组织为 1701 个，[③] 2007 年中国参与的各类国际组织总数达 4386 个，[④] 其中协定性组织 1753 个。[⑤] 由于政治、文化和历史等原因，中国长期被认为是国际社会中“最不可能遵约”(the least-likely)的国家。但是，改革开放以来中国接受和遵守国际规范方面的行为被认为越来越积极而主动。[⑥] 而且，以相应的经济水平作为衡量一个国家对国际机制需要程度的标准时，中国参与国际组织的数量远超过中国的经济发展水平。[⑦] 通过这些经验事实与研究，我们可以合理地推断国际制度在中国外交变化中所具有的重要作用，它们在一定程度上促进了中国的“社会化”，引导了中国与国际体系的融合。

那么，这种作用是如何发生的？国际制度如何促进了中国的国际化水平，推动了中国与国际社会的融合？当我们将眼光投向 2008 年北京奥运会

---

① Bates Gill. Rising State: China's New Security Diplomacy, New York: Brooking Institution Press, 2007, p. 1.

② Figure 2. 1. 1. Geographic Distribution: Membership of International Organization by Country: 2000, Yearbook of International Organizations: Guide to Global Civil Society Networks: 2001—2002, p. 52.

③ Figure 2. 1. 1. Geographic Distribution: Membership of International Organization by Country: 2004, Yearbook of International Organizations: Guide to Global Civil Society Networks: 2005—2006, p. 52.

④ Figure 2. 1. 1. Geographic Distribution: Membership of International Organization by Country: 2007, Yearbook of International Organizations: Guide to Global Civil Society Networks: 2008—2009, p. 41; Figure 2. 1. 2 Geographic Distribution: Countries Represented in the Greatest Number of International Organization: 2007, Yearbook of International Organizations: Guide to Global Civil Society Networks: 2008—2009, p. 50.

⑤ Figure 2. 1. 1. Geographic Distribution: Membership of International Organization by Country: 2007, p. 41.

⑥ Ann Kent. Beyond Compliance: China, International Organizations, and Global Security, California: Stanford University Press, 2007, pp. 222—235; 江忆恩的最新研究虽然侧重讨论国际社会中的国家社会化机制，但是他所做的案例研究是中国在 1980—2000 年间参与国际安全机制的进程。通过这个案例，他认为中国在国际体系的单极时代没有强制性外来压力和回报的情况下，主动参与国际机制，表明中国对国际制度采取了更加合作和更趋自我约束的政策，见 Alastair Iain Johnston, Social State: China in International Institutions, 1980—2000, New Jersey: Princeton University Press, 2007, p. 196.

⑦ 江忆恩：《中国参与国际体制的若干思考》，见王杰主编：《国际机制论》，新华出版社，2002 年，第 452 页。

时，中国奥委会官员的访谈极大地启发了我们对该问题研究路径的思考。原中国奥委会秘书长、国家体委国际司司长魏纪中在谈到举办奥运会时表示："我们过去主办任何比赛，又是主办者，又是承办者。现在你只是个承办者，国际奥委会是个主办者，你必须听它的。这个思想转变的过程，也就是我们过去老说的跟国际接轨的过程。""我们习惯按照自己的想法办事，我们对国际的规则不熟悉，我们也没有按照别人的规则办事的习惯。奥运会其实是一个契机，国际奥组委以主办者的角色，强行将我们过去的思维习惯扭过来。"他还表示，"实际上，从申办奥运会那一刻起，我们说要适应规则，其实不止如此，我们自身也是在适应中参与到未来规则的创建中来。这是奥运会精神的传承所在，是我们深入参与国际事务的核心诉求。"①这一段谈话告诉我们，奥运会前后中国发生的巨大变化与奥林匹克制度存在着密切关联，北京奥运会可以作为一个典型案例来研究中国与国际体系的互动关系及其影响机制。

制度规范是人类社会生活的基础，制度是由正式的和非正式的规则、监督和执行机制以及界定群己关系的意义体系构成的。从表面上看，奥运会只是由国际奥林匹克委员会主办的国际性综合运动会。然而，从深层次看，奥运会本质上也是一种制度，是由世界各国共同创建并始终处于演化之中的一种全球文化和制度规范。作为国际制度的奥运会除了强化体育道德和竞技之外，始终积极推进至少三个方面的规范：和平、平等与环保。国际奥委会对规范的倡导明显地体现在奥运会的各项活动及程序之中，如申办制度、奥运商业运作体系以及各种竞赛规则等。从历史上看，奥运会的规范与文化是在同主办城市的互动中不断发展的，奥运会与主办城市在互动中相互影响。北京从申办到成功举办奥运会的过程，实际上是一个学习、遵守国际制度规范，与国际社会接轨，实现北京进一步国际化的过程。

因此，这项研究以北京奥运会为切入点，将奥运会看做是一种全球性制度规范，研究其对主办城市国际化进程的影响。我们的研究问题可以表述为：奥运会的规范是如何在北京传播的，北京又是如何接受现有国际规范的，为什么不同规范在北京的传播结果可能是不尽相同的？由于北京的独特地位和奥运会的巨大影响，北京奥运会所产生的影响实际上可以看成是对整个中国的影响。因而，我们的研究目的是通过了解奥运会与北京的互动，更加深刻地理解中国与国际制度之间的互动关系及其作用方式。

---

① 朱文轶：《中国体育体制最重要的部分是把它看成一个公益事业——专访原中国奥委会秘书长、国家体委国际司司长魏纪中》，《三联生活周刊》，2008 年第 32 期，第 59 页。

二、国际化的机制与维度

国际化的研究主要有两种分析路径。一种是理性主义的，重要成果主要来自国际政治经济学的学者。他们将“国际化”看成是商品、服务、人员跨边界交往不断增加的过程，是可以根据国际经济与国内经济流量之间的比例加以测量的。① 因此，理性主义的国际化关注的是国际化的经济维度，研究的重点是国内政治的国际经济根源，或者国际结果的国内经济根源。对于作为20世纪晚期重大历史进程之一的中国的国际化问题，理性主义学者也多有讨论，且存在不同的解释模式：如强调政府对国内经济行政干预的调节控制模式(regulatory controls)，强调贸易自由化推动的新自由主义解释(neoliberal explanations)，还有认为类似东亚国家发展路径的东亚解释模式(East Asian model)以及所谓华人网络资本模式(network capital model)等。② 这些解释将国际化主要界定为一种经济要素和对外经济规模的交流与扩大，其作用机制局限于物质利益的激励方面。从国际化作为一种社会性互动的角度看，这些解释显然过于狭隘，存在解释力不足的问题。

第二种分析路径是建构主义的。建构主义认为，国际关系具有社会性，物质虽然在其中发挥作用，但是更深层的因素还是物质背后的意义。在建构主义看来，国际化进程实际上是国际规范的传播和国内化过程，它指的是国家从抵制、调整、适应以及最后内化国际规范的过程。国际化从深层次上说是一个社会化过程，因为它是国家内化国际社会群体规范和规则的行为过程，这种行为是一种社会行为，从这个意义上说，国际化也可称作社会化。当然，国际化是一种双向运动，行为体并非被动接受国际规范，它还将自身的规范、规则上传到国际层面，影响国际社会，并形成国际社会普遍接受的规范和制度。

在国际规范国内化的过程中，存在着两种作用不同的机制：激励机制和社会化机制。激励机制在诱导国家调整或接纳国际规范时发挥着重要的作用，主要表现为强制(coercion)、报偿(rewards)和竞争(competition)三种形式，每种形式发挥作用的条件和范围不尽相同。社会化机制则是指促使行为体不断学习、认可规范所包含的价值和意义，其作用方式包括说服、模仿(学习)和社会压力三种。模仿可能由于行为体对环境的不确定性所致，

---

① [美]罗伯特·基欧汉、海伦·米尔纳主编，姜鹏、董素华译：《国际化与国内政治》，北京大学出版社，2003年，第3—5页。

② 崔大伟总结了学术界对中国国际化研究的四种解释模式。见 David Zweig. Internationalizing China: Domestic Interests and Global Linkages, Ithaca: Cornell University Press, 2002, pp. 8—9。王正毅强调海外华人资本是中国国际化和转型过程中的重要因素之一，见王正毅：《理解中国转型：国家战略目标、制度调整与国际力量》，《世界经济与政治》，2005年第6期，第1—12页。

或者是基于社会影响或说服导致，因而模仿是最低程度的社会化。社会影响是行为体出于对自我归类群体的一定程度的认同，基于社会奖励或惩罚而内化规范；说服则是在非强制性沟通的情况下产生的观念变迁，是最高程度的规范内化。① 根据已有研究，可以将国际规范国内化的两种机制分别归结如下：

表 1　国际规范的传播机制及过程

<table>
<tr><th>规范传播机制</th><th>类型</th><th>规范传播路径</th><th>规范内化的表现</th><th>规范内化层级</th><th>发挥作用的条件或影响因素</th></tr>
<tr><td rowspan="3">后果性逻辑（激励机制）</td><td>强制</td><td>结构导向（structure-centered）</td><td>行为调整</td><td>没有内化</td><td>1. 预期的惩罚高于维持现状的收益
2. 权力的不对称性
3. 依赖的脆弱性</td></tr>
<tr><td>报偿</td><td>结构导向</td><td>行为调整</td><td>没有内化</td><td>预期的报偿高于行为调整的代价</td></tr>
<tr><td>竞争</td><td>行为体导向（agent-centered）</td><td>行为调整</td><td>没有内化</td><td>1. 其他行为体取得的成功
2. 可预期的未来收益</td></tr>
<tr><td rowspan="3">适当性逻辑（社会化机制）</td><td>模仿（学习）</td><td>行为体导向</td><td>行为调整</td><td>初步内化</td><td>1. 环境的不确定性
2. 社会文化的相似性
3. 群体里成功的样板</td></tr>
<tr><td>社会影响</td><td>结构导向</td><td>行为调整与观念调整</td><td>中等内化</td><td>1. 群体规模
2. 群体规范的清晰度
3. 行为体行为的可观察性
4. 群体内互动频率
5. 行为体认同群体的时间</td></tr>
<tr><td>说服（教授）</td><td>结构导向</td><td>信念改变</td><td>完全内化</td><td>1. 新颖的环境
2. 权威的规范倡导者
3. 长期、反复地接触新信息
4. 私人化的场合</td></tr>
</table>

注：此表为作者自制

需要指出的是，在国际规范传播的过程中，激励机制能够诱使（引导）行为体工具性地接受某种规范所要求的行为。由于沉没成本效应②和习惯化

① Alastair Iain Johnston. Social States: China in International Institutions 1980—2000, p. 25.

② 沉没成本是指由于过去决策所导致、却无法由现在或将来的任何决策所改变的成本。例如，当我们中途决定放弃一种选择的时候，先前所付出的不可回收的成本就叫沉没成本。沉没成本的存在影响着行为体的后续选择。前景理论对此有深入的研究，可参见林民旺：《国际关系的前景理论》，《国际政治科学》，2007 年第 4 期。

导致的路径依赖，行为体的行为可能逐渐由后果性逻辑转变为适当性逻辑。在国际规范国内化的过程中，二者相互补充，相互加强。

具体到如何考察国际化，我们认为可以从三个维度展开：即政策、制度安排和行为。首先是政策。国际化的一个重要维度是行为体的政策目标及政策取向是否与国际制度规范相一致。国际制度的规范首先是经由具体政策体现的。因此，可以通过以下几个方面观察行为体在政策上体现的国际化：第一，在相关领域里，相对于过去的政策而言，行为体是否采取了国际制度的政策(规范)优先的姿态；第二，行为体在加入国际制度后，相关政策的目标和做法与加入前相比是否有很大程度上的变化，政策取向是否与先前加入国际制度的大多数成员相一致；第三，在相关领域里，行为体为了实现某一政策目标，是否更趋向于采取国际制度的政策作为“保护伞”来实现自己的政策偏好，或者是以国际制度的政策为自己行为的恰当性进行辩护。

其次是制度安排。国际化除了表现在政策上向国际层面倾斜，还表现在国内的制度安排上，特别是对相关领域的部门做出调整，以适应国际层面的政策与规范的要求，因为正式的制度保障是规范内化更深层次的表现，也是政策、规范得以履行的客观要求。这种制度安排变化通常最为明显地表现为相关领域的部门变化，这可以体现在以下几个方面：第一，相关部门的机构设置是否发生变化，凸显出某些方面的实际要求；第二，相关部门的议程是否变化，职权范围是否有所改变；第三，相关部门机构之间的关系是否发生变化。

最后是行为。政策、制度安排体现的是制度化的行为，而行为变化则是外在的、最直接的可观察的变化。因此，如果说政策、制度安排上的变化是规范的第二层级、第三层级的内化，那么行为的变化则是第一层级的内化。我们可以通过以下几个方面观察行为体行为的国际化：第一，在相关领域内，相对于过去的做法，行为体是否采取了国际制度做法优先的姿态，或者直接采取了国际制度的做法；第二，行为体在加入国际制度后，相关领域的行为与加入前相比是否有很大程度上的变化，行为取向是否与先前加入国际制度的大多数成员相一致；第三，在相关领域里，为了采取某一行为，行为体是否援引国际制度的做法作为自己行为恰当性的辩护。

总之，我们选择北京举办奥运会的过程作为案例，从政策、制度安排和行为三个维度考察北京的国际化进程，也就是北京逐步接受并内化奥林匹克制度规范和规则的进程，从这一具体案例管窥中国的国际化进程，也就是中国在国际体系中逐渐被社会化的过程。

三、经验预期与研究方法

国际规范的传播与行为体及结构的特征存在紧密的联系。中国的国内结构作为影响奥运国际规范进入的干预变量，对规范的扩散和传播有着至关重要的影响。其中最重要的是国内结构的三个方面：国内制度、国内利益和规范匹配。研究表明，在不同的国内制度下，社会化的路径会表现不同。在社会主导型的国家里，社会影响和社会压力是主要的机制，而在国家主导型的国家里，精英学习则是更为重要的机制。中国是国家主导型的结构，因此经验预期是，当中国政治精英接受奥运会规范后，这一规范的传播将非常迅速。正如阿查亚的研究表明，在规范本地化之前(prelocalization)，新规范的进入会受到抵制，因为人们会怀疑这一规范的效用和适用性，担心新规范可能破坏已有的信念与做法。但是，如果地方行为体认为这一规范可能有助于巩固现有制度的合法性和效率，那么就可能导致国际规范的本地化。① 在国内利益方面，可以预期的是，那些有助于主导利益集团实现自身利益的规范更容易传播，例如涉及经济利益的规范能够得到更深入的内化；从规范匹配上看，中国采取的是人民民主集中制和政治协商制度，与资本主义三权分立的政治规范差别较大，因此，可以预期的是，那些含有政治内涵的规范将较少得到传播和扩散。

从规范传播的机制上看，激励机制在中国与奥运会接触的初期可能发挥较大的影响。但是，随着申奥过程中中国经济的高速发展，可以预期的是，这一机制的影响会越来越小。反之，近代以来中国作为西方国际体系的受害者，在加入西方主导的国际体系后所产生的身份困惑将使社会化机制的影响发挥越来越大的作用，特别是中国对国际体系中身份、地位、荣誉的社会追求，将导致国际规范的传播。正如邓勇的研究所表明的，冷战后驱动中国外交的动力是对身份的追求，也就是在国内获得并加强政治合法性，在国际上获得大国地位的承认。② 由此可以预期，社会化机制将是促使中国内化大量国际规范的主要动力。

为了检验上述经验预期，我们将采取比较案例和过程追踪的研究方法。奥运规范作为自变量，国内结构作为干预变量，规范内化(即我们所说的国际化)是因变量。激励机制和社会化机制是理解自变量如何导致因变量变化的原因。我们选择了奥运会的五种规范类型：媒体运行、环境保护、商业

---

① Amitav Acharya. How Ideas Spread: Whose Norms Matter? Norm Localization and Institutional Change in Asian Regionalism, International Organization, Vol. 58, Issue 2, p. 251.

② Deng Yong. China's Struggle for Status: The Realignment of International Relations, New York: Cambridge University Press, 2008.

文化、志愿服务和场馆建设规范，依次确定这些奥运规范都受到了哪些干预变量的影响，哪些机制是该规范传播的主要方式，以及这些规范的国内化程度。我们按照时间顺序将北京在这一领域的规范行为分成申奥前(1983—1999 年)、筹办奥运过程中(1999—2008 年)及奥运后(2008—)三个阶段进行考察，这样就可以观察自变量、干预变量、因变量是否发生变化，并且可以根据观察值进行推断。然后，我们对五个案例进行比较，以确定奥运会规范与北京国际化之间的关系。我们的研究可以概括为表 2：

表 2　奥运会规范国内化的研究设计

自变量（规范）	干预变量（国内结构）			因果机制（激励机制与社会化机制）						因变量（规范内化—国际化）		
规范类型	国内制度	国内利益	规范匹配	强制	报偿	竞争	模仿	社会影响	说服	行为	政策	制度安排
媒体规范												
环保规范												
商业规范												
志愿服务规范												
场馆建设规范												

注：此表为作者自制

这里我们并没有寻求一个统一的理论框架，而是将影响国际化的各个要素和机制一一呈现出来。一方面是由于国家国际化过程的复杂性，另一方面是各个要素和机制都可能影响到国际化的过程。我们选择了北京奥运会的五个领域，分别考察了这五个领域国际化的程度及其影响因素。

四、五个领域奥运规范的内化

我们选择奥运规范的五个领域分别是媒体运行、环境保护、商业文化、志愿服务和场馆建设。在媒体运行领域，中国原有的规范是“管理媒体”，这与奥运会“服务媒体”的规范存在较大的差距。为此，北京从申奥成功之日起，就采取各种方法积极努力，最终实现了从“管理媒体”到“善待媒体”、“服务媒体”、“开放媒体”观念的转变。为兑现承诺，北京市政府首先确立了与国际规范契合的政策，即“开放办奥运”、开放境外记者采访，“兑现承诺，履行合同义务，遵循国际惯例，满足媒体需要，高标准、高质量、高水平地做好媒体服务工作。”在制度安排上，2006 年 11 月 1 日，国务院发布《北京奥运会及其筹备期间外国记者在华采访办法》(477 号令)。在此基础上，2007 年 5 月，北京奥组委又正式发布了《北京奥运会及其筹备期间外国记者采访服务指南》，从制度上保障以开放姿态欢迎外国记者采访北京奥运会。① 在行动上，奥运期间，共有32278名中外记者参加北京奥运会报道，其中注册记者26298人，非注册记者5980人，其数量不仅超过了参赛运动员总数，也创造了历届奥运会记者人数之最。此外，还有225家持权转播商参加电视转播工作，同样创造了历史记录。② 为此，有关部门要求接待境外媒体的部门和单位要实现采访"零拒绝"；北京国际广播中心每天数场的新闻发布会，前来接受媒体采访的，大都是国家各部委的高级领导干部。③ 针对中国会不会在奥运结束后取消媒体开放政策，国家新闻出版署署长柳斌杰明确表示开放媒体政策不会随着奥运期间"规定"的废止而取消，"中国的新闻运行体制只会越来越开放、透明和公开，我们有这个自信和能力。"④奥运会结束后的2008年10月17日，国务院又在477号令的基础上，公布施行了《外国常驻新闻机构和外国记者采访条例》(国务院537号令)，使得开放媒体成为一项长期政策。与此同时，中国政府将信息公开透明作为政治文明建设的重要切入点，并以此作为划定公共权力疆界、规范公共权力运行、保障公民权利的重要前提。国务院工作条例、公务员法、问责制度的相继建立并实施，信息公开条例及一系列监督条例的颁布施行，从制度和行为层面有力地推进了中国的政治文明进程。由此可见，不论是政策、制度安排还是行为方面，开放媒体和服务媒体的规范都已经开始进入中国的政治规范之中。根据聂文娟的研究，⑤ 在"媒体开放"的过程中，报偿、模仿和学习是引导"媒体开放"规范内化的主要机制。由于奥运会的广泛影响力，中国希望借此机会塑造良好的形象和声誉，以进一步融入国际社会。同时，通过积极的模仿和学习，中国也借鉴了已有的经验，并且在此基础上有所创新。

在环境保护领域，早在申办奥运之前，中国就已经认识到环境保护的重要性，并且接受了"可持续发展原则"。2001年申办奥运成功之后，北京市采取了各项措施来兑现奥运会的环保承诺。例如，北京采取五项政策措施落实"科技奥运"的规范：一是搬迁污染性企业，如将首钢迁往河北建立新厂；二是将把机动车尾气排放标准从欧III提高到欧IV；三是减少零散污

---

① 王国庆：《北京奥运会媒体公关与城市形象塑造》，北京奥运城市发展促进会官方网站，http：//www.beijing2008.cn/boda-activity/n214609831.shtml。

② 王国庆：《北京奥运会媒体公关与城市形象塑造》，北京奥运城市发展促进会官方网站，http：//www.beijing2008.cn/boda-activity/n214609831.shtml。

③ 杨桃源、潘燕：《中国蓄势已七年》，《瞭望新闻周刊》，2008年第31期，第25页。

④ 杨桃源、潘燕：《中国蓄势已七年》，《瞭望新闻周刊》，2008年第31期，第25页。

⑤ 参见朱立群、林民旺等：《奥运会与北京国际化——规范社会化的视角》，世界知识出版社，2010年，第四章。

染源；四是采取一些临时措施；五是联合内蒙古、河北、天津、山西等地实施保障北京空气质量联合行动计划。[①] 从 2001 年到 2006 年，北京市以 6% 左右的能源消耗增长支撑了 12% 的经济增长，万元地区生产总值能耗从 1.14 吨标煤下降到 0.8 吨标煤以下，大气质量明显好转，化学需氧量下降了 35.4%，二氧化硫的排放量下降了 12.6%，初步形成低消耗、低排放的增长方式。早在 2005 年 7 月，首钢搬迁已经启动。[②] 此外，2008 年奥运会举办前，北京计划引进 50 亿立方米天然气，取代市区全部 20 蒸吨以下燃煤锅炉，以减少煤气型污染。90% 的公交车辆和全部的出租车、环卫车，邮政用车都将使用清洁燃料。[③] 在保护绿地的同时，北京市也在播种绿色。2007 年是绿化建设决战年，北京新增绿地 1.2 万公顷，使全市的林木绿化率达到 51.6%，城市绿化覆盖率达到 43%，人均绿地面积达到 48 平方米。[④] 在制度安排上，北京市积极与国际社会进行环境保护合作，把提高全民环境意识和提倡公众参与纳入《北京市国民经济和社会发展“九五”计划和 2010 远景目标纲要》，并且编制了《中国 21 世纪议程——北京行动计划》以深化贯彻《中国 21 世纪议程》和可持续发展战略。同时，北京发展与改革委员会出台了《北京市环境保护九五计划》，以规范环境保护。此外，北京奥组委制定了《绿色奥运行动计划》《北京奥组委“绿色办公”指南》《奥运工程环保指南》《奥运工程绿色施工指南》《奥运扩建工程指南》《奥运临建工程指南》《北京奥运会饭店服务环保指南》《北京奥运会餐饮服务环保指南》和《火炬接力环保指南》等文件，以促进绿色奥运的实现。奥运后，北京市进一步规范和细化了主办城市环境保护规范，加大了北京市环境保护力度。2008 年，北京市颁布的《首都环境建设规划纲要 2009 年—2012 年》和《2009 年全市环境建设工作要点》把国际奥委会倡导的改善人居环境、改善人民生活条件、扩大社会参与和完善环境管理体制纳入北京市的环境保护工作，进一步完善和落实了《奥林匹克运动 21 世纪议程》所倡导的绿色规范。有统计表明，正是由于举办奥运会，北京人的环保意识已进入“中绿色层”（浅绿色层为关注身边环境卫生和绿化；中绿色层为关注身边的污染；深绿色层为关注生态环境和政府决策），在全国名列前茅。[⑤] 由此可见，奥运的环保规范已经内化为中国自身的价值追求。实际上，最明显也是最具有观察意义的指标是，中国政府提出的“科学发展观”正在成为全国人民的普遍共识，并被各级政

① 孙英兰：《科技奥运在兑现》，《瞭望新闻周刊》，2007 年第 45 期，第 32 页。
② 于滨：《八解北京奥运疑虑》，《瞭望新闻周刊》，2007 年第 32 期，第 22 页。
③ 于滨：《八解北京奥运疑虑》，《瞭望新闻周刊》，2007 年第 32 期，第 22 页。
④ 于滨：《八解北京奥运疑虑》，《瞭望新闻周刊》，2007 年第 32 期，第 22 页。
⑤ 金汕：《奥运遗产在北京延伸》，《瞭望新闻周刊》，2008 年第 31 期，第 22 页。

府逐步落实到具体的政策和制度安排中。刘丽坤的研究①发现，奥运规范在中国的进一步传播，部分源于奥委会的社会压力和主办合同的规定。奥委会多次派遣官员对北京进行环保方面的检查，施加的环保压力促使北京加快了环境的改善。与此同时，奥运绿色规范的传播也源于申办奥运的竞争。悉尼在申办第27届奥运会的角逐中胜出是与其环保策略分不开的，为此，北京总结经验教训，将绿色奥运置于北京奥运会三大主题之首，才获得了第二次申奥的成功。再者，绿色规范的传播与北京市的积极学习也存在密切的关联，北京主动考察悉尼、希腊奥运会的环保措施，落实并创新了相应的环境保护政策和办法。

奥运会对北京商业文化的国际化具有积极的推动作用。北京尽管具有倡导开放包容、秉持诚实守信的商业规范，但由于历史和社会发展的局限，与奥运会对城市商业文化的要求存在较大差距，尤其表现在市场化程度、对知识产权保护的重视程度以及积极参与国际竞争等方面。借着奥运会的契机，在市场化方面，北京借鉴国外成功的先进经验，从政策上改变传统的政府投入方式，通过市场开发筹集奥运会所需的资金、物资和服务，这是对国际主流商业文化和西方成熟的市场运作模式的学习、接纳和吸收，实现了北京在奥运会市场开发方面与国际惯例的接轨。在知识产权保护方面，中国承诺并立法来规范知识产权的保护。2001年11月，在申奥成功后不久北京就实施了《北京市奥林匹克知识产权保护规定》。2002年2月，国务院颁布了全国性的《奥林匹克标志保护条例》，于当年4月开始生效。另外还有《特殊标志管理条例》《奥林匹克标志备案及管理办法》等行政法规和规章，再加上《著作权法》《商标法》《专利法》等法律，我国基本形成了保护奥林匹克知识产权的法规体系，实现了和国际接轨。② 其中，秀水街的改造行动是知识产权保护最鲜明的例子。在国际化和竞争性方面，北京的老字号也主动与市场对接，面向市场开发具有奥运特色的新产品，同时为老字号实行“双语化”运动，以便其与国际接轨。可以看出，奥运的商业文化也同样为北京所内化，成为北京商业文化不可或缺的一部分。阚四进和闫宇的研究③表明，奥运所带来的巨大商业利益极大地推动了商业规范的传播。在这一过程中，报偿、竞争和模仿是奥运商业规范传播的主要动力。

---

① 参见朱立群、林民旺等：《奥运会与北京国际化——规范社会化的视角》，世界知识出版社，2010年，第五章。

② 王逸吟：《中国兑现了保护奥林匹克知识产权的承诺——访北京大学法学院教授、知识产权法专家张平》，《光明日报》，2008—08—04。也可见《中国兑现了保护奥林匹克知识产权的承诺》，新华网，http：//news. xinhuanet. com/olympics/2008 -08/04/content_ 8937684. htm，2008—08—04。

③ 参见朱立群、林民旺等：《奥运会与北京国际化——规范社会化的视角》，世界知识出版社，2010年，第六章。

奥运会也极大地推动了志愿服务规范在中国的传播。在申办奥运会之前，北京市就已经组织了大型的志愿服务活动，然而，这个时期的志愿服务活动的开展过于依赖行政动员和青年志愿者的参与热情，缺乏对志愿服务需要的认定，忽略了对志愿者的合理使用和适当培训，更没有关于志愿服务权益保护方面的法律法规，这些问题直接导致了志愿服务持续性差、低水平重复。申奥成功后，北京团市委和北京志愿者协会抓住了这一有利契机，主动推出了迎奥运志愿服务活动，掀起了北京志愿服务的新高潮。2003 年，北京团市委成立了志愿者服务指导中心，系统推动志愿服务工作。奥运期间，北京市人大通过《北京市志愿服务促进条例》，北京奥组委出台正式文件《北京奥运会志愿者行动计划》和相关政策《北京奥运会、残奥会赛会志愿者通用政策》《北京奥运会、残奥会城市志愿者通用政策》，以及北京志愿者协会的《北京志愿服务事业发展规划(2006—2008)》。与此同时，北京市还广泛普及志愿服务精神，大力弘扬志愿服务理念，引导社会公众广泛参与志愿活动，组建了一支高素质的奥运会志愿者队伍。奥运后，从北京市到中央各相关政府部门相继制定了进一步推进志愿服务工作的政策意见和要求。2008 年 9 月 28 日，北京市委市政府出台了《北京市加强社会建设实施纲要》，对加强北京市志愿服务工作提出了总体要求。2008 年 10 月 9 日，中央文明委发布了《关于深入开展志愿服务活动的意见》，对在全社会深入开展志愿服务活动提出了一系列意见。2009 年 3 月 21 日，北京市委市政府按照上述两个文件的要求，提出了《关于进一步加强和改进志愿者工作的意见》。除了体制制度的规范初步确立，志愿者的认同和普及逐步展开，志愿服务的规范实现法制化和常态化。冯继承的研究①认为，社会影响和自主学习是奥运会志愿者规范实现社会化的两大机制。社会影响一方面来自国际奥委会的压力和传授，另一方面则是国内的影响。主动学习是北京市积极内化志愿服务规范的主要社会化机制。

在奥运场馆建设方面，尽管北京市在规划亚运会场馆建设时就已经部分地吸收了国际上的建设规范，但仍然和国际规范存在较大差距。从改革开放到亚运会、奥运会，北京市对国际体育场馆规范的接受经历了由排斥、尝试逐步转化为部分和全面接受的过程，逐渐开始重视场馆建设的公益性与商业性相结合、体育功能与城市规划相结合、先进技术与环境保护相结合、便利性与艺术性相结合、精品工程和厉行节约相结合、赛时使用和赛

① 参见朱立群、林民旺等：《奥运会与北京国际化——规范社会化的视角》，世界知识出版社，2010 年，第七章。

后利用相结合等规范。根据赵广成的研究，① 对场馆建设规范的接受方式是阶段性和选择性的，首先接受那些与国内原有规范契合度高的规范，而对契合度低的规范采取观望和实用主义的态度。他认为，出现这一现象的原因在于：北京市既面临着来自国际体育大家庭的压力，同时也表现出了很强的能动性和工具理性，并在很大程度上受申办亚运会和奥运会这一短期目标的驱使。推动体育场馆建设规范传播的动力既包括来自国际奥委会的社会压力，也包括北京的自我学习。

综上，我们可以将研究结果概括如下：

表3　研究结论的总结

自变量（规范）	干预变量（国内结构）			因果机制（激励机制与社会化机制）						因变量（规范内化—国际化）		
规范类型	国内制度	国内利益	规范匹配	强制	报偿	竞争	模仿	社会影响	说服	行为	政策	制度安排
媒体运行	CV	-	-		√		√	√		√	√	√
环境保护	CV	-	+	√		√	√	√		√	√	√
商业文化	CV	+	-		√	√	√			√	√	√
志愿服务	CV	+	+				√	√		√	√	√
场馆建设	CV	+	+			√	√	√		√	√	

注：1. 此表为作者自制。

2. "√"表示在案例研究中发现这一因素的存在；空白则表示在该案例研究中没有发现这一因素；"CV"表示是常量(constant variable)。

3. 在国内利益一列中，"+"表示有助于实现物质利益，"-"表示有碍于物质利益的实现；在规范匹配中，"+"表示原有规范和国际规范的吻合度较高，"-"表示规范的吻合度较低或者相对立。

对比以上研究，我们得出以下几个结论：1. 在举办奥运的过程中，中国几乎从政策、制度安排到行为三个方面内化了奥运的所有五个领域的国际规范。虽然在场馆建设方面没有观察到相应的制度安排，但是我们可以合理地推断：场馆建设更多涉及市场行为，通过国家的制度安排来规范场馆建设不太合理；2. 中国对奥运会规范的接受主要是通过自我学习(模仿)和社会影响实现的，这表明中国非常重视在国际社会中的声誉和形象，这构成了中国社会化的主要动力所在。这一研究结论和《中国青年报》社会调查中心在奥运会开幕前夕开展的一项全国读者(1218 人参与)调查的结果基

① 参见朱立群、林民旺等：《奥运会与北京国际化——规范社会化的视角》，世界知识出版社，2010 年，第八章。

本相符。该调查显示，65% 的中国人最关注北京奥运会上“中国人的风采，世界对中国的评价”。① 3. 在影响规范传播的干预变量中，规范的匹配程度能够影响规范传播的难度，但是并不影响规范的内化程度。

五、总结

2008 年北京奥运会为北京和整个中国留下了丰富的遗产。它不仅极大地推动了北京的经济发展和基础设施建设，其所产生的精神文化影响更是持久深远。国际奥委会北京奥运会协调委员会主席维尔布鲁根认为，北京奥运会的无形遗产主要体现在社会和环保两个方面。通过奥运会，环保成为北京的主要关注，北京所做出的环保努力为全中国树立了榜样。在社会方面，奥运会为中国的社会发展提供了独特的平台，“中国人在其中展现出的友好、领导力与包容性将在中国与世界的交往中持续发挥桥梁作用。”②其中更具思想价值的，是惠及成千上万青少年的奥林匹克价值的教育和普及工作，它对北京和整个中国精神文化建设的影响毫无疑问将是巨大的。

我们的研究表明，奥运会极大地推动了北京的国际化进程，而且北京是以积极主动的态度接受和内化国际规范的。这一研究结论说明，中国参与国际体系以及中国的国际化进程是一种自主的积极的社会化过程，这一点同中国在更大范围内通过改革开放融入国际体系，通过改变自己来影响世界的模式是完全一致的。③

本项研究通过北京奥运会集中观察了中国接受国际制度规范的情况，也就是国际化双向进程中规范从国际到国内传播的这一向度，而没有就国内规范上传到国际层面的另一向度的国际化情况展开研究。这不仅是因为本文容量的限制，更主要是因为北京奥运会刚刚结束两年多，其对国际奥运会制度规范的影响尚未完全显现出来。但是，毫无疑问，我们需要就国际化的双向互构过程展开深入研究，追踪观察规范内化的巩固情况，特别需要关注国内规范对国际规范的反向影响情况。从学理意义上说，国际规范在传播过程中受到地方情景和地方文化的交互影响，可能导致规范竞争和规范变异，而规范的竞争和变异过程可能是新规范形成的过程。对此，学术界尚缺乏深入的理论和经验研究。

---

① 《值得尊敬的绝不仅仅是金牌，民众最关注运动本身》，新华网，http：//news. xinhuanet. com/olympics/2008 - 08/04/content_ 8939658. htm.

② 《国际奥委会对北京奥运会遗产做出初步评价》，新华网，http：//news. xinhuanet. com/politics/2009 - 10/08/content_ 12192686. htm.

③ 章百家：《改变自己，影响世界——20 世纪中国外交基本线索刍议》，《中国社会科学》，2002 年第 1 期。

参考文献

1. 朱立群、黄超：《中国参与国际体系的评估指标及相关分析》，《江海学刊》，2009 年第 5 期。
2. 陈向阳：《国际体系中的"中国角色"评价》，《现代国际关系》，2008 年第 12 期。
3. 朱立群、赵广成：《中国国际观念的变化与巩固：动力与趋势》，《外交评论》，2008 年第 1 期。
4. 许嘉、蔡玮：《国际制度与中国的选择》，《国际政治研究》，2007 年第 4 期。
5. 陈启懋：《国际体系和中国国际定位的历史性变化》，《国际问题研究》，2006 年第 6 期。
6. [美]罗伯特·杰维斯：《国际政治中的知觉与错误知觉》，世界知识出版社，2003 年版。
7. 陈颖：《中国与国际体系的互动关系》，《当代世界》，2009 年第 3 期。
8. 朱立群：《观念转变、领导能力与中国外交的变化》，《国际政治研究》，2007 年第 1 期。
9. 江忆恩：《中国参与国际体制的若干思考》，见王杰主编：《国际机制论》，新华出版社，2002 年版。
10. [美]罗伯特·基欧汉、海伦·米尔纳主编，姜鹏、董素华译：《国际化与国内政治》，北京大学出版社，2003 年版。

（作者：朱立群　北京对外交流与外事管理研究基地首席专家　教授
林民旺　北京对外交流与外事管理研究基地研究人员　副教授）

法治政府研究基地

（中国政法大学）

基地名称：法治政府研究基地
依托单位：中国政法大学
项目类别：国务院应急管理办公室研究项目

突发事件应对的问责制研究①

一、“问责”的理解

从字面看，“问”有质询、监督过问、追究之义；“责”有职务职责、分内应做的事、应承担的过失等解释。所以“问责”有两种模式：问责主体质询或过问问责对象履行职责的情况；问责主体追究问责对象并使其承担不履职或履职不当的后果。前者强调履职过程；后者侧重履职结果，即“责任追究”模式。将“问责”仅理解为“责任追究制”并不恰当，一是因为中央在责任追究制外提出“问责”必另有用意；二是这样理解会忽视对过程责任的监督。事实上，对于问责主体而言，尤其应当强调对责任的“监督过问”；而对于问责对象，则应强调对“监督过问”予以“回应”，这样形成的“问—回应”机制具有以下优点：(1)问责是双向行为，允许(或需要)责任主体主动汇报或解释自己的行为，问责是一种常态机制，一种适应管理需要的例行公事，而不是“运动式”的静态追究责任的手段；当问责主体和问责对象处于互动状态时，问责就伴随管理过程始终，成为行政管理的一部分；(2)当问责成为动态管理过程的一部分时，容易形成“责任对接”，即问责对象的责任与问责主体的责任在同一件事情上会有合理分担，尤其当问责主体同样对这件事享有一定的控制权时，通过“问—回应”的机制，无论是被动地回应“问”，还是主动地以“回应”来推动“问”，都会导致“各尽其责”、“责任层层落实”的良好局面。当然这也符合行政伦理，因为，一个不考虑责任分担的却需要责任承担的问责机制毕竟有碍于公平；(3)当责任主体时刻需要为“过问”寻找“回应”的合理理由时，这种状况有利于责任主体提高“部门诚信和工作绩效”，因为他不能等到批评时才来解释，不能让工作的每一步成为下一步的绊脚石；(4)问责成为一种侧重“预防”的管理机制。

---

① 本文是《突发事件应对的问责制研究》项目的阶段成果，项目编号：GYJ2009－11。

二、我国当前突发事件问责的现状和问题

(一) 现状

1. 事故灾难后的问责是重点

目前我国对突发事件的问责主要集中在对责任事故的问责上。据调研，从 1999 年烟台“大舜号”特大海难以来，媒体关注的绝大部分问责事件属于突发性“事故灾难”类，这与“事后追究责任”特点相一致。这类事件较易确定责任，相关追责法规较为完备，问责逐渐制度化。鉴于绝大多数自然灾害并非人力可控，所以很多无法问责。而突发事件的问责一旦变成事故灾难的问责，就与“有权必有责”的思想不相一致。既然“权”的行使是过程性的，“责”的承担就也当如此。所以，要使所有类型的突发事件都能被问责，就应该将所有的“责”分摊到突发事件的应对过程之中。

2. 问责关口前移

“问责”不能有效遏制频繁发生的事故灾难。对此，人们思考两个问题：为什么问责总在事后？为什么严厉问责之下仍有人铤而走险？后者大概缘于“利益”驱动；对于前者，我们则要变“事故问责”为“隐患问责”。2006 年，河南省安全生产“拉网式安全综合排查活动”，发现隐患，问责一把手；2008 年，经过娄烦垮塌、襄汾溃坝等多起重大事故后，山西省对安全隐患不但问责领导，而且直接问责具体工作人员；而上海市奉贤区将“隐患问责”制度化，出台了《奉贤区安全生产隐患问责暂行办法》。这些实践充分说明，“问责”正由过去的重视结果向现在的重视过程迈进。问责关口的前移与《突发事件应对法》的责任关口前移完全一致，充分表明法律责任之外尚有很大问责空间。

3. 问责制度化

《关于实行党政领导干部问责的暂行规定》(下称《暂行规定》)是问责法制化的标志。2009 年，全国各地区各部门对 7036 名领导干部问责。这是问责制度化、规范化、法治化的结果。考察《暂行规定》的 7 种问责情形，其中 4 种与突发事件有关，即党政官员因工作失职、管理不善、违法行政导致或引发突发事件，以及处理突发事件不当。《暂行规定》颁布前，我国地方政府也出台了大量地方性问责规范，对突发事件的问责多有涉及。

4. 问责主体逐渐多元化

如果只有直接制裁问责对象的主体是问责主体，那么我国的问责仍然是单一型的行政体制内部问责。但是，如果能够直接“过问”突发事件有关人员责任的均被视为问责主体，那么，突发事件的可问责主体就是全民性

的。地方政府颁布的问责规范①中，96%将“公民、法人或其他组织的检举、控告、投诉”作为启动问责程序的信息来源；79%明确新闻舆论曝光的事实可作为问责信息来源。《暂行规定》第12条也将“检举、控告”纳入问责线索，但未明确规定“新闻媒体曝光”可作为问责线索获取途径。问责制在我国尚未发展到社会问责阶段，缺少公民、法人或其他组织直接问责的法律机制，这应该是改革的方向。

（二）主要问题

1.《暂行规定》反映的问题

（1）事后责任追究难以保证问责公平。

《暂行规定》第5条有关突发事件的四种责任都是典型的“因果责任”，即必须“造成重大损失或恶劣影响”才能问责。这容易导致以下弊端：①标准不明，自由裁量空间过大，问责主体可能包庇问责对象。②没有突出对突发事件的预防，与《突发事件应对法》“预防和减少突发事件的发生”的立法目的不协调。③“重大损失”评定依据不够科学，没有反映出地域差异。在我国，突发事件具有明显的地域性，像西南地区的地震、东南沿海地区的台风、山西的矿难……忽略这些差异，以同等方式、同样标准对待不同问题就会造成问责上的不公平。④“较短时间内连续发生重大事件”规定刻板，不易把握。

如果不能准确理解和适用相关规定，突发事件问责难有成效，更难以发挥其预防作用。另外，如果较短时间内的“特别重大事件”是由前任领导遗留“隐患”所致，这样的责任分担肯定有碍问责公平。

（2）事后责任追究影响突发事件的整体应对。

正如《暂行规定》起草小组所言，“不论是发生特别重大事故、事件、案件，还是在较短时间内连续发生重大事故、事件、案件，都要造成重大损失或者恶劣影响，才符合这类问责情形的客观构成要件。”这仅仅是对事后追责的关注，也就是说，这部法规主要在事件发生后发挥作用。这样的“应对”完全是被动消极的，充其量只是应对的终结环节。突发事件的应对应该是过程应对，按照突发事件的发生、发展，从事前的“预防与应急准备”、“监测与预警”，到事发的“应急处置与救援”，再到事后的“恢复与重建”，贯穿始终，环环相扣。每一个环节对于下一个环节、对于整个应对都至关重要。而秋后算账式的“追责”影响突发事件的全程应对。一些地方政府意识到预防的重要性，变“事故问责”为“隐患问责”，将问责关口前移。然而，“消除隐患”也仅仅是突发事件应对的举措之一，不能治本。“预防”是防“可

① 以笔者调查的112份地方政府颁布的综合性问责规范为样本。所谓“综合性”即规范不由政府某一部门颁布，也不针对专门领域或特定事项。

防之处”，“应急准备”是防“难防或不可防之处”；“预防”目的是杜绝突发事件发生，“应急准备”目的在于减轻事故的损失和危害。突发事件应对绝不仅仅是一个“隐患问责”。所以，过程问责一定对每个环节事先预设责任，然后才能有的放矢，收到问责成效。

(3)事后责任追究影响责任的层层落实。

问责首先要有“责”可问；其次，要关注问的是什么“责”；最后才能谈如何问“责”。有责可问就要事先规定责任，突发事件应对过程中哪里可以设置责任，需要人来落实呢？无论是《突发事件应对法》，还是其他相关管理制度，终极目的其实都在于：预防和减少突发事件的发生，控制、减少和消除突发事件引起的严重危害。所以，一切有利于这一目的环节都应该设置责任，由专门人员职守，并为责任人设置失责之制裁方式。或许这就是我们的问题所在。对于突发事件的应对，问责制只关注对结果的责任追究，忽视对过程责任的过问。虽然一些责任性的“义务”可由社会过问，但公民社会终究能力、权力有限，有些难以企及、有些容易贻误时机；更重要的是，本来属于过程性、分散性的责任，为什么到最后追责时只考虑结果的、整体的责任呢？政府如果放弃对过程性、分散性责任的监督过问，需要给公众一个合理的理由。或许，政府有关人员的过程责任在某种程度上应与政府监督过问责任绑定在一起，甚至以之为前提。如果监督过问的责任不到位，搞事后的责任追究，无论如何都缺少起码的合理性。

2.《突发事件应对法》反映的问题

整体来看，《突发事件应对法》在突发事件应对过程中预设的责任较为完备，虽然“责任规定不够刚性”、“责任衔接不够周全”、“法律责任主体有所缺失”等不足依然存在。作为法律问责的依据，该法仍然表现出事后问责的典型特征，如第 63、64、65 条规定的处罚措施一般以严重突发事件的发生为构成要件，即没有导致严重事件发生或未造成严重后果便不会受到惩罚。这可能是所有法律的特征，因为法律不会对成功完成其责任的人进行奖励，而是对未完成其责任者给予惩罚。法律问责以制裁的威慑力量达到责任主体尽职尽责的目的，虽有监督之功能，但这种监督并不具有主动性，而且成效取决于责任主体的对这种“监督”的认知，因此责任主体能否尽职做好突发事件发生前的预防和准备工作也就无法保证。事件发生前，“责任”并不当然会导致法律后果，而且为事前的“责任”尽责所付出的努力与事件发生几率有时严重不对称，政府及其官员必然会有侥幸心理。为此，对突发事件有关工作的行政监督、检查、指导，甚至强制有时都是非常必要的。

三、构建突发事件应对问责制

由此可见，依靠现行问责体系难以保证对突发事件的有效应对，建立一套新的应对问责体系。应对问责与突发事件问责不同，除了事后追究责任时可以按照现行问责体系进行外，其他应对过程都不太适合。前者强调的是过程监督和过问，后者强调的事后的责任追究；以后者问责体制来适用前者，会导致过程的结果化，贻误突发事件的及时预防与处置。我们提出“突发事件应对问责体系”是想弥补现行问责制的一些不足。尝试建构一套新的问责体系，应先厘清如下问题：

（一）突发事件应对的问责目的

1. 加强应急管理

《突发事件应对法》是立法者在当时实践经验基础上制定的，不可能应付突发事件应对过程中的所有新问题。而且这部法律侧重事后责任追究，不利于过程应对责任的落实，尤其有些责任或义务并不适合由法律规定制裁措施。就“应急预案体系”而言，我国虽已公布了国家总体预案、18 个国家专项预案、31 个省份的总体预案，但仅《天津市突发公共事件总体应急预案》提到“实行领导问责”；应急管理体制中也均未提到“问责”。可见，我国应急管理体系尚未将“问责”列为管理手段。如果这是因为应急管理体系意在强调过程应对，不好事后追责，那么，为过程应对提供一种问责办法势在必行。事实上，应对问责制的建立还有如下好处：首先，可问责的责任与《突发事件应对法》相对应，应急活动将处于责任无缝隙的管理当中；其次，党政领导干部会更重视突发事件的防范，以促进其他责任主体落实相关责任；第三，过程问责强调责任的过问与监督，它可以将全社会的各种力量有效集合起来，以形成覆盖整个应对过程的全方位监督网络。

2. 有效落实应对过程中的责任

责任的有效落实取决于两个要素：外在强制和良善工作环境。前者基于对人性的不信任，主要通过负面制裁来实施；后者基于对人性的尊重，主要依靠正面激励来施行。那么，突发事件应对过程中有哪些责任需要落实呢？当我们试图建立一种实用的全方位应对问责体系时，不妨以现行问责法规作为参照。自十六届四中全会提出依法实行问责制以来，到《暂行规定》正式颁布实施，问责重心都放在党政领导的责任上，落脚点是“党的执政能力和执政水平”。可见，从中央层面看，首先需要落实的是党政领导的政治责任；在突发事件应对问题上，普通民众可能并不直接关心党政领导是否按照党章党纲办事，是否执行了党的政治要求，他们更关心具体应对事项有没有政府工作人员安排、解决，监督事项的实施情况和落实效果。因此，各种社会权力主体对党政领导干部的要求是希望他们尽职尽责。《突发事件应对法》规定了完备的责任体系时，并不意味着责任能够很好地被落实。本课题的主要任务之一就是要在法律追究责任之前，如何通过一种问责机制让这些责任得到及时过问和监督。当法律规定的责任没有被及时落实又尚未造成损害结果时，可以适当给予事先强制，以期违法行为得到纠正，显然，问责机制应当且可以做到这一点。至于公民、法人或其他组织对社会的责任，则很难由法律规定处罚措施。所以问责机制也应该对此予以关注。

（二）突发事件应对的问责原则

1. 问责与改进工作、落实责任相结合原则

问责不是目的而是手段。对于突发事件应对工作而言，问责主要目的在于落实责任，改进工作。问责之“问”有“过问、干预”之意，对应对过程中责任的过问、干预本身就是问责。但由于执行问责时，官方和民间往往过于关注责任追究，以致加深了人们对“问责”的误解。将问责与改进工作、落实责任结合有如下优点：（1）不会等到“影响”出现时再追责。首先，“恶劣影响”不应作为问责情形的构成要件，因为舆情往往充满非理性因素；其次，引导人们将问责重心转移到突发事件的应对过程中，会使问责对象的应对方式、认识态度发生转变，实现“预防突发事件的发生”和“减轻突发事件的危害”。（2）减少人们对问责的对抗心理。“问责”犹如“枷锁”，即使是忠于职守的责任者，“追究责任”也会使其产生逆反心理。我们应当弱化这道“枷锁”，将其放在责任环节背后，形成防范之势，缓解“胁迫感”，消除对抗心理。（3）有利于发挥问责对象的积极性和创造性。压力容易窒息人的创造力，影响能动性发挥；压力解除，人们可能更主动、更积极、更有创造性。

2. 过程监督与结果追责并重原则

我们主张弱化“追责”防线，是建立在这样的假设基础上：认真对待责任、积极谋求重任是人的天性。但突发事件的特点、应对中的现实都不允许我们把这种假设当真理。强调过程责任的重要，是从突发事件防范角度来说的，是针对现实过于重视结果追责的角度而言的。而且，“过程监督”的好处还在于为结果追责时进行责任分担提供可靠基础，从而保证问责公平。“责任分担”不公平主要有三种情形：（1）对于管理者的责任，不考虑前任的责任，只追究现任官员责任；（2）对于应对过程，不考虑前一阶段的应对责任，只追究后一阶段的应对责任；（3）对于多个行政区共同负责的事件，不考虑其他地区配合不当的责任，只追究事发地区的责任。因此，将过程监督与结果追责相提并论是应对问责必须遵循的一条重要原则。

3. 政府主导与社会参与相结合原则

政府责任决定了政府在应对突发事件中应处于主导地位，也决定了政

府在应对问责中应处于主导地位。就可能性而言，行政体制的层级管理使政府对责任主体的监督、过问最为近便和可能；就其效果而言，行政权的效力等级使责任追究最为有效。因此，无论我们如何理解问责，政府都应该是应对问责的主导力量。“以政府为主导”并不意味着突发事件应对工作完全指望政府。突发事件应对工作非常庞杂，涉及面非常广，不仅政府及公务员在突发事件应对的各个阶段负有不同的职责，而且有关单位、组织和个人也负有各自的责任，所有责任都由政府来监督、过问和追究是不现实的。政府不仅精力不够，有时也有资格和权限的问题。所以，依托社会问责有现实意义。表现如下：(1)政府可以主导对下属部门及公务人员的问责，但政府的要求、命令并不一定完全得到落实和执行。社会适时进行监督干预，或再引起政府有关部门的重视，无疑会对政府主导的问责形成有效补充。(2)行政权力可以依法对有关单位和组织实施问责，但这种法律追究往往是事后的。在突发事件应对过程中，有效预防突发事件的发生、减轻突发事件发生后的危害才是重点所在，社会再次能够发挥不可替代的作用。(3)“社会参与”不仅表现在依托社会监督、过问责任，也表现在依托社会监督“监督者”、“追责者”。因为社会问责具有全面性、适时性、包容性、公正性等特点，所以社会可以做到全面监督、自动跟进、自我修正、公平追责。

(三)突发事件应对的问责情形和方式

1. 政治责任

政治责任主要指政治领导责任，由代议制民主所产生，是对人民所应承担的责任。即是否需要问责，主要取决于人民的意志。《暂行规定》对党政领导干部7种问责情形均以“造成恶劣影响”为必备要件，原因正在于此。党政领导干部对下，承担的是政治领导责任，即按照上级或民意要求对下级下达指令；对上承担的是政治被领导的责任，即按照民意要求或上级的指令行事。从“政治影响”的角度，比如，当其因秉持个人政见而公然违抗或消极对待代表人民意志的法律规定或上级命令时；因能力欠缺甚或运气不佳无法完成上级交待的任务或兑现对人民的承诺时；因职业操守、私德品行有瑕疵而失去上级或人民的信任时，说其应承担政治责任似乎是可行的。基于上述理解，结合我国突发事件应对工作，政治问责的情形有以下几类：(1)执行不力。具体表现在：对上级党委或政府有关突发事件的决定或命令，或对有关突发事件的法律法规的规定，拒不执行或拖延执行的，造成重大影响的；(2)决策失误。有关突发事件应对工作出现重大决策失误，具体表现在：未按规定进行科学、民主决策，造成重大政治影响的；社会涉及面广、与人民群众利益密切相关的突发事件决策，未公布有关决策信息，或组织论证会、听证会等形式听取群众意见，造成重大损失和恶劣影响的；(3)漠视民意。在突发事件应对问题上，对人大、政协监督、质询不答复、不说明的；对社会组织、人民团体、普通公民的批评、建议不解释、不回应的。需要说明的是，我们曾主张“恶劣影响”甚至“一般影响”都不应作为问责情形的构成要件，这里之所以将“影响”作为构成要件，是因为：政治责任主要是“党政领导”对人民的责任，而“影响”评价标准也主要来自人民，所以，以“影响”作为党政领导的问责要件是合适的，但仅此而已。

2. 职务责任

应对问责的客体主要是职务责任。职务责任需要问责的情形应该符合如下构成要件：第一，职责法定。《突发事件应对法》中详细设定的政府和有关单位的职责即为我们需要关注的责任，虽然有关单位的责任可以直接问责其负责人，但政府责任，法律并未明确将其落实到具体公务员，如果任一项具体责任失守，我们都追责领导人未免有失公允，而且事后追责不利于责任的落实，因此，我们主张将问责直接指向每项责任的承担人。第二，职责失守。或因无人职守，或因政府未及关注，或职责失守已有导致突发事件发生的潜在危险。第三，职责失守尚未达到法律问责的程度。法律问责已表明突发事件已经发生，这类情形的问责可按《暂行规定》来处理，我们主张的问责是在《暂行规定》可适用情形之前，并与之衔接的情形。第四，职责失守完全可以通过政府的监督检查予以避免的。如果监督检查尚不能避免玩忽职守或侥幸行为，那就构成法律问责的前提。当然，基于职务责任的问责情形虽然我们有意要与《暂行规定》相衔接，但考虑到这类问责情形不仅仅是责任有没有落实的问题，有时也涉及责任落实不当。不落实和落实不当都可能对突发事件应对工作造成极大影响甚至造成严重后果，相比其他监督、过问性质的问责方式，应当处以较为严重的问责方式，而这类问责方式在突发事件后的责任追究中也有规定，所以基于职责的问责方式的设定可以不严格遵守与《暂行规定》中问责方式的衔接，而是有适当重合。重合的问责方式有：责令公开道歉和停职检查。

3. 行政法律责任

行政法律责任似乎并不是应对问责所应考虑的责任形式。因为这类行政责任主要是以违反《突发事件应对法》为前提，以导致突发事件发生为构成要件，而我们一直主张的“问责”是对突发事件发生前的责任进行过问和监督。行政责任与职务责任在突发事件应对中应当有重合，因为职责既然法定，不履行职责或履职不当必然也就是产生行政责任的基础。《突发事件应对法》主要篇幅放在导致突发事件发生的有关违法行为的追究，而对那些并不直接导致事件发生的有关义务，虽也规定了违法责任，但规定并不详细，比如《突发事件应对法》第 63 条只以概括性语言规定“违反本法规定，不履行法定职责的，由其上级行政机关或者监察机关责令改正”，但事实上这类违法责任少有追究，我们认为这类义务虽导致突发事件并不那么急迫，但对于突发事件应对来说却并非可有可无，因此，将这类行政责任纳入可问责的责任情形似乎不无道理，即使我们作出与法律规定相同的问责方式，但以专门问责法规给予重申似乎更能引起义务主体的重视，对于搞好突发事件应对工作有其现实意义。这类义务有：(1)政府应急准备的义务，具体包括：政府建立应急培训制度和开展培训工作的义务；政府建立应急救援队伍的义务；军队开展应急救援专门训练的义务；政府和有关组织的应急知识宣传普及义务和必要应急演练义务；学校应急知识教育的义务及教育主管部门监督的义务；政府保障应急经费和应急物资的义务；(2)政府监测义务，具体包括：建立或确立突发事件信息系统的义务；政府收集突发事件信息的义务和建立信息报告员制度的义务；政府建立健全基础信息数据库，进行监测的义务；(3)公民、法人和其他组织的义务，主要表现在：公民法人其他组织报告突发事件信息义务。

4. 社会责任

突发事件应对工作中的社会责任主要指公民、法人和某些组织对社会应尽的义务。因为这类义务主体主要是私法主体，严格来说，它们对突发事件应对工作无需承担具体的责任；与其说它们承担的是突发事件应对的责任，不如说它们承担的是对其他私法主体或自身的责任，只不过这类责任与突发事件密切相关，在一定程度上也会影响到突发事件应对，所以，我们将其列为可问责的责任类型。而且，这类责任在未引起实质性的伤害而被法律问责时，它主要是一种伦理意义上的责任，对伦理责任的过问监督也只能以伦理的方式来进行，所以，当公民在突发事件应对问题上拒绝跟政府合作，我们是不能采取强制措施的，对这类责任，我们只能采取舆论谴责的方式来问责。

(四)突发事件应对的问责程序设计

1. 简易程序

对于突发事件应对过程中有关方面的责任直接进行监督、过问的，问责可按简单程序进行，即问责主体的过问得到问责对象及时合理回应时；或问责主体的监督事项得到问责对象有效落实时，即可完成问责。以简易程序问责应注意下述问题：如果问责是向政府部门提出的，无论问责主体是谁，以什么形式提出；也无论问责是针对政府还是政府工作人员，被问责的政府部门应当指定专人对问责有关情况进行详细记录。对要求落实责任的问责，政府部门应当敦促具体责任人员尽快落实责任，并将责任落实情况反馈给问责主体，问责主体对此满意，问责完成；对要求改正突发事件应对行为或应对措施的，若政府部门认为合理的，应当责令具体责任人员及时改正，并将改正情况反馈给问责主体，问责主体对此无异议，问责完成；若政府部门认为要求不合理的，可以直接代替或责令相关责任人员给予解释和说明，问责主体对此无异议，问责完成。

2. 复杂程序

以要求落实责任为目的的应对问责，当政府部门或具体责任人对落实责任的要求置之不理或者落实不到位时，问责主体可通过检举、控告、投诉等方式，向问责对象的上级主管部门进行揭发；亦可通过诉诸媒体，借助舆论压力引起上级主管部门的重视。上级主管部门获悉突发事件应对过程中责任没有落实或落实不到位的情况时，应当予以重视并展开调查，调查结果如果属实，责令相关责任部门或责任人尽快落实责任，并将责任落实情况反馈给问责主体，问责主体无异议，问责完成；如果有异议，问责主体可通过适当程序再向有关部门提出建议。如果调查不属实，应当代替或责令相关责任部门或责任人作出解释和说明，责任主体对解释和说明无异议，完成问责；若有异议，应当举行听证，听证结束，主持听证的政府部门应当作出决定，并反馈问责主体，问责程序终止。

以提出意见和建议为目的的问责，如果政府部门对问责建议或意见暂时不能判断合理与否的，应当进入调查程序，必要时要就相关事项举行听

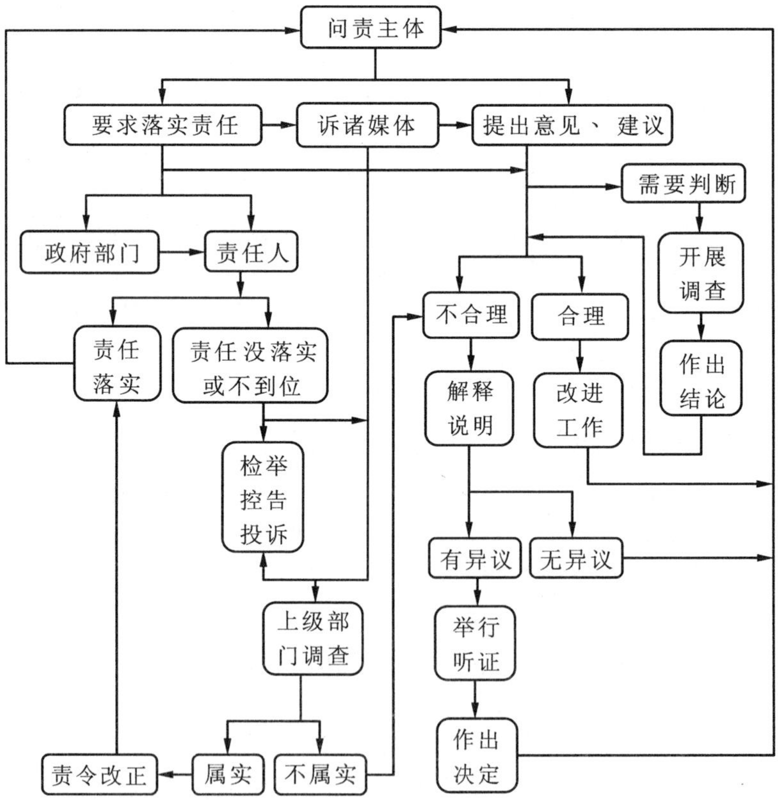

证。调查或听证后，相关政府部门应当对问责的建议或意见作出判断：合理，责令责任单位或具体责任人按问责建议或意见改进工作，并反馈问责主体，问责程序终止；不合理，应当向问责主体作出解释和说明，问责主体若无异议，终止问责程序；若有异议，应当举行听证，听证结束，应当作出是否接受问责建议或意见的决定，反馈问责主体，问责程序终止。当然，复杂程序和简单程序一样，政府应当对问责情形作详细记录；通过媒体的问责，政府部门在启动相关程序前，应作适当调查。

根据前文所设计的问责程序，我们可以做成如下应对问责程序模型。需要说明的是，下列程序模型主要是针对政府部门及其相关责任人员的，问责主体不作分类，因为突发事件应对，政府是主要责任承担者，政府责任是否得到有效落实直接关系到应对工作的成败。另外，对突发事件应对负有法定责任的有关企业法人的问责，问责程序可参照政府问责程序进行，问责程序模型没有另外呈现。

（作者：马怀德　法治政府研究基地主任　教授
周　慧　中国政法大学　博士研究生）

基地名称：法治政府研究基地
依托单位：中国政法大学
项目类别：北京市哲学社会科学“十一五”规划研究基地项目

论行政规划中的损失补偿制度[①]

行政补偿是指行政主体基于公共利益的需要，在管理国家和社会公共事务的过程中合法行使公权力的行为致使公民、法人或其他社会组织的合法权益遭受特别损害，依公平原则，对遭此损害的相对人给予合理补偿的行为[②]。虽然在现实中并不缺乏行政补偿的实例，但与已经初成体系的国家赔偿相比，行政补偿在我国尚未建立起完整的体系。在现有的法律体系中，对补偿做出明确规定的为数不多，而且范围也十分有限，如我国宪法第 10 条第 3 款规定：“国家为了公共利益的需要，可以依照法律规定对土地实行征收或者征用并给予补偿。”这是为数不多的对补偿加以规定的法律条文之一。行政规划作为对相对人私益有着广泛影响的领域，有必要建立完善的损失补偿体系，从而在维护公共利益的同时对私益形成最大程度的保护。

一、行政规划中损失补偿的理论基础

(一)行政补偿的一般理论

关于行政补偿的一般理论，主要有以下两种：

1. 公共负担平等理论

该学说认为，政府的活动是为了公共利益而实施，其成本应由社会全体成员平均分担。合法的公务行为给公民、组织的合法权益造成的损失，实际上是受害人在一般纳税负担以外的额外负担，这不应由受害人个人承担，而应当平等地分配于社会全体成员，其分配方式是国家以全体纳税人缴纳的金钱来补偿受害人所蒙受的损失，进而在全体公民和受害者之间重新恢复平衡机制[③]。20 世纪 30 年代以后，东京大学法学部教授田中二郎先生将始创于西方的这一学说引进日本，并以此为基础奠定了日本关于国家

---

① 本文是《行政规划法治化研究》项目的阶段成果，项目编号：09AbFX068。
② 王太高：《行政补偿制度研究》，北京大学出版社，2004 年，第 48 页。
③ 马怀德：《国家赔偿法的理论与实务》，中国法制出版社，1994 年，第 40—42 页。

补偿的法理学基础①。该学说也得到了其他国家的认可，如美国最高法院的布莱克法官在 Armstrong V. United States 一案中指出，宪法第五条修正案规定的“不给予补偿，私有财产不得充作公用”的意义就在于防止政府强制公民个人去独自承担应当由社会全体担负的公共负担。该学说将法律的基本范畴“权利—义务”作为出发点，强调权利和义务的对等性，而如果不对政府行为的受害人予以补偿，则违反了法律的基本精神——公平，因而强调应给予政府行为的受害人以补偿。

2. 特别牺牲理论

特别牺牲说，该学说的倡导者是德国行政法学的鼻祖——奥托·迈耶。该学说认为，随着社会经济的发展，国家机能与日俱增，国家公法上活动损害公民权利的现象时常发生，而国家既须完成安全、秩序、公道、自由与福利等目的，故无法终止其活动。所以要求人民忍受各种可能的牺牲乃为必然，但出于公平正义的要求，这种牺牲必须公平。若有不公平情形，片面令人民承担，则必须由国库予以补偿②。该学说强调了在私益与公益之间的关系方面，私益应该在公益需要的情况下让步，但私益所做出的“特别牺牲”并不符合“公平正义”的要求，因而应该在私益为公益而作出“特别牺牲”时给予私益补偿。

除上述两种学说之外，还有其他的一些学说，但就合理性以及接受范围而言，均无法与以上两种学说相比。而这两种学说在我国也被普遍接受。事实上，这两种学说从根本上讲乃是一致的。两种学说的核心都是法律的基本精神——公平。其实质都在于强调对因公益需要而在经济上蒙受特别损失的人给予补偿，以调和私有财产权与公共利益的关系，从而实现公平正义的理想以及保障法律秩序的安定。只是在进行具体阐释时的出发点不同，即前者侧重于结果，而后者侧重于原因。“公共负担平等理论与特别牺牲理论对行政补偿内在机理的阐释是一致的，前者侧重于结果，后者立足于原因；正是由于个别人为社会公共利益做出了特别牺牲，因此作为受益人的社会公众才应当公平负担这种损害。唯有如此，才能恢复社会公众之间负担平等的机制”③。

(二)行政规划中损失补偿的特别理论——信赖保护

与公共负担平等理论以及特别牺牲理论不同，信赖保护作为行政规划中损失补偿的理论基础是由行政规划的特点之一——易变动性所决定的。

① Michael A. Heller & James E. krier. Deterrence and Distribution in the Law of Takings. Harvard Law Review, Volume 112, march 1999. p. 1000.

② 曹竞辉：《国家赔偿法立法与案例研究》，三民书局，1988 年，第 9 页。

③ 马怀德：《国家赔偿法的理论与实务》，中国法制出版社，1994 年，第 42 页。

也是保护私益的要求，“保护人民权利，首重法律秩序之安定”①。诚信作为一项重要的法律基本原则，无论是在私法还是在公法领域都受到了极大关注，我国国务院的《全面推进依法行政实施纲要》更是明确将“诚实守信”作为依法行政的基本要求之一。与社会公众的诚信相比，政府的诚信具有更为重要的表率作用，也是政府所应追求的基本目标之一。而基于行政规划的特性，在任何时候都完全恪守已确定的行政规划既不可能，而且也不符合公共利益的需要。因此，在行政规划的易变动特性与政府的诚信之间，一个可取的平衡点就是遵循“信赖保护”而给予相对人补偿。

信赖保护并非适用于行政规划中损失补偿的所有领域，而只是在行政规划变更或者终止时才能适用。“行政计划既经公布后，即表示行政机关将依此计划之内容从事相关之行政行为，人民亦将由于此计划之公布而信赖行政机关日后之作为。因此，若行政机关欲变更或终止其计划时，即不得忽略人民信赖保护之问题”②。“另一方面，对于根据相应计划所提出的内容而行动的私人来说，有时会由于该变更、中止造成其到目前为止的投资等都是徒劳的，导致对私人不利的现状。因此，这便产生了若承认计划变更本身，就不能对因此给私人带来的危险置之不理的问题”③。信赖保护作为行政规划中损失补偿的特别理论，强调在已确定的行政规划变更或终止时必须重视相对人的权益保护问题，不能使相对人的信赖利益因行政规划的变更或终止而受到不正当的损害。

二、建立行政规划中损失补偿制度的必要性

在行政规划中确立补偿制度，乃基于以下几个方面的需要：

首先，这是保护相对人利益的需要。当行政规划中的后续措施的实施可能会侵害到部分相对人的利益时，如不予以补偿，则对这部分相对人而言有失公允，这部分相对人将因行政规划的实施而额外承受了“公共负担”和受到了“特别牺牲”。保护相对人的利益、追求公共利益与私益之间的“均衡”是行政法的基本任务，因而，应在行政规划中确立损失补偿制度。

其次，这是提高行政规划效率的需要。行政规划的确定程序为行政主体与相对人的沟通和对话提供了一个平台，双方的争议不仅仅限于应该采取哪些措施，而且还包括了在后续措施造成相对人的损害时是否给予补偿的问题。如在规划确定程序中仅仅只确定后续措施而不就补偿的问题达成

---

① 罗传贤：《行政程序法基础理论》，五南图书出版公司，1993 年，第 65 页。

② 洪家殷：《信赖保护及诚信原则》，台湾行政法学会主编：《行政法争议问题研究》(上册)，五南图书出版公司，2000 年，第 131 页。

③ ［日］盐野宏著，杨建顺译：《行政法》，法律出版社，1999 年，第 156 页。

一致，则必然造成行政主体与相对人之间的争议无法得到全部解决。而相对人也必然会从维护自己利益的角度出发，消极对待行政规划的实施甚至采取对抗措施。诚然，虽然也可以先确定后续措施，而就后续措施造成的相对人的损失补偿问题另行解决。但这样的方式将因权利义务关系的不确定而造成新的矛盾，将会大大降低行政规划的效率。因而，从“经济”的角度出发，应该在行政规划中确立损失补偿制度，从而为行政规划的顺利实施扫清障碍，并提高行政规划的实施效率。

最后，这是事先补偿原则的要求。所谓事先补偿原则是要求行政机关对相对人财产权为征收前必须先对相对人的损害进行补偿，至少必须与相对人就补偿的范围、标准、方式及补偿金的支付时限等问题达成协议①。事先补偿原则体现了现代国家基于公共利益的需要而剥夺或限制人民财产权时应最大限度地保护私人利益，体现了对私益的尊重。事先补偿原则为大多数国家的宪法所确认。如 1993 年的俄罗斯宪法第 35 条第 3 项规定：“任何人均不得被剥夺其财产，除非根据法院决定。为了国家需要强行没收财产只能在预先作出等价补偿的情况下进行。”在行政规划的过程中，就行政规划确定后对相对人的损害如何补偿进行明确，符合事先补偿原则的要求。

三、行政规划中损失补偿制度的建构

在行政规划过程中，当行政规划对相对人的利益造成不利影响时，是否给予补偿、如何补偿就必然成为相对人关注的问题之一。如果在行政规划的确定过程中不能就补偿与利益受到不利影响的相对人达成一致，那么在行政规划的实施过程中可能会遇到较大的阻力，进而影响行政规划的实施进程。因而，有必要将相对人的损失补偿制度作为行政规划过程中的一个重要环节。

（一）行政规划中损失补偿的类型

行政规划中的损失补偿，主要包括以下两种类型：

1. 行政规划确定中的损失补偿

行政规划的确定在有法律规定的情况下可具有明确行政规划主体与相对人之间权利义务关系的效果，能成为权利形成性的行为。其作为权利形成性行为的主要体现是实施行政规划所需的后续措施经规划确定而固定。“计划确定程序具有征收法上的预决效果，也就是说，原则上确定了征收的适法性。征收程序要解决的问题是征收的方法和补偿的数额”②。规划中的

① 王太高：《行政补偿制度研究》，北京大学出版社，2004 年，第 142 页。

② ［德］汉斯·J·沃尔夫、奥托·巴霍夫、罗尔夫·施托贝尔著，高家伟译：《行政法（第二卷）》，商务印书馆，2002 年，第 249 页。

补偿实际上是就规划所确定的后续措施对相对人的损失所给予的补偿，即在行政规划的确定中不仅需要明确行政规划的后续措施，而且在行政规划的后续措施对相对人的利益造成损害时还要予以补偿。如对相对人的财产予以征收、征用通常是实施行政规划的重要的后续措施之一，当在行政规划的确定程序中确定了征收、征用的后续措施后，还应确定征收、征用的补偿问题。

2. 行政规划变更、终止中的损失补偿

行政规划确定后的变更、终止也经常会影响到相对人的利益。当相对人对行政规划的确定形成信赖利益，而行政规划的变更、终止造成相对人信赖利益的损失时，应对相对人给予必要的补偿。在确定行政规划的变更、终止时，因规划变更、终止而引起的补偿问题的解决方案也应一并确定。

（二）行政规划中损失补偿的构成要件

行政规划中的损失补偿必须符合一定的条件才能进行。与一般行政补偿的构成要件一致，行政规划中的损失补偿应具备以下构成要件：

第一，行政主体的原因行为合法。原因行为是否合法是区分行政赔偿和行政补偿的最重要的标准。原因行为合法意味着行政主体对相对人财产造成的损失是一种合法作为。“作为行政补偿的构成要件之一，原因行为合法具有两方面的含义：一是行政主体为剥夺或限制相对人财产权益的行为时，必须要有法律上的依据，至少不能与制定法冲突；二是行政主体为限制或剥夺行为时的动机和目的必须是基于公共利益的需要”①。

第二，造成相对人的特别损害。行政规划中的后续措施的实施将造成相对人的特别损害是补偿的另一构成要件。“特别损害”表明行政主体造成的损害不是“普遍的”，而是只在特定范围内的、针对部分相对人的“特别的”损害。

第三，具有因果关系。行政主体的原因行为与相对人遭受的特别损害之间具有因果关系是构成补偿的另一要件。因果关系要求原因行为与特别损害之间的联系必须是本质的、必然的联系，而不能是间接的、偶然的联系。

在行政规划中，只有全部具备以上的三个条件时，才应对相对人的损失予以补偿。

（三）行政规划中损失补偿的范围

补偿的范围是指对行政主体的哪些行为需要给予补偿，补偿范围是补偿制度的重要内容。行政规划中，在行政主体拟采取的以下行为造成相对人的损害时需要予以补偿：

---

① 王太高：《行政补偿制度研究》，北京大学出版社，2004 年，第 122 页。

第一，征收。征收是行政规划中常采用的后续措施，在道路建设等公共设施的规划中，征收几乎是必不可少的后续措施。征收对相对人利益的影响也最为直接和明显。因此，征收构成了行政规划中损失补偿的最主要的组成部分。在征收补偿中，具体征收的范围值得关注，类似的争议也经常发生。例如，由于建设水库，村落的大部分被收用，许多住户都已经搬迁，只剩下一户人家住在偏僻的半山腰时，其生活中的诸多不便与困难，皆属于因公共事业而受到的间接损害[①]。类似的例子还如基于公共利益的需要并不需要征收相对人的全部财产，但部分征收将严重影响相对人剩余财产的价值与效用。笔者认为，在此情况下，也应将剩余的财产征收或者在不征收的情况下也给予一定的补偿。

第二，征用。同征收一样，征用也是行政规划中经常需要采取的后续措施，而且两者经常一起使用，但两者之间存在着一定的区别。“征收和征用有所区别：征收通常是所有权的转移，相应财产由相对人所有转为国家所有；征用则通常不转移财产所有权，行政主体只是对相对人财产‘借用’（强制性‘借用’）一段时间，用完以后仍归还相对人”[②]。

第三，其他造成相对人损失的后续措施。主要包括基于公共利益的需要而对相对人的权利予以限制的行为等。

除补偿范围外，补偿的标准和方式也是行政规划中损失补偿制度的重要组成部分。补偿标准和方式也最容易引起争议。行政补偿标准可参照行政赔偿的标准，以补偿相对人的实际损失为原则[③]。但需要注意的是，行政赔偿与补偿之间也存在着一定的区别，因为补偿的起因是行政主体的合法行为所造成的侵害，因而补偿的范围应仅限于物质性损害，而不包括非物质性的损害，如精神损害等。此外，行政规划中的损失补偿的方式也可借鉴行政赔偿的相关规定，以金钱补偿为主，辅之以其他的补偿方式。

（四）行政规划中损失补偿的程序

行政规划基本上可分解为以下几个步骤：行政规划目标的确定、行政规划的拟定、行政规划的确定、行政规划的变更或终止。在这几个步骤中，行政规划的确定具有最为重要的意义。行政规划的确定，是行政主体在经过一定的程序对行政规划的拟订方案予以审查后，就是否批准行政规划的拟订方案作出决定。行政规划的确定是行政规划发挥作用的必然前提，只有已经确定的行政规划才能产生一定的法律效果。

---

① 杨建顺：《日本行政法通论》，中国法制出版社，1998 年，第 615 页。

② 姜明安：《行政补偿制度研究》，《法学杂志》，2001 年第 5 期，第 16 页。

③ 姜明安：《行政补偿制度研究》，《法学杂志》，2001 年第 5 期，第 17 页。

构建行政规划中的损失补偿制度，要将如何补偿相对人的损失作为行政规划过程中的一个重要议题，有关的行政主体在确定、变更或终止行政规划时，必须明确如何补偿相对人的损失。如行政主体在确定某区域旧城改造规划时，除了要有具体的改造设计方案、具体的实施者、资金来源等内容外，还应明确如何补偿相对人损失的方案。

四、行政规划中损失补偿的救济保障

通过实体及程序来限制行政规划权的滥用无疑是有效的，但仅仅依靠程序控制是不够的，还必须建立有效的法律救济机制。行政救济是对行政权力侵犯公民权利所造成的损害给予补救的法律制度的总称，即行政救济是对行政权力侵犯公民权利的制度化的救济[①]。在我国，已经有一套相对完整的行政救济体系，因而，对于行政规划中的损失补偿的救济，不是要研究如何建立救济制度，而是如何将其纳入现有的救济体系之中，避免现有的救济制度难以适用于行政规划中的损失补偿的情况出现。

（一）明确相对人的补偿请求权

对法律活动来说，也许重要的不是承认权利，而在于如何恰当地配置权利，并因此给予恰当的救济。也正是由于这个原因，普通法上的权利一直同司法救济相联系，有"无救济就无权利"之说法[②]。由于救济制度具有被动性的特点，遵循"不告不理"的规则，因此，基于维护相对人合法利益的需要，相对人应拥有与之相适应的请求救济的权利。

补偿请求权是维护相对人利益的一项重要权利。当相对人的利益受到行政规划的损害而没有得到相应的补偿时，相对人得依法行使补偿请求权以维护自己的合法权益。

（二）行政规划中损失补偿的司法救济

作为对正当权益的最强有力的救济方式，诉讼是保障行政补偿制度顺畅进行的坚强后盾[③]。联合国世界人权宣言第 8 条规定："任何人在其宪法或法律的赋予的基本权利遭受侵害时，都有权享受合格的国家法庭对这种侵害行为作出的有效救济，有关行政补偿的争议在穷尽行政程序后，必须确保司法审查的最终解决途径。"因此，必须将行政规划的中损失补偿争议纳入司法救济途径。

---

① 林莉红：《中国行政救济理论与实务》，武汉大学出版社，2000 年，第 7 页。

② 苏力：《法治及其本土资源》，中国政法大学出版社，1998 年，第 182 页。

③ 杨解君、顾冶青：《公益收用之界定与行政补偿之完善》，《湖南社会科学》，2005 年第 1 期，第 83 页。

在行政规划中，只要行政相对人的利益受到侵害而又没有得到合理的补偿时，相对人就可以请求司法的保护。在德国，“如果从根据专门计划确定裁决建立和运营的公共设施和机构造成的不可预期公害来考察公平补偿请求权，行政法律途径的根据在于计划确定裁决（行政行为）应当对公平补偿（补偿）的提供一并作出决定（参见联邦行政程序法第 74 条第 2 款第 3 项规定）。计划确定裁决没有就此满足关系人要求的，关系人不能简单地根据联邦行政程序法第 74 条第 2 款第 3 句规定要求支付补偿金，而是必须首先反对计划确定裁决，或者以计划确定裁决没有或者没有充分给予补偿违法为由提起撤销之诉，或者以计划确定裁决应当补充适当补偿的命令为由提起职责之诉”[①]换言之，由于对相对人的损害补偿是行政规划确定裁决的一项重要内容，因此在行政规划确定裁决中不涉及对相对人的损失补偿或者对相对人的补偿不合理时，行政相对人可依法请求撤销行政规划确定裁决或者请求在行政规划确定裁决中补充有关损失补偿的内容。对此，我国可以借鉴德国的制度，从而将行政规划中损失补偿的争议纳入司法审查的范围，进而实现对相对人权益的保护。

（作者：王青斌　法治政府研究基地研究人员　讲师）

① ［德］哈特穆特·毛雷尔著，高家伟译：《行政法学总论》，法律出版社，2000 年，第 723 页。

北京社区研究基地

（北京市社会科学院）

基地名称：北京社区研究基地
依托单位：北京市社会科学院
项目类别：研究基地自设项目

多元服务　复合共治
——中国社区建设解放模式的思考[①]

焦作市解放区地处焦作市市中心，是一个标准的中心城区。辖9个街道、32个社区、19个行政村，人口29.3万。是全市的政治、经济、商贸和文化的核心地带。

2001—2010年，是解放区社区建设的十年；是解放区政府公共服务的十年；是解放区居民参与社区建设的十年；是解放区各类社会组织协同服务的十年；也是解放区资源配置和重组的十年。十年弹指一挥间，他们始终秉承经济发展与社会建设的两条主线，始终不渝地坚持党的领导、政府主导、社会协同、公众参与的社区发展的方向，在社区这个复合地带集成治理、集成服务、集成创新，画出了解放区社区建设的最美图画，使解放区的和谐社区建设走出了一条多元服务复合共治的新路子，在我国的社区发展进程中具有重要的意义。

一、复合理论创新 奠定服务共治的前提

解放区的社区建设不是一蹴而就的，它经历了探索、思考的发展进程。公共服务贯穿于始终，大致经历了三个发展阶段。第一是社区建设的起步阶段，始于1999年，至2002年，其着力点是社区精神文明的创建，服务的主体是政府，目的是改善社区居民的生存环境，把社区作为政府公共管理的载体，解决基层社会管理中的一些问题。第二是社区建设的勃发阶段，始于2001年，这一时段的主要特征是：政府仍然是社区服务的主体，其公共责任的担当体现在资源整合建设施，规范制度建组织。目的是满足社区居民日益增长的社区服务的需求。在资源的重新调整和配置过程中，政府通过置换、改造、社会筹措等措施，实现了解放区全区范围之内的社区办公用房、活动用房“三室一校”的统一。社会资源的介入初露端倪。第三是社区建设的规范阶段，始于2004年，随着和谐社会建设的脚步，和谐社区

① 本文是《中国社区建设解放模式研究》项目的阶段成果。

建设成为这一时期的主题，政府也从社区服务单一的主体让渡空间，鼓励社会各类组织和市场及社区参与社区建设，协同作战，为社区居民提供提供内容丰富、形式多样的社区服务，增强居民对社区的满意度、归属感和认同感，社区服务已从单一主体向多元主体转变。服务的内容也从项目单一化向多元化转变。第四是社区建设的深化发展阶段。始于2008年荣获和谐社区建设示范城区之后，他们把社区建设提高到促进整个社会和谐进步的高度去看待，要立足于过去十年社区建设打下的良好基础，引领和谐社区建设进入深化提升阶段。精品社区的打造和社会、市场及居民的广泛参与构筑了解放区社区建设的新格局，即党的领导、政府责任、多元服务、复合共治。

我们所说的多元服务是指社区服务的主体、方式、手段和服务内容的多元化；我们所说的复合共治，是指政府、社会组织和个人在社区复合地带的公共责任的担当。复合共治贯穿了治理的基本精神，即谋求各个治理主体之间的合作互补关系，这是一种建立在合作基础上的全新的治理模式。正如俞可平指出的那样，就目前治理转型的目标模式而言，就是要通过政府与公民对公共生活的合作管理，建构政治国家与公民社会的一种新颖关系。其实这种新颖关系在社区的建构过程就是复合共治的实现过程。

复合共治有六个基本特征：第一，复合共治的属性是公共责任。第二，复合共治有多个治理主体组成，包括政府组织、非政府组织、企业、家庭、个人等在内的所有社会组织和行为者都是治理的参与者，不能被排斥在治理过程之外，更不能被剥夺享受治理结果的权力。第三，复合共治是多维度的。是一种纵横交错的治理。第四，复合共治也是一种合作互补关系。只有合作，国家、市场和公民社会这三大现代治理机制才能有效地发挥作用，并弥补相互的缺陷。第五，社区成员是复合共治的最基本的单位。尽管复合共治需要制度的安排，并且是通过它来规范行为者的，但是要使治理可持续运转，必须提高社区成员参与的能动性。第六，复合共治的目标是就地及时地解决问题。

从社区各主体的发展来看，无论是社区居民还是社区自治组织的发展都为社区治理提出了新的需求。社区居民参与素质的提高是社区治理的重要基础，也是社区发展的动力。而要达到真正完善的社区自治，最终需要的是人的素质的提高，是社区人公民性的成长。现代公民以关心公共事务、参与公益事业、承担社会责任为基本标志，没有现代公民就不会有真正意义上的居民自治，社区也不可能成为真正意义上的“公民共同体”。

综上所述，社区复合共治其属性是治理主体的多元化，其基础是社区多主体的公共责任；其目标是社区治理主体的共治；其机制是治理主体之间的相互合作；其途径是多个治理主体的共同参与；其活动是社区的多元服务。

二、多元体制创新：提供服务共治的保障

社区服务区别于其他社会服务的一个主要的标志是，政府始终在社区服务中起主导作用。这种主导作用既有微观的，也有宏观的。社区公共服务是政府依托社区组织和其他各类社会组织向社区居民提供的具体服务，应该说是政府直接参与的社区微观服务。在其他服务方面，包括社区志愿服务、社区互助服务、社区商业服务等，政府处于宏观参与的层面，加以指导。政府对社区服务的全面参与，是通过宏观政策指导实现的，政府的宏观参与是社区服务发展的关键条件，决定了社区服务的发展走向、目标任务和保障措施。在利益格局多元化、服务需求多元化、服务品种多元化的前提下，创新领导体制是多元服务的保障。在没有健全的管理体制情况下，多元服务会处于无序的发展局面。一是社区服务涉及公安、民政、劳动、卫生、文化、体育、科技、教育、环保等多个部门的工作，以及财政、税务、工商、土地、建设等多项政策。但由于各部门对社区服务认识不同，工作重点不同，社区服务基本上会政出多门、各自为战。加之缺乏统一的协调，多元服务的有限的资源得不到有效合理配置，会导致政府和社区两方面的服务工作都不能到位，严重影响社区服务工作的质量和效率。解放区在四个方面加强了体制创新。

（一）领导体制

他们自始至终地坚持把社区建设列为一把手工程，做到党政主要领导对社区建设工作亲自抓、负总责，成立了区党政主要领导亲自挂帅的解放区社区建设指导委员会，负责对全区社区建设工作的指导、规划、组织、检查，建立了区级领导包街道直接联系社区，区直部门分包社区，街道党政主要领导负总责的领导体制，同时，各社区成立社区建设办公室，全区形成了社区建设三级工作机构，为多元服务体系建设提供了强有力的组织保证。

他们坚持实行社区建设“五个纳入”，即纳入区政府年度工作总体规划，纳入区年度财政预算、纳入区评先评优体制、纳入区精神文明创建目标，纳入区年度目标考核，从体制上加强和谐社区建设的组织领导。

他们建立了区领导和区直部门联系社区工作制度。出台了《中共解放区委关于实行区领导和区直部门联系社区工作制度的通知》，规定每位区领导带领一个区直部门联系一个社区，指导、帮助社区明确特色工作定位，开展特色创建活动。先后制定了《解放区建设和谐社区十一五发展规划》等指导性文件及年度工作计划，并将和谐社区建设作为每年目标责任考核的重要内容，对完不成任务的单位和部门在其单位评先评优和主要领导的提拔

任用上实行"一票否决"。社区建设做到"七个有"，即：有班子领导、有规划方案、有制度措施、有职责任务、有量化指标、有检查评比、有奖惩兑现，形成了党政"一把手"亲自抓、分管领导具体抓、相关业务专人抓的组织网络，实现和谐社区建设层层有人管、事事有人抓、项项有指标、一级抓一级、层层抓落实的工作格局和整体合力。

（二）核心体制

他们注重发挥党的领导核心作用，建立健全区党建工作指导委员会、街道党建工作协调委员会、社区党建联谊会等党建工作协调议事机构，为党组织在社区工作中发挥作用创造了条件，把党建工作延伸到社区的每个角落，进一步强化了社区党组织在社区工作中的领导核心地位。同时，他们积极推进社区居民自治组织建设，探索设立了有解放特色、比较科学的社区组织体系。在各社区成立了"两会、两组织"（即：社区党建联谊会、社区成员代表大会、社区党组织、社区居委会）和社工部，在社区内辖楼院成立了党建联谊小组和居民小组，形成上下贯通的"三联""三建""三服务"组织网络。基本达到了"三凝聚"社区基层党组织凝聚党员、凝聚群众、凝聚社会广泛参与的格局。

（三）财政体制

为社区建设提供强有力的财力支持。解放区自 2006 年起，在每年预算中列支 300 万元专款，用于加强社区基础设施建设。截至 2010 年 12 月，区、街二级财政在阵地建设、人员培训、外出考察、举办讲座等，累计投入近 5000 万元。并不断加大对民计民生、基层建设等工作的支持力度，在每年的财政预算中安排充足的和谐社区建设专项经费并及时做好相关经费的核拨工作，坚持精细化监督管理原则，通过多方筹措，齐抓共管，使社区建设资金成为改善百姓生活的民生资金。

为有效保障社区建设需要，把社区相关经费纳入财政预算，并随着经济发展相应增加。2010 年安排城乡社区事务支出 1853 万元，主要包括城乡社区环境卫生、区管道路建设维护等，从民政低保、劳动保障、卫生保健、便民服务等多方面保障社区居民免费享受社区服务和日常卫生保障，社区服务功能明显增强。

设立社区建设经费专户，制定经费使用、报销、管理办法，定期检查、监督社区经费使用情况，重点用于社区综合服务平台建设，主要包括社区的规划与建设、社区服务中心管理、社区人员管理、社区信息网络服务、社区用房管理，社区内康复、健身、娱乐、浴室、托幼等服务项目的市场化运作等，切实提高社区建设资金使用效益。

（四）人才体制

社区人力资源建设是社区发展的重要保障。解放区注重从社区发现和培养干部，确立了“有进口有出口”的社区干部管理体制，即提拔干部必须由社区工作经历的原则，形成了明确的用人导向。同时，建立了一支初具规模的社区工作者队伍。开展社区建设是一项浩大工程，必须有人办事。他们紧紧围绕社区工作队伍素质的提高，注重建立选人机制、用人机制、育人机制和留人机制，出台了《解放区社区工作者管理暂行规定》，通过“留用老的、招聘新的、区街两级选派强的”等途径，一大批思想好、作风正、能力强、愿意为群众服务的居民走上了居委会工作岗位。社区工作人员实现了从老“一高一低”(年龄高、文化低)到新“一高一低”(文化高、年龄低)的质量转变，同时也实现了从“居委会老妈妈”到“小巷总理”的形象转变。一支以社区党组织、居委会成员为骨干，社区专职工作者和社区志愿者为补充的社区工作队伍初步建立。2010 年 12 月底前，专职社区工作人员从 1999 年的 75 人增加到 215 人，中专以上学历从 23% 增加到现在的 68%，平均年龄从 48. 5 岁降低到现在的 39. 2 岁，整体素质明显提高。

四个体制的建设，使多元服务共治的模式又得以顺利地进行，从根本上保障了多元共治格局的形成。

三、机制系统化创新 建设服务共治的桥梁

随着我国经济体制改革的不断深化，“单位人”逐步向“社会人”过渡，与此相应，计划经济体制下的行政管理、单位服务也必然向社会服务、社区服务过渡。随着家庭的小型化、人口的老龄化、空巢化的加快，社区服务也会由过去福利型、互助型为主的单一模式逐步转向社区公共服务为主的多元化模式。

实践证明，社区服务是一项系统工程，涉及物质生活、医疗保健、精神慰藉、便民利民等方方面面，因此，绝不是一个部门、一个单位就能完成的事情，也不可能完全靠社会来承担，它必然需要家庭、单位、企业、社区、社会等组织的相互配合、相互支持。社区，作为居民生活的最基本区域，在社区服务的便捷性、可靠性等方面具有得天独厚的优势；社区，作为政府、企业等组织与群众联系的桥梁和纽带，在整合服务资源方面又有着不可替代的作用。因此，在社区服务方面，社区责无旁贷，理应成为最为重要的支撑力量。要做好社区服务，首先必须发挥社区的沟通协调、质量监督、价格监管、检查评估等方面的作用，努力搭建社区平台，积极整合优质资源，为社区居民提供优质价廉放心的服务。为此，解放区实施了社区工作机制系统化的创新。

(一)信息化机制

由于信息网络具有快速、便捷、高效、互动等特点，我们充分借助科技企业的优势，于 2004 年建成了解放区社区公共服务网站和解放区社区服

务中心；解放区社区服务中心建立之初的宗旨就是“为居民解困、为家庭分忧、为单位减负”。提出了“强化公益性服务，拓展福利性服务，倡导便民性服务，规范中介性服务”的理念。社区服务中心积极引进社会企业，无偿提供办公场所及设备，形成了包括家政服务、保姆介绍、健康保健、权益维护、法律咨询、精神慰藉、就业服务等方面的综合服务支撑体系。服务中心设有 24 小时服务热线，长期为居民提供咨询服务。

为了实现单位、社区、社会资源的有机整合，解放区在社区服务中心的基础上，利用政府公共服务资源，在国内率先建立了社区综合服务平台、社区呼叫中心，即“ 12345 ”为民服务、生活服务、劳动保障服务、企业服务、平安服务和效能投诉“六位一体”的为民服务网络中心，开通“为民服务网”，服务效率和水平得到很大提高。街道建立了社区服务中心，社区建立服务站，形成了区、街、社区三级联动的为民服务网络，开展“一站式”服务。相关职能部门面向社区居民的社区卫生、社区文化、社区环境、社区治安、社区就业和社区保障等公共服务项目普遍展开，民政救助、劳动保障、综合治理、卫生计生、就业服务等工作都在社区设立了窗口，做到工作重点到社区；社区还建立了 14 个爱心超市、32 个志愿者服务站等扶贫帮困载体，积极为社区困难群体排忧解难，提高了社区服务的效率和质量，以公共服务为基础的社区服务体系基本形成。

（二）普惠化机制

解放区一直坚持社区服务进家庭的工作准则，并把它作为一项党和政府的温暖工程，让解放区的每一个家庭。每一个人，包括外来居民，都能享受解放区人人具有的普惠型福利。我们以温暖工程为统领，相继建立了 40 个便民服务中心、58 个社区卫生服务站、32 个劳动民政工作站、32 个计生文化活动指导中心、22 个老年活动中心、42 个校外课堂、8 家养老托老机构、22 个社区图书馆等一大批公共服务组织和社会化服务组织，并配备了法律咨询员、民事调解员、残疾人专职委员等一批专兼职工作人员。目前入驻社区的社会化服务组织 183 个，从业人员达 2300 余人，在社区注册的志愿者达 3 万余人，服务内容涉及家政、养老、法律、心理、学生教育、文化娱乐、就业再就业、卫生保健、精神慰疗等十余个行业。初步形成了包括医疗保健、文化娱乐、养老托老、日常消费等内容的“十五分钟”生活圈。我们还建立了访查反馈制和投诉制，共受理投诉 146 件，有效地保证了服务质量，达到了供需双满意。

他们通过“四送活动”，即“送温暖、送岗位、送技能、送健康”使社区居民看病就医、文化娱乐、环境美化和治安、就业等基本需求都能够通过社区在相当大程度上得到满足。仅民生街道办事处就在几年内为 3 万余人提供了各类服务，帮助 61 名下岗失业人员办理了小额贷款 130 余万元，为

120 名下岗失业人员找到了就业岗位，援助困难家庭 865 户，发放救助物品 4678 件，为 60 户特困家庭和 76 人次的群众及时提供了大病医疗救助和特困学生的救助服务，辖区残疾人康复建档率达到 95% 以上，低收入家庭做到了应保尽保，辖区企业离退休人员全部实现了社会化管理服务。

（三）专业化机制

在社区建设的过程中，解放区不仅有政府、社会、社区的参与，他们还重视引进了专业化的队伍和人才，从事社区服务工作，提升社区服务的水平。

青少年服务专业化。民主街道引入“乐高机器人工作室”，在道清里社区成立了“民主街道青少年科学工作室”，为青少年在社区开展科技含量较高的科普活动搭建了平台，并经科协验收后，被命名为“国家青少年科学工作室”通过家庭赛、个人赛，进一步激发了青少年学科学的兴趣，营造了和谐社区氛围。

志愿服务专业化。他们建立了“代理妈妈”志愿者服务队，关爱留守儿童。并招募了 121 名文化水平高、综合素质好、富有爱心和专业知识的青年志愿者，组建了关爱“留守儿童”志愿者队伍，在全社会招募 200 名“代理家长”与“留守儿童”结为帮扶对子。依托社区家长学校和“12355 解放区青少年服务台”，组织心理服务志愿者就留守儿童及留守儿童家长应注意的问题举办心理知识讲座。关爱“留守儿童”行动收到了良好的社会效果。

康复服务专业化。解放区依托市安康医院、市启智学校、红十字医院等机构建立了各类残疾人康复技术指导中心，有效发挥技术示范、人员培训、基层指导、知识普及、咨询转介等作用。各社区卫生服务中心设置康复室、中医理疗科，配备残疾人康复设施，社区居委会依托现有机构和设施，安排固定的残疾人活动场所，配备康复器材、辅助用具和康复宣传资料，开展知识技能培训，娱疗、工疗和心理疏导等专业性康复活动。

文化服务专业化。解放区各社区图书馆的设立，与全国其他省市有所不同，我们采取了市场化、专业化的运作模式，政府采取公共文化服务购买的方式，一次性地投入硬件设施，及图书馆的用房和第一次图书的购买，引进“红月亮”书店，建立全区建设规模和建设格局、运作模式统一的专业化运作的“红月亮”社区图书馆。红月亮图书馆设立会员制，目前，在焦作市，八分之一的人口是红月亮的会员。红月亮社区图书馆的图书根据居民的不同需求，一个月更新一次，而且可以借阅回家，也可以购买。这种资源配置，共驻共享、专业运作的模式，使社区图书馆能够有人来、有人借、有人读，有人认，而不是应付检查和作秀的花架子，也使政府公共文化服务能够持续地发展下去，成为居民真正喜闻乐见的场所。

教育服务专业化。解放区在终身教育体系中，注重专业化模式的培养，在每个社区都成立有市民教育培训中心，由文明办、妇联、卫生局、人劳局等多个区直部门及辖区单位的专业人才组成的“市民教育宣讲团”，定期来到培训中心，为居民传授社会公德、卫生医疗、家庭教育等知识；同时，制定优惠政策和补贴措施。

特别是面对校外社区少年教育，他们引进了专业的“文风教育中心”机构，成立了社区“四点半学校”，为未成年人提供心理咨询、书画培训、智力开发、趣味游戏等服务，使社区成为未成年人继学校之外的第二课堂。在寒暑假期间大力开展“学校放假，社区开学”活动，鼓励青少年积极参加社会实践，增长社会知识。这个社团主要是由各类专业老师组成，并雇请大学生做助手，跟踪和帮助放学后没有人照顾的孩子。为保证“四点半学校”的教育力量，他们协同社区进一步整合了教育资源，积极调动各方力量参与。一是动员“五老”(老干部、老战士、老教师、老专家、老模范)积极参与到社区未成年人的教育中来，让孩子“玩得快乐”，家长“放得安心”，而“五老”自己也感到“祖孙同乐，很是开心”；二是积极吸纳各具特长的志愿者教师，吸引社会各方力量共同参与进来，快速建立起一支稳定的、有热情、有爱心、有责任感、优质的社区志愿者教师队伍。目前，解放区“四点半学校”已经形成一支由离退休教师、在职教师、大学生志愿者、党员志愿者和热心教育事业的有识人士等志愿者共同组成的教师队伍，为提高学生们学习成绩、思想品德发挥了较好作用。

(四)联动化机制

服务共治的根本出发点和落脚点是为居民服务，因此，在社区建设中，他们始终坚持“人性化、法制化、精细化、群众化、规范化、协同化”的原则，牢记六个原则下的必须，即必须把以人为本，服务为先贯穿于社区工作创新的始终，更新管理理念和管理方式，实现寓管理于服务之中；必须遵守法律法规，创新管理应以法律法规为依据；社区工作必须做到精确定位、精准定性，实现社区工作的精细化管理；社区工作创新必须充分依靠群众，广泛动员群众，积极参与社区服务的共建，共享社区建设的成果；社区工作创新必须注重把简单的实践赋予理论的支撑，把局部经验上升到全局高度，把零碎的做法系统化、整体化，形成一系列成功的经验；社区工作创新必须置于区委区政府的统一领导下，整体考虑、统筹兼顾，设立跨部门、跨行业的联动机制，形成齐抓共管的局面。

解放区秉承“资源共享、互惠互利，共驻共建、协同发展”的理念，坚持“社区工作社会化、社区资源整合化、社区设施配套化、社区服务群众化”的方向，大力营造“生活环境联建、社会治安联防、公益事业联办、科教文化联谊”的共驻共建氛围，最大限度地提高了多重社会资源的共享程度。

他们利用现有卫生资源，依托辖区大医院，全区建立了12个街道社区卫生服务中心，20多个社区卫生服务站，先后投入资金近百万元用于改善社区医疗服务设施。各卫生服务中心(站)做到了预防、医疗、保健、康复、健康教育、计划生育指导“六位一体”卫生服务到社区。各卫生服务中心(站)组建了入户建档小组，通过入户调查、健康咨询、免费体检等形式，为辖区群众免费建立健康档案，建档率达85%。并开展了高血压、糖尿病等重点慢性病防控和规范化管理，目前共建立高血压档案15900余份，糖尿病档案5337份。我区社区卫生服务工作始终走在全国前列，获得了“全国社区卫生服务示范区”、“全国中医药特色社区卫生服务示范区”等荣誉。

资源整合为社区建设的迅速推进提供了良好的社会氛围。全区企事业单位中，46个文体活动场馆、34个体育场、63个图书室，全部实现对社区居民开放；焦西街道的电建社区在辖区单位焦作火电二公司的配合支持下，突出文体活动特色，经常性的群众文化、体育活动有声有色，荣获了“全国城市体育工作先进社区”、“全国群众文化先进社区”等国家级荣誉。

四、解放模式的价值取向

解放模式代表着中国社区建设的发展方向，它的价值取向体现在以下几个方面：

(一)社区复合共治是平等主体之间的共同参与

治理强调的是各主体之间的平等参与，虽然在一定时期内，解放区社区共治的架构是以政府为核心的，但是，政府应以社区发展中的平等主体的身份参与社区共治。在社区公共事务治理过程中，它们不仅要与其他主体一样承担一定的责任，实现“各司其职，各负其责”，还要作为平等一员接受监督和评议。政府和政党更多的是发挥牵引、启动和媒介平台的作用，但这并不否定政府和政党在社区公共空间中主导作用的发挥，因为“一切规模较大的直接社会劳动或共同劳动，都或多或少的需要指挥”。随着社区发展的深入，这种核心主体将逐渐淡化，最终形成社区空间的多方参与治理秩序。而社区中的各种民间组织，也是共治主体中的平等一员，应当自主地参与社区公共空间的各种公共事务。对国家与社会的关系而言，它们是平等的，强调的是政府与社会为解决社区发展中的冲突和矛盾所建立的合作伙伴关系。

(二)社区复合共治是互惠基础上的合作

社区共治是借助科层制、市场机制、合作机制、组织间网络、自组织制等混合机制，对社区公共事务的共同管理。这种共同治理的实质在于互惠基础上合作关系的建立。互惠规范的确立，有利于建立多元主体之间的伙伴关系，才能使合作得以持续发展。因为每一个参与者都是以获取一定的利益为参与动机的，不论这种利益是利己的还是利他的，也不论这种利益是直接的还是间接的。也就是说，只有各主体之间的行为是互惠的行为，并且各主体对其活动共同承担责任，才真正有利于一种基于互惠基础上合作伙伴关系的确立，才能形成社区发展的多主体参与，推动社区共治的形成。对解放区社区发展中的不同主体而言，互惠具有不同的表现形式。对政府而言，互惠的获得是社会管理的加强以及对秩序和发展的追求等；对社区居民和社区中的单位组织而言，更多地体现为服务的获得、环境的优美和秩序的良好等。但在社区资源整合的过程中，更多地体现了一种普遍的互惠，而“普遍的互惠是一种具有高度生产性的社会资本”，这种高度生产性的一个重要作用就是辐射效应的产生，使社区一定范围内资源的整合具有很强的辐射性，促进了其他行为主体之间的合作与资源整合，从而促进了更大范围资源整合的实现与合作的产生。

（三）社区复合共治是权力与权利的结合

社区复合共治是公共权力的分散化与公民权利的民主化为基础，实现了权力与权利的结合。社区居民有权参与社区事务的治理，特别是随着社区居民民主权利意识的增长，权利的诉求逐渐转变为一种对社区发展治理权力的追求，要求参与到公共权力体系中，实现对社区事务的治理。社区自治性的成长推动了社区公共权力体系必须吸收接纳居民的权利诉求，从而推动社区复合共治的实现。社区多元互动共治的形成过程，是政府和社会在公共产品供给体系中的再一次分权过程，而且这种权力格局的变迁不再是从上而下地推进权力集中，而是自下而上地推进国家权力向社会回归，由国家本位转向公民本位。

（注：文中数据来源于课题组的问卷及实地调研和河南省焦作市解放区社区办提供的《解放区社区建设十年巡礼》。）

（作者：于燕燕　北京社区研究基地主任　研究员）

基地名称：北京社区研究基地
依托单位：北京市社会科学院
项目类别：研究基地自设项目

现代化与社区社会资本重建[①]

城市现代化过程是一次巨大的社会变迁，这场变迁不仅改变了人们的工作和生活模式，而且侵占了社会生活曾经有过的丰富内容，它把人类抛离了所有类型的社会秩序的轨道之外传统的人际关系，共同体之间的联系、邻里之间的联系正持续弱化，个体与个体之间，个体与集体之间关系的不确定性萦绕在现代社会的整个大环境之中。因此，在个体主义风行的现代社会，重建社区社会资本以解救正处在危机状态中的社会"共同体"显得尤为重要。

一、城市的现代化与社会的无序化

城市既是现代人体验社会生活的主要场所，也是经济、政治和文化的活动中心，因此，芝加哥学派的学者把城市看作现代性的大漩涡。在这个大漩涡中，个体必须面对新的处境，乃至前所未有的处境。生存在这种处境中的人内心感受到前有所有的焦虑和矛盾，这种矛盾状态正如柏拉图在《理想国》中的那个著名的"洞穴喻"。

"许多居住者身上的脚镣手铐被打开，他们不愿面对墙壁的影像，而是带着恐惧和好奇，他们转身朝洞外走去，在半明半暗中四处蹒跚而行，但他们很快失去了洞穴内的生活的确定性，他们发现自己处于一个模棱两可、混乱无序的世界中，道路结构复杂，路标非常难读，似乎相互矛盾。所以，走出洞穴的居住者绝望地遗失了宝贵的生活指南，况且原来的生活指南只适宜给予做好洞穴人的建议，而对已经出洞的人无效。一些人因此设法返回有确定性生活的洞穴并自愿戴上锁链，但洞穴却无法恢复原有的宁静，居住者无法坚守原有的精神状态和对墙壁影像的信仰，因而只好在洞穴内茫然游逛。另一些人呆在洞穴外，也许他们找不到回去的道路，也许不希望回去，他们无论在哪条路上都处于迷茫状态，因为这是一个无根的陌生人的世界，没有生活指南告诉他们该做什么，如何享受充满不确定性的生

① 本文是《社会资本视野下的社区治理结构研究》项目的最终成果。

活，如何与陌生人交往？他们只有以自己个人的资源和能力来创造意义。同时，人们不愿接受由强权施加的绝对道德准则的指导，也没有统一的行动标准和规范。因此，他们只能为自己选择在特殊的生存境况中需要遵循的某种行为规则。”①

正由于个体在这种内心极度矛盾和焦虑的处境下生存，社会现象、社会规范和个体态度都发生了前所未有的变化，而这种深刻的变化内化于城市现代化过程之中。在芝加哥学派的学者们看来，现代化过程给人类的社会生活造成的巨大变化在任何地方都不如城市中明显。这是因为工业化和机械化改变了城市的面貌，把城市分割成具有各自特征的许多团体，个体变得身不由己，陷入了移居、流动，职业变动，各种身份危机的运动之中。同时伴随着地区联系、共同体联系、邻里联系、家庭联系的持续弱化，个体与个体之间、个体与集体之间的联系不确定性也显现出来。芝加哥学派为把发生于现代化过程之中的这场深刻变革视作为一场“无序的运动”。②

吉登斯则同样指出：“现代性以前所未有的方式，把我们抛离了所有类型的社会秩序的轨道，从而形成了其生活形态。在外延和内涵方面，现代性卷入的变革比过往时代的绝大多数变迁特性都更加意义深远。在外延方面，它们确立了跨越全球的社会联系方式；在内涵方面，它们正在改变我们日常生活中最熟悉和最带个人色彩的领域。很明显在传统和现代之间还存在着延续，两者都不是凭空虚构出来的……但是，这场巨大转变如此剧烈，其影响又是如此广泛而深远。”③

二、社会的“原子化”与“非地域化”

现代社会的两大重要特征就是社会的“原子化”和“非地域化”，它们是社会学家解析现代社会发生重大变迁的重要依据。

社会原子化是指由于人类社会最重要的社会联结机制——中间组织（intermediate group）的解体或缺失而产生的个体孤独、无序互动状态和道德解组、人际疏离、社会失范的社会危机。

由于工业化的发展和城市规模的不断扩大，个体之间的相互联系变得越来越短暂，越来越不稳定，越来越具有偶然性，个体越来越受制于约定的“符号”，关系的表面性最能解释人们对现代社会解体的担忧。个体化危机的三重表现——消费主义的困境、共同体主义的幻觉、穷人的新隐忧是

① 郭台辉：《齐格蒙特·鲍曼思想中的个体与政治》，上海人民出版社，2007 年，第 157 页。

② ［法］达尼洛·马尔图切利著，姜志辉译：《现代性社会学：二十世纪的历程》，译林出版社，2007 年，第 327 页。

③ ［美］安东尼·吉登斯著，田禾译：《现代性的后果》，译林出版社，2000 年，第 4 页。

安东尼·吉登斯在《现代性的后果》中重点分析的内容。他认为消费社会的膨胀不仅吞噬了文化的独立性，而且对个体的生活和生产境况也产生全面的冲击，引发了个体化存在的结构性危机。以消费为主导的个体逐渐失落了对群体的认同和对他人的关联，失去了自我表达和聆听他人的公共空间，从而也丧失了汇集和转化成公共议题的渠道。

中国学者田毅鹏认为现代社会“原子化”的表现有三点[①]：

(1)人际关系疏离化、社会纽带松弛、初级社会群体开始走向衰落。即伴随着现代化或社会转型的进程，人们开始从各种共同体中被“解放”出来，而成为一种独立的个体存在，人际关系开始疏离，走向原子化，陷入利己主义的小圈子。

(2)个人与公共世界的疏离。走向原子化的社会破坏了社会的基本联结，使个人直接面对国家，导致社会内部松散、组织能力差，在表达利益诉求、维护个人权益时，往往以原子化的个人去面对政府和社会。

(3)社会失范现象十分普遍。当社会走向原子化之后，各种社会制约因素消解了。当各种人际联结的纽带丧失后，社会上自私自利的唯我主义就会风行，导致各种社会制约因素走向消解，人们最终将纯粹工具性地看待社会。

在现代大城市中生活，任何个体都能在空间中自由移动，个体因而获得了一种属于他自己的特殊经验，而这种经验是个人活动的出发点。同时由于城市人能在日常生活中体验道德领域的多样性，所以他们形成了一种相对论的观点和一种容忍差异的意识。在缤纷的现代都市这镶嵌画中，尽管在地理上是接近的，但社会距离仍然保持着。

美国学者帕克指出：“在城市环境中，邻里关系正在失去其在更简单、更原始的社会形态中所具有的重要性”，“在那里，成千上万的人虽然居住生活近在咫尺，却连见面点头之交都没有，初级群体中的那种亲密关系弱化了，依赖于这种关系的道德秩序慢慢地解体了”。[②]

安东尼·吉登斯认为，现代化是“时空脱域”的过程，时间和空间被虚化，人和物从具体的时间和空间中解脱出来。作为行动主体，一个人肯定位于某个地点。这样的地点是带有价值的，无论是一个邻里社区，一座建筑物，还是一间房间，都不仅从身体上也从情感和心理上约束着人们。然而地点原有的这种基本的和整合的意义现在却被分裂成复杂、矛盾和没有

---

① 田毅鹏：《转型期中国社会原子化动向及其对社会工作的挑战》，《社会科学》，2009 年第 7 期，第 71—75 页。

② ［英］保罗·霍普著，沈毅译：《个人主义时代之共同体重建》，浙江大学出版社，2009 年，第142—144 页。

方位的各个部分。我们进入了全球性的文化和信息环境之中，这意味着，与其说这是一种源于地方的疏远现象，不如说它是在具有共享经验的全球化了的“社区”中的一种整合。隐蔽和暴露的边界都发生了变化，因为许多在以前看来是相当遥远的活动现在都展现在了一个公共范围中。我们大家都对离我们碰巧居住的地方几千里以外的事件、活动以及物质环境的可见外表非常熟悉。①

总之，非地域化的一个重要特性就是熟悉性与地域性不再像从前那样始终联系在一起了，场所从空间中分离出来，产生了一种崭新的“在场”与“缺场”的关系。在前现代社会，空间和场所总是一致的，对大多数人来说，在大多数情况下，社会生活的空间维度都是受“在场”的支配，即地域性活动支配的。但现代信息技术的进步，电话、网络、传真机等设备使得越来越多的人居家工作和娱乐，这种远程工作和娱乐的方式把空间从场所分离了出来，由于职员可以居家工作并进行信息交流，并可分散在全球各地，原先那些来自同一个工作场合的共同体验和稳定感就逐渐消失。安东尼·吉登斯也曾表达过类似的观点：由于通讯、信息、交通网络的变换，特别是电子媒介在物理环境中的无所不在，导致了前现代社会中到处充斥的地点标记消失了，取而代之的是大大扩展的虚化空间。在这种空间里，我们看到的则是传播媒介使社会关系被“抽离”(disembedding)了。

三、共同体的衰落与信任的缺失

在社会变得越来越“原子化”，地点也变得越来越捉摸不定之后，与紧密的社会关系、地点息息相关的社区共同体也逐渐开始衰落。英国学者保罗·霍普指出：“反传统性或传统的衰落，是我们这个时代发展的特征之一”。② 在当今社会，传统对于人们行为的影响力正在与日俱减，工业化和城市化的发展，瓦解了传统的社会秩序和生活方式，马克斯·韦伯认为现代社会具有一种破坏传统的内在动能，“所有的固体都将被熔化为气体”，理性化对现代化生产效率的提高功不可没，但也大大损害了那些曾经为人们带来生活意义和目标的传统价值，因此，在韦伯看来，理性化和对传统性的破坏是“我们时代的必然命运”。

在城市中，个体摆脱了祖传的习惯，“集体意识”对个体的影响和引导作用逐渐减弱，这就意味着个体的选择范围与行为方式不再受到源自于某些特定共同体所要共同遵从的信仰和文化准则的桎梏，这必将促进主体道

---

① ［美］安东尼·吉登斯著，田禾译：《现代性的后果》，译林出版社，2000 年，第 123—124 页。

② ［英］保罗·霍普著，沈毅译：《个人主义时代之共同体重建》，浙江大学出版社，2009 年，第142—144 页。

德体系的发展，从而使人们的行为更符合自身的利益。因此，传统的结构、体制和规范的消退一方面为生活在城市中的个体带来了极大的自由，他们可以按照自己的意愿去选择生活方式和生活道路，另一方面个人主义的盛行也造成了人们的公共生活与个人生活之间的割裂状态。甚至有不少学者认同这样的观点：现代社会中的个体越来越专注于自己的个人生活，这就必然要以公共生活的丧失为代价，帕克曾预言“共同体处于长期的危机状态中”。

费雷德·霍斯认为共同体生活在当前的削弱，是由于市场关系延伸到日常生活中引起的，为了维持一定的消费方式或水平，人们深感时间的紧迫、宝贵，总要斤斤计较于自己行动的成本与利润的关系。人们的行为变得更加的可以计量和附有条件，当人们作出行动抉择时，总难免要反问自己“我能从中得到什么好处”，于是，人际关系也就变成了待价而沽的交易关系。一旦消费社会的市场关系延伸到日常生活中，共同体内的人际关系必将遭受致命的打击，于是，生活在消费时代中的人们尽管物质方面越来越富足，但社交活动却越来越少。

与此同时，技术的发展是共同体衰落的另一个重要原因，电视、电话、网络等新电子技术的最新发展，改变了人们的工作与娱乐方式，促进了以个人为中心的行为方式，减少了人们参与地方共同体生活的直接需求。

个体间社会联系的持续弱化和社会纽带的逐渐松弛，导致了生活在现代城市中的人们很容易受到不稳定感和不安全感的侵袭，而这种不安感也对共同体生活的衰落产生重要影响，其中的一个重要原因就是信任的缺失。信任是共同体和社会秩序赖以存在的基础，但现代社会的发展大大促进了个人选择的自由，这就使得维持持久的人际关系变得越来越困难。面对人际关系中的不确定性，人们会建立起防御机制来处理与他人的关系，人与人之间相互防范的情形也被看成是“危险的陌生人”现象。由于担心孩子的安全，越来越多的家长要接送孩子上学，独自徒步上学的孩子越来越少。人们对于在公园中相遇，毫无戒心地交谈变得越来越谨慎。

四、公共精神的弘扬与社区社会资本的重建

由于共同体生活的衰落，人际交往和互信关系处于较低的水平，社区社会资本的缺失已发展成为当今世界社会发展所面临的共同问题。在我国，随着单位制的解体和市场经济体制的确立，城市基层社区也出现了与发达国家类似的有关社会资本缺失或下降的问题，具体表现为：邻里关系的淡薄、关系网络的疏离、居民参与的不足、制度规范的建构滞后于社区发展的需求。因此，在现阶段为了重建共同体与重聚社会资本，我们需要弘扬公共精神、构建社区居民自治体系，促进个体与社会的融合。

（一）弘扬公共精神

《简明牛津辞典》（1990 年版）对公共精神的解释为："具有一种公共意识"和一种参与"共同体行动的意愿"，具体一点就可以表述为：人们在考虑自己个人利益之外，愿意更多地融入共同体和社会的愿望。因此，弘扬公共精神实际上就是激励人们更多地参与社区共同体和邻里的互助活动，提高人们的共同体参与性，改善城市现代化造成的人际关系疏离的局面。

当前，在推进公共精神的发展过程中，政府必须发挥其应有的主导作用。一方面政府可以通过鼓励媒体宣传公共精神的重要性，另一方面，政府可以通过建造公共活动场所，保障人们邻里活动的安全性，同时政府还可以增加财政支持的力度，资助那些地方性志愿者协会和社团。

参加志愿者组织的工作是公众体现公共精神的方式之一。大部分发达工业化国家不仅通过国家立法的形式设立了名目繁多的志愿者组织，而且他们能够为解决地方共同体发展过程中所面对的特殊需求和问题提供相应的行动计划。总之，志愿者组织有一个无可取代的优势就是它常常可以填补社会福利保障在国家与市场之间所存在的沟壑。志愿者组织开展的许多活动主题都可以围绕着推动公共精神的发展，促进邻里之间的联系，加强共同体的建设而设立。

随着企业文化的发展，产业领域中的共同体志愿者计划日益增多，这也为弘扬公共精神提供了另一种机会。企业不仅可以为当地的居民和志愿者组织提供开展活动的资金支持，还可以提供人员帮助，鼓励企业和其员工参与到地方共同体的建设中。

每年用一天或者每周用一个小时来参与富有意义的弘扬公共精神的活动，对于社会个体来说也许是微不足道的，但是通过这类活动，可以激发民众为地方共同体服务的思想意识，从而形成宝贵的公共精神财富。

（二）构建社区居民自治体系

社区是独立于国家领域、市场领域的第三领域（公共领域），而在当今世界，第三领域的空间正被市场和政府的力量大大挤压，目前我国社区自治组织不仅数量较少，而且自治功能也较弱。因此为了实现社区社会资源的整合，就必须从体制上完成国家领域、市场领域和社会领域的功能分化，重组社区内部的组织结构和关系模式，建立横向式的组织结构和民主协商的权力关系，这是构建社区自治体系所不可或缺的组织基础和制度基础。①

社区居民自治体系的构建目标一方面是为了促进分权，提高社区居民

① 张宝锋：《现代城市社区治理结构研究》，中国社会出版社，2006 年，第 34 页。

在地方公共事务的管理能力，另一方面也为了保证社区居民的人身权益和财产权益，改善社区居民的生活质量，尤其是那些弱势群体的生活品质。社区自治组织可以依赖社会资本的力量广泛参与到不同层次的地方治理行动，形成有机的地方公共政策网络体系，通过对话和协商实现社区居民的共同利益。

(三)促进个体与社会的融合

当前多项实证研究均指出：邻里互动日益减少，城市社区邻里关系呈现出日渐冷漠的趋势；邻里关系不再是城市居民的社会交往网与社会支持网的重要组成部分。社会互动的减少与技术进步有很大的关系，互联网的普及为我们提供了无须拘泥于周边环境就可以建立起社会关系网络的新途径，从一定意义上来说，技术的发展为社会交往带来了便利，但这种虚拟社会关系的建立减少了人们社会交往的机会。与其类似的是移动电话的普及、自助银行终端的推广都大大减少了人与人之间的沟通和交流。但在高度个人主义的社会中，由于缺乏共同体生活的体验，人际之间的相互交往和互信关系处于较低的水平——个人的自主型和各种选择机会反而受到局限，而且在社会资源衰减的社会，友情关系和其他人际关系的发展都受到不同程度的阻碍，个人与社会的分离状态，既使我们感觉到自己是一个身处危险世界的外来者，同时也使我们付出了更多的防范成本。

因此，在共同体的范围内增加社会互动，提高社会信任水平，是对个体与社会这对有机关系的复原，“社会有机论”认为个体是共同体的一部分，社会共同体也在某种程度上依赖于每一个个体。① 总之，共同体的生活是人类的一种基本需要，也是人类自告别蒙昧以来一直就存在的生活方式，因为共同体所构成的自足系统可以满足人类的合群需求，并让人类获得一种归属感。共同体是事关人类幸福的一个必要条件，而地方共同体又是其中的一种具体有效的运行方式。增加社会互动的范围和次数、促进个体与社会的融合对于支持地方共同体的发展必将发挥积极的功效。

现代化是一个多层面的进程，它涉及人类思想和行为所有领域里的变革，城市化、工业化、世俗化、理性化、社会原子化等作为现代化进程的主要层面，它们是密切相关的。② 从价值层面来讲，现代化涉及价值观念、社会态度和期望等方面的根本性转变，持传统观念的人期待自然和社会的连续性，他们不相信也不希望人类有改变和控制两者的能力。相反，持反

---

① 宋林飞：《西方社会学理论》，南京大学出版社，1997 年，第 247 页。

② ［美］塞缪尔·亨廷顿著，王冠华等译：《变化社会中的政治秩序》，上海人民出版社，2008 年，第 25 页。

传统观念的人则相信变化的可取性。传统的丧失、共同体的衰落、人际关系的冷漠是持传统观念的人不愿看到的，反传统人士却因这种城市生活方式所获得的自由而欣喜不已。但无论社会如何变迁，城市如何发展，社区共同体和社会资本存在的价值始终不可小视。

（作者：宋梅　北京社区研究基地研究人员　助理研究员）

北京市基层思想文化建设研究基地

（北京市思想政治工作研究会）

基地名称：北京市基层思想文化建设研究基地
依托单位：北京市思想政治工作研究会
项目类别：北京市哲学社会科学“十一五”规划研究基地项目

北京市国有企业员工心理疏导工作调研报告①

党的十七大报告明确指出“加强和改进思想政治工作，注重人文关怀和心理疏导，用正确方式处理人际关系……”，课题组从实践科学发展观构建和谐社会出发，承担了“北京市国企员工心理疏导调查研究”这一课题。调研中，课题组先后到北京移动、航天五院、首钢集团、北京地铁、公交集团、环卫集团等十多个单位进行调研，在全面考察和分析研讨的基础上，设计了“国企职工心理疏导工作调查问卷”，按照典型抽样的原则，向全市20家国有企业发放问卷1000份，回收有效问卷970份，有效回收率为97.0%。

一、国企开展心理疏导工作方面的基本情况

(一)队伍年龄结构的年轻化趋势使国企员工心理日渐活跃

调研中发现，国企中青年人占整个企业员工的比重越来越大。他们头脑活跃、敢想敢干、接受新事物快，已经成为企业发展的主力。调查显示，18岁至45岁的中青年员工占被调查总人数的71.4%。具体分布为：25岁以下125人，占12.9%；26—35岁322人，占33.2%；36—45岁246人，占25.7%；46—55岁232人，占23.9%；56岁以上45人，占4.6%。其心理特征是：疑问多、探索多、求变多、实干多、实惠多。因此，心理需求的多样性十分明显。

(二)文化结构逐渐提高使员工心理认知趋于多元多样

21世纪以来，国企员工队伍文化结构的变化加速提升。近几年，硕士生、博士生陆续进入国企已经不是新鲜事，被调查者80%为大专以上。而十年前，国企员工队伍的文化结构，65%的人是高中以下。

国企队伍文化结构新变化，不仅标志企业员工素质大幅度提高，同时，也标志着人们看问题存在多元多样的趋势。这实际上开启了企业集中大家

① 本文是《国企在构建和谐社会中的心理疏导研究》项目的主报告，略有删减，项目编号：08AbSH043。

智慧、开展民主讨论，通过不同意见争辩，最后统一认识、统一意志、统一行动，共同追求企业发展的一个新时代。

（三）收入分配结构拉开差距锻炼着员工的心理承受能力

调查中了解到，新的分配制度调动了员工的积极性，广大员工都想把手头工作干好，多得一些。目前，国企员工扣除三险一金和所得税等，月收入（可支配现金）高低相差一般都在三四倍以上。如果加上年终奖，收入差距会更大。他们目前心理可接受的收入差距为六至八倍。调查显示，月均现金收入：1500 元以下 129 人，占 13.4%；1501—2500 元 387 人，占 40.2%；2501—3500 元 261 人，占 27.1%；3501—4500 元 104 人，占 10.8%；4501—5500 元 45 人，占 4.7%；5500 元以上 37 人，占 3.8%。7 个被访者没有报告自己的收入状况。调查证实，92.1%的国企员工除了在单位的收入外，没有其他收入来源。

（四）部分国企已经开始关注并开展员工心理疏导工作

2007 年以来，北京市国有企业更加关注员工心理变化，从调动员工积极性、完成企业改革发展任务，过渡到关心员工心理健康，以人为本，构建和谐企业，推动企业和员工的共同成长。调研走访的 12 家国企中，有 3 家企业全面开展了心理疏导工作，有 6 家企业大力倡导并努力探索心理疏导工作的新路子。特别是高科技企业，高学历年轻人比较集中的企业，对心理疏导工作格外上心。许多企业党政工团都把心理疏导工作提到了议事日程。

二、国企在开展心理疏导工作中摸索的初步经验

国企有着良好的思想工作光荣传统。但是，随着国企改革的深入，思想工作遇到了许多新情况，从指导思想到内容、形式和方法，都要在继承的基础上与时俱进，不断创新，心理疏导便成为加强与改进思想工作的应有之意。思想工作渗透到人们心理变化、形成观点的过程之中。近三年来，国企在心理疏导工作方面做了有益的探索，形成一些经验。

（一）在改革发展中不断满足员工的物质诉求，保证基本权益

国企进入市场实行现代薪酬制度后，更加重视员工的物质利益。员工的报酬与岗位责任、技能、职务、贡献等因素紧密相联。员工如果对劳动分配结果有争议，可以通过工会或者专门仲裁机构来讨回公道。2007 年以来，京煤集团、北京地铁、环卫集团等企业根据员工的要求，对原来八级工资制进行改革。突破技术工种八级到头的限制，按照技术员的要求和实际贡献，符合条件的可以继续按工资级别上浮一档工资，如果不符合条件了，就相对减发一档的工资。有的企业通过开展劳动竞赛、评比员工之星兑现超额劳动。有的国企千方百计为员工提供更多保障，在依法交纳三险

一金后，主动为员工上了补充医疗保险。首钢整体搬迁，员工心理很复杂，有的担心“两地分居、费用增加”“工作艰苦、生活下降”“设备更新、水平跟不上”等等。首钢公司及时了解并分析了这些心理因素，出台了相关政策：给去曹妃甸参加新厂建设的员工发放异地工作岗位津贴，修建职工公寓，建立相应娱乐设施，举办新设备岗位培训等多项政策措施。目前，一座现代化的钢厂开始生产，产能已超过旧厂。调查显示，44.7%的人想当班组长，42.6%的人想当模范，29%的人想当高管，23%的人想当技术骨干，只有6.9%的人就想当普通员工。这说明国企员工的基本物质需求与合法权益得到保证后，就产生了积极向上、不断进取的内心冲动。

（二）根据员工不同特点开展多种活动，提高团队成员认知度

员工能否形成和保持健康的心理，关键是要不断提高对外界事物的认知度。近几年，国企根据不同群体的特点开展多种活动。许多企业经常组织员工分批到兄弟单位参观学习，了解、体验同行发展新变化，感受改革开放的巨大成果；不少企业每年组织劳动模范、技术能手到革命老区、革命圣地进行“红色旅游”，坚定了员工对党、对社会主义、对改革开放的正确认识。同时，一些企业根据市场定位，与员工一起探讨如何在未来5年、10年内，把企业做强做大，用企业文化提高凝聚力、向心力。2007年北京地铁总公司组织全体员工开展企业文化建设活动，明确提出把地铁公司建成全国乃至世界领先的城市轨道交通管理运营单位。一名地铁司机说，这个岗位让我充满信心，充满骄傲，我会陪伴着10号线这条心中的“艺术长廊”一起成长，一起成功，一起卓越，为自己所选择的地铁事业奋斗一生！还有许多国企通过技术比赛、体育竞赛、才艺表演、有奖征文等活动，让更多的员工展示自己的才华，体现自己的价值，增强自信心，培养员工积极健康的心理素质，增强团队意识。调查显示：84.5%的国企员工个人价值追求与组织要求基本一致。这为现代社会条件下，国企培养员工和谐健康心理奠定了崭新而又坚实的思想基础。

（三）创造良好的人文环境增强企业的吸引力，促进人际和谐

国企在市场经济体制建立的过程中，企业制度、企业结构等都发生了巨大变化，加上参与市场竞争，企业同企业、岗位与岗位、员工与员工之间都会发生竞争。因此，国企就特别重视给员工创造良好的人文环境，减轻员工的心理压力，改善人际关系，努力探索人性化管理。在一些工作紧张、压力大的企业，专门设立了“员工之家”休息室、“员工游艺”兴趣室、“员工排解”谈心室等活动空间，工余和业余时间，员工们可以随时去缓解疲劳、放松心情、调整心理，以利再战。北京公交公司300路公交车一名售票员发现一个年轻人上车后用一卡通在刷卡机上虚晃了一下想逃票，售票员礼貌地劝说再刷一次，那人怒目辩解，周围乘客证明没有刷上，那人气急败坏向售票员吐唾沫补刷了票卡。售票员和那人吵了起来，被司机制止。回到总站后，班长马上来安慰这个售票员，帮他消了气。由于创造了宽松的人文环境与和人性化的工作环境，员工们很快能恢复健康和谐的心理状态，重新投入工作。在国际金融危机波及国企时，北京市国企对员工都能坚持“不裁员、不下岗、不停薪”，这对员工内心起到极大的安慰作用，大家安心企业生产、安心企业改革、安心企业发展。2008—2009 年，企业经济效益不降反升。调查显示，当国企员工遇到困难和挫折时，98.8%的员工会采取尽量做好工作、全力克服困难。可见，创造良好的人文环境，对员工形成和保持积极健康和谐的心理有多么重要的作用。

（四）采用科学方法，形成员工之间互相援助的心理疏导机制

随着时代发展、科技进步，采用更加科学的方法来保证企业内部员工心理健康成为可能。国企在生产经营管理活动中，把心理疏导与现代管理机制结合起来，常态化地满足员工的心理需求，以保持积极向上的心理状态，培养、促进企业和谐。近五年来，国企改革深化、竞争加剧，企业内部员工彼此之间的心灵沟通日益频繁。首钢集团、北京移动、北京地铁、北京市河湖管理处、京煤集团、环卫集团、蓝岛大厦、工美集团、航天五院和首发集团等许多单位陆续开通了局域网，除了可看到本单位各种工作信息与告示、通知之外，领导与群众还可以通过匿名方式相互提意见，也可以发泄心中的郁闷和不满。也可以通过相关栏目，相互之间聊天、讨论问题，拉近了人与人之间的距离，增进了相互之间的友谊，消除了许多误会与猜疑。北京移动、航天五院等单位结合实际，开展“员工帮助计划”（Employee Assistance Program，英文缩写 EAP）。北京移动通过搭建一个平台、建立一支队伍、完善一个系统，为企业员工提供和谐心理的指导、培训、咨询，帮助员工及其家庭成员解决各种心理和行为问题。同时围绕企业发展目标，通过基层 EAP 专管员的工作和活动，为员工随时提供心理咨询服务等，大大提高了员工绩效和企业整体效能。在 2008 年、2009 年极为特殊的条件下，业务拓展仍保持“两位数”增长。他们的经验在北京市国资委系统得到推广，他们的应急管理机制在中澳企业高峰论坛上引起专家和 CEO 的兴趣。

三、国企心理疏导工作中存在的问题及原因分析

尽管北京市国企在心理疏导方面做了大量工作，取得了明显成绩。但客观存在的问题也不可忽视。

（一）国企职工队伍心理压力有日益增大的趋势

调查显示，压力主要是来自对工作的压力、生活的压力、家庭的压力、同事竞争的压力、社会压力等方面。其中工作压力较为突出，表现在感觉

工作任务越来越多、标准越来越高、考核越来越严；同时，随着企业的发展，大量引进新技术、新设备、新管理，对此心理准备不足。特别是那些年纪偏大、文化偏低、能力偏弱的员工日渐产生了恐惧心理。而年纪轻、有学历、头脑活的员工，面对多样化价值认同的选择，自觉或不自觉地产生摇摆，或迷茫，或空虚，或郁闷。一些员工为体现自己的价值，以自我为中心，听不进别人劝说，经常与周围的人发生冲突。许多员工收入尽管不断提高，但赶不上物价上涨，生活开支日益加大感到生活的压力。一些买房的人背上了还贷的包袱，没有买房的人凑钱无门而倍感压力。还有一些员工和社会其他群体相比，感觉自己得不到相应的尊重等等。分析产生职工心理压力增大的原因：一方面是由于职工自身素质有待完善，另一方面部分企业领导和管理人员工作中处理不当，缺少人文关怀。

（二）国企内部对开展心理疏导工作的认识存在偏颇

调查中感到，国企领导对做好“心理疏导”工作十分重视。但是，国企内部多数同志对心理疏导工作只有初浅的感性认识，什么叫“心理疏导”，为什么要做好心理疏导工作，开展心理疏导工作的目的是什么，心理疏导的内容包括哪些，它的基本规律是什么，心理疏导的主要方法和特点有哪些等基本问题都还没有理清楚。有人认为“心理问题这么复杂，怎么能通过企业来解决呢？再说，企业主要是生产经营，心理健康和企业的工作关系不大”，还有人认为，心理问题主要依靠专业机构解决，企业无能为力。一位管理人员说：“我觉得乐观的人总是乐观的，靠别人做工作没用。”还有人认为，企业的经营管理工作做好了，心理疏导工作自然也就做好了。综合以上可以概括为：①“专业决定论”。即认为心理疏导工作是专业性很强的工作，企业不具备开展心理疏导工作的条件。②“经济决定论”。这种观点要么认为经济活动是企业的唯一目的，要么认为只要经营工作做好了，企业盈利多了，其他工作就自然解决了。③“个性决定论”。这种观点认为人的性格决定人的心态，而性格要么是天生的，要么是长期形成后无法改变的。这些认识上的偏颇表明国企搞好心理疏导工作的艰巨性。究其原因，主要是许多职工对心理疏导没有形成明确概念，没有真正弄懂心理疏导在现实生活中的科学价值和积极作用，常常是用“老眼光”去看待新问题。

（三）多数职工对国企进行心理疏导工作心中无数

从领导和管理层看，多数缺乏这方面的知识，有的不加区别，把心理疏导工作当成思想政治工作，只要有代表性，就当众或批评，或指责，以为自己是在做思想工作；有的不看环境，对职工向领导讲的心里话，甚至属于个人的隐私答应不说，但一不留心就说出去了；有的对职工提出的意见，不认真考虑，敷衍了事等等。从职工方面看，缺少心理调试的基本常识，不知道什么是心理疾病，自己出了心理问题不知道该怎么办。有的职工把心事长期憋在心里，吃不好、睡不香，经常做出一些大家都很意外的事情；有的职工出现爱唠叨、语无伦次、言不由衷等异常表现，也不认为是心理疾病；有的职工脾气不好，爱走极端，经常和周围的同事发生争执却老找别人的毛病等。究其原因，主要是国企内多数职工还不太懂得究竟如何去看待心理疏导工作，也没有学会自我心理调试。

（四）国企还没有系统地把心理疏导纳入工作体系

目前，现代企业制度已把党群工作纳入企业工作体系，和企业的经营管理工作逐步融合，并引领企业发展。尽管心理疏导工作已和企业思想政治工作结合进行，但是多数国企还没有真正认识心理疏导工作的意义和具体操作方法，没有纳入整个企业的工作体系。先行的企业，一方面是响应中央号召，积极探索心理疏导工作新途径，另一方面，还存在没有自觉将心理疏导纳入工作体系的缺失。许多企业只是处于对新事物的好奇，跟着感觉走。还有一些企业对搞好心理疏导工作只是停留在嘴上，真遇到职工有什么心理问题，也不知道该谁来做、怎么做。究其原因，主要是国企领导层和各管理层还没有把心理疏导工作纳入企业整个工作系统。

（五）社会上对国企职工的心理感受关注度不够高

前一个时期，对从事体力劳动的人群，特别是国企职工的群体宣传关注不够。他们的社会价值被边缘化，劳动得不到应有的尊重。在城市，有相当一部分高中、大学毕业生，不愿意到企业工作。这给已经进入国企当工人的群体内心蒙上一层阴影，无形中使他们产生了一种自卑心理，再加上工作中的一些问题处理不当，使这部分群体遇到问题容易出现心理疾病。究其原因，主要是全社会还没有太多地关注到企业职工的内心各种感受，有待于从各个方面发挥出一种综合的力量。

四、促进国企心理和谐工作的对策与建议

在总结经验和分析问题的基础上，我们认为，心理疏导作为国企工作的重要组成部分，应该充分发挥国企内部组织和全体职工以及社会机构三大方面的积极作用来推进国企心理疏导工作。

（一）国企要积极搭建并扩大心理疏导的工作平台

国企在继续深化改革、建立现代企业制度的过程中，要特别注意做好员工的心理疏导工作。以创造企业的和谐心理、员工全面发展为目标，积极搭建心理疏导工作平台，有效保障企业科学发展。具体工作有：

高度重视心理疏导在经营中的作用。企业的管理层，要提高对做好心理疏导工作的认识。企业管理最核心的是人的管理，创造员工的和谐心理，是企业经营管理工作的根本，特别是人、才、物等方面的管理，都要通过人的意志、智慧、经验、技术、诚实等方面因素的契合，才能达到最佳效

果。对此，要进一步全面提高对心理疏导工作的认识，从更长远更科学的角度来认识这个问题。

把心理疏导工作纳入企业管理机制。心理疏导工作是一项比较复杂的工作，在社会上有专门的心理咨询机构，在国企不可能有专门从事这项工作的心理医生，只能纳入企业组织管理系统。要认真贯彻以人为本的方针，确立统一的领导机制，明确分工，培养兼职队伍，畅通信息渠道，及时、灵活地开展心理疏导。并把企业的心理疏导工作和企业的长期发展、具体业务统一起来。做到解压增效，帮困挖潜，围绕企业的长期发展凝聚人心、鼓舞士气，围绕员工的全面发展促进企业发展、实现和谐。把企业的心理疏导工作和思想政治工作有机结合起来。做到领导统一，人才到位，机构整合、渠道畅通。思想政治工作和心理疏导是有区别的，思想是人们思维活动的产物，而心理是人的头脑反映客观世界的过程。思想居于人的精神世界的深层次，心理则居于人的精神世界的表层次，二者是交织互动的。现实生活中许多心理问题解决不好，就会直接导致思想问题。因此，我们要辨别思想问题与心理问题的不同特点，采用不同的方法解决不同的问题。同时，还要把企业的心理疏导工作和相关社会资源的利用结合起来，做到内外互补，各有侧重；专业分工，任务明确。积极利用政府和社会提供的各种公共资源和服务。

培养一支业余的心理疏导骨干队伍。国企内的管理者队伍、党群工作者队伍多为交叉任职，他们工作的领域很宽，这是国企的一个优势。建立兼职心理疏导骨干队伍，一要明确责任，把心理疏导工作的任务落实到人。二要学会辨别，就是学会做心理疏导工作。

企业管理层要充分考虑职工心理承受力。国企在改革发展中，每项决策都会对企业发展产生深远的影响，对职工心理变化也会产生巨大影响。好决策，可以使职工精神振奋、信心倍增、心情舒畅，对职工心理产生积极的健康引领作用。不成熟、不完善的决策，则会对职工心理产生一些负面影响。因此，管理者在决策中必须充分考虑职工的心理承受力，不论是对群体还是对个体，都要注意调整职工对未来的期望，合理引导大家认识改革，使他们对未来寄予的期望更加符合企业实际，这样才能提高他们的心理承受能力；同时，要使职工坚定信念保持平衡心态。不但要关心改革、投身改革，并在改革中接受考验和锻炼，又要处理好群体内部关系，在克服原有“心理定势”的基础上求得更切合实际的心理平衡；此外，要努力增强职工的心理调节能力，充分认识自我，不断完善自我，团结一致共渡难关，为实现企业目标作出贡献。

（二）夯实国企全员参与构建和谐心理的知识基础

国企在搞好心理疏导中，要大力普及和谐心理有关知识，夯实全员参与构建和谐心理的知识基础。有计划地普及心理疏导及心理健康的基本知识。一个心理健康的人，首先应达到心理活动的和谐一致，这为“自我和谐”；其次，个人还要与周围环境保持和谐一致，这方面包括了人与人之间的和谐以及人与社会之间的和谐，这为“社会和谐”。国企和谐健康心理大体可概括为三个方面：一是敬业，二是乐群，三是自我修养。综合起来说，积极向上、健康和谐的心理特征是：自我认知、人格独立、情绪稳定、与人为善、适应环境、办事高效。只有这样才能始终保持正常良好的心态。

学会了解职工常见心理疾病的主要症状。我们平时得感冒都能意识到要去看内科，跌打损伤要去看骨科，而有些不适，如失眠、精神不振、全身不适、烦躁等，却不知该去看哪个科，犹如患了疑难杂症。以下症状属心理疾病范畴：睡眠障碍、情绪障碍、应激相关障碍、精神障碍、焦虑障碍、强迫障碍、恐惧障碍、疑病障碍、神经衰弱、进食障碍等。还有综合上述症状的抑郁症、自闭症、精神分裂症等许多症状。只有了解了心理疾病的种种症状表现，才能及时有效地采取相应的心理疏导，保证职工的身心健康，从而让职工愉快地工作。

学习心理疏导的基本方法，探索心理疏导新经验。我们认为，国企开展心理疏导应该注意遵守以下几个原则：一对一互动原则、私下保密原则、耐心细致原则、劝说引导原则、科学求助原则。同时，可参考以下方法：(1)倾听疏导法。在心理疏导时，让被疏导者把心里话都说出来，把心中的怨气、怒气释放出来，然后再有针对性地引导，晓以利害；(2)认知疏导法。在引导职工树立科学的世界观、认识论和方法论的基础上，确立和保持科学、合理的思维方式和认知方式，始终保持心理平衡和行为方式的适度性。通过小事情说明大道理，启发正确的认知；(3)情感疏导法。要培养职工正确的爱憎感情、强烈的自尊心与正确的荣誉感。引导职工懂得宽容大度、求同存异，能包容他人的缺点，遇事能控制情绪，保持镇静，学会转移注意力，始终保持积极、乐观的心态，能够在遇到突然刺激时及时有效地疏泄负面情绪、缓解压力；(4)环境疏导法。要帮助职工正确认识工作环境、生活环境、周围人际关系，同时积极想办法改变和适应周边环境；(5)网络疏导法。国企要充分利用局域网络开展人与人的心灵沟通。采用匿名的方法，职工们不用担心说什么、对谁说等。在普及一些方法的同时，要注意探索与总结经验，把握开展心理疏导工作的规律、特点，让所有职工都能以积极向上健康良好的心态，投身到国企改革发展的浪潮中。

掌握一些心理疏导中自我心理调试的方法。以下方法可供参考：(1)自我激励法。经常用单位和个人的目标提醒自己，以同行、同事中的榜样激励自己；用伟人、名人的格言警句鼓励自己，努力实现自己的愿望；(2)自我暗示法。当遇到一些新情况和新问题，能够进行自我反省，静心想一想哪些做对了、哪些做得不够好；用“我要坚持”“我要调整”“我应放弃”等意念进行暗示；或者用美好前景进行想象暗示，没有达到理想结果时也能够自我安慰；(3)自我宣泄法。找朋友、同事、亲人，把心中的郁闷、怨气，一吐为快；或者把遇到的不快全部书写下来；也可以选择一些运动，如拳击、跳绳、独步等进行合理发泄；(4)自我转移法。可采取主动培养一些兴趣爱好转移注意力，专心投入工作，或以参加集体活动忘掉烦恼等；(5)自我调整法。为放松紧张的心情，出去旅游、外出散步、找人闲聊；或者听音乐、看电影、下棋、打牌等娱乐一下；或者干脆休息一两天，调整自己心理。当然，还有许多自我心理调试方法，可以不断总结创造。

(三)全社会应尽力为国企心理疏导工作提供支持

企业是社会的细胞，国企又是社会细胞的主体。为此，全社会都要尽力为国企的心理疏导工作提供各种有力的支持。

现代媒体要努力开辟心理疏导的正向信息渠道。目前，我们已经进入了现代信息社会，人们是否具有健康和谐心理与各种现代媒体所提供的信息密不可分。因此，现代媒体要为人们的健康心理提供真实信息。网络媒体要连续不断地发布体现核心价值体系、积极健康的主流权威信息。并相应开辟适合企业职工特点的类似心理疏导的专业网站或专栏，供企业职工上网浏览、互动，接受正向积极健康的熏陶，提高价值认同。大众平面媒体，包括报纸、杂志、画报、电视、广播等，要多宣传企业怎样克服困难、不辞辛苦地在市场经济中为社会、为人民创造丰富的物质和精神财富，让全社会真正了解、真正认同他们的劳动价值。无线手机及无线通讯网络，要发挥其快速、便捷、针对性强等特点，为企业职工提供更加专业、更加个性化的服务。

政府相关职能部门要为国企和职工发展多留些空间。政府职能部门在履职过程中，要经常考虑企业和谐健康心理的因素，给企业多一些自主空间。发展规划部门在设计区域发展、制定产业政策、调整产业布局等方案时，要针对各行业实际，区别对待，给企业留出自主空间。相关部门在制定法规、条例、暂行规定等具有刚性法规时，要考虑企业的现实条件和可行性。国有资产管理部门，在下达任务目标、确定考核指标、布置各项工作时，要给企业充分自主权，让企业更多地发挥聪明才智，保证企业和职工共同成长，使企业职工(包括管理者)始终保持积极向上健康和谐的心理。

医疗和心理咨询机构要主动为国企心理疏导服务。目前，国企职工心理健康服务还没有得到普遍重视，今后，体检中可加一些心理健康方面的测试。各合同医院可适当加强心理专科的力量，提高心理学医师的水平。同时，医疗机构要有计划地为企业心理疏导搞一些培训工作，企业也要配合这方面的培训。另外，企业也可以与专业心理咨询机构建立比较固定的合作关系，聘请专业心理咨询机构定期或不定期地为企业提供专业化的服务，从而帮助企业提高心理疏导工作的水平。

家庭、社区和学校要努力做国企心理疏导的后方基地。家庭是国企员工成长和生活的基本单位，和睦幸福的家庭生活是国企员工保持积极健康心态的重要保证。各级党和政府以及国企领导应关心员工的家庭生活，加强与员工的家庭联系和沟通，切实解决员工家庭的实际困难。学校是国企人才培养的摇篮，国企应该根据自身的发展与有关学校建立积极的合作关系。学校要主动了解相关行业和企业的发展情况，增进学生职业技能和职业道德的培养，全面提高学生的知识学习能力和身心健康水平。为国企源源不断提供德才兼备、全面发展、心理健康的各方面的人才。

总之，搞好国企心理疏导工作是一个系统工程。和谐健康的心理不仅涉及职工个人，也涉及企业的自身发展。因此，心理疏导工作不是哪个方面下些力量就能做好的，需要全社会都来发挥各自的能量，共同构建和谐健康心理，从而构建社会主义和谐社会。

参考文献

1. 本书编写组编著：《十七大报告学习辅导百问》，党建读物出版社、学习出版社，2007 年。
2. 郑日昌等：《心理测量学》，人民教育出版社，1999 年。
3. 彭聃龄主编：《普通心理学》，北京师范大学出版社，2001 年。
4. 郭秀艳、杨治良：《实验心理学》，高等教育出版社，2005 年。
5. 陈琦、刘儒德主编：《当代教育心理学》，北京师范大学出版社，1997 年。
6. 冯忠良、伍新春等：《教育心理学》，人民教育出版社，2000 年。
7. 梁宁建主编：《心理学导论》，上海教育出版社，2006 年。
8. [美]伯格著，陈会昌译：《人格心理学》，中国轻工出版社，2000 年。

（作者：徐振凡　北京市基层思想文化建设研究基地秘书长　高级政工师）

基地名称：北京市基层思想文化建设研究基地
依托单位：北京市思想政治工作研究会
项目类别：北京市哲学社会科学“十一五”规划委托项目

思想政治工作的价值转型①

思想政治工作的价值问题，即为什么服务的问题，是思想政治工作的根本问题。对这一问题的不同回答，决定着思想政治工作的不同方向和思路，决定着思想政治工作主体、对象、内容的不同定位，最终决定着思想政治工作的实际功效。一百多年来，中国处于传统社会向现代社会艰难的转型过程中，改革开放三十年是这一过程中最精彩的阶段之一。在这一阶段中，思想政治工作解放思想，摆脱“以阶级斗争为纲”的观念和政治桎梏，逐步向“为现代化服务”转轨，体现了思想政治工作真正的现代价值，是三十年来我国思想政治工作发展的基本规律。北京市思想政治工作三十年的发展探索，正体现了三十年来我国思想政治工作的这一价值转型过程和规律。

一、为现代化服务：现代思想政治工作的应有价值

几百年来，人类历史处于从传统社会向现代社会的转型过程中。现代社会，是以人的全面自由发展为核心，进行经济、政治、文化、社会全面构建的社会。在转型过程中，以人的全面自由发展为根本出发点，通过经济的市场化构建，逐步实现人的经济活动的平等和自由，激发人创造物质财富的智慧和活力，为人的全面发展提供物质基础；通过民主法治建设，逐步扩大和深化人的政治参与的广度和深度，真正实现主权在民，为人的其他权利的实现提供可靠的政治保证；通过先进文化建设，塑造现代公民，为人的自由全面发展和现代社会成长提供观念前提和主体条件；通过社会建设，构建公民社会，为提升现代社会自治能力并形成对政府的有力、有序、有效监督，促成政府与社会的良性持久互动奠定社会基础。

思想政治工作，作为观念上层建筑领域的重要工作，其价值是体现在与经济、政治、社会、文化以及人的发展的本质联系之中的。处在转型期

① 本文是《北京市思想政治工作三十年》项目的部分研究成果，项目编号：06CcZH032。

的思想政治工作，基本的价值就在于通过自身努力，推进上述五个领域的建设进程，最终推进全面的现代化。这就是转型期思想政治工作的总价值。在各领域，就具体的表现为思想政治工作在服务现代化建设中具有重要的经济价值、政治价值、文化价值和社会价值，最终落脚到人本价值。

思想政治工作的经济价值，主要体现在其对生产活动的主体（人民群众）的经济思想和经济行为的直接作用上。在经济现代化过程中，思想政治工作，通过广泛深入地开展主体意识、市场意识、竞争意识、风险意识、效益意识、科技意识等方面的教育，帮助人们建立适应社会主义市场经济的现代观念，转变人们的人才观、就业观、择业观、岗位观、敬业观等，更好地投身于改革开放和市场经济大潮。同时拓展服务生产、经营、管理方面的新内容，开辟社会结构调整中的思想政治工作、再就业过程中的思想政治工作、质量安全领域的思想政治工作、重点工程中的思想政治工作等新领域，把思想政治工作服务经济现代化具体化、实效化。

思想政治工作的政治价值，是思想政治工作的重要价值之一。长期以来，思想政治工作一直在起着维护社会政治稳定的重要作用。在政治现代化过程中，思想政治工作需要进一步发挥其推动政治体制改革、促进民主政治建设进程的重要功能。在积极传播社会主义意识形态和党的路线方针政策的同时，思想政治工作，应大力加强民主意识、法制意识的宣传和培育，培养人们民主、法治等现代政治观念，积极引导群众行使参与国家治理的政治行为，保障他们的对重大政治事件、政治活动的知情权、参与权、监督权，推动民主政治发展。

思想政治工作的文化价值，集中体现为促进人的思想观念的现代化。思想政治工作，使每个人在心理、思想、态度和行为方式上都必将获得与现代化发展相适应的现代性，即独立、自主、自律且有尊严，这就是人的现代化；通过运用启发、动员、教育、监督、批评等方式，把他们的思想和行为引导到符合社会发展要求的正确方向上来；通过满足个体合理的物质需求和进行有效的精神激励，充分调动起个人投身于现代化建设的积极性和创造性，促进人的自我意识和创造精神的发展；通过组织大量富有成效的实践活动，促使个体不断形成和巩固自身的认知、态度、情感和行为等，帮助个体塑造出具有“高度的自觉性、正确的道德观、坚定的信念、崇高的理想”的健全人格。

思想政治工作的社会价值，主要体现在通过自身工作，推动社会事业发展，扩大公共服务，完善社会管理，维护和实现社会的公平正义，充分保障人的经济、政治、文化和社会权益。通过切实加强德育教育，提高全体国民的思想道德素质，为社会建设培养具有良好思想品德和行为习惯的建设主体；通过强化政府机关的责任意识和服务意识，充分发挥政府主导作用，创新社会管理的理念和方式；通过大力宣传社会事业的公益性质，提升各类市场主体和社会组织参与社会管理和公共服务的积极性；通过大力传播“公平正义”的价值理念，培育全社会公平、正义的现代社会意识，营造公平正义的社会舆论环境，为制定公平正义的制度提供思想先导。

思想政治工作的人本价值，是上述价值的出发点和根本归宿。以人为本，是现代社会的本质特征。经济、政治、社会、文化的变革与发展，根本目的是为人的全面发展不断创造条件，最终不断促进人的自由全面发展。思想政治工作，如果脱离这一根本要求，就从根本上否定了自己的价值，同时也取消了对象接受的可能性。“文革”时期“以阶级斗争为纲”，就是把人的政治热情鼓动起来，把对象锻造成政治斗争的工具，使其参与到残酷的阶级斗争中去。改革开放以后，以经济建设为中心，提出思想政治工作要与经济建设一道去做，要为经济建设服务。但是，有些单位或领导干部，只是简单地把人理解成经济建设的工具，忽视了人的目的性或价值主体性，这样的思想政治工作只能导致人的异化，与改革发展的根本宗旨相违背。思想政治工作推动经济、政治、文化和社会建设，都不是根本目的，根本目的是为了人，是以人为本，最终实现人的发展。思想政治工作要在人的发展中把握人的物质、文化和心理需求，并以此为出发点，正确认识和处理满足这些需求与经济、政治、文化和社会建设之间的目的和手段关系，切忌见物不见人、见权不见人。思想政治工作要围绕人的发展需求，把解决实际问题与解决思想问题结合起来；要围绕人的发展需求，安排工作的思想内容，创造活动载体和物质条件。是否能做到以人为本，实现其为人的价值和功能，是衡量思想政治工作是否科学的根本标准。

二、在三次飞跃中实现自身价值转型

北京市思想政治工作三十年的发展探索，正是坚持解放思想，摆脱“以阶级斗争为纲”的观念和政治桎梏，逐步向“为现代化服务”价值转型的过程。北京市思想政治工作的这一转型过程，是在三次飞跃中实现的。

（一）第一次飞跃：“转轨”“变型”（20 世纪 80 年代）

“文革”结束后，在拨乱反正的大背景下，北京市思想政治工作的根本任务，像全国一样，就是通过思想解放，推进全市工作重点从阶级斗争转移到经济建设上来；与此同时，也实现自身从“以阶级斗争为纲”转变到为经济建设服务上来。基于当时特殊的历史背景，北京市当时要做的具体工作主要有两项：一是要解放思想，推动以“天安门事件”为主要代表的一批冤假错案的平反；二是克服特有阻力，进行真理标准问题讨论的“补课”。前项工作，于 1980 年前后基本完成；后项工作自 1979 年至 1985 年，历时将近 6 年。

冤假错案的平反工作，特别是关于真理标准问题讨论的“补课”，对思想政治工作从“以阶级斗争为纲”向为经济建设服务转变，起到了积极的推动作用。但是，对北京市来说，由于当时所处的特殊环境和部分干部自身的原因，这种转变并非是一帆风顺的，甚至是艰难的。到了 1984 年，北京市“宣传口以阶级斗争为纲的影响”还“比较深”，“和经济战线比较起来，要深得多。”[①]于是，新形势的经济改革为思想政治工作提出的任务更加具体，要求更加迫切；而同时，北京市思想政治工作存在的问题及其与新形势的不适应性也更加凸显了。

在这种大形势、大趋势下，在不断实践的基础上，中共北京市委召开系列会议，组织研究讨论。1985 年 1 月，时任中共北京市委常委、宣传部长的王大明同志，在全市宣传工作会议上，提出全市宣传、思想政治工作必须“转轨”“变型”的任务。他指出：“我们的宣传工作、思想政治工作要跟上改革的步伐，也要有一个‘转轨’‘变型’的过程。‘转轨’，就是从‘以阶级斗争为纲’的轨道，转到为‘四化’，为翻番，为经济体制改革服务的轨道上来。‘变型’，就是从封闭的、单纯业务型的宣传单位，转为开放型、服务性的宣传单位。”之后，全市思想政治工作在实践中积极探索，努力按照经济改革需要开展工作，努力实现自身的“转轨”“变型”。在这个过程中，思想政治工作“以阶级斗争为纲”的思维和工作习惯在实践中逐步弱化，为经济建设服务的观念逐步深入人心，实践不断加强。

（二）第二次飞跃：从“内线”转移到“外线”（20 世纪 90 年代）

1990 年前后，在国际范围内，社会主义阵营出现了剧烈变动。在这种形势下，中国共产党如何看待和应对严峻的国际变局，如何把握和驾驭改革发展稳定的国内大局，是关系着中国改革能否继续，发展能否持续，稳定能否持久的重大问题。在两年多的时间内，一些人和媒体绷紧了政治神经，动辄以姓“资”姓“社”标准衡量事物，甚至“以阶级斗争为纲”也大有死灰复燃的势头。改革发展要奋力前行，就必须勇敢地打破这种思想僵化和倒退！全党面临着第二次思想解放的艰巨任务！

北京市作为首都，又是“政治风波”发生的中心地带，上述矛盾有着特殊的表现。在这种大背景下，北京市思想政治工作，坚持“发展才是硬道理”，实现了思想政治工作从“内线作战”转移到“大踏步地外线作战”，使思想政治工作进一步致力于主要推动改革发展上来，“把生产力进一步解放出来”。

“内线作战”转移到“大踏步地外线作战”的比喻，是时任中共北京市委副书记的李志坚同志，在 1993 年度北京市优秀思想政治工作工作者表彰大

① 中共北京市委党史研究室编：《北京记忆》，中央文献出版社，2007 年，第 332 页。

会上的讲话中，对1992年前后北京市思想政治工作变化的生动概括。

他指出：从“内线作战”转移到“大踏步地外线作战”，就是从主要论证社会主义的合理性，转移到主要推动改革发展上来，“把生产力进一步解放出来”。1992年初邓小平南方谈话前，思想政治工作实施“内线作战”，其工作重点是：论证“社会主义制度存在的合理性”；主要形式是“进行社会主义教育”；主要表现在：“常见的领导同志的讲话，占据《宣传手册》几乎一半的页数，主要论证社会主义为什么要存在，社会主义存在以来的成绩等等。讲到我们改革要革除弊端的时候，也是比较多的强调产生这种弊端的历史必然性，是怎么不可避免等等。”1992年初邓小平南方谈话和十四大之后，思想政治工作转向“大踏步地外线作战”，工作重点“已经不是论证社会主义存在的合理性”，而是“理直气壮地动员干部群众，向着旧体制的弊端以及我们面临的新的困难，大踏步地进行改革，把生产力进一步地解放出来。”

（三）第三次飞跃：“以人为本”（新世纪）

北京市在思想政治工作中，强调人的价值，提出“以人为本”的理念，并努力将其贯彻到思想政治工作和经济社会改革发展的实践中。特别是中共中央提出科学发展观以后，北京市更加自觉地贯彻“以人为本”，在实践中进一步体现思想政治工作和改革发展的本质要求，推动了首都经济社会改革发展与人的发展的良性互动。

早在20世纪90年代初，北京市思想政治工作研究会、北京市企业文化建设协会就倡导“以人为本”理念，同时注重将其贯彻到对全市企业文化建设的指导中，使北京市国有企业逐渐理解“以人为本”的深刻内涵及其对企业发展的根本意义，引导、指导他们更加自觉地将这一理念运用到企业文化建设和企业管理之中。1999年12月29日，《中共北京市委关于加强和改进思想政治工作的意见》明确指出：“思想政治工作必须坚持以人为本，解决思想教育与实际问题相结合，既讲道理又办实事，使思想政治工作入情、入理、入脑、入心。”

党的十六届三中全会提出科学发展观后，北京市以人文奥运为契机，深入学习贯彻落实科学发展观，全市思想政治工作将“以人为本”的理念贯穿“大政工”的各领域、各环节，在把握经济社会改革发展与促进人的发展辩证统一关系中，紧紧围绕人民生活需求，不断为居民的全面发展创造条件，促进着人的自由全面发展，彰显着现代思想政治工作的人本功能和价值。

思想政治工作，要更加全面、更加深刻地实现其“为现代化服务”的价值特别是人本价值，还有很多深层的观念、体制和利益障碍需要克服，还有更加艰巨的任务有待完成。只要我们真正理解并牢固树立“为现代化服务”的价值理念，解放思想，大胆改革，与时俱进，思想政治工作在我国现代转型中将会更能实现其价值，更加大有作为。这是我们研究三十年来北京市思想政治工作的探索实践所得的基本结论。

参考文献

1. 邓小平：《邓小平文选》第 2 卷，人民出版社，1994 年。
2. 中共北京市委党史研究室编：《北京改革开放大事记》，中央文献出版社，2008 年。
3. 中共北京市委党史研究室编：《北京改革开放 30 年》（系列丛书），中央文献出版社，2008 年。
4. 中共北京市委党史研究室编：《北京记忆》，中央文献出版社，2007 年。
5. 苏峰编著：《1978：大记忆——北京的思考与改变》，中央编译出版社，2008 年。
6. 于光远：《1978：我亲历的那次历史大转折——十一届三中全会的台前幕后》第 2 版，中央编译出版社，2008 年。
7. 凌志军：《变化：1990 年—2002 年中国实录》，中国社会科学出版社，2003 年。
8. 魏杰：《亲历改革：1978—2008 中国经济发展回顾》，中国发展出版社，2008 年。
9. 北京市政协文史和学习委员会、中共北京市委党史研究室、北京市老干部局编：《改革开放话北京》，北京出版社，2008 年。
10. 周一兴主编：《当代北京大事记：1949—2003》，当代中国出版社，2003 年。
11. 马立诚、凌志军：《交锋：当代中国三次思想解放实录》，今日中国出版社，1998 年。
12. 马立诚：《交锋三十年——改革开放四次大争论亲历记》，江苏人民出版社，2008 年。
13. 张神根、端木清华编著：《改革开放 30 年重大决策始末》，四川人民出版社，2008 年。
14. 张树军、齐生主编：《中国共产党重大会议实录》第 2 版，湖南人民出版社，2006 年。
15. 北京市地方志编纂委员会主办：《北京年鉴》，北京年鉴出版社。
16. 童青林编著：《回首 1978——历史在这里转折》，人民出版社，2008 年。

（作者：朱华东　北京市基层思想文化建设研究基地研究人员　研究部主任）

北京决策研究基地

（首都社会经济发展研究所）

基地名称：北京决策研究基地
依托单位：首都社会经济发展研究所
项目类别：研究基地自设项目

交通拥堵难题该怎样破解

——治理北京城市交通拥堵对策研究[①]

特大城市道路交通拥堵和城市活动效率下降是一个世界性难题。近年来北京市努力践行“人文交通、科技交通、绿色交通”发展理念，交通事业实现了跨越式发展，但是，由于交通需求总量急剧增长及需求构成的多样性和复杂性，交通供需紧张的状况难以得到根本缓解，交通拥堵严重。2010年北京市委十届七次全会为深入落实科学发展观作出建设世界城市的重要决策。首都交通建设要围绕建设世界城市的发展战略，与国家首都和现代化大都市功能相匹配，确保城市经济有效运行和实现可持续发展。为此，借鉴国际经验特别是巴黎、伦敦、纽约、东京等世界城市的经验，遵循发展规律综合解决城市交通问题，将有助于缓解现实交通拥堵状况，推动首都交通事业进一步发展。

一、治理交通拥堵、引导交通合理出行的国际经验

（一）公交优先战略成为普遍采用的原则

在吸取历史经验教训的基础上，从20世纪70年代起，国际上许多人口高度密集的特大城市都把优先发展城市公共交通作为城市发展的主要政策导向，公交优先战略成为普遍采用的原则。值得借鉴的做法主要有：

一是重视用立法手段扶持城市公共交通发展，同时采取多种措施增强公交吸引力。

普遍的做法是，在法律上给公交以优先发展地位，通过制定并实施专门的城市公共交通法，大力发展公共交通。增强公交吸引力的主要做法有：在道路和交通管理上确保公交优先，设置公交优先的专用道和信号灯等。如巴黎设置了480多条全天或部分时间禁止其他车辆使用的公共汽车专用道，使公交车运行速度提高了20%—30%。

---

① 本文曾发表于2010年7月19日《北京日报》理论版。

二是大力发展公共交通特别是轨道交通，优化城市交通网络。

在国际特大型城市中，轨道交通在公共交通乃至所有出行方式中占据主导地位，在缓解交通拥堵中发挥了重要作用。目前国际大都市轨道交通系统具有三个特点：资金来源多元化；类型多样化，其中市郊铁路、地铁、轻轨和有轨电车应用最为广泛；网络化布局，放射状覆盖城市主要交通走廊的轨道交通系统在现代化大都市的交通系统中发挥了重要作用。巴黎、伦敦、纽约、东京四大城市均已形成较为完善的城市轨道交通系统，尤其是地铁承担的客运量最高。

三是完善接驳换乘系统，合理整合不同交通方式。

国际上许多城市通过高效的枢纽规划和运营管理，将私人小汽车交通线路、公共交通线路、步行与自行车交通线路，以及静态交通、城市游憩活动，在相对小尺度的空间内有效组织起来，使不同交通工具的换乘距离控制在合理步行范围之内，实现了各种方式之间的合理组合，从而有效缓解了城市中心区交通压力。

目前，一种新的“以车站为中心的轨道交通和自行车之间的方便换乘”的交通模式正在兴起，通常分为自行车共享网络和自行车携带上车两种方式。美国不少城市的地铁站大都设有自行车停车处，有的地铁站除设自行车停车处外，甚至还允许乘客携带自行车上车。

（二）统筹调节交通供需，以公共交通为导向带动城市发展

一是坚持交通规划先行，将城市规划、住宅、交通作为一体统筹解决交通问题。

为了有效解决城市交通问题，不少国家一方面把相关部门协调起来，建立兼顾交通、商业、环境等多方利益的“多赢”协作体制，从而避免机构重叠、职能交叉、互相扯皮；另一方面，以政府规划及法律的形式，突出体现交通规划先行的政策导向作用，把环境、土地使用指标与交通改善目标联系起来。

二是新建城市副中心以减轻市区中心土地利用与交通出行压力，促进交通功能和商业功能一体化。

由于单一市中心的高度集中对城市土地利用带来较大压力，因此，多数发达城市为了减轻办公和商业活动以及交通对市中心的压力，平衡城市土地利用强度，采取了建设城市副中心的政策。通过开发城市副中心，增加火车站和地铁站周围的居住人口和就业岗位，有效解决就业向城市中心集聚的问题。

在过去的半个世纪里，国外学者对城市空间结构与交通出行的关系做了大量研究，认为居住在工作较充裕的区域，或工作在住房较充足的区域，通勤出行相对较短。就业—居住的空间失衡是造成通勤距离增加的主要原因。为避免职住分离，促进近业择居，美国南加州 1984—2010 年间，在该区域工作和住房缺乏的地区分别安置 9% 的新就业岗位和 4% 的新建住房，该项目的实施可减少 35% 的交通量和污染物排放。

三是以公共交通特别是轨道交通带动城市发展，形成交通发展与城市建设良性互动。

实践证明，城市交通对城市土地使用有着明显的引导作用，强烈影响着土地的开发强度和使用方向。特别是城市轨道交通、大容量快速公交系统以及主干道的布局等对城市形态的影响尤为突出。环路加放射线的道路交通布局容易导致“摊大饼”的城市发展形态。由于轨道交通系统可首先起到引导城市发展的作用，而在沿线土地开发基本完成后，它又能够作为主要的出行工具满足沿线的出行需求，因此，以公共交通特别是轨道交通带动城市发展成为不少城市采用的做法。

（三）积极创造条件，振兴“慢行交通”

欧洲的慢行交通在小汽车进入家庭后曾遭遇了严重衰落。1950—1975 年间，荷兰、丹麦、德国的自行车使用减少了约四分之三。随着机动化进程的加速，环境污染、道路拥堵、事故频发等问题引起了欧洲民众的反思。慢行交通模式低速但绝不低效，这一理念随后被大多数西方城市所接受，并由此带动了慢行交通的复兴。20 世纪 70 年代中期以来，慢行特别是自行车交通重新得到重视，并在欧洲城市政府的大力提倡下，出现了可喜的复苏。值得借鉴的做法主要有：

一是重视加强对慢行交通的宣传倡导。2009 年 5 月，欧洲自行车推广大会在布鲁塞尔举行，近 30 个欧洲城市的代表签署了共同宣言，承诺在城市中大力推广使用自行车。不仅欧洲，连美国这样的汽车大国也出现“自行车热”，骑车上班正在成为一种时尚。

二是完善慢行交通基础设施建设，实行路权优先，设立步行区。国际上很多城市采取各种措施鼓励自行车出行。韩国以节能减排为目标，开始着手修建和完善自行车专用道，扶植自行车相关产业发展。法国在交叉路口设有自行车专用信号灯，实行自行车优先通行的原则。

在城市中心区公交发达、商业繁华的地区开辟“交通绿岛”步行区是近年来欧洲许多城市流行并取得成功的一种做法。巴黎、慕尼黑和苏黎世的步行区不仅有效疏导了交通，而且成为城市中最精彩、最有吸引力的亮点。

三是制定实施鼓励自行车出行的政策措施，促进慢行交通发展。一方面，采取优惠政策措施，鼓励公众利用自行车出行。如美国参议院通过法案，利用税收优惠鼓励雇主给骑车上班的雇员每月 40 美元到 100 美元补贴。另一方面，大力发展公共自行车系统。其中比较有代表性是法国巴黎、里昂和西班牙巴塞罗那的公共自行车系统。

(四)对机动车保有量进行控制，降低机动车使用强度，科学引导小汽车出行与使用

一是严格控制机动车拥有。新加坡通过拍卖拥车证控制机动车拥有。欧洲则通过征收高额汽车消费税控制机动车拥有。法国汽车消费税为 33%，荷兰为 47%，丹麦则达到 186%。

二是限制中心区停车泊位供给，在中心区收取高额停车费，并严惩非法停车。这是欧洲城市普遍采取的限制小汽车交通量的有效措施。

三是实行拥堵路段收费。道路拥挤收费于 1975 年率先在新加坡实施，效果良好。2003 年伦敦成为世界上第二个实施道路交通拥挤收费的城市。拥堵收费政策实施后，高峰时段进入中心城区的交通流量明显降低。

四是通过鼓励合乘车等方式控制机动车使用频率。美国、德国等国家曾发放"通勤者现金"，合乘者可获政府奖励，有效带动了免费拼车；设置合乘车道，同时规定部分特定车道禁止一人一车使用，引导车主主动合乘。

五是加强对公车的管理。一方面，严格控制专车配备，尽量减少公车数量。另一方面，加强对公车的管理，严禁公车私用。如芬兰专车只限在执行公务时使用，私用属于额外待遇，相当于增加了个人收入，必须照单纳税。法国明令禁止公车私用，未经批准私用公车可被视为触犯法律。

二、城市交通发展的三大规律

规律之一：在城市快速发展过程中，大量的高容积率开发项目在具有可达性优势的地区集聚，就会引发出更大的交通需求。如果不采取强有力的控制措施，城市居民收入水平的快速增长会导致私人小汽车的大量使用，使得交通拥堵更加严重。因此，必须坚持交通规划先行，实行控制交通流量和出行方式的政策，通过向"多中心"空间格局演变，促进城郊一体化发展，提升城市综合承载能力。城市交通必须与城市土地使用协调发展，这一规律已经被国际很多城市的发展历史所证明。

规律之二：在 20 世纪 60 年代，美国的道路工程师们发现了一个惊人的现象：道路建得越多，汽车交通流量增长得越快，形成了一个恶性循环的怪圈，即"汽车化怪圈"。此后，在欧洲、日本等发达地区的大城市都出现了这种"怪圈"：小汽车出行的需求导致了基础设施的改善，进而又增强了小汽车出行的需求。随着小汽车数量增加和家庭汽车化的进展，小汽车本身具有的优越性逐渐消失，反而带来了以交通拥堵为主的城市问题。为破解"汽车化怪圈"，国外大城市进行了不懈探索，实践表明，只单纯从满足需求考虑新增道路设施，是难以破解"汽车化怪圈"的，只有强调理性使用道路资源，克制滥用道路，充分发挥道路设施的潜在能力，改善路网结构，引导私人小汽车出行向公共交通出行转移，才可能达到交通需求与交通设施系统的适度平衡。

规律之三：小汽车不加限制地盲目发展必然加剧交通需求与交通供给之间的矛盾，出行结构不合理的状况，又会进一步引发一系列城市交通问题。解决问题的出路在于抑制低效、小容量的小汽车交通，大力发展高效、大容量的公共交通，同时努力发展慢行交通。

三、北京市如何缓解交通供需紧张状况，引导交通合理出行

（一）北京城市交通面临的难点

1. 经济社会快速发展拉动交通需求持续快速增长，出行总量大幅攀升

2009 年全市公交客运量达 51.7 亿人次，最高日客运量突破 1500 万人次；轨道交通年客运量 14.2 亿人次。庞大的出行总量，给北京市交通带来极大压力。

北京市同国内许多大城市一样，随着城市人口的快速增长，城区面积迅速扩张，增大了人们交通出行的距离和时间，增加了交通成本。在“摊大饼”的城市发展形态下，在便利性与可达性较高的环路周边进行高密度土地开发，不仅创造出巨大的交通需求，而且大量日常出行要通过市中心，从而造成市中心的交通拥堵及潮汐式通勤交通流，进而呈现拥堵范围由中心城区向周边扩散的态势，相应引发一系列城市交通问题。

北京是我国的政治、文化和国际交往中心，各国首脑、政要来访多，国际性和全国性大型经济、文化、会展活动频繁，“首都功能”相应增加了北京的交通流量，形成北京交通区别于国内其他城市的最大特点。

与首都城市功能相联系，北京的政治、文化、教育、医疗、商业、旅游等城市核心功能都集中于中心城区内，中心城区承载资源过多，形成单中心的城市空间格局，制约了城市综合承载能力的提升。特别值得注意的是，由于北京市小学、中学甚至幼儿园的教育资源分布极不平衡，“教育移民”、“跨区择校”已成为相当普遍的现象，引发大量交通流。随着城市持续不断扩展，市中心城市功能的过度聚集和土地的超强度开发，造成人口与就业岗位高度集中，“职住分离”现象突出，并由此导致交通出行的高度集中，带来极大交通压力。

2. 机动车增长过猛、使用过频，与停车泊位等交通资源产生尖锐矛盾

伴随着首都经济持续快速增长和人民生活水平的显著提升，自 20 世纪 80 年代末期开始北京机动化进程加速，其发展速度在国际大都市中是极其罕见的。1997 年北京市机动车拥有量突破 100 万辆大关用了 48 年，2003 年 8 月突破 200 万辆大关，从 100 万辆到 200 万辆用时 6 年半，此后增速更快，从 200 万辆到 300 万辆用时 3 年 9 个月，从 300 万辆到 400 万辆，用时仅 2 年 7 个月。2010 年机动车增长势头更为强劲，截至 7 月 4 日，全市机动车

保有量已达437.6万辆。

据调查，北京市不仅小汽车拥有量逐年递增，而且使用频率也很高，北京市小汽车日均行驶里程约为东京两倍多。值得注意的是，公车的使用频率高于私家车的使用频率，过多过频地占用了有限的道路资源，增加了政府行政成本，公车改革势在必行。

交通需求过度膨胀与城市道路承载能力产生尖锐矛盾，使得近年北京的交通拥堵现象日趋严重。

随着机动车的迅猛增长，停车泊位缺口增大，非法停车、占道停车已成为相当普遍的现象。2009年底城八区停车位160万个。据调查，至2010年，以新的配建指标及时修订出台为前提，停车泊位总缺额仍达60万个左右。

3. 路网先天不足，完善结构难度较大，且道路建设速度远不及机动车增长速度

北京市路网通行能力近年不断得到改善，已逐步形成旧城方格网与新建环路、放射线相结合的中心城道路布局，但北京作为历史文化名城，路网条件具有特殊性，存在先天性不足和结构性缺陷。历史上北京旧城区可供汽车行驶的道路本就很少，新中国成立后形成的主干道、次干道、支路不匹配的格局，降低了行车路径的选择性，形成非稳态道路网结构。市区故宫等多处成片的古代建筑群和北海、什刹海、后海、中山公园、景山公园等大片水面、园林，以及军队、部委、院校等独立封闭的“大院”，构成空间阻隔，损害了路网系统的整体性，加重了路网密度稀疏的先天性不足。次干路、支路严重短缺，路网稀，节点通行能力低，“微循环”系统薄弱，干路系统空间布局不均衡，道路通达性差等因素，严重制约了路网整体效能的发挥，将交通压力都挤向干道或环路，致使市区道路面积率偏低，交通拥堵严重。据北京市社会科学院研究资料显示，2002年北京的人均道路面积为4.7平方米，少于上海的6平方米、广州的9.76平方米，更少于东京的13.5平方米、伦敦的24.5平方米。从未来发展看，受土地空间资源紧张、旧城风貌保护要求严格等因素制约，北京中心城区路网已难以大幅度扩充。近年来，虽然北京市在道路建设方面取得了很大成就，但与机动车的快速增长相比，北京道路建设相对滞后。2001—2009年，北京市道路面积率年均增长2%—3%，而车辆年均增长速度达11.4%。

（二）交通出行结构呈现不合理性

在私人小汽车逐渐普及、机动化进程日益加速的形势下，近年来北京市交通出行结构发生了重大变化。居民出行结构迅速由过去以步行、自行车为主转向以机动车出行为主，公共交通受到小汽车交通的挑战，自行车出行比例持续大幅下降，出租车出行比例保持平稳，导致交通出行结构呈现不合理性(详见下表)，道路交通压力过大，缓解交通拥堵的任务十分艰巨。

北京市近年来各种出行方式变化情况

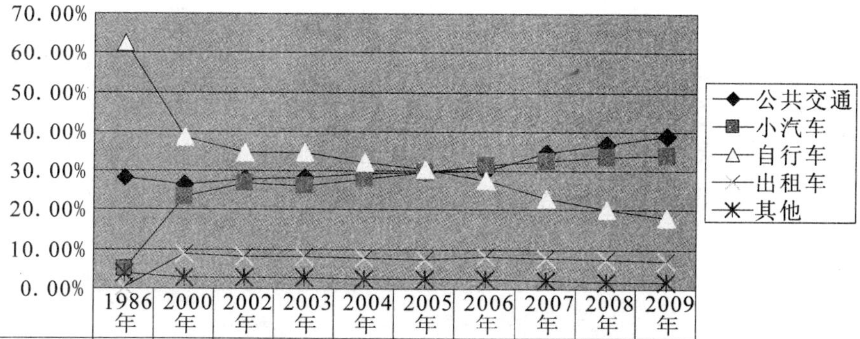

	1986年	2000年	2002年	2003年	2004年	2005年	2006年	2007年	2008年	2009年
公共交通	28. 20%	26. 50%	28%	28. 20%	29. 40%	29. 80%	30. 20%	34. 50%	36. 80%	38. 90%
小汽车	5. 00%	23. 20%	26. 70%	26. 20%	28. 10%	29. 80%	31. 60%	32. 60%	33. 60%	34. 00%
自行车	62. 70%	38. 50%	34. 60%	34. 70%	32. 00%	30. 30%	27. 70%	23. 00%	20. 30%	18. 10%
出租车	0. 30%	8. 80%	8. 00%	8. 20%	7. 80%	7. 60%	8. 10%	7. 70%	7. 40%	7. 10%
其他	3. 80%	3. 00%	2. 80%	2. 80%	2. 60%	2. 50%	2. 40%	2. 20%	1. 90%	1. 90%

近年北京市积极实施公交优先战略，公共交通出行比例持续增长，2007年达到34. 5%，超过小汽车32. 6%的出行比例；2009年公共交通出行比例增至38. 9%，小汽车出行比例为34. 0%。但总体看增幅仍不够大，与小汽车出行尚处于“平分秋色”格局。而国外发达国家大城市核心区出行中，公共交通分担率(以轨道交通为主、地面公交为辅)一般占60%—80%，小汽车交通(包括私家车、公务车和出租车)，仅占总出行量的12%—32%。

(三)引导形成交通合理出行方式的对策建议

1. 在推进城乡一体化进程中，坚持交通规划先行，积极疏解城市功能，着力减少不必要的交通发生源和吸引源

从城市规划入手减少出行量、缩短出行距离是解决城市交通问题的先决条件。要重视引导城市用地朝通勤短程化和功能混合化方向发展，及时疏解城市功能，鼓励近业择居，尽量减少“职住分离”现象。下力量改变中小学教育资源严重失衡的现状，增加财政投入力度，在居住人口密集和教育资源薄弱地区建立较高水平的中小学和幼儿园，鼓励就近入学，确保减少交通流量。调整医疗等公用设施建设布局，尽可能减少交通产生源。同时要继续搞好政府部门网上申报、网上审批等公共服务，完善城市服务功能，减少市民“公事出行”数量。

2. 加强交通信息化智能化建设，建立公交信息综合服务平台，开展交通需求的前瞻性研究，在全社会倡导“绿色出行”

一要将更多的高技术装备和手段应用于城市交通管理和信息采集，加强公交信息综合服务平台建设，通过为居民合理出行提供优质信息服务，方便居民选择出行方式。

二要重视交通需求的前瞻性研究，着手开展对城市社会经济活动规律及人们出行行为的深度分析和详细测算。法国政府多年来高度重视交通基础数据库建设，大到巴黎等大都市，小到只有几千人的村镇，都把交通流量、居民交通选择偏好、居民住地与工作地等一切与交通相关的项目按月做详细统计，为制定交通规划和实施交通管理提供了宝贵依据。

三要加强不同交通方式出行成本的比较研究，依据供求变化和实际需要，提出合理的出行费用构成，引导居民合理选择出行方式。要加大宣传教育力度，在全社会倡导“绿色出行”。

3. 重视解决影响公交吸引力的相关问题，努力提高公共交通出行比例和效率

一是努力建设方便快捷的换乘体系。解决好各种交通方式之间的衔接换乘是增强公交吸引力、减少交通拥堵的关键。国际上出行结构实现优化的大城市，通过发展“门对门”交通和“零换乘”交通服务，将工作、购物等各种活动同公共交通系统紧密连接起来，使不同交通工具的换乘距离控制在合理步行范围之内，有效促进了不同交通方式的兼容性以及公共交通系统的一体化发展。如东京一些大地铁站出口多达几十个，许多出口直接通向当地的著名设施、大型企业或政府部门，有效提高了轨道交通乘坐率。

二是进一步提高公共交通覆盖率，根据出行需求的变化及时调整优化公交线网，使各种交通方式通过整合协调后构成出行方式链，从而满足不同的出行需求。

三是进一步改善轨道交通运营环境，着力改变与轨道交通相连的地下空间功能单一、环境脏乱等状况。应借鉴国际经验，在地下建立集交通、饮食、购物、娱乐等为一体的地下城，将人流由地上引入地下，减轻地面压力，提升轨道交通吸引力。

四是构建合理的、连续成网的公交专用道网络，进一步加强公共交通快速专用道建设力度。

五是要统筹协调多方关系，将公交用地优先原则落到实处。随着公交线路的调整和公交车数量的增加，公交场站建设明显滞后，要着力改变场地过小、驻车过密、占路停车等状况。

4. 努力创造条件，积极引导小汽车出行向公共交通和自行车、步行等“绿色出行”方式转移

实践证明，小汽车的无节制拥有和过度使用是导致公交出行比例偏低、制约慢行交通合理发展、总体出行结构不合理的主要原因之一。而适度从紧的小汽车限制政策对城市出行结构的影响十分明显。应通过加大小汽车

拥有和使用成本，削减小汽车出行总量。

5. 积极推动慢行交通建设，努力促进慢行交通出行比例回升

恢复和保持慢行交通出行比例，应当成为北京市引导城市交通出行结构合理化、构建"公交—慢行一体化交通"的工作重点之一。要给予自行车交通以更多的路权，尽快着手恢复城市自行车交通网络建设。

总之，北京市道路拥堵、出行结构不合理，是城市发展中问题与矛盾长期积累的结果，交通拥堵状况的根本缓解、交通结构的合理调整将会是一个艰苦复杂的过程。北京努力建设世界城市和"人文北京、科技北京、绿色北京"，应当突破体制机制障碍，形成推动交通事业发展的政策合力，努力营造社会方方面面共同关注和参与城市交通事业发展的局面。

参考文献

1. 熊文、陈小鸿：《城市交通模式比较与启示》，《城市规划》，2009 年第 23 卷第 3 期。
2. 刘贤腾、潘海啸：《提高公共交通竞争力的措施分析》，《城市规划学刊》，2009 年第 2 期。
3. 郭继孚、赵晖：《改革开放 30 年北京城市交通规划理论与实践回顾》，《城市交通》，2009 年第 7 卷第 1 期。
4. 赵坚：《城市交通及其塑造城市形态的功能——以北京市为例》，《城市问题》，2008 年第 5 期。
5. 王鸿春、刘岩、赫军、吴玲玲：《借鉴国际经验治理北京城市交通拥堵对策研究（上、下）》，《前线》，2006 年第 11、12 期。
6. 郑思齐、丁文捷、陆化普：《住房、交通与城市空间规划》，《城市问题》，2009 年第 1 期。
7. 北京市交通委：《提速北京 方便出行》，《城市建设》，2009 年第 10 期。
8. 全永桑、刘小明：《新北京交通体系研究》，《城市交通》，2005 年 5 月第 3 卷第 2 期。
9. 北京公共交通控股集团有限公司：《一条流动的风景线》，《城市建设》，2009 年第 10 期。

（作者：王鸿春　北京决策研究基地管委会常务副主任　高级经济师
刘　岩　中共北京市委研究室正处级调研员　副研究员
王兆荣　北京市交通委员会委员　高级经济师
段里仁　公安部、建设部"畅通工程"专家组专家　一级警监
赫　军　北京决策研究基地研究人员　助理研究员
吴玲玲　北京决策研究基地研究人员　研究实习员）

基地名称：北京决策研究基地
依托单位：首都社会经济发展研究所
项目类别：研究基地自设项目

关于加强社区工作者职业培训的建议[①]

北京市委、市政府最近提出要深入贯彻落实科学发展观，瞄准建设国际城市的高端形态，从建设世界城市的高度，加快实施人文北京、科技北京、绿色北京发展战略，以更高标准推动首都经济社会又好又快发展。社区是城市功能中的基础环节，建设世界城市需要一支高素质的社区工作者队伍。

一、必须明确社区工作者和社会工作者的区别与联系

2004 年 7 月 1 日，国家劳动和社会保障部颁布了第九批国家职业标准，社会工作者的职业标准正式公布。社会工作走上了专业化、职业化的发展道路。按照社会工作者国家职业标准，社会工作者的职业定义是，遵循助人自助的价值理念，运用个案、小组、社区、行政等专业方法，以帮助机构和他人发挥自身潜能，协调社会关系，解决和预防社会问题，促进社会公正为职业的专业工作者。

建设一支规模宏大的社会工作人才队伍，是党的十六届六中全会和党的十七大作出的一项战略部署。社会工作是一种工作方法，是一种职业。进行职业细分，又可以分出来司法社工、教育社工、医务社工、社会行为矫治社工，它涉及社会福利、社会救助、社区工作、老年工作、儿童福利工作等多个方面。社会工作者的岗位大致可分为四类：一是在民政、劳动和社会保障、教育、卫生等职能部门中，从事社会政策制定、执行等有关工作的岗位。二是与社会保障或社会福利类事业单位相关的社会服务岗位。如老年人社会福利院、残疾人社会福利院、儿童社会福利院、精神病人福利院、敬老院、收养服务机构等。三是在社会保障或社会福利相关的群团组织和相关民间组织中，为儿童、青少年、妇女、老人、残疾人等特殊困难群众提供专业社会服务的岗位。四是社区里的有关社区工作岗位。

社区工作者包括社区党组织、社区居委会和社区服务站从事社区管理

---

① 本文是《关于加强社区工作者职业培训的建议》项目的最终成果。

和服务的人员。社区工作者和社会工作者的联系相同的是他们都是做人的工作，都是解决人们的生活、精神、心理等各方面的问题，目的也都是有利于社会的稳定与和谐，社区工作者是社会工作者的组成部分之一。

社区工作者和社会工作者在工作领域和工作内容方面存在着很大的区别：

社会工作者是一个国际上通用的概念，社会工作者工作的领域更广，涉及社会福利、社会救助、社会慈善、残障康复、优抚安置、卫生服务、青少年服务、司法矫治、社区服务站等各个社会服务机构，从事的是专业性的社会服务工作，在各自的领域以专业的手段，协调社会关系，解决和预防社会问题。

我国的社区工作者分布在社区党组织、社区居委会、社区服务站里，这些都是具有中国特色的基层组织机构，这些组织有着各自相应的职责功能，承担着各自的任务，在落实党和政府的各项方针政策，沟通党和政府与群众的联系、了解社情民意、维护社会稳定、保障民生中发挥了重要的作用。社区党组织的成员主要是从事社区党建工作，社区居委会的成员主要是开展各种社区自治工作，社区服务站的成员主要面向居民提供各种公共服务。

因此，社区工作者和社会工作者既有区别，又有联系，社会工作者涉及更多的专业领域，社区工作者是社会工作者的重要组成部分，是有中国特色的一支社会工作队伍。

二、北京市加强社区工作者职业培训的紧迫性

当前对社区工作者的职业培训主要有上岗前的培训和社区工作者继续教育，一般由区或街道组织，对社区工作者参加培训的时间一般规定为每年 40 学时。社区培训采取大课堂教学的比较多，小班教学及外出考察这些形式较少采用。

由于《北京市社区工作者管理办法(试行)》规定："社区工作者通过国家社会工作者职业水平考试，获得社会工作师职业水平证书的，自完成登记注册当月起，每人每月增加职业水平补贴 80 元；获得助理社会工作师职业水平证书的，自完成登记注册当月起，每人每月增加职业水平补贴 50 元。"这样在实际工作中造成相当一部分社区工作者学习全国社会工作者职业水平指导教材的积极性和主动性很高，也存在着以全国社会工作者职业水平指导教材代替社区培训的现象。实际上，社区工作者针对本职工作的学习培训也应进一步加强，也需要专门的培训教材。

开展社区工作者培训，建立社区工作者培训制度，是社区工作者逐步走向专业化、职业化、规范化的重要措施，也是首都建设世界城市的必然

要求。当前，培训中存在着以助理社会工作师、社会工作师的应试培训替代社区工作者培训的倾向。

社会工作师、助理社会工作师的应试培训代替社区工作者培训是当前社区工作者培训中的一个误区，因为社会工作师、助理社会工作师更倾向于专业的特定领域的社会工作。虽然，社区工作者很有必要学习一些社会工作的方式方法，参加社会工作师职业水平考试也有助于提高社区工作者的整体水平。但当前的社会工作师职业水平考试的教材是以香港社会工作实践为基础，参照大学社会工作系的教材编写的，如上所述社会工作师涉及多个社会领域，社区工作只是其中之一，因此难免对社区实际工作的指导不够具体和系统。

现分析一下现有社会工作师职业水平考试教材的内容：

社会工作师实务初级教材包括了社会工作实务通用过程、儿童社会工作、青少年社会工作、老年社会工作、妇女社会工作、残疾人社会工作、矫正社会工作、优抚安置社会工作、社会救助社会工作、家庭社会工作、学校社会工作、社区社会工作等内容，中级实务增加了社会工作实务通用过程模式和医务社会工作两章。

社会工作综合能力初级教材包括社会工作的目标、对象及领域、社会工作价值观与专业伦理、人类行为与社会环境、个案工作方法、小组工作、社区工作方法、社会工作研究、社会政策与法规等章节。社会工作综合能力中级教材包括了社会工作概述、社会工作价值观与专业伦理、人类行为与社会环境、社会工作理论、个案工作方法、小组工作、社区工作方法、社会工作行政、社会工作督导、社会工作研究、社会工作研究的过程。

社会工作法规与政策中级教材包括了社会政策的特点、目标及体系、社会政策的运行、我国社会救助政策法规、我国特定人群的社会政策法规、我国婚姻家庭政策法规、我国社区矫正与人民调解政策法规、我国优抚安置政策法规、我国社区建设与管理政策法规、我国民间组织管理及公益慈善事业促进政策法规、我国劳动就业及失业保险政策法规、我国医疗卫生与计划生育政策法规。

诚然，这些教材对于提高社区工作者的社会工作知识、掌握社会工作的技巧与能力是很有帮助的，也是很有必要的。但是，以这些教材代替我市社区工作者的培训教材不能够适应当前社区建设的需要。

例如，社区党组织是社区里各种组织的领导核心，在社区工作中占有重要的位置，社区党务工作也是社区工作的重要组成部分，但社区党建知识在这些教材中没有涉及。社区党务工作者的思想政治工作也是中国特色的社会工作的重要组成部分，教材没有专门把社区党务工作者作为社区社会工作人员之一，也没有把社区党组织列为社区社会工作的组织机构之一。

而在现实生活中，社区党组织和社区党务工作者在社区社会工作中发挥了重要的作用。

又如，由于是社会工作师考试的通用教材，各教材中社区社会工作的相关知识也只是占其中一章，社区工作者专门从事社区工作，这些知识对他们开展社区工作而言显得不够。教材中的儿童社会工作、青少年社会工作、老年社会工作、妇女社会工作、残疾人社会工作、矫正社会工作、优抚安置社会工作、社会救助社会工作、家庭社会工作、学校社会工作、医务社会工作主要是面向社会福利、社会救助、社会慈善、残障康复、优抚安置、卫生服务、青少年服务、司法矫治等社会服务机构从事专门性社会服务工作的专业技术人员的，这些内容对社区工作者针对性不强。

因此，全国社会工作者职业水平考试指导教材作为社会工作师、助理社会工作师的应试培训教材，如专门用于社区工作者培训是缺乏针对性的，社区工作者培训必须有专门的教材。

在北京市当前开展的培训中，也存在缺乏计划性的问题，各区县有各区县的安排，培训的内容和所用的教材也不统一，这种情况也急需加以改变。

社区建设各项工作的落实，最终都要靠千千万万的社区工作者来完成，这就需要一大批高素质的社区工作者。当前，我市社区工作者的整体素质还不能适应形势的需要，迫切需要对社区工作者进行系统规范的培训，以提高他们的专业能力和工作水平。目前，全国有一套社会工作者的培训教材，这套与国际接轨的教材，专业性较强，其对象主要是专职社工，而对广大社区居委会干部和工作人员来讲，针对性和实用性还不够强。因此，十分需要编写一套具有中国特色、国际视野、北京风格的社区工作者培训教材，通过系统规范的培训，提高全市社区工作者的素质和能力，进而提高社区管理和服务水平，促进我市社会工作的开展，推动构建大民政工作格局，促进首都世界城市的建设。

当前，北京市的社区建设面临着一些新情况，2008 年 9 月 25 日，市委市政府召开了北京市社会建设大会，印发了加强北京市社会建设“1 + 4”文件，即《北京市加强社会建设实施纲要》和《关于进一步加强和改进社会领域党建工作的意见》《关于加快推进社会组织改革与发展的意见》《北京市社区管理办法(试行)》《北京市社区工作者管理办法(试行)》。这些文件，提出要构建社区管理体系，进一步夯实社会建设基础。2009 年北京市又出台了《关于推进社区规范化建设试点工作的实施方案》。这些文件对北京市社区工作者提出了一系列新的要求，因此，必须进一步加强社区工作者的培训工作。

2009 年社区党组织完成换届选举后，社区党组织班子成员结构进一步优化。全市 2591 个社区中，2009 年共有 2371 个社区党组织参加换届选举，共选出社区党组织班子成员 11319 名，其中社区党组织书记 2469 名、副书记 1576 名。社区党组织换届选举新产生的 11319 名社区党组织班子成员中，新当选委员 5500 名，有 48.3% 的新人首次被选入新一届社区党组织。“新鲜血液”带来了一系列新的数字变化。如全市社区党组织成员中有超过 54% 的人拥有大专及以上学历。新选举产生的 2469 名社区党组织书记中，具有大专及以上学历的有 1742 人，其比例要高于社区党组织成员整体水平，占社区党组织书记当选人数的 70.6%，与换届前相比上升了 17.5%。全市社区党组织成员平均年龄也从 50 岁降到 47.5 岁，与换届前相比下降 2.5 岁。全市社区党组织书记平均年龄为 46.3 岁，比换届前下降 2.2 岁。

北京市第七届社区居委会选举工作从 2009 年 2 月启动至 9 月基本结束。选举完成后，社区居委会成员结构更加优化。第一，文化程度进一步提高。社区居委会成员中，高中、中专以上学历的 16261 人，占 96%，比上届提高 15%，其中大专学历 6685 人，本科学历 3765 人，研究生学历 90 人。第二，平均年龄有所降低。社区居委会成员平均年龄为 42 岁，比上一届降低 3 岁，其中 30 岁以下 2592 人，占 15%，31—40 岁 4612 人，占 27%，41—55 岁 5671 人，占 33%，55 岁以上 4022 人，占 23%。第三，专业化水平进一步提高。新当选成员中，社会工作专业人员占 7.3%，其中，通过国家社会工作师水平考试的 134 人，助理社会工作师 1111 人。第四，成员来源结构多元化。通过北京市社区工作者考试的 5246 人，占 31%；退休人员 4024 人，占 24%；在职人员 1645 人，占 10%；与原单位保持劳动关系的 333 人；应届毕业生 185 人；本市农业户口人员 155 人；处级以上退休干部 83 人当选(其中，局级、师级以上干部 30 人)。

为加强社区的公共服务工作，全市在各社区建立社区服务站。社区服务站是政府在社区层面设立的公共服务平台，在街道办事处的领导和政府职能部门的业务指导下开展工作，接受社区党组织的领导和社区居委会的监督。目前，社区服务站主要开展社区劳动就业、社会保障、社区治安维护、社区法律服务、社区健康与计划生育、社区教育和文化体育以及社区公益等各项服务。设立社区服务站后，社区居委会将从大量行政事务中“解脱”出来，重点开展社区居民自治工作。

由于 2009 年刚完成社区党组织和社区居委会的换届，社区服务站规范化建设也正在开展之中，这次换届新当选或新录用的社区党组织、社区居委会和社区服务站人员中，有很多以前从未从事过社区工作，急需加强培训。

中共北京市委十届七次全会提出了建设“世界城市”的战略定位。首都要瞄准建设国际城市的高端形态，建设世界城市，这就要求社区建设要向世界城市看齐，要按照世界城市的最高标准来谋划、推动，这对首都社区工作提出了新的要求，需要不断加强培训，全面提高社区工作者的素质和能力。

三、进一步加强社区工作者职业培训的建议

（一）加强对社区工作者职业培训的指导，改变以社会工作者职业水平考试培训替代社区工作者工作培训的问题

北京市有关部门应加强对社区工作者培训的指导，改变以社会工作者职业水平考试培训替代社区工作者工作培训的问题。建议北京市有关部门根据社区建设的实际情况，结合中央及市委市政府的有关文件精神，提出十二五期间社区工作者培训的规划，并每年提出加强社区工作者培训的指导意见，指导各区县的社区工作者培训工作。各区县也应将社区工作者培训计划上报市有关部门，以更好地加强协调工作。

（二）合理确定职业培训内容

培训内容的设置应强化针对性，注重实效性。结合构建大民政工作格局的需要，培训内容除社区社会工作的一般方式方法外，应包括中央和北京市关于社区建设的有关文件精神、社区党建、社区自治、社区服务、法律法规、社会保障、就业政策、教育帮扶、群众工作、社区工作方法，社区工作者心理调适，社区民间组织的培育与发展、国外社区建设知识、公文写作、为民服务代理制、计生、各种活动的组织等。通过培训，提高如何组织群众、宣传群众、服务群众以及公共管理、公共服务、促进和谐的能力，以社区为平台，更好地落实大民政，全力改善民生。

（三）编撰全市规范统一的社区工作者职业培训教材

围绕社区工作者必备的素质能力要求，结合北京市社区建设的实际情况和构建大民政工作格局的需要，进一步丰富和完善具有中国特色、国际视野、北京风格的教学课程和教材体系，根据社区党组织、社区居委会、社区服务站的工作内容，组织开发和推荐一批示范性教材，促进社区工作者平时的自学，改变自学以社会工作者培训教材为主的倾向，也可以以统一的教材促进各区县社区工作者培训的规范化。建议教材应站在建设世界城市的高度，结合北京市情编写，在编写过程把“1 +4”文件及“大民政”理念融入其中，成一个系列，可以分几批出齐，并做到一年一更新。教材书目暂定如下：

（1）《社区工作者培训教材通论》（包括整体介绍社区党组织、社区居委会、社区服务站工作，比较系统地介绍北京市情、“1 +4”文件、“大民政”理念、国外社区工作、社区工作与社会工作、社区工作者职业道德、社区建设有关法律法规及政策等）

(2)《社区党组织工作实务》

(3)《社区居委会工作实务》

(4)《社区服务站工作实务》

(5)《社区民生工作》(包括社区社会保障、社区就业、社区社会经济、社区教育、社区卫生、社区计划生育等，系统介绍国家和北京市相应政策和工作方法)

(6)《社区安全》(包括社区治安、人民调解、社区心理调适、安全社区构建等)

(7)《社区妇女工作》

(8)《社区老年人工作》

(9)《社区工作常用礼仪知识》

以上书目可根据需要进行调整、补充。在培训时，通论为必修课，另可根据工作性质，选学相应科目。

(四)健全北京市社区工作者职业培训考试制度

根据培训教材对社区工作者进行培训后，要建立较为严格的考试制度，促进培训者认真学习，提升自身的素质和能力，更好地适应建设世界城市的需要。考试合格且又能在工作中学以致用，取得突出成绩的，可以进行表彰，也可以采取奖励外出参观学习的形式，以更好地提高社区工作者学习的积极性、主动性。

(作者：马仲良　北京决策研究基地首席专家　研究员
谢启辉　北京市社会工作者协会)

北京人口发展研究中心

（中共北京市委党校）

基地名称：北京人口发展研究中心
依托单位：中共北京市委党校
项目类别：北京市哲学社会科学“十一五”规划研究基地项目

北京市城乡独生子女生育意愿比较的社会学分析①

一、研究背景及意义

2010年是《中共中央告全体共产党员和共青团员的公开信》发表30周年，这也意味着我国的独生子女政策已经实施了30年。无论城乡，独生子女已大规模地进入婚育期，双独家庭、单独家庭已占到婚育家庭的相当比例，并快速增加。以北京市为例，2005年1%抽样调查显示，常住人口中0—30岁独生子女累计达300余万，占同龄人口比重在一半以上。逐步进入生育阶段的独生子女更多，15—30岁年龄段独生子女占到0—30岁独生子女的60%，规模已接近200万(186.4万)。各省市普遍实行的双独政策(两个独生子女组成的家庭可以生育两个孩子)和部分省市实行的农村单独政策(农村家庭一方为独生子女可以生育两个孩子)进入了实际的实施期。按政策生育的二孩数量应当快速增加，但实际调查结果却显示，近年来各地生育率的普遍提高主要是我国特有的人口年龄、生育堆积和违法生育造成的，按政策生育的二孩比重并不高。按照邦加茨的理论，在生育控制技术已经普及的今天，区域的生育率水平主要是各种因素影响人们的生育意愿造成的，因此，从生育意愿的角度去探讨人们的生育心理、生育行为进而研究生育水平就甚为必要。

在我国二元社会结构下，由于城乡在社会经济、文化教育、子女与家庭间财富流的流向以及计划生育政策与服务等方面存在不同造成了城乡生育水平有相当大的差异，生育意愿也存在一定的差异。但是，伴随着快速现代化和城市化的进程，在经济和社会发展速度较快的地区，农村的独生子女受到城市生活方式和生活理念强大的冲击，这些冲击对他们的生育意愿也会产生重要影响，因此，对城乡独生子女的生育意愿及其影响因素进行比较就显得十分有意义了。同时，仅用定量数据分析来解释、理解人们

① 本文是《北京市流动人口生育意愿研究》项目的阶段成果，项目编号：09AbSH059。

的生育意愿是不够的，有必要建立一定的理论分析基础。要理解并掌握北京市城乡独生子女的生育意愿差异及其影响因素，需要更深入挖掘与分析，这正是本文研究的出发点。

本文拟利用北京市人口研究所2006年和2008年对北京市城区和农村地区独生子女生育意愿调查的数据，对城乡独生子女的生育意愿中生育子女数量这一内容进行比较分析，并运用社会学相关理论和本文提出的研究框架对研究结果进行分析解释。

对独生子女生育意愿的研究大都集中在最近几年，在为数不多的调查中，研究结果表明独生子女和非独生子女在生育意愿方面没有显著差异。处于不同城市、具有不同文化程度、不同婚姻状况的城市青年的生育意愿也基本相同。综观上述研究可见，将城市独生子女和农村独生子女的生育意愿的进行比较研究的还较少；对生育意愿的影响因素的理论支持及视角等方面也是见仁见智，各抒已见，未成系统。本文试图构建一个生育意愿社会学分析视角，对城乡二元结构下的独生子女生育意愿及影响因素进行比较分析。通过对生育意愿内涵及转变轨迹的研究，剖析其内在根源，从而对当前北京市农村与城市两种社会结构下的生育类型所处阶段作出正确的判断，为生育政策的走向提供科学理论和政策建议。

二、研究概念界定与理论框架

(一) 生育意愿

生育意愿是人们对生育的综合看法，包括对孩子数量、性别、生育时间方面的期望和偏好。衡量指标一般包含理想子女数、性别偏好和生育时间及间隔三个指标。其中，生育数量即理想子女数占有特别重要的地位，是最具综合性的指标，通过对理想子女数进行分类来考察各种因素对生育意愿的影响，由于理想子女数是实际生育子女数的先行变量，它也可以描述理想子女数的变化过程，有利于对未来的生育水平进行预测和推算。

(二) 研究的理论框架

本文认为，影响生育意愿的因素主要有几个层面。在宏观层面上，主要有社会经济状况、生育文化和计划生育政策以及计划生育政策的宣传和执行情况；在家庭和个人微观层面上，则有家庭经济水平、年龄、文化程度、个人偏好等因素。对这些因素的综合考虑构成了成为本文研究的主要理论基础和研究主线。需要说明的是，各个场域不是孤立的，而是相互影响、相互作用，为简化分析仅仅对理论框架中所有可操作和可获得的变量与生育意愿的关系进行综合考查。构建一个生育意愿的分析框架，如图1：

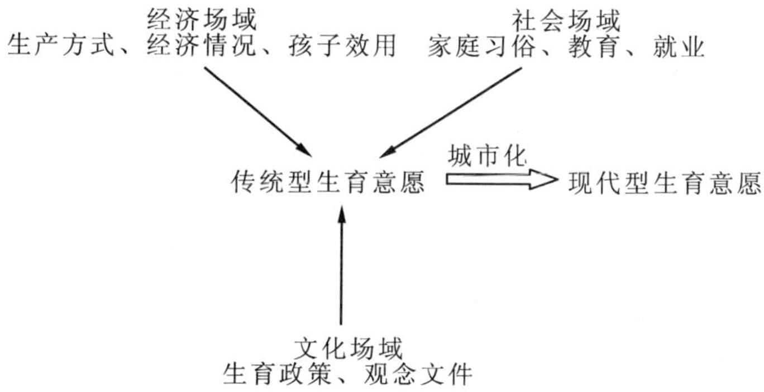

图 1　生育意愿的分析框架

三、数据来源与基本结论

(一)数据来源

本文研究的数据来源于北京市人口研究所于 2006 年、2008 年分别对北京市城市和农村独生子女和双独家庭进行的两次生育意愿调查。本文把 2006 年"北京城市独生子女和双独家庭生育意愿调查"对北京市东城、海淀两个城区的调查称为城市调查(简称"城市"),2008 年"北京农村地区独生子女和双独家庭生育意愿研究"对北京市昌平区 18 个镇农业人口的调查称为农村调查(简称"农村")。两次调查被调查对象的基本情况见下表 1。

表 1　两次调查样本情况

项目	分类	城市		农村	
		样本量(个)	百分比(%)	样本量(个)	百分比(%)
性别	男性	497	45.20	475	48.40
	女性	603	54.80	507	51.60
年龄结构	20—24 岁	328	29.80	309	31.60
	25—29 岁	531	48.30	568	57.90
	30—34 岁	241	21.90	101	10.60
文化程度	初中及以下	29	2.60	155	15.90
	高中(含中专、中技)	251	22.80	463	47.20
	大专	405	36.80	273	27.70
	大学本科及以上	414	37.60	91	9.20
婚否	未婚	601	54.60	747	77.60
	已婚	499	45.40	234	22.40

续表

项目	分类	城市		农村	
		样本量(个)	百分比(%)	样本量(个)	百分比(%)
收入	无收入	237	21.50	7	1.00
	1—799 元	18	1.60	83	11.40
	800—1599 元	190	17.30	400	54.90
	1600—2999 元	393	35.70	195	26.70
	3000—4999 元	196	17.80	32	4.40
	5000 元以上	66	6.00	12	1.60
是否双独	双独家庭	246	49.70	341	45.70
	单独家庭	249	50.30	405	54.30
就业情况	就业	832	75.60	109	56.10
	其他	268	24.40	550	8.20
	务农			79	11.11
	打零工			107	8.10
	失业待业			55	10.90
	家务劳动			80	5.60

数据来源：根据 2006 年“北京城市独生子女和双独家庭生育意愿调查”和 2008 年“北京农村地区独生子女和双独家庭生育意愿研究”的调查数据统计得出。除特别说明外，本文以下各图表同此。

需要说明的是，本文所选取北京中心城区之一的东城区和城市拓展新区的代表区域——海淀区作为本研究的城市，在北京市城区中具有一定的代表性；选取昌平地区的农村作为北京农村代表，是因为在地域和经济特征上能够较为全面地代表北京农村地区，地域上既包括平原又包括山区，经济上既有经济较为发达的与城八区接壤的城乡结合部区域，又有经济处于中游的发展地区，还有经济较为落后的深山区地区，基本上代表了目前北京市农村地区人口的区域分布，在北京整个农村地区具有一定的代表性。

(二)研究基本结论

1. 被调查对象理想子女数城乡接近，以一孩为最高

在城市和农村两次调查的问卷中，都设计了“不考虑政策因素，您认为一个家庭生育几个孩子最理想?”这一问题，来了解被调查对象的理想子女数。统计结果见表 2。

表 2　城乡独生子女理想子女数　　单位:%

项目		城市	农村
样本总数(人)		1099	983
理想子女数	0	15.20	1.40
	1	50.40	50.40
	2	33.40	47.60
	3 个及以上	1.00	0.60
平均值(个)		1.18	1.47

从统计结果来看，我们可以得到以下结论是：城乡选择理想子女数为一个孩子的比例最高，均为 50.40%；其次为二个孩子，城市独生子女选择二个孩子为 33.40%，低于农村独生子女选择二个孩子 14.20 个百分点；城市选择不要孩子的比例为 15.20%，要高于农村的 1.40%；而选择“不要孩子”和“三个及以上”的比例很低。统计显示，全部样本的平均理想子女数存在差异，城市为 1.18，农村为 1.47，相差近 0.3，差异的主要原因在于对理想子女数为 0 个和 2 个的选择差异上，可见不论在城市还是在农村，一孩生育观成为生育主流。

2. 城乡“双独家庭”二孩生育意愿均已弱化

城市调查数据显示：城市全部双独样本中，被调查的双独家庭有 26.13% 选择了生育二孩，44.16% 选择了不要，有 29.71% 选择了没想好；农村调查数据显示：农村全部双独样本中，有 36.33% 的双独家庭选择了愿意生二孩，34.19% 的选择了不要，有 29.48% 选择了没想好。可见农村的双独家庭愿意生二孩的比例高于城市 10.2 个百分点(见表 3)。

两次调查中对已育的双独家庭在要不要二孩做了问卷调查，因为他们生育二孩在政策上没有障碍，是否生育二孩也是他们近几年必须面对的现实问题。统计结果还显示，无论是 2006 年调查，还是 2008 年调查，已育一孩的城乡双独家庭选择不打算生育政策二孩皆占有相当比重，分别为 46.48% 和 36.11%。见表 3。

表 3　城乡双独家庭被调查者二孩生育意愿　　单位:%

	项目	样本数(人)	要	不要	没想好
城市	全部双独样本	249	26.13	44.16	29.71
	未育	163	23.89	42.91	33.21
	已育	86	30.21	46.48	23.31
农村	全部双独样本	339	36.33	34.19	29.48
	未育	134	38.12	31.29	30.59
	已育	205	35.08	36.11	28.81

3. 城乡独生子女均不存在男孩偏好

在两次调查的问卷设计中，通过设计“如果只生一个孩子，您想要男孩还是女孩?”这一问题来考察调查独生子女的生育偏好。从统计结果(见表4)可以看出：认为男孩女孩都一样的比例最高，城市达 64.80%，农村达 73.10%，城市、农村独生子女均已不存在男孩偏好，农村独生子女的男孩偏好较城市独生子女还要低一些。这说明不论城乡，在性别偏好上，呈现出喜欢女孩的趋势，传统的重男轻女的观念已经淡化。

表 4　城乡独生子女性别偏好　　单位%

项目		城市	农村
样本总体(人)		1067	984
性别偏好	喜欢男孩	16.00	13.00
	喜欢女孩	19.20	13.90
	男女都一样	64.80	73.10

4. 城乡生育模式一致——晚婚晚育、少生优生

在以往研究中初婚年龄被证明与生育率有明显的负相关关系，初婚年龄越晚的妇女希望生育的孩子数越少。初婚年龄越晚希望生育的孩子数越少，不同年龄育龄群体间的理想生育数存在一定差异，并基本与年龄呈正相关。在我们的调查中，城市独生子女倾向于 24 周岁以下结婚的比例仅为 1.38%，倾向于 25—28 周岁比例为 47.73%，倾向于 29—32 周岁结婚的比例占 42.21%，两组占总体样本比例的 89.94%。农村独生子女倾向于 24 周岁以下结婚的比例仅为 8.93% ，倾向于 25—28 周岁比例为 80.04%(见图2)。可见，不论城市还是农村，选择 25 周岁以上结婚的被调查者已经占到绝大比例，晚婚的趋势已经明显。

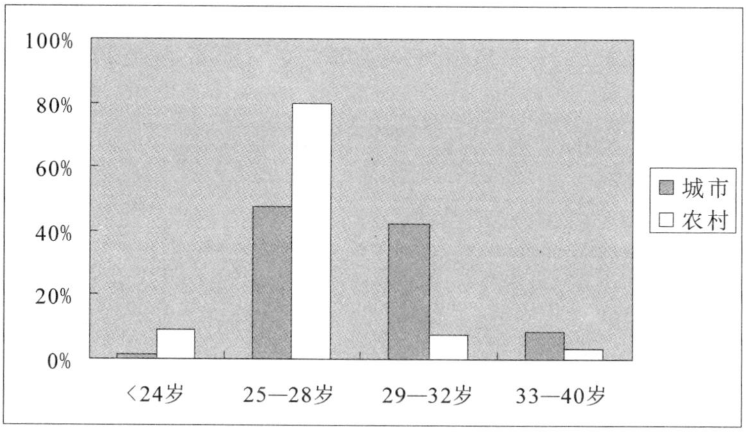

图 2　城市和农村年独生子女的初婚年龄

生育时间也呈现同样趋势。城市独生子女倾向于24周岁以下生育的比例仅为0.71%，倾向于25—30周岁生育的比例占55.73%，占到了一半以上，倾向于31—36周岁生育的比例达41.65%，倾向于37周岁以上的比例占1.92%；农村独生子女倾向于24周岁以下生育的比例仅为1.21%，倾向于25—30周岁生育的比例占94.42%，倾向于30周岁以上生育的比例达3.38%，倾向于37周岁以上的比例仅占1.94%（见图3）。独生子女比过去的人更侧重于对事业、个人发展等方面的考虑，生育年龄的考虑已经不光是一个从医学上最佳生育年龄角度的考虑，而变成一个对各方面综合因素的考虑，表现出更强的社会性。

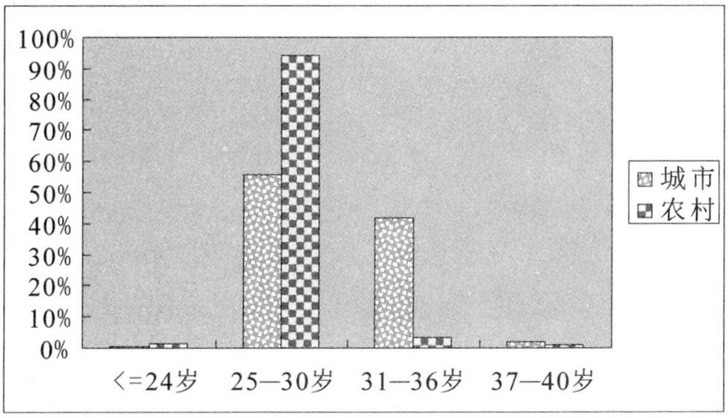

图3　城市和农村年独生子女的初育年龄

5. *无论城乡，生育行为均以自主意识为主*

独生子女生育意愿是独生子女对自身生育问题的看法、愿望和要求，但在支配自己的生育意愿的同时，也会受到来自不同方面的因素所影响。影响独生子女生育意愿的因素错综复杂，共同对其产生影响。调查问卷中设计了“对您生育行为影响最重要的是”这一问题，调查结果比较显示(图4)，城市独生子女在选择影响生育行为的人的因素时有70%的被调查者选

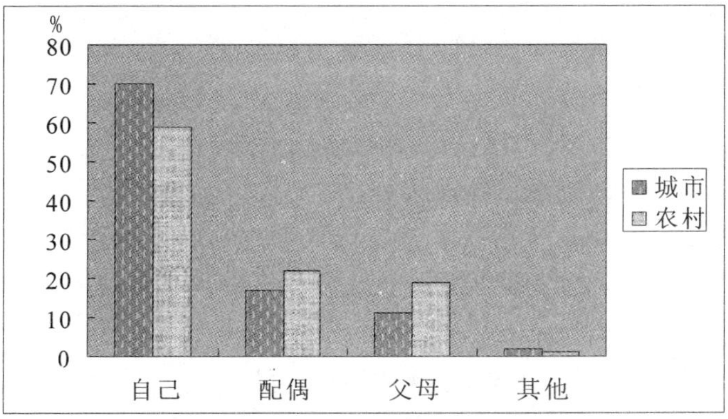

图4　影响生育行为的人的因素比较

择了“自己”，远远高于其他选项的百分比；“配偶”“父母”则排在第二、三位，分别为17%和11%。农村独生子女也显示出同样的趋势。在回答“对您生育行为影响最重要的是”这一问题时，58.72%的农村独生子女选择了“自己”，选择“父母”的为18.10%。

6. 城乡独生子女在生育问题上首要考虑的都是经济因素

城市调查中设计了“你认为你生育孩子可能会受哪些因素影响”对城市独生子女的生育意愿的影响因素进行深入调查，设计了政策、收入、住房、孩子照料问题、事业发展、社会风气、仅凭自己主观愿望、亲朋好友生育孩子数量、其他9个因素，调查统计结果显示，收入因素是主要因素，其次是孩子照料，再次是住房，可见影响生育孩子主要因素是经济因素。

在农村调查中对已婚独生子女进行了该项目的调查。设计了独生子女优惠政策、经济状况、工作学习状况、住房、健康状况、现有子女性别、夫妻感情、生活乐趣和满足感、别人看法、孩子照料问题、老年社会保障11个因素，让被调查者选择其中三个并按“不会考虑、可能考虑、主要考虑”排序。结果显示，农村已婚独生子女被调查者都认为影响生育行为最主要的因素是经济状况，健康因素排在第二位，本地独生子女优惠政策排在第三。

四、对城乡生育意愿的社会学分析

通过以上的比较，可以看出，农村独生子女跟城市独生子女在生育意愿上呈现较为明显趋同性，即理想子女数一孩为主，双独家庭没有明显的二孩生育倾向，无男孩生育偏好，倾向于晚婚晚育。可以说，北京市农村独生子女的生育意愿是更趋于现代型生育意愿。那么，是哪些因素导致了这一转变的完成？有哪些因素与其生育意愿的转变存在关联？对此，本文将依据上文建立的生育意愿场域分析框架对这一转变进行讨论。

(一)经济场域

经济场域，是指个人所处的经济环境和经济关系，特定的经济环境和经济关系使人们从经济价值的角度计算生育孩子的经济效用。本文用生产方式、经济收入、孩子效用等组成的经济场域对生育意愿的转型及其影响并加以分析。

1. 农村生产方式的变化是生育意愿转变的直接动力

传统的小农经济对劳动力尤其是对男性劳动力的需求是生育孩子的动因。劳动力尤其是男性劳动力是家庭经济的基本来源和养老的保障，而且传统农村社区中占主导“从夫居”的生活模式使得男性劳动力不会因为结婚而离开家庭，保证了家庭劳动力的持续供给，刺激了农民对男性劳动力的追求。城市化及其带动社会经济的发展，科技带动现代化机械的使用，都使得土地对劳动力的需求和吸引力不断下降，不需要为了土地生产而生育更多的孩子。

北京市近郊区与现代化的大都市的距离如此之近，对城市文明的感受如此之深，加之外部力量的推动，现在的农业生产方式和农民的生活方式，正在悄悄发生变化，年轻一代的农村独生子女大都受过较高程度的教育，2008 年在北京昌平农村地区被调查者受教育程度在初中及以下的比例仅为 15.90%，这就容易使他们获得更多的谋生手段，而不单单依靠土地为主了（务农比例仅占到 11.11%，在城市和乡镇企业就业的比例 70% 以上），反映出北京市农村地区的独生子女的生产生活方式发生了改变，这些都是生育意愿的转变的直接动力。

2. 经济收入的增加是生育意愿的转变的核心力量

毋庸置疑，改革开放以后，农村的整体经济状况大大改善了。农村居民的主要收入来源不仅限于家庭农业生产经营收入，而出现了多元化构成格局，包括从事非农经营收入、外出务工收入、集体经济收入等其他类型的收入。随着家庭收入的增加，人们越来越重视维持或提高家庭的社会经济地位，父母想生孩子的人数会逐渐减少。周连福等通过比较公社化时期、家庭联产承包责任制时期和市场经济初期经济发展与生育意愿的关系，也得出了类似的结论：当人们的经济状况从低向高上升时，父母想望生育子女数呈下降的趋势，这种趋势与家庭收入的增加呈反相关关系。1986 年曹景椿通过对辽宁大连市金州区的调查研究得出：当农民的年人均纯收入达到 1000—1500 元时，其生育观念则发生根本性的改变，其生育意愿将等于或低于更替水平。本文调查结果也显示出同样的趋势。

另外，收入的提高可以使他们社会地位提高，个人独立意识强，更加注重自我实现、自我发展和自我享受。不同家庭经济收入对生育现状的满意程度也不同，生活水平越高的家庭对子女数量的需求强度越弱，潜在的生育意愿与现行生育政策要求的距离越小。

3. 孩子效用的转变是生育意愿转变的本质要求

生育效用论是从经济学的角度考察生育偏好及行为，认为子女是一种心理收入或满足的来源，可以将子女看成一种消费商品，子女还可以提供货币，因而还是一种生产品。作为耐用消费品，子女被认为可以提供效用，作为生产品，子女可以提供收入和帮助。效用取决于偏好，而偏好又由信仰、种族、年龄等因素决定。效用增加和扶养成本的降低会刺激家庭增加子女数量。如果用偏好表示，就是生育的效用偏好，即追求子女提供的效用最大化，同时家庭根据相关约束条件选择最佳子女数量。

孩子实际效用的变化作为家庭规模变化的原因，也受到了经济、政策、制度、文化和城市化等方面的影响。在当代中国，孩子的经济、保障等传统效用在下降，非物化的心理效用在上升。不断提高的物质文化生活水平也带来了抚养孩子成本的大幅升高，尤其在城市中，养育男孩除了基本的教育投入外，还要包括买房、买车、结婚等高额的投入，在男孩资本失去核心地位的情况下，对于很多人来说，养育男孩的收益远远小于成本投入，成为一件得不偿失的事情。养儿防老意识崩溃，意味着家庭作为最基本的社会整合要素之作用力明显下降，这是生育意愿的转变的本质要求。

(二)社会场域

1. 家庭习俗的改变是生育意愿转变的基础

中国古代就有早婚的习俗，所谓男大当婚，女大当嫁。家庭以生子为大事，儿女双全福寿康宁，生子代表着血脉的延续和家族的兴旺，婚姻的目的是生子，生育的目的就是传宗接代、保持家族的香火不断。随着社会进步和时代变迁，传统的中国家庭规模和家庭结构都在发生变化。在农村中，这批新的独生子女少受过初、高等教育，在与外界接触的过程中更容易接受城市文化的影响，结婚更多会考虑男女双方的感情，父母在传统婚姻中的主导地位已经动摇。婚姻模式也发生了变化，家庭规模小型化、家庭结构简单化和家庭模式多样化。家庭对于现代人的意义下降了，家庭作为情感寄托、衣食来源、颐养天年之所的意义降低了。现代家庭轴心由亲子关系向夫妻关系的转变，为了取得事业的成功与享受生活的自由，而选择不要孩子。家庭结构与社会观念均随着经济改革而不断变化，无论对男性还是女性，结婚、生育已逐渐被视为是个人的事情，越来越转向尊重其个人对生活的选择。人们更看重的是养育孩子过程中的乐趣，强调的是孩子对于家庭的完整性、自我生命延续以及精神慰藉等非功利性目的。

核心家庭生育意愿较低，主要是因为由于年轻的夫妇不与老年人在一起生活，受老年人传统生育观念的影响较小，在生育问题上有较多的自主权。小家庭的年轻夫妇生育子女后，家中没有老年人代劳，自己就不得不用较多的时间和精力看管孩子，因此，小家庭的年轻夫妇生养子女所花费的直接成本和间接成本都比大家庭的要大得多。这将会阻碍他们学业上的进步和事业上的成功，给他们的生活带来很多影响。所以，家庭规模的小型化和家庭结构的生育意愿更趋于现代，这正是生育意愿转变的基础。

2. 文化程度的提升是生育意愿转变的内在要求

在决定一个人的现代性水平方面，教育是一个首要的因素。教育的普及和发展，不仅提高了农村独生子女的文化素质、市场意识和专业技术水准，同样也促进了他们的生育观念由传统向现代的转变。

市场经济条件下，工厂、企业对劳动者的年龄、技能和教育水平有明确要求，使农民意识到接受一定的文化教育是进入就业领域的必须，劳动力市场的竞争实际上是劳动力素质的竞争，重视孩子的质量，提高自身文化素质和科学技能的需求导致了生育意愿的改变。社会毛细管理论认为人们追求向上的发展有如毛细管作用一样，不过这种个人的追求与满足孩子的需求是用U型管连接在一起的，此消彼长，注重个人发展，会减少对孩子的需求，在实行市场经济的现代社会中，向上流动的途径是开放的，很多农村年轻人为向上流动而耗费时间精力从而降低生育数。社会是一个复杂的开放的巨大系统，生活在其中的人们既以自身的活动作用于社会，又切身感受着来自社会中他人活动的反作用。在社会形成、发展和演化进程中会形成一些约定俗成的、渐成陈规的思想和行为，这些都影响制约着人们的生育意愿。

（三）文化场域

1. 生育观念文化是生育意愿转变的内在动力

生育的观念文化论包涵多种观点和学说。生育功能论者的典型学者是李银河，她认为，对劳动力尤其是对男劳力的需求，是要生男孩的一个动因，把生育子女作为老年生活保险的主要投资方式。人类学家认为，马林诺夫斯基认为，家庭、婚姻、种族延续是一套传统的规则和一套相关的物质文化的设备活动的结果。费孝通认为生育制度或者生育文化就是种族绵延的产物，种族绵延是生育的目的，也是生育的动机。现在人们的生育观念和行为发生了很大的变化，群众的生育观念与国家现行生育政策之间的差距大大缩小。许多符合条件的独生子女家庭自愿放弃二胎生育指标，生育观念已大多转变为生儿生女不重要，关键在于培养。可以这么说，传统生育文化重点在于生，而现代生育文化关键在于育。

2. 改革开放成为生育意愿转变的催化剂

西方生育理念随着社会的改革开放逐渐对人们的生育意愿产生潜移默化的影响。人们认识到在知识经济时代重点是人的质量而不是数量，具有较高科学文化素质成为人们培养教育下一代的目标。在高额生育成本下，从偏重于子女数量和性别追求，开始转向对子女质量的追求，他们宁愿只要一个，把精力、财力都集中花在一个孩子身上，好好培养孩子成才。同时，市场经济的快速发展、社会流动性的增加以及现代传媒广泛普及，城乡之间人员、信息与观念的交流传播日益频繁，新一代农村独生子女的眼界更为开阔，思想更为活跃，对家庭生存状态和生活质量的提高有着不懈追求。他们更珍惜人生、重视自身价值的实现，更愿意在自己的学习和事业上花精力。更务实、更现实，更愿意为可见的或自己可享受到的利益而努力。

五、小结

城市和农村是两个具有重要区别的文化实体，具有两种不同的文明形态。但在城市文明渐渐成为社会主流的情况下，传统农村的生育观念和文化受到了极大的挑战，城市化和现代化的浪潮，农村独生子女在工作方式、生活方式、社会交往、社会心理上做出种种调适与社会主流思想接轨。他们更多地投入到自身事业的发展之中，在这个过程中婚育观念也就相应地发生了质的变化，在经济领域、社会领域和文化领域诸多因素的影响，使他们自觉形成了晚婚晚育、少生优生、生男生女一样好的观念，这正是生育意愿转变的内在动力所在。这些观点也是基地在研项目“北京市流动人口生育意愿研究”理论框架的重要组成部分。

参考文献

1. 丁仁船等：《独生子女比例、婚育意愿变动对未来政策生育率的影响》，《南方人口》，2007 年第 3 期。
2. 郭志刚：《认真做好当前生育水平的监测与研究》，《中国人口科学》，2007 年第 3 期。
3. 马小红等：《北京市独生子女及“双独”家庭生育意愿及变化》，《人口与经济》，2008 年第 1 期。
4. 李兵等：《中国老龄政策研究》，中国社会出版社，2009 年。
5. 李嘉岩：《北京市独生子女生育意愿调查》，《中国人口科学》，2003 年第 4 期。
6. 佟新：《人口社会学》，北京大学出版社，2003 年。
7. 周连福：《生育与相关社会经济因素关系的研究》，《人口学刊》，1997 年第 5 期。
8. [美]英克尔斯：《从传统人到现代人——六个发展中国家中的个人变化》，中国人民大学出版社，1992 年。
9. 徐璨：《1949 年以后中国农村生育意愿的变迁及其经济学分析》，《消费导刊》，2009 年第 6 期。
10. 曹景椿：《试析农民生育观转变的经济条件和临界点》，《人口与经济》，1990 年第 2 期。
11. 莫丽霞：《当前我国农村居民的生育意愿与性别偏好研究》，《人口研究》，2005 年第 2 期。
12. 雷敏等：《女性文化程度与生育率》，《南京人口管理干部学院学报》，2003 年第 1 期。
13. [美]贝克尔：《家庭论》，商务印书馆，2005 年。
14. 邬沧萍等：《预期因素与生育决策》，《人口与计划生育》，1995 年第 1 期。
15. 风笑天：《城市青年的生育意愿：现状与比较分析》，《江苏社会科学》，2004 年第 4 期。
16. 黄丽华、周长洪：《农村家庭经济收入对妇女生育意愿影响研究》，《南京人口管理干部学院学报》，1995 年第 2 期。

（作者：马小红　北京人口发展研究中心研究人员　副教授
张信峰　北京市委党校社会学教研部　硕士研究生）

基地名称：北京人口发展研究中心
依托单位：中共北京市委党校
项目类别：北京市哲学社会科学“十一五”规划研究基地项目

首都流动人口聚居区形成与变动分析
——基于人类生态学理论的启示①

一、人类生态学相关理论与启示

（一）牟健时的生态过程论（ecological process）②

人类生态学家牟健时在帕克创立的人类生态学基础上进一步展示城市社会变迁的各种过程。他指出人类社会群体和建筑群按生态学原理分布于城市的不同区位，这些区位并非一成不变的，地理、经济、文化及技术、政治及行政措施等因素均会促使人类社会群体以及建筑群的区位移动，这种社会群体及建筑群在城市位置的转变称为空间移动（Spatial Movement）。移动的速度没有固定的标准，主要由7种生态过程确定，即浓缩/集结（Concentration）、分散（Dispersion）、中心化（Centralization）、非中心化（Decentralization）、分隔（Segregation）、侵占/侵入（Invasion）和继承或接替（Succession）。

与流动人口聚居区形成有关的生态过程主要是分隔、侵入和继承。分隔是指在一个城市中，因经济、语言、种族、文化等因素不同，不同社会群体逐渐集聚在不同地方的现象。侵占是一个分隔群体取代另一个分隔群体原先所拥有位置的过程。城市内的不同区域会经历不同的阶段，所谓继承或接替，是指一个从第一到最后一个阶段完全改变了的人口类型或土地运用的过程。

（二）霍利的生态系统功能论思想

生态系统的功能论思想，清晰地体现在新正统人类生态学的代表人物霍利（Hawley）的理论观点中。霍利认为城市社区就是被建构的具有地域性和地方化的功能关系系统，即人类聚居适应环境所形成的复杂相互依赖的

---

① 本文是《首都流动人口聚居区：新社会生态与社会管理创新》项目的阶段成果，项目编号：09AbSH058。

② 顾朝林：《城市社会学》，东南大学出版社，2002年。

系统。他认为空间分布只是人类生态学所关注的一个要素，还应关注作为功能关系的社区，更重要的是研究城市人类怎样集体地适应环境。

霍利强调社区生态组织的相互依赖原则。在任何人口聚居中，对环境适应的过程都包括了在其成员间形成相互依赖。他提出相互依赖的两种形式：一是共生关系形式，指功能不同的群体之间的互相补充关系；二是共栖关系形式，指功能相似群体的聚集。他还指出，在以上两种情况下，个体单位的联合所增加的集体行动的能力会超过个体保持孤立时所可能有的能力，但它增强的效果有所不同。共生联合体会增强人类群体的生产或创造力(通过促进专业化)；共栖联合体由于其各部分是同质的，只需相互作用和协调，因而只有保护和防御作用。也就是说，前者是生产性的，后者是防御性的。前者被称为共同体群体，后者被称为类别群体。

霍利深入分析了人类聚居区复杂的相互依赖模式。某一地域生态组织模式基本上由共生和共栖这两种形式决定。但在实际中，远不是这么简单。共同体群体有时可以充当类别单位的功能(如对某些外来威胁做出集体反应)，而类别群体有时也可以形成共同体特点(如发展出一个专门化的领导层)，各种单位之间的关系既可以是共生，也可以是共栖形式。共同体单位可以建立起类别联合，类别单位也有可能由于它们之间的功能分化而形成共生关系。他断定，任何人类聚居区都会展现出不同单位间复杂的相互依赖模式。

(三)邓肯的生态复合体理论

生态复合体(ecological complex)这个概念是邓肯在研究区位系统结构时提出的，他认为城市生态系统也可以看作是由四个关联变量组成的功能相互依赖的生态复合体，这四个关联变量就是人口(Population)、组织(Organization)、环境(Environment)、技术(Technology)，简称为 POET 生态复合体①。

人口是指区位系统中的人口集体，是结构化的人类群体，包括特定人群的特征、规模和构成等等。组织是指人们在区位系统中的社会群体结构。环境是指所有外在于人口的现象，包括影响它的其他社会系统，它是社区所处的自然和外在条件，对社区的人口、组织和技术产生重要的影响。技术是指人们认识、利用、改造环境的知识体系，其发展水平对社会的发展与自然环境的改变有着重大的影响。

邓肯认为任何一个区位系统中的各种因素都可分别归纳在这四类变量之中，同时还揭示出各变量间的相互制约关系。人口的数量、密度与素质构成，影响着社区组织的规模、层次结构与管理方式，影响着社区的文化

① 蔡禾：《城市社会学》，中山大学出版社，2003 年。

与科技发展，也影响自然环境的改变。社区组织的规模、数量、科层结构等因素影响社区的阶级与阶层的构成，也影响人口的增减乃至环境的变化。在四个关联变量中，环境可能是最重要的，因为它决定了其中人口必须适应的极限，环境的特征最终决定了人口的规模及其适应的本质。不过，环境会由于第四个变量——技术而被剧烈地改变。四个关联变量之间的关系如下图所示：

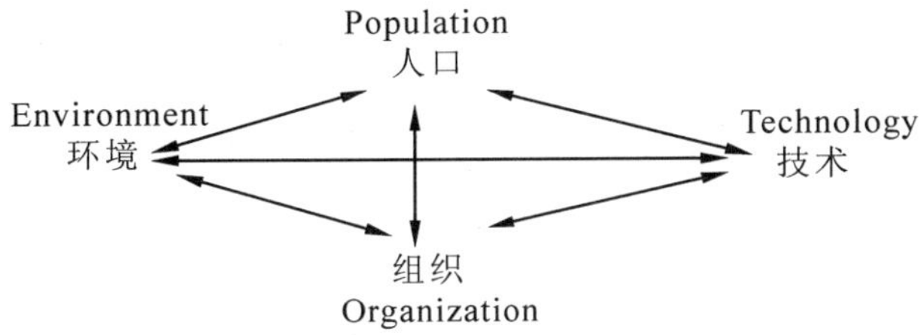

图1　生态复合体

POET 生态复合体这四个关联变量尽管是相互作用的，但邓肯比较强调环境和技术的变化对作为整体的生态复合体演化的重要性，他认为环境可能是最重要的，因为它决定了其中人口必须适应的极限，环境的特征最终决定了人口的规模及其适应的本质。而技术积累加速加剧了对环境的开发，从而带来了人口转变和组织革命。POET 生态复合体的这套概念工具，为人类生态学家分析城市生态系统提供了简化手段，该理论模式提出后，被人类生态学家广泛用于分析各种社会变迁现象。

理论启示：从生态过程论的角度来看，进入首都的流动人口群体在城市内部发生空间移动，并逐步集结于一定区域内，形成流动人口聚居区，一方面，它是侵入与接替的城市社会生态运动的结果；另一方面，流动人口聚居区进一步的变动，则体现了城市生态复合体的变迁。下文主要分析流动人口聚居区的分布现状与影响因素，以及流动人口聚居区的最新变动。

二、首都流动人口聚居区的分布现状与影响因素

(一)分布现状

首都流动人口聚居社区集中分布在城乡结合部。城乡结合部泛指城市建成区与非建成区的接壤地带，是一个随着城市产业和住宅区不断向域外扩散，从而使原来以农村为主的市郊地带较快演变为兼有城乡特色的特殊空间。目前全市城乡结合部地区主要是指朝阳、海淀、丰台、石景山四区与大兴、通州、顺义、昌平、房山、门头沟六区接壤地带，这一地带涉及 77 个街道乡镇，1673 个社区(村)。形成的流动人口聚居社区最近位于三环周边，最远位于六环周边，

大部分处于绿化隔离带地区。这些地区共居住流动人口 404.07 万人，占全市流动人口总量 767.8 万人的 52.63%，占这些地区实有人口总量 730.77 万人的 55.29%，与本地户籍人口 326.7 万人的比例为 1.2∶1。

城乡结合部地区共有社区（村）1673 个，其中流动人口数量超过本地人口的 667 个。667 个人口比例倒挂社区（村）共有流动人口 312.99 万人，本市户籍人口 90.73 万人，流动人口与户籍人口比例为 3.4∶1。流动人口占全市流动人口总量的 40.8%，共有出租房屋 62.6 万户，262.9 万间。

流动人口总量万人以上的社区（村）有 81 个，共有流动人口 139.35 万人，与本地户籍人口的比例为 5.2∶1 其中倒挂 1—2 倍的 5 个，倒挂 2—5 倍的 26 个，倒挂 5—10 倍的 33 个，倒挂 10 倍以上的 17 个。这 17 个人口比例倒挂最高的社区村是：朝阳区善各庄村、东辛店村、单店村；海淀区八家村、唐家岭村、圆明园东里社区；丰台区西铁营村、果园村、西局村；大兴区南街村、宝善庄村；昌平区昌艺园社区、中滩村、燕丹村。流动人口数量最多的村是海淀区西北旺镇唐家岭村 5 万人；其次是朝阳区十八里店乡小武基村，流动人口 3.4 万人；第三是丰台区卢沟桥乡西局村，流动人口 3.1 万人①。

流动人口群体聚居在城乡结合部的生态过程不完全同于牟健时描绘的城市生态过程：第一，更多表现为与当地人口混居，而不是分隔；第二，流动人口群体进入城乡结合部社区后，不是取代当地居民群体的空间位置，而是在原先位置上，与其建立起共生关系体系。

（二）影响因素

依照牟健时的生态过程论，“地理、经济、文化及技术、政治及行政措施等因素均会促使人类社会群体以及建筑群的区位移动”。至于进入首都的流动人口群体移动至城乡结合部聚居，其动力和影响因素主要有经济因素、房源因素、“吸附人口”因素和交通等公共设施资源配置因素等。

1. 经济因素

流动人口来京主要以务工经商为目的，影响流动人口分布的主要因素是经济因素，经济的发展能够提供大量的就业机会。至于流动人口高度聚集在城乡结合部，则与北京城市的近域扩展有很大的相关关系。

首先是城区工业的近域扩散为城乡结合部创造了较多的就业机会。20 世纪 80 年代中期以后，北京市加速了产业结构的调整步伐，城区主要发展第三产业，工业向外搬迁扩散。在搬迁区位的选择上，这些企业多数选择了近郊区城乡结合部位于乡村的一侧，在搬迁的部门上，多数只是将生产

① 数据来源：《关于全市城乡结合部流动人口聚居区服务管理工作情况的调研报告》（北京市流管办内部资料），2009 年 7 月。

车间搬迁出去，而将管理机构和销售部门留在城里。由于这些搬迁扩散出去的企业部门多数技术含量低、用工多、费体力，因此在郊区招收农民工的现象非常普遍，其中包括了大量外地农民工。

其次是郊区乡镇企业发展的不平衡成为吸引外地农民工的热点地区。北京郊区乡镇企业的发展在很大程度上得益于城区企事业单位在技术、人才、设备等方面的支持，这些乡镇企业绝大多数与市区企事业单位之间存在广泛的经济技术协作关系，这就决定了乡镇企业发展水平的极端不平衡：越靠近市区的部位，乡镇企业越发达，对劳动力的需求也越大，以至于朝阳区、海淀区等近郊区本地劳动力供不应求，大量雇佣外地农民工。如位于朝阳区大屯铸造厂，除管理工作由本乡人担任外，重体力活几乎全部依赖山东、河南等地的农民工，占了全厂职工数的三分之二以上。再有就是近郊区的住宅建设大量吸纳外地建筑民工。20 世纪八九十年代，随着城镇住房制度的改革和住宅建设的商品化，北京市开始了大规模、高速度的住宅建设，在地区布局上主要集中在近郊区的城乡结合部。随着大量住宅在城乡结合部开工，吸引了大量外地建筑民工在此地就业。

2. *房源因素*

另一重要的原因在于流动人口主要是租房居住，而城乡结合部乡村一侧大量农民出租房，为流动人口提供了居住场所。

据北京市流管办 2008 年统计，在居住地点中，居住在租赁房屋中的流动人口所占比重最高，居住在租赁房屋中的流动人口为 415. 8 万人，占总人数的 51. 5%。具体的居住地点见图 2：

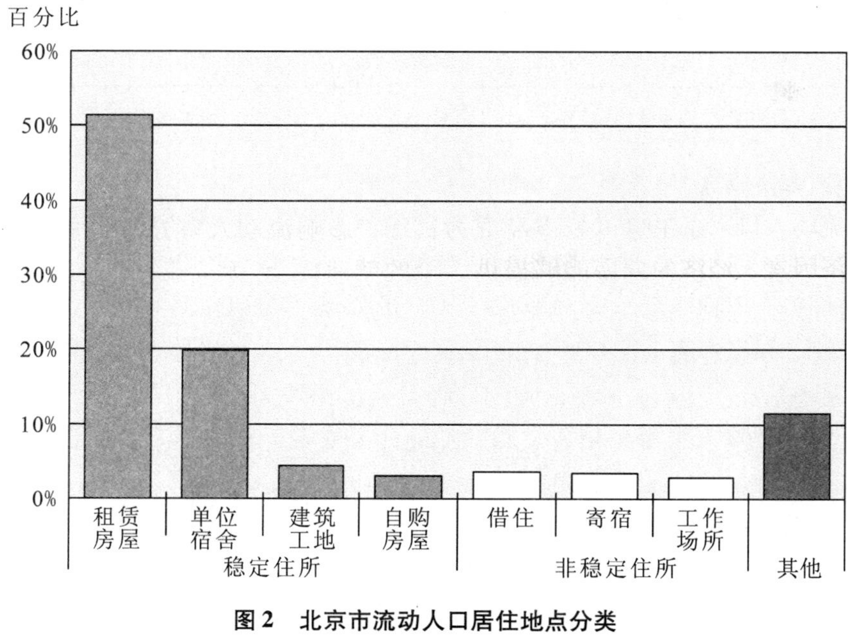

图 2　北京市流动人口居住地点分类

全市出租房屋地区分布与全市流动人口地区分布大体一致，城市功能拓展区和城市发展新区数量最多、比重最高。全市共登记出租房屋 84 万户，361 万间；平均每户租住流动人口 4.95 人，每间租住 1.15 人。出租房屋分布和流动人口分布基本一致，从各城市功能区看，主要分布于城市功能拓展区和城市发展新区。特别是在四环和五环之间分布了 39.3 万户出租房屋，出租 216.7 万间，占全部出租比重的 42%。

2006 年北京市人口研究所进行的流动人口家庭户调查表明，流动人口以租房居住为主，近半数流动人口家庭居住在农村社区，居住条件简陋，面积狭小。调查显示，在 2530 户流动人口家庭中，租房居住的家庭 2175 户，占 86%；在被调查的 2532 户家庭中，有 1207 户居住在北京的农村社区——行政村中，占被调查家庭总数的 48%，接近家庭总数的一半。其中，农业户口流动人口家庭居住农村社区的比例为 53.4%，非农业户口家庭居住农村社区的比例为 25%。（见表 1）

表 1　流动人口居住社区类型

调查对象	社区类型	频次	有效百分比
农业户口流动人口家庭	城市社区	939	46.6%
	农村社区	1078	53.4%
	合计	2017	100%
非农业户口流动人口家庭	城市社区	386	75.0%
	农村社区	129	25.0%
	合计	515	100%

注：无回答人数 = 0

3. “吸附人口”因素

另一个原因是外来人口在城乡结合部聚集，进一步吸引更多流动人口，形成内卷式的生产、生活服务链和自循环系统。调查中我们看到许多人在城里打工，但到城乡结合部地带，甚至远郊城关镇租住月租百元左右的民房居住。在很多流动人口集中的聚居区形成了为这一群体衣食住行服务的“自循环系统”，很多乡镇、街道有流动人口商业街，从菜摊、饭馆、洗衣店、家电维修、照相洗相、发廊、裁缝店到小超市等一应俱全。这一服务圈在产业价值链的最低端为自己创造了就业市场，进而解决了相当部分流动人口在京的就业、生计问题。

冯晓英提出，与流动人口相关形成了四种经济模式：即一些农民靠私搭乱建房屋出租获利而形成的“瓦片经济”，一些基层组织和单位违规出租土地经营流动人口聚居大院而形成的“圈地经济”，一些无正当职业的来京人员侵街占道乱设摊点形成的“路边经济”，以及一些本市人和外地人靠从事废旧物回收而形成的“废品经济”。她还指出，四种经济模式合一，以生活服务、生产经营一体化的方式吸纳了数十万低收入流动人口，在一定程度上形成了自我供给、自我服务的次生经济圈和低层次生活链。以大兴区某废旧物品收购大院为例，院内共有流动人口 2680 人，其中从事废品经营主业的人口占 73.10%，围绕主业服务的人口占 18.32%。院内不仅废品经营、装卸、加工形成产业“一条龙”，而且设有收购区、生活区、服务区、教育区，为流动人口提供教育、医疗、生活等全方位服务。

流动人口在城乡结合部的聚居，是他们和当地社会互相选择的结果；以土地和房屋出租为媒介，当地社会已和流动人口形成相互依赖、利益共享、风险共担、共存共荣的利益一体化关系。

4. 交通等公共设施资源配置因素

衣、食、住、行是人类生产、生活的基本活动。对于出行的经济成本和时间成本，社会各个阶层有不同的考虑。高收入家庭以及中高收入家庭的通勤时间成本（机会成本）相对较高，多采用高效、快捷、舒适的交通工具，如私家车、出租车，中低收入人群由于受到自身条件与经济状况的限制，对于通勤时间成本要求相对较低，而对于通勤经济成本更加敏感，主要选择公共交通作为出行工具。从以上对流动人口职业结构、居住特点的分析可以看出，大部分流动人口的经济状况并不优越，因此，公共交通是这个群体出行的首选方式。

城乡结合部地区有方便的交通、大量的住房、充足的就业机会，因此，这里一直是流动人口规模最大的地区。侯佳伟等学者研究了 2002 年家统计局人口和社会科技统计司等发布的中国乡、镇、街道人口资料后发现，当时北京市在 102 个聚集地中只有 5 个离主要道路比较远，其他 97 个都分布在环线或其他主要干道的周边，其中五环路周边聚集数量最多，达到 23 个，依次是四环、三环和二环，它们周边的聚集地数量分别为 21、19、15 个。以长安街为界，分为南北两部分，北边聚集的数量明显多于南边，分别占到聚集地总数的 71% 和 29%。①

以上因素共同影响了流动人口的空间分布特征，特别是发挥了促使外来人口在城乡结合部聚居的作用，但是其中起主导作用的是经济发展因素，特别是北京市产业结构的调整，工业和居住区的近域扩散——正是因为有

① 数据来源：侯佳伟：《北京市流动人口聚集地：模式与影响因素》，2007 年，第 70—71 页。根据国家统计局人口和社会科技统计司：《中国乡、镇、街道人口资料》，中国统计出版社，2002 年。

了经济这一起主导作用的因素的存在，才出现了其他因素。——因此，外来人口在城乡结合部聚居的真正原因在于北京市自身的发展模式。

个案：唐家岭流动人口聚居区的形成①

唐家岭村属海淀区西北旺镇（由原东北旺乡改制而成），是城乡结合部中一个典型的行政村，地处北京市规划的绿化隔离地带，东临京包快速路，西与航天城、永丰产业基地相隔，南依上地信息产业基地和中关村软件园，北靠生命科学园区，地理位置详见图3：

图 3 唐家岭地理位置

资料来源：首都之窗——地图

全村总面积 8068 亩，北京户籍人口 2872 人（1593 户），其中，居民 1749 人（963 户）、农民 1123 人（630 户）。

---

① 资料来源：王雪梅：《首都流动人口聚居区治理——以唐家岭为例》，北京市委党校案例教学课题研究报告，2010 年。

2000年以前，村民生活以冬枣经济种植为主。2000年后，中关村科技园区西扩北进，西北旺镇辖区随着上地科技园、中关村高新产业园区的开发，于2003年前后率先并入城区，推进了当地城市化进程；2003年，流动人口开始在唐家岭逐步聚居；2004年，首批村民和居民开始翻盖出租房；2007年，村民翻盖房屋出租已经势不可挡，几乎家家盖起小楼，最高达七层。2009年登记在册的流动人口37108人，其中，村内居住18899人、住校学生(管理软件学院及各类培训学校)2242人、村周边企业和出租大院居住12435人、施工工地居住3532人。

随着上地附近的树村、马连洼、东北旺等城中村的改造和拆迁，唐家岭成了中关村软件园及上地信息产业基地附近的最后一个城中村。唐家岭周边产业园区在规划建设时未建设配套的员工宿舍，企业员工大多在园区周边交通方便的地方寻求房屋租住。由于唐家岭村交通便捷、房租低廉，吸引了大量外来务工人员，高峰时达5万多，几乎全部是青年人，40%以上在上地或中关村软件园区上班，大学毕业不满5年、月收入不足2000元。

曾经住在西南二街的王铁亮认为，一些媒体报道集中在唐家岭的脏乱差，虽然没错，但“住在这里一天只花十块钱，也是实话”。在离村子数公里之遥的中关村软件园，马路宽阔，楼房崭新，要租下一间安身之处，费用在1000—2000元不等，数倍于唐家岭。再往城里走，是寸土寸金的中关村，更难找到价格低廉的住处。

唐家岭村党支部委员会、村民委员会“两委”成员共9人(村委会7人、党支部委员会5人，其中3人交叉任职)，唐土(唐家岭、土井村)居委会班子成员7人，村委会、居委会两套班子共同管理唐家岭村农转非居民、农民和流动人口。

三、首都“城中村”改造与流动人口聚居区的变动

2010年年初，北京市政府表示将整体启动50个重点村的城市化工程，同步推进“城中村”建设治理。即对城乡结合部地区人口密度高、卫生环境脏乱、违章违法建筑多的50个市级挂账整治督办重点村进行集中整治，通过整治建设，全面改善其生产生活环境，消除存在的各种隐患。这50个重点村分布在朝阳、海淀、丰台、石景山、房山、通州、顺义、昌平和大兴9个区县。北京市此次启动城市化改造工程的50个重点村，全部是矛盾最突出、问题最典型、社会影响最大的市级挂账整治督办重点村——上文引述的个案唐家岭排在第一位。

与以往对“城中村”实施单一的环境改造不同，此次大规模改造，采取了新村建设与经济发展、社会保障、制度创新相互配套的一揽子改革方案，体现了城乡统筹、整体推进的发展思路。此次改造，本着“政府主导、农民

主体、政策创新”的原则，实行“一村一策”。政府主导是指政府在“城中村”改造中承担制定规划，集成政策，建发基础设施等宏观指导和落实公共服务职责，从城乡规划、产业布局、基础设施建设、公共服务、劳动就业、社会管理等多角度、全方位推进城乡一体化进程。农民主体是指保护好农民对集体土地、集体资产方面的权益；引导农民根据区域功能定位，发展有助于发挥当地优势的产业；加强培训，提高农民的就业能力。政策创新是指在落实好已有政策的基础上，在宅基地使用、城乡一体的社会保障和发展绿色产业等方面有所创新。“一村一策”则是在坚持上述原则基础上，根据各村的具体情况，制定好本村发展思路。

在邓肯分析社区变迁的区位复合体理论模型中，在 POET 四个关联变量中，环境可能是最重要的，因为它决定了其中人口必须适应的极限，环境的特征最终决定了人口的规模及其适应的本质。城乡结合部地区 50 个流动人口重点聚居村的改造，其根本动因正是环境达致极限，而改变这一地区的重要推手则是政府着力实施的“一村一策”改造术，可以说，这一政策技术加速加剧了对城乡结合部特殊环境的开发，从而带来了聚居区人口转变和组织革命。

案例分析：唐家岭村改造与流动人口迁居的动因——环境问题①

唐家岭流动人口聚居引致一系列环境问题：

1. 违法违章建设泛滥

自 2007 年开始的建房大潮中，80% 原有农民在宅基地上盖了楼房，合法建筑与违章搭建的比例达到了 1∶5。据西北旺镇政府 2009 年 7 月统计，唐家岭建有违章房屋 17575 间，最高违章建筑 7 层、20.8 米高。

法律规范主要包括《中华人民共和国城乡规划法》《北京市市容环境卫生条例》《北京市禁止违法建设若干规定》。按照市政府有关查处违法建设职责分工的规定，“有证”违法建设由规划部门查处，“无证”违法建设由城管部门查处，也就是说，类似唐家岭的违法违章建设，主要应该由相关城管执法部门来查处。然而城管执法部门目前所涉及的执法职能多达 13 个方面、300 余项，在城乡结合部地区普遍执法力量相对薄弱。与此同时，违法建设概念不明确，行政权力的边界不清，相关配套法律手段缺失，强制措施不力，违建风险和收益比例失调，助长了违法建设的蔓延，且查处难度越来

① 资料来源：王雪梅：《首都流动人口聚居区治理——以唐家岭为例》，北京市委党校案例教学课题研究报告，2010 年。

越大，违法建设屡拆屡建。令唐家岭村支部感到为难的是，村委会对于村民的违章建筑，没有执法权，只能说服，发一个违章通知书，不起任何作用。虽然农村宅基地有相关政策，但已成一纸空文，部门职责不清，有政策无法落实，有基层组织无法管，甚至无人管。

2. 房屋、用水、消防三大安全隐患

村民用于出租的违章建筑存在诸多不安全因素：一是无规划部门审批、无正规设计、无建设部门验收，绝大多数为无资质的个体施工队建设，无法达到消防和防震要求；二是多数村民在仅有一米多深的地基上翻建或改建多层楼房，甚至就在原来的房屋上加层建设，存在重大安全隐患；三是村民为节约建房成本，使用了大量廉价、低劣的钢材、水泥、砖瓦、电线等建筑材料，房屋质量没有保证；四是无资质的小施工队，千方百计压低报价、偷工减料，施工质量没保证。

同时，大批违章建筑造成：一是村内道路狭窄，贴面楼、接吻楼、握手楼到处可见，最窄处仅2.5米，消防车无法正常通行；二是村内无市政消防管线，消防水源无法得到保障；三是人口密度大，且以村民自行管理自家出租房屋为主，一旦发生火灾，容易导致群死群伤事故。

村民居住的平房没有正规的排污管道，现在由于村民大量违章建楼，已经很难再进行包括渗水井、化粪池、下水管道在内的综合排污系统建设。每到雨季，村居住地被污水浸泡，居住民不仅涉污水出行，而且还对饮用水安全造成了严重威胁。

3. 治安秩序、环境卫生差

唐家岭村是海淀区35个重点治安复杂社区之一，在村里居住的外来人口中，以公司员工及学生为主，大部分出租房屋内装有电脑，村内入室盗窃电脑案件频繁发生。为了防范治安问题，唐家岭村委会装上了一套24小时监控系统，工作人员三班倒；新增设的村联防队，队员扩展到百余人。

卫生状况可以概括为“七多”，即垃圾堆多、臭水沟多、苍蝇老鼠多、流浪狗多、私搭乱建多、无照经营多、废品收购点多。村环卫人员从最初的十几人发展到百余人。

4. 交通拥堵严重

唐家岭路是贯穿全村的南北主路，北至北清路，南至后厂村路，是连接航天城和中关村软件园、上地信息产业基地的重要通道，有7条公交线路经过，村内路宽仅6米，车多路窄的矛盾非常突出。此外，由于私搭乱建房屋的现象比较严重，大量施工材料和村民家中的杂物随意占路堆放，再加上此地黑车现象猖獗，导致唐家岭地区道路交通不畅，特别是上下班高峰期拥堵现象非常严重。

5. 公共服务与管理缺失

唐家岭村原1眼水井，足以满足全村人的用水需求，今天已增加到9眼，仍然不能满足正常需求。如厕难也是一个严重问题，很多出租房屋没有厕所，公共厕所建设远远落后于流动人口的数量增长。由于租住用户大量使用家用电器，唐家岭村用电量急剧增加，因为大量违章建筑的空间制约，导致无法正常进行高压线网改造。唐家岭村流动人口中育龄妇女约1.5万人，仅2名计划生育干部和2名协管员。

原本2800余名村民的唐家岭，因数万流动人口的“加盟”不堪重负。“我们进行了各种尝试，但是人太多了!”一位不愿透露姓名的海淀区政府工作人员说，如果不进行宏观规划，疏导这些外来人口，唐家岭就像一个定时炸弹，治安、消防等安全隐患极容易爆发。

唐家岭村全村实有人口高峰时5.3万人，警力只有2名，相当于1名民警负责2.6万人的户籍治安管理工作，城管、工商无专人管理，交通、卫生、环卫、消防、安全监管等职能部门均没有配备足够的管理力量。在农村城市化进程中，类似唐家岭这样的城乡结合部地区原有的体制、机制、政策、管理受到极大冲击，街道与乡镇交叉，农民与居民混杂，既不是规范化的城市社区，也不是传统意义上的农村社区，形成了“亦城亦村”“非城非村”的夹生地带。

四、余论

多年来，流动人口聚居区始终是首都城市管理的一大难题，同时，也是城市社会管理的新课题，需要针对新问题，借助新的理论分析工具来拓展研究视野。本文尝试从人类生态学的理论视角来认识和分析流动人口聚居区的形成及其变动。应该说，当流动人口逐渐侵入城乡结合部社区后，当地社区内部的人口、自然、社会组织等结构与功能已经发生变化，并形成新的社会生态。如何运用POET生态复合体理论深入分析流动人口聚居区新的社会生态结构与功能，把握流动人口聚居区变动规律，进而提出创新聚居区社会管理的思路等等，将是本课题下一步研究的主题。

参考文献

1. Hawley, A. H. 1950, Human Ecology: A Theory of Community Structure, New York: Ronald.

2. Hawley, A. H. 1986, Human Ecology: A Theoretical Essay, Chicago: Univ. of Chicago Press.

3. Duncan, O. 1964, Social organization and the ecosystem, in R. Faris(ed), Handbook of Modern Sociology, Chicago: Rand McNally.

4. 崔承印：《外来人口对北京人口规模和分布的影响与对策研究》，《北京规划建设》，2002 年第 5 期。
5. 冯晓英：《由城乡分治走向统筹共治——中国城乡结合部管理制度创新研究：以北京为例》，中国农业出版社，2007 年。

（作者：王雪梅　北京人口发展研究中心研究人员　副教授）

北京市政治文明建设研究中心(北京联合大学)

基地名称：北京市政治文明建设研究中心
依托单位：北京联合大学
项目类别：研究基地自设项目

重温邓小平关于政治体制改革的论述①

2010年是邓小平《党和国家领导制度的改革》发表30周年，我们又正好以这件事作了这次政治文明论坛的题目。这促使我又重温了邓小平关于政治体制改革的众多论述，而且颇有"温故而知新"的感觉。

一、制度比个人更重要

在《党和国家领导制度的改革》中有一段非常经典的话："我们过去发生的各种错误，固然与某些领导人的思想、作风有关，但是组织制度、工作制度方面的问题更重要。这些方面的制度好可以使坏人无法任意横行，制度不好可以使好人无法充分做好事，甚至会走向反面……我们今天再不健全社会主义制度，人们就会说，为什么资本主义制度所能解决的一些问题，社会主义制度反而不能解决呢？这种比较方法虽然不全面，但是我们不能因此而不加以重视。斯大林严重破坏社会主义法制，毛泽东同志就说过，这样的事件在英、法、美这样的西方国家不可能发生。他虽然认识到这一点，但是由于没有在实际上解决领导制度问题以及其他一些原因，仍然导致了'文化大革命'的十年浩劫。这个教训是极其深刻的。不是说个人没有责任，而是说领导制度、组织制度问题更带有根本性、全局性、稳定性和长期性。"②这是一段包含了我党几十年执政、特别是"文化大革命"十年沉重历史教训的哲学思考，也是一个亲身经历了这一历史全过程而且他本人曾三下三上，饱经沧桑的睿智老人的警世之言。他三十年前说的这段话至今对我们启示良多。

（一）要从制度层面思考问题

斯大林、毛泽东的错误所从何来？是个发人深思的问题。斯大林破坏法制、毛泽东发动"文革"，这样的事情之所以能够发生，主要不是个人思想、道德问题，不是个人作风、偏好问题，从根本上说是制度、体制问题，

---

① 本文曾发表于《新视野》2010年第6期。

② 《邓小平文选》第2卷，人民出版社，1994年，第333页。

这是邓小平这段话的核心思想。在他看来，我们应当把国家的稳定和发展、社会的繁荣和进步寄托在建立一套好的制度上，而不能寄托在个人身上。他总是说："我有一个观点，如果一个党、一个国家把希望寄托在一两个人的威望上，并不很健康。那样，只要这个人一有变动就会出现不稳定。"①"我多年来就意识到这个问题。一个国家的命运建立在一两个人的声望上面，是很不健康的，是很危险的。不出事没问题，一出事就不可收拾。"②所以邓小平的结论是制度、体制比起个人思想、道德、作风、偏好显然"更带有根本性、全局性、稳定性和长期性"，因而也就更重要，更靠得住。

（二）要从制度层面解决问题

要想从根本上避免再发生"文化大革命"这类错误，彻底消除邓小平指出的官僚主义、权力过分集中、家长制或家长制作风、领导干部终身制和特权等现象就必须从政治体制层面着手。邓小平告诫大家："如果不坚决改革现行制度中的弊端"，不但现在的弊端解决不了，而且"过去出现过的一些严重问题今后就有可能重新出现"，③ 就在发表《党和国家领导制度的改革》之后几天，邓小平在回答意大利记者法拉奇问到如何能够避免"文化大革命"再次发生时，回答道："这要从制度方面解决问题。我们过去的一些制度，实际上受了封建主义的影响，包括个人迷信，家长制或家长作风，甚至包括干部职务终身制。我们现在正在研究避免重复这种现象，准备从改革制度着手。我们这个国家有几千年封建社会的历史，缺乏社会主义的民主和社会主义的法制。现在我们要认真建立社会主义的民主制度和社会主义法制。只有这样，才能解决问题。"④可以说，这也是当年邓小平非要推进上层建筑（政治体制）改革不可的深层原因。

（三）制度、体制层面的问题只能从制度、体制层面解决

如果说对于邓小平当时分析的那些问题来说，制度、体制层面的问题只能诉诸制度、体制层面来解决的话，那么我们现在面临的许多带有体制性的新问题也只能如此。比如现在权力腐败、群体冲突以及司法恶性事件等问题，并不是个别的偶发现象，因而是带有体制性原因的。但我们在分析腐败现象时，往往只说到官员个人道德问题；在分析群体冲突时，往往只关注到应对方式方法问题；在分析司法恶性事件时，往往只揭示了个别的偶然因素等等，并没有或很少涉及体制方面的原因，远不如邓小平当年看得那么深、那么透。而在寻求解决这些层面存在的问题时，又往往只是

① 《邓小平文选》第 3 卷，人民出版社，1993 年，第 272 页。
② 《邓小平文选》第 3 卷，人民出版社，1993 年，第 311 页。
③ 《邓小平文选》第 2 卷，人民出版社，1993 年，第 333 页。
④ 《邓小平文选》第 2 卷，人民出版社，1993 年，第 348 页。

诉诸道德修养和思想教育，诉诸案例分析和应对方法，诉诸技术层面的改善，而几乎没有从体制层面去求解。当然，我们不是说道德、方法和技术层面的问题不应关注、不应解决。但是，要从根本上大面积、长久性地解决问题，恐怕还得从源头上着手。因为在什么层面发生的问题，也只能在什么层面上去解决，这是解决问题的一般规律，也是历史唯物主义的一般要求。问题既然发生在体制、制度层面，也只能在体制、制度层面寻求解决，否则只能是缘木求鱼，刻舟求剑而已。

看来，在制度比个人更重要这一点上，我们仍然需要向邓小平学习。

二、问题是党要善于领导

在《党和国家领导制度的改革》中，一个最重要的问题是邓小平想解决党如何领导国家的问题，即建立一个什么样的党领导国家社会的制度的问题。应该说，这个问题到现在仍然是一个非常重要而尚未得到很好解决的问题。文中有这样一段话："改革党和国家的领导制度，不是要削弱党的领导，涣散党的纪律，而正是为了坚持和加强党的领导，坚持和加强党的纪律。……我们人民的团结，社会的安定，民主的发展，国家的统一，都要靠党的领导，坚持四项基本原则的核心，就是坚持党的领导。问题是党要善于领导；要不断地改善党的领导，才能加强党的领导。"①话说得很清楚，我们过去的错误和现在的弊端，不是根源于党的领导"不强"，而是根源于"不善"。按照邓小平的论述，这种不善于进行党的领导的重要特征就是"权力过分集中"和"干预过多"等。显然，根据邓小平的意思，我们从革命党到执政党的转变，只靠坚持和强化党的领导还不行，还必须改革和完善党的领导，还必须通过改善党的领导制度和组织制度，把党转变成为善于领导国家社会进行建设的党才行。

在这里有几个层次的问题：

（一）要认真考虑党在整个国家社会生活中的地位问题

1980 年 8 月，邓小平说："党成为全国的执政党，特别是生产资料私有制的社会主义改造基本完成以后，党的中心任务已经不同于过去，社会主义建设的任务极为繁重复杂，权力过分集中，越来越不能适应社会主义事业的发展。对这个问题长期没有足够的认识，成为发生'文化大革命'的一个重要原因，使我们付出了沉重的代价。现在再也不能不解决了。"②这一年的 10 月，他进一步指出："党的组织不是政府，不是国家权力机关，要认真考虑党在整个国家社会生活中的地位，党的机关、国家机关怎么改革这

① 《邓小平文选》第 2 卷，人民出版社，1993 年，第 341—342 页。

② 《邓小平文选》第 2 卷，人民出版社，1993 年，第 329 页。

些问题。”[①]在这里，针对过去权力过分集中、党干预过多的现象，邓小平提出了一个极其重大的问题。这个问题之所以重大，是因为这是所有执政党都应当解决，而所有工人阶级的执政党都没有很好解决的问题。我们党作为执政党同样也需要研究自己的地位问题，也需要在党与国家社会的关系中找准自己的位置，才能实行有效的领导，才能实现国家的长治久安和健康发展。邓小平对于自己提出的这个定位问题是怎样回答的呢？下面是他的回答。

（二）党要管大事

按照邓小平的理解，“党委如何领导？应该只管大事，不能管小事。”他举例说：“党委不要设经济管理部门，那些部门的工作应该由政府去管，现在实际上没有做到。”[②]什么是党应该管的大事呢？按照邓小平的说法，有这样几点：一是“党的领导要体现在制订和实现党的路线、方针、政策上。”[③]他还说过党要“集中精力管党，管路线、方针、政策”。[④]二是“党的工作的核心是支持和领导人民当家做主。”[⑤]三是“党委领导的作用第一条就是应该保证法律生效、有效。没有立法以前，只能按政策办事；法立了以后，就要坚决按法律办事。”[⑥]四是“党委主要管党”。[⑦]包括管好党的思想建设（思想政治工作）、组织建设、作风建设、制度建设等。这样，邓小平提出的党要管的大事就很明确了：一管路线方针政策；二支持和领导人民当家做主；三领导人民制定法律、实施法律；四党主要管党。而且，他认为这几条是全党上下都应当遵循的，对全党都普遍适用的。用他的话说就是“整个国家（这里指党的中央组织——引者注）是这样，各级党的组织也是这样。”[⑧]我理解，这就是邓小平对自己提出的如何给领导国家和社会进行建设的执政党定位问题的回答。这个回答科学地解决了执政党在国家社会中如何定位的问题。

（三）对党要管党的理解问题

对“党要管党”是有不同理解的。邓小平的原话是这样说的：“党委主要管党，这不是削弱党委领导，而是加强党委领导。”[⑨]他显然是针对可能发生或已经发生的对“党要管党”的误解而说的。当时有人认为，邓小平这是在

---

① 《邓小平思想年谱 1975—1997》，中央文献出版社，1998 年，第 173 页。
② 《邓小平思想年谱 1975—1997》，中央文献出版社，1998 年，第 362 页。
③ 《邓小平思想年谱 1975—1997》，中央文献出版社，1998 年，第 173 页。
④ 《邓小平文选》第 2 卷，人民出版社，1993 年，第 321 页。
⑤ 《邓小平思想年谱 1975—1997》，中央文献出版社，1998 年，第 173 页。
⑥ 《邓小平思想年谱 1975—1997》，中央文献出版社，1998 年，第 122 页。
⑦ 《邓小平思想年谱 1975—1997》，中央文献出版社，1998 年，第 167 页。
⑧ 《邓小平思想年谱 1975—1997》，中央文献出版社，1998 年，第 173 页。
⑨ 《邓小平思想年谱 1975—1997》，中央文献出版社，1998 年，第 167 页。

提醒我们：党现在管的事情很多很多，不要忘了还有一条就是党要管好自己的事情。但是，邓小平的意思显然不是这样的。他是要让党委少管一些具体事，要用主要精力管好与党有关的大事情，这恰恰是对党的领导的加强；如果事无巨细什么都管，就没有精力管党的大事了，这才恰恰是一种削弱。也有人认为，邓小平不让党管政府和其他方面的事了，党的领导就不那么直接、有力了，这是对党的领导的一种削弱。显然这也不是邓小平的意思。因为他认为，只有这样才可以让党集中精力管好党应该管、而且也必须管的那些大事，也只有这样才是对党的领导的真正加强。现在看来，我们对“党要管党”（准确地说，是“党主要管党”）只能按照邓小平自己的理解来理解。

三、建立强有力的国家系统

在关于政治体制改革的众多论述中，邓小平对国家运转体系如何构建，有很多论述。当然，这些论述是以党政分开（这个问题我们后面要说）为前提的，也是以政府为主体展开的。其中，下面的这段话颇具代表性：要“真正建立从国务院到地方各级政府从上到下的强有力的工作系统。今后凡属政府职权范围内的工作，都由国务院和地方各级政府讨论、决定和发布文件，不再由党中央和地方各级党委发指示、作决定。”①要“建立各级政府自上而下的强有力的工作系统，管好政府职权范围内的工作。”②这就是说，在党政分开的条件下，政府在党的路线、方针、政策的指引下，应该相对独立地担负起国家行政运行的职责。这应当是邓小平给政府提出的一个定位。

在邓小平关于国家运转体系的论述中，还涉及国家司法方面的问题。他说：“属于法律范围的问题，要用法制来解决，由党直接管不合适。党要管党内纪律的问题，法律范围的问题应该由国家和政府管。党干预太多，不利于在全体人民中树立法制观念。这是一个党和政府的关系问题，是一个政治体制的问题。”③这里，他一方面讲了政府应该运用法律手段解决法律范围的问题，另一方面也包含了司法方面的事情应当由国家司法机关去依法解决的意思，这些涉法问题都不宜由党出面干预。应该说这在一定意义上也提出了司法独立的问题。

邓小平还提出了基层单位如何运转的问题。他认为，党政分开的原则也适用于基层企事业单位，因为“在各种企业、事业领导机构中，长期缺少严格的从上而下的行政法规和个人负责制，缺少对于每个机关乃至每个人

① 《邓小平文选》第2卷，人民出版社，1993年，第339页。

② 《邓小平文选》第2卷，人民出版社，1993年，第321页。

③ 《邓小平文选》第3卷，人民出版社，1993年，第163页。

的职责权限的严格明确的规定。以致事无大小，往往无章可循，绝大多数人往往不能独立负责地处理他所应当处理的问题，只好成天忙于请示报告，批转文件。”①这就需要“有准备有步骤地改变党委领导下的厂长负责制、经理负责制，经过试点，逐步推广、分别实行工厂管理委员会、公司董事会、经济联合体的联合委员会领导和监督下的厂长负责制、经理负责制。还有党委领导下的校长、院长、所长负责制等等，也考虑有准备有步骤地加以改革。过去的工厂管理制度经过长期的实践证明，既不利于工厂管理的现代化，不利于工业管理体制的现代化，也不利于工厂里党的工作的健全。实行这些改革，是为了使党委摆脱日常事务，集中力量做好思想政治工作和组织监督工作。这不是削弱党的领导，而是更好地改善党的领导，加强党的领导。”②在基层企事业单位实行行政首长负责制，应当说是政府相对独立负责制的一种逻辑上的延伸。在这里，邓小平对为什么要这样做的道理讲得也已经很清楚了。

应当说，邓小平当年提出的这些政治体制改革内容，我们有些做得很不错，有些做得还不够，有些还没有怎么做，需要进一步努力。当然，我们今天也不必把邓小平的话当做句句是真理的教条崇拜；但是他说的那些很有道理、也很管用的话，如果我们不去做，其贻误和损失也只能由我们自己负责了。我想，我们现在也还是需要他老人家在政治体制改革方面的智慧的帮助。

四、民主与法制不可分

民主与法制问题，也应该属于邓小平关于国家制度改革、构建国家运转体系的重要内容，甚至是最主要的内容之一。由于这个问题的分量太重，所以我们从上面那个问题中分出来单说。在民主法制问题上，我觉得邓小平有这样一些想法值得我们重新认识。

（一）扩大民主、健全法制属于政治体制改革的范畴

邓小平明确讲过在政治体制改革这个大范畴里是包括民主法制建设的。他说：“政治体制改革包括民主和法制。”③还讲：“中国的政治体制改革，要讲社会主义的民主，也要讲社会主义的法制。”④这是从国家制度改革领域讲如何扩大民主、健全法制的问题。我们过去常常不把民主法制建设包括在政治体制改革当中，认为政治体制改革只是党和国家制度关系方面的改革。

---

① 《邓小平文选》第 2 卷，人民出版社，1993 年，第 328 页。

② 《邓小平文选》第 2 卷，人民出版社，1993 年，第 340 页。

③ 《邓小平文选》第 3 卷，人民出版社，1993 年，第 244 页。

④ 《邓小平思想年谱 1975—1997》，中央文献出版社，1998 年，第 392 页。

看来这个理解是不够全面的。在邓小平看来，一方面是党的制度的改革，主要是改善党的领导，发扬党内民主，健全党规党法，这是一个领域；一方面是国家制度的改革，主要是扩大人民民主，完善国家基本政治制度，建设社会主义法治国家。这两个方面也就是邓小平说的实现党的生活的民主化和国家社会生活的民主化。这两个方面再加上党和国家领导关系制度的改革就构成了邓小平设计的政治体制改革的主要内容。实际上这也是围绕着党的领导、人民当家做主和依法治国三者如何统一的大格局在做文章，尽管当时没有这个概念。应当说目前在这三个方面中，党内民主化的改革已经形成共识，正在加紧实验；民主法制建设也在加紧进行，而且取得了不小成绩；只是在党和国家领导关系制度改革的某些方面迟缓了些。我认为，全面评价我国的政治体制改革应该有这样一个视角。

（二）民主与法制不可分割

民主与法制两相结合，不能分开；民主与法制建设要两手抓，两手都不能弱；是邓小平的重要思想。这个思想邓小平提出来很早，在十一届三中全会期间，他就提出："为了保障民主，必须加强法治。必须使民主制度化、法律化，使这种制度和法律不因领导人的改变而改变，不因领导人看法和注意力的改变而改变。"①这段话后来被江泽民解释为依法治国的定义。邓小平还明确提出："民主和法制这两个方面都应该加强，过去我们都不足。要加强民主就要加强法治。没有广泛的民主是不行的，没有健全的法制也是不行的。""民主要坚持下去，法治要坚持下去。这好像两只手，任何一只手削弱都不行。"②总之，"社会主义民主与社会主义法制是不可分的。"而且这一点"绝不允许有任何动摇。"③民主与法制的结合，在我们党的高层领导人中，邓小平是提出最早，讲得最多的，民主与法制为什么不可分割，非结合在一起不可？对于这样一个新的思想，在当时是有不同看法的。有主张先发展民主的，也有主张先发展法治的，还有主张两者相悖、不好结合的。而邓小平则坚决主张二者结合，同在同行。在他看来，法制是民主的保证，如果只有民主而没有法制，这个民主是靠不住的；而民主又是法制的基础。没有民主的法制只能是封建专制式的法制。几十年的实践证明，邓小平这个关于依靠民主与法制的结合来建设现代国家的思想是非常正确的，也是非常管用的。

（三）邓小平关于民主法制不可分割的思想是一大创造

如果考虑到中国几千年封建社会缺乏民主、也缺乏法制的专制主义历

① 《邓小平文选》第 2 卷，人民出版社，1993 年，第 146 页。
② 《邓小平文选》第 2 卷，人民出版社，1993 年，第 189 页。
③ 《邓小平文选》第 2 卷，人民出版社，1993 年，第 359 页。

史传统，考虑到共产国际时期实行的各国党的工作者中领导者个人高度集权的历史传统，考虑到我党历史上一再反对分散主义、强调集中统一的历史传统①，提出用民主与法制相结合的思想和制度建设现代国家，无疑是一个冲破多重历史传统的伟大创造。如果考虑到马克思、恩格斯的思想宝库中也缺少这种用民主与法制相结合的方式建设新社会的思想资源，考虑到列宁关于无产阶级专政是不受任何法律约束的政权的宣言，考虑到我党新中国成立后在以法治国还是以人治国面前犹豫徘徊，而最终人治占了上风的事实，这一思想的提出更显得异常的难能可贵。邓小平之所以能够提出这个思想，既与他对国际共运史、中共执政史、尤其是我们十年内乱史的深刻反思有关，也与他本人曾在几十年中三下三上的亲身经历有关，当然，也与他睿智的思想、务实的风格、创新的勇气有关。用紧密结合的民主与法制建设现代国家，这一真知灼见成为后来“发展社会主义民主政治，建设社会主义法治国家”伟大目标的先声。这一真知灼见代表了一代共产党人的伟大觉醒，而其最终被党、国家和人民接受并奉为圭臬，更是党之幸事、国之幸事、民之幸事。当然，即使在已经取得很大进步的民主与法制建设方面，我们依然存在很大差距，依然有很多不尽如人意之处。比如，我们的法律体系尚不完备，我们的依法行政还需改进，有法不依的现象还不少见，官员和民众的法律意识都尚需加强等等。可以说，在这方面我们依然任重道远，不可懈怠。

五、关于党和国家的关系问题

（一）党和国家系统应当适当分开

在考虑党和国家的关系问题时，邓小平当年一个最基本的思路是，将这两套系统在机构体系上相对独立地分别设置，在功能职责上科学合理地适当分开。这个思想即使在今天看来也是可取可行的。当然就党和国家的关系而言，邓小平是偏重于从党和政府的关系角度着眼的，即党政分开。其实还可以，也应当有另外一个视角，即党和国家的关系问题，绝不仅仅是，甚至也不应当首先是党政关系问题。因为在党和整个国家体系的关系中，首当其冲的应当是党和国家权力机关的关系问题，即党和人民代表大会之间的关系问题。因为人民代表大会作为国家权力机关是人民行使当家做主权力的唯一机关，拥有立法权、重大事项决定权、人事选举任免权和监督权等。也就是说国家法律、法规从人民代表大会产生，国家的重大事项由人民代表大会决定，国家系统的重要干部由人民代表大会选举任免，对行政机关和司法机关的监督也由人民代表大会依法行使，而作为执行机

① 《邓小平文选》第2卷，人民出版社，1993年，第329页。

构和行政机关的政府是从人民代表大会派生出来的，作为审判机关的法院和作为检察机关的检察院也是从人民代表大会派生出来的。所以，人民代表大会理所当然的是整个国家机关的核心机关，理所当然地应当成为理顺党和国家关系的关键所在。理顺党和人大之间的关系，充分利用人民代表大会执掌政权，是党善于领导、有效执政的关键所在。而且，按照这个思路，现在的很多弊端，包括权力过分集中、党政不分、事无巨细都由党直接负责的情况，大部可以避免；官员腐败、群体冲突、司法恶性事件频发等现象，也大部可以得到遏制。当然，我们不能苛求于邓小平当年没有想到这一点，因为那时一切都在起步阶段，他能提出这样一套理论和办法已经很伟大了。况且，提出一种思想与这种思想的实施也还远不是一回事情。

（二）关于党政分开

既然邓小平把党和政府的关系看做了党和国家关系的重心，那么，党和国家系统的适当分开也就自然地转变成为党和政府系统的适当分开，邓小平称之为“党政分开”。党政分开由此成为邓小平当年反复强调的一个重要思想，当然也是他贯彻建设新的党和国家关系思想的重要举措。他多次强调：要“着手解决党政不分、以党代政的问题。中央一部分主要领导同志不兼任政府职务，可以集中精力管党，管路线、方针、政策。这样做，有利于加强和改善中央的统一领导，有利于建立各级政府自上而下的强有力的工作系统，管好政府职权范围的工作。”①在他看来，这是改变权力过分集中、党干预过多等弊端的有效途径，也是构建党如何领导国家、国家又如何运转首当其冲的关键环节。党政适当分开，对改善党的领导，对改善政府系统的工作，都是有利的，是两个“有利于”，还不是一个“有利于”。由此可见，邓小平对党政分开这一举措的评价之高，看待之重。因此，把党政分开视为邓小平进行政治体制改革的突破口或切入点是准确的、一点都不错的。而且，即使是在89风波之后，邓小平在审定他自己的著作文稿时也没有改变他当初的这些想法。邓小平设计的这一套从中央到基层企事业单位，实行党政分开，建立首长负责制的思路是正确的、有效的。这些措施后来初步得到了实施，尽管在一些局部贯彻得不够彻底。但是近年来，党政交叉的现象、上级政府收权的现象又有所回潮。应当说，这与邓小平当年的想法是不一致的。

（三）邓小平党和国家关系设想的思想渊源

邓小平关于党和国家关系问题的思考，与他在抗日战争时期反对“以党治国”的理念有相通之处。邓小平早在抗日战争时期就提出过，我们不能像国民党那样搞“以党治国”。他是这样说的：“党的领导责任是放在政治原则

---

① 《邓小平文选》第2卷，人民出版社，1993年，第321页。

上，而不是包办，不是遇事干涉，不是党权高于一切。这是与‘以党治国’完全相反的政策。”[①]他指出，怀有“以党治国”想法的“这些同志误解了党的领导，把党的领导解释为‘党权高于一切’，遇事干涉政府工作，随便改变上级政府法令；不经过行政手续，随便调动在政权中工作的干部；有些地方没有党的通知，政府法令行不通，形成政权系统中的混乱现象。结果非党干部称党为‘最高当局’，有的消极不敢讲话，有的脱离我们以致反对我们，进步分子则反为我忧虑。结果群众认为政府是不中用的，一切决定于共产党。于是要钱的是共产党、要粮的是共产党，政府一切法令都是共产党的法令，政府一切错误都是共产党的错误，政府没有威信，党也脱离了群众。这实在是最大的蠢笨！”[②]他还分析到：“假如说西欧共产党带有若干社会民主党的不良传统，则中国党或多或少带有一些国民党的不良传统。某些同志的‘以党治国’的观念，就是国民党恶劣传统反映到我们党内的具体表现。”[③]显然，邓小平早年的这个思想与他后来关于党和国家领导制度改革的思想是一脉相承的。按照邓小平后来所说，由这种“以党治国”观念带来的党干预过多的现象应当改变。他说：“党要善于领导，不能干预太多，应该从中央开始。这样提不会削弱党的领导。干预太多，搞不好倒会削弱党的领导，恐怕是这样一个道理。”[④]总之，在他看来“党要善于领导”，就“不能像过去那样干预一切”。[⑤] 在早年，他是把“以党治国”与“干预过多”作为因果并提的，以后虽然没有再用这个词，但是在他对“干预过多”的批评中，依然贯穿了这个思想。而且，在编辑早年的文稿时，他也并没有提出把这个思想删去。因此我们有理由说，邓小平还是很欣赏他抗战时期的这个思想的。

六、简短的小结

写到这里，我忽然有一个感悟：邓小平关于中国政治体制改革的众多论述，既不是漫无边际的散论，也不是头绪不清的线团，而是有一个包含内在逻辑关系的、条理分明的理论体系，至少有这样一个理论体系的框架。

从邓小平当年的思考来看，至少有这样几个逻辑衔接的环节，构成了邓小平关于政治体制改革理论的体系框架。第一，制度重于个人，党和国家的制度比个人思想、道德、作风、偏好更根本。应当说，这是由邓小平提出的一个重要观点，是对历史唯物主义关于个人在历史上作用问题原理

① 《邓小平文选》第1卷，人民出版社，1993年，第12页。

② 《邓小平文选》第1卷，人民出版社，1993年，第11页。

③ 《邓小平文选》第1卷，人民出版社，1993年，第10页。

④ 《邓小平文选》第3卷，人民出版社，1993年，第164页。

⑤ 《邓小平思想年谱1975—1997》，中央文献出版社，1998年，第123页。

的丰富与发展。这个观点构成了邓小平政治体制改革思想体系的理论基础。第二，政治体制改革最终要解决的是党和国家这两个层面的问题，即党在现代国家生活中怎么定位，怎么实现党对国家社会生活的有效领导；国家体系向什么方向发展，国家制度怎么构建。这构成了政治体制改革的两大目标。这两大目标说到底也就是建设一个什么样的执政党领导制度以及怎样建设的问题，也就是建设一个什么样的国家领导制度以及怎样建设的问题。第三，政治体制改革的关键是党和国家的关系问题。既然政治体制改革的两大目标，一是党的领导制度的改革，一是国家领导制度的改革，那么理所当然的，如何构建党和国家之间的领导关系也就构成了邓小平政治体制改革理论体系中的核心问题或关键问题。正如邓小平自己所说："改革并完善党和国家各方面的制度是一项艰巨的长期的任务，改革并完善党和国家的领导制度，是实现这个任务的关键。"①第四，由于上述原因，党政分开（包括随之而来并与之相联的权利下放和精简机构）就理所当然地构成了邓小平实施政治体制改革思想的突破口或切入点。

我感觉，以上这几点就是邓小平政治体制改革理论体系框架的具有内在逻辑关系的几个主要环节。

参考文献

1.《邓小平文选》第 1 卷，人民出版社，1993 年。
2.《邓小平文选》第 2 卷，人民出版社，1994 年。
3.《邓小平文选》第 3 卷，人民出版社，1993 年。
4.《邓小平建设有中国特色社会主义论述专题摘编》（新编本），中央文献出版社，1995 年。
5.《邓小平思想年谱（1975—1997）》，中央文献出版社，1998 年。

（作者：席文启　北京市政治文明建设研究中心首席专家　教授）

① 《邓小平文选》第 2 卷，人民出版社，1993 年，第 342 页。

北京马克思主义理论研究与传播基地（北京市社会科学院）

基地名称：北京马克思主义理论研究与传播基地
依托单位：北京市社会科学院
项目类别：国家社科基金重点项目

论新中国60年建设改革和发展的主线①

新中国60年建设、改革和发展的历程错综复杂。怎样从本质上把握60年的历程？这是纪念中华人民共和国成立60周年必须明确回答和注意的问题。仔细考察60年的历史，我们可以发现，无论前前后后有什么变化，不管是成功的探索还是挫折的教训，都有一条主线贯穿其中，这就是坚忍不拔地探索和建设中国特色社会主义。抓住了这条主线，就抓住了新中国60年历史的本质、关键和要害。抓住了这条主线，就不仅能深化对60年历史的认识，而且能进一步深化对中国特色社会主义道路和理论体系的认识。

一、前30年：探寻中国式发展道路的艰难历程

毫无疑问，中国特色社会主义，是十一届三中全会之后创立并形成、发展的，是30年改革开放的成果，也是30年来我们取得一切成绩和进步的根本原因。

但这样界定和分期，并不否认以毛泽东同志为主要代表的中国共产党人进行的最初探索。十七大报告说："新民主主义革命的胜利，社会主义基本制度的建立，为当代中国一切发展进步奠定了根本政治前提和制度基础。"所以，中国特色社会主义的历史，在一定意义上包括毛泽东时代我们党所进行的探索。

中国走上社会主义道路之时，在经济政治文化等体制方面照搬了苏联模式。对此，毛泽东同志一是认为没办法，二是不满意。苏共二十大之后，开始提出如何对待苏联经验的问题。经过调查研究，他在《论十大关系》等讲话中，开始提出探索适合中国国情的社会主义建设道路的任务。这时，他当然还不可能提出"中国特色社会主义"的思想。但是，以毛泽东同志为主要代表的中国共产党人进行的最初探索，为当代中国特色社会主义的创立提供了重要前提和基础：

一是奠定了制度基础。新中国创建的人民代表大会制度、共产党领导

---

① 本文是《国际化视野中的中国特色社会主义道路》项目的阶段成果，项目编号：09AKS001。

的多党合作与政治协商制度、以公有制和按劳分配为主体的经济制度、民族区域自治制度等等，都是富有中国特色的创造，都是从中国自己的国情出发所作出的符合实际的选择。

二是积累了建设成就。经过艰苦努力，建立了独立的比较完整的工业体系和国民经济体系。在内地和少数民族地区，兴建了一批新的工业基地。国防工业从无到有地逐步建设起来。教育、科学、文化、卫生、体育事业也有很大发展。这些，都显示了社会主义基本制度的优越性。遇到的困难，也反映了过于集中的管理体制的弊端。

三是提供了思想成果。坚持把马克思列宁主义普遍原理同中国实践相结合。要求"以苏为鉴"，"向外国学习"。强调要找出适合我国情况的前进道路，不要机械搬用外国的经验。"我们的方针是，一切民族、一切国家的长处都要学……一切真正好的东西都要学。但是，必须有分析有批判地学，不能盲目地学，不能一切照抄，机械搬运。他们的短处、缺点，当然不要学。"①要从中国是一个大农业国这种情况出发，坚持以农业为基础，正确处理重工业同农业、轻工业的关系，充分重视发展农业和轻工业，走出一条适合我国国情的中国工业化道路。

应该承认，在毛泽东同志的理论和实践中，传统社会主义的观念和模式还占着主导地位。而且由于把马恩列斯著作中的某些设想和论点教条化，没有完全搞清楚什么是社会主义，所以毛泽东同志的探索后来一步步走偏了方向。首先是反右派斗争严重扩大化。随即提出总路线，轻率发动了"大跃进"运动和农村人民公社化运动。1959 年，错误地开展"反右倾"斗争。"左"倾错误的高峰，则是 1966 年 5 月至 1976 年 10 月的"文化大革命"，使党、国家和人民遭受到新中国成立以来最严重的挫折和损失。

这些错误当然是难以否认的，也是令人痛心的。但这些错误和挫折，从根本上来说，都属于探索中的失误。由于在理论和实践上，没有完全搞清楚"什么是社会主义、怎样建设社会主义"这个首要和基本的问题，所以在探索中走了弯路，付出了代价。改革开放之后党的《关于建国以来党的若干历史问题的决议》，对这些错误作了深刻和科学的分析。

"左"的特别是"文化大革命"的严重错误，也警醒和教育了全党全国人民，使我们更加清楚地看到了体制上弊端，认识到改革的必要性。邓小平同志明确指出："不改革就没有出路"。"如果现在再不实行改革，我们的现代化事业和社会主义事业就会被葬送。"②从反面得出的这一教训，促使后人坚定地走上了通过改革开放建设中国特色社会主义的道路。中国特色社会

① 《毛泽东选集》第 5 卷，人民出版社，1977 年，第 285 页。

② 《邓小平文选》第 2 卷，人民出版社，1994 年，第 150 页。

主义，在某种意义上，正是在总结历史经验教训的基础上出现的。

所以，从新中国成立到改革开放开始的30年，无论成绩还是挫折，都可以归结为被后来称之为对中国特色社会主义道路的探索。虽然那时还没有形成中国特色社会主义，但用对中国特色社会主义道路的探索来概括，是能够成立的。

二、改革开放：中国特色社会主义的横空出世

从十一届三中全会开始，党和国家实现伟大的历史转折，中国进入了一个改革开放和社会主义现代化建设的新时期。无论时代潮流，还是中国现实，都要求进行改革。

1978年的十一届三中全会，实现了新中国成立以来党的历史上具有深远意义的伟大转折。全会重新确立解放思想、实事求是的思想路线，作出了把党和国家工作重点转移到社会主义现代化建设上来的战略决策。全会作出实行改革开放的决策，开始了中国从“以阶级斗争为纲”到以经济建设为中心，从僵化半僵化到全面改革，从封闭半封闭到对外开放的历史性转变。十一届三中全会成为新时期的开端，也成为中国特色社会主义开始创立的标志。

在胜利完成拨乱反正和启动改革开放进程的基础上，中国共产党第十二次全国代表大会于1982年9月在北京召开。在大会的开幕词中，邓小平同志明确宣告：“把马克思主义的普遍真理同我国的具体实际结合起来，走自己的道路，建设有中国特色的社会主义，这就是我们总结长期历史经验得出的基本结论。”①这一结论，把中国共产党几十年对社会主义探索的基本经验总结出来，把我们党在漫长历史进程中的使命和任务集中地概括出来，明确宣告了我们要建设的社会主义，是独立自主的社会主义，是立足于中国国情的社会主义，是具有中国特色的社会主义。这一思想，不仅成为十二大的指导思想，而且成为整个新的历史时期改革开放和现代化建设的指导思想。

十二大之后，经济体制改革全面展开。农村改革的成功经验，为以城市为重点的整个经济体制改革提供了有利条件。1984年10月党的十二届三中全会通过的《关于经济体制改革的决定》，突破了把计划经济同商品经济对立起来的传统观点，确认我国社会主义经济是公有制基础上的有计划的商品经济。这是党对马克思主义政治经济学的新发展。在《决定》精神指导下，各个领域的改革迅猛发展。在改革的同时，实行对外开放的基本国策。

在改革中，遇到很多怎样认识社会主义的问题。总结历史的经验教训，

---

① 《邓小平文选》第3卷，人民出版社，1993年，第3页。

邓小平同志把“什么是社会主义、怎样建设社会主义”的问题鲜明地提到全党面前，领导党和人民在拨乱反正和改革开放的实践中，不断深化对社会主义的认识。

总结改革开放的实践经验，邓小平同志从不同角度指出：贫穷不是社会主义，发展太慢也不是社会主义；僵化封闭不能发展社会主义，照搬外国也不能发展社会主义；平均主义不是社会主义，两极分化也不是社会主义；没有民主就没有社会主义，没有法制也没有社会主义；不重视物质文明搞不好社会主义，不重视精神文明也搞不好社会主义。这些论述，从多个侧面说明了什么不是社会主义，也就等于从正面肯定了社会主义应该是什么，从而在不同程度上回答了“什么是社会主义、怎样建设社会主义”的问题。实际上也是对中国特色社会主义的揭示和规定。

党的十三大系统地阐明关于社会主义初级阶段的理论，明确制定了“一个中心、两个基本点”的基本路线，第一次提出“建设有中国特色的社会主义理论”的概念，并概括了 12 个主要观点，从而形成了建设有中国特色的社会主义理论的轮廓。随后这一轮廓又继续清晰、完善。邓小平同志说：“改革开放以来，我们立的章程并不少，而且是全方位的。经济、政治、科技、教育、文化、军事、外交等各个方面都有明确的方针和政策，而且有准确的表述语言。”①“如果说构想，这就是我们的构想。”“总的来说，这条道路叫做建设有中国特色的社会主义的道路。”②1992 年，党的十四大概括了建设有中国特色社会主义理论的科学体系，正式确立了这一理论在全党的指导地位，并提出了用这一理论武装全党的任务。党的十五大正式使用邓小平理论的概念，明确将邓小平理论作为我们党的指导思想，并写进了党章。

由此可见，中国特色社会主义是在拨乱反正和初步改革中直接孕育的，是在全面改革和对外开放中形成主题并逐步丰富拓展的，更是在不断深化改革开放过程中思考和回答“什么是社会主义、怎样建设社会主义”的基本问题而形成一整套理论主张的。因此，改革开放进程贯穿的主线，无疑就是中国特色社会主义。

三、十三年：中国特色社会主义的丰富和发展

邓小平同志创立中国特色社会主义，但并没有结束对中国特色社会主义的探索。

1989 年 6 月，党的十三届四中全会在北京召开。江泽民同志担任中央

---

① 《邓小平文选》第 3 卷，人民出版社，1993 年，第 371 页。

② 《邓小平文选》第 3 卷，人民出版社，1993 年，第 65—66 页。

委员会总书记。随后，以邓小平同志为核心的第二代中央领导集体和以江泽民同志为核心的第三代中央领导集体实现了顺利交替。

十三届四中全会以后十三年的总体态势是：国际局势风云变幻，我国改革开放和现代化建设进程波澜壮阔。以江泽民同志为主要代表的中国共产党人，从低潮开始，受命于危难之际，治理整顿，对内稳定局势，对外打破制裁；1992年邓小平同志南方谈话打开通途，十四大开始改革开放的新阶段、新高潮，同时适当抑制过热现象；1997年邓小平同志逝世，十五大召开，全党高举旗帜，开拓创新，战胜国际国内各种困难，创造众多业绩，书写华彩乐章。

十六大报告指出：这十三年是我国综合国力大幅度跃升、人民得到实惠最多的时期，是我国社会长期保持安定团结、政通人和的时期，是我国国际影响显著扩大、民族凝聚力极大增强的时期。我们党和我国人民作出的艰辛努力和取得的伟大成就举世瞩目，必将载入中华民族伟大复兴的光辉史册。

在改革开放的基础上，以江泽民同志为主要代表的中国共产党人，不断推进理论创新和实践创新，提出“三个代表”重要思想，从理论和实践上进一步丰富和发展了中国特色社会主义。十六大郑重指出：“‘三个代表’重要思想是对马克思列宁主义、毛泽东思想和邓小平理论的继承和发展，反映了当代世界和中国的发展变化对党和国家工作的新要求，是加强和改进党的建设、推进我国社会主义自我完善和发展的强大理论武器，是全党集体智慧的结晶，是党必须长期坚持的指导思想。”

2006年8月，胡锦涛总书记在中央学习《江泽民文选》报告会上突出强调：“三个代表”重要思想最鲜明的特点和最突出的贡献，在于用一系列紧密联系、相互贯通的新思想、新观点、新论断，进一步回答了“什么是社会主义、怎样建设社会主义”的问题，创造性地回答了在长期执政的历史条件下建设什么样的党、怎样建设党的问题，深化了我们对新的时代条件下推进中国特色社会主义事业和加强党的建设的规律的认识。在2003年的讲话中，胡锦涛总书记曾列举了“三个代表”重要思想对马克思主义理论10个方面的重大贡献。在2006年的报告中，又具体列举了21个方面的主要思想。

所以，从1989到2002年的十三年，党和国家所做的基本工作，是把改革开放继续推向深入。这十三年改革开放所贯穿的主线，是对中国特色社会主义加以丰富和完善。这条主线体现在各个领域、各个方面。比如，邓小平同志着重解决了社会主义能不能搞市场经济的问题。而江泽民同志则在此基础上，驾驭周期，乘势而上，进一步明确了改革的目标就是建立社会主义市场经济体制，不仅完整地勾画了社会主义市场经济的基本框架，而且通过坚忍不拔的努力，在实践中建成了这样一个崭新的体制。因此，这十三年，是中国特色社会主义伟大事业的继续和推进。

四、十六大以来：推动中国特色社会主义科学发展

十六大之后，以胡锦涛同志为总书记的党中央，高举邓小平理论和“三个代表”重要思想的旗帜，提出了科学发展观等一系列重大的战略思想，在全面建设小康社会实践中坚定不移地把改革开放伟大事业继续推向前进，使中国特色社会主义事业出现了新的局面。

十六大以来，我们遇到了国际国内许多新的挑战和课题。在复杂多变的国际环境和艰巨繁重的改革发展任务面前，以胡锦涛同志为总书记的党中央，高屋建瓴，对关系全局的重大问题和任务进行了谋划、决策和部署，进一步把各项事业引导到实现科学发展、促进社会和谐上来。经过不懈努力，国家经济实力大幅提升，改革开放取得重大突破，人民生活显著改善，民主法制建设取得新进步，文化建设开创新局面，社会建设全面展开，国防建设取得历史性成就，港澳工作和对台工作进一步加强，全方位外交取得重大进展，党的建设新的伟大工程扎实推进。概而言之，中国特色社会主义开创了新的局面。

十六大以来，以胡锦涛同志为总书记的党中央坚持理论和实践创新，丰富和发展中国特色社会主义，提出了一系列重大战略思想。

党的十七大对这些理论创新的成果作了重要的梳理和整合，将这些成果集中整合为科学发展观，进一步阐述了科学发展观的时代背景、实践基础、科学内涵、精神实质和根本要求，同时对科学发展观作了最权威的评价，明确指出：“科学发展观，是对党的三代中央领导集体关于发展的重要思想的继承和发展，是马克思主义关于发展的世界观和方法论的集中体现，是同马克思列宁主义、毛泽东思想、邓小平理论和‘三个代表’重要思想既一脉相承又与时俱进的科学理论，是我国经济社会发展的重要指导方针，是发展中国特色社会主义必须坚持和贯彻的重大战略思想。”

科学发展观，是新时期中国特色社会主义发展过程中的最新理论成果，当然也是中国特色社会主义发展到一定阶段的产物。按照历史的眼光，中国特色社会主义的发展是一个漫长的过程，必然会有不同的阶段。每个阶段的环境、条件有所不同，所要解决的主要问题有所不同，发展的战略、布局和重点也会有所不同。邓小平理论、“三个代表”重要思想、科学发展观等，都与这种发展的阶段性相联系。它们的主题是一脉相承的，因而都属于中国特色社会主义理论体系；但它们又都与一定的阶段性相联系，所以，又会表现出一定的特点来。科学发展观，是我们在经历了一个快速发展时期之后，在新的历史起点上迎接新的挑战的战略对策，是把中国特色社会主义继续推向前进的科学指南。在当代中国，坚持社会主义，就必须

坚持中国特色社会主义；坚持中国特色社会主义，就必须坚持贯彻和落实科学发展观。

五、小结

纵览中华人民共和国成立60年的光荣历程，特别是改革开放30多年来的历程，我们清楚地看到对于中国特色社会主义道路和理论的探索，始终贯穿在60年的历史中。在确立这条道路和理论之前，是思考和探索。其中的成功，是坚持了正确的探索方向。而其中的挫折，则是在探索中的曲折和失误。在确立这条道路和理论之后，则是坚持和完善。不仅继续开创中国特色社会主义新局面，而且不断丰富和发展着它的理论形态。面向未来，我们要继续发展中国特色社会主义，因而，也就要倍加珍惜、长期坚持和不断发展党历经艰辛开创的中国特色社会主义道路和中国特色社会主义理论体系。

紧紧抓住中国特色社会主义这条主线，我们就能更加准确地把握中华人民共和国60年历史发展的本质，更加科学地把握60年走过的既光荣而又艰难的道路。从而更加自觉地高举中国特色社会主义伟大旗帜，使中国特色社会主义道路越走越宽广，使当代中国马克思主义放射出更加灿烂的真理光芒。

（作者：左宪民　北京马克思主义理论研究与传播基地副秘书长　副研究员）

基地名称：北京马克思主义理论研究与传播基地
依托单位：北京市社会科学院
项目类别：北京市哲学社会科学“十一五”规划研究基地项目

北京社会主义核心价值体系建设路径研究[①]

为了切实把握北京社会主义核心价值体系建设状况，坚持理论与实践相结合，构建科学的“首都市民价值观调查模型”。两年来，由北京市社会科学院、中国人民大学、中国社会科学院、北京大学、中国科学院等单位学者组成的课题组，对北京市民价值取向状况进行了广泛的专题调研。调查组围绕北京市民政治价值观、法律价值观、生活价值观、职业价值观、道德价值观、婚育与性价值观等六个维度，深入北京 5 个区/县，21 个街道/乡镇，42 个社区/村委开展访谈和问卷调查，先后发放调查问卷 2100 余份，实际回收有率达 96.62%。调研工作得到了北京市委宣传部、相关区/县委宣传部门和抽样群众的大力支持。

一、北京市民价值观的基本状况

目前，北京政治稳定、经济繁荣、文化丰富、社会发展，为广大市民提供了安定、有序、舒畅的生活环境，市民的价值取向在总体上是积极健康的。

(一) 北京市民政治关注度高，具有强烈的爱国意识，对党和政府的认同度较高，对首都未来的发展充满信心

调查结果显示，关心政治仍然是当前北京市民一如既往的特征，69.3%的市民每天都会看新闻，其中，42.9%的市民选择时政新闻，31.3%的市民选择社会民生新闻。汶川地震发生后，98.8%的北京市民通过各种形式参加抗震救灾活动，显示出了高度的社会责任感和强烈的爱国主义情怀。同时，市民对党和政府的执政能力也给予了积极的评价，78.9%的市民对北京市委市政府提出的“构建和谐社会的首善之区”的建设目标表示“有信心”；对北京市政府的“办事效率”“为百姓办实事”和“服务态度”的评价分别达到了 80.9%、82.6%和 80.5%。

---

① 本文是《首都市民价值观调查模型建设研究》项目的阶段成果，项目编号：09AbKD075。

（二）北京市民社会交往公德、公共场所道德和环境保护道德意识较强，已基本树立了正确的社会公德观

随着人文奥运理念在市民中的普及和推广，广大市民的首都意识、首善意识不断增强，在助人为乐、见义勇为、环境保护方面显示出较高的道德责任意识。绝大部分市民认为“不遵守公共秩序”是最为严重地违反公德现象；57.3 %的市民认为他们日常观察到的大部分人会主动给老弱病残孕乘客让座；面对公交车上有小偷行窃的情形时，77 %的市民选择会立即采取制止行动；86.8%的市民对“2008 年 6 月起，北京各大商场将不再提供免费塑料袋” 表示“积极支持”。

（三）北京市民普遍具有较高的学习法律的主动性和遵守法律的自觉性

公民的法律价值观在一定程度上记录着社会法治现代化的进程和水平。调查显示，北京市民普遍具有较强的法律关注和学习意识，59.5%的市民表示学习法律是为了能“知法守法，以免因为无知而犯法”，34%的市民是为了“用法律保护自己”。而且绝大多数市民都能自觉地遵守基本的法律法规，在问及“在税务机关不知情的情况下，您会主动向税务机关依法纳税吗”时，有 62.6%的市民选择会主动向税务机关依法纳税；“在过马路时遇上红灯，但周围并没有车辆行人通过，您会怎么做”时，有 77.6%的市民表示要等待绿灯亮时再通过。

（四）北京市民崇尚不断创新、乐于敬业的职业精神和态度，体现了改革开放新时期积极向上、忠于职守、不断进取的从业观

调查显示，2/3 以上的北京市民比较富于进取精神，崇尚追求不断创新的职业态度；超过 60%的市民对当前从事的工作表示“满意”，这表示他们对现有工作单位和岗位的忠诚度是比较高的；面对“个人事业成功的影响因素”的调查，46.9%选择了“个人的努力进取”，然后顺次为“良好机遇”“个人品德”“教育程度”“聪明才智”等，由此课题组认为，北京市民普遍崇尚个人的后天努力对事业成功的重要性，体现出较强的进取精神，同时也说明，北京已具有较高的社会开放性。

（五）北京市民对忠诚平等的婚姻观、男女平等的养育观的认同明显提高

问卷通过“在家庭生活中，您认为最不能容忍的事”来考察配偶双方对婚姻关系的价值取向，结果显示，“婚外恋”“家庭暴力”和“不尊敬、不赡养老人”被视为影响美满婚姻关系的最主要因素。解决“婚外恋”和“家庭暴力”问题均强调夫妻关系中的忠诚与平等，这说明现代婚姻更关注的是夫妻双方的理解与尊重。在对“为了传宗接代，至少要生一个儿子”调查时，选择“不同意”和“相当不同意”的人占 67.3%，这说明，男女平等正逐渐地成为北京市民生育观的基本取向。

（六）北京市民注重生活质量，消费观具有发展、享受型特征，理财意识和文化休闲意识显著增强

在对北京市民“余钱支配方式”的调查中，选择即期消费和储蓄保值的市民人数最多，比例分别为 45.2% 和 42.3%；选择接受教育和证券投资的分别为 35.4% 和 34.8%。这反映了北京市民家庭充裕性资产的运用经营呈现多元化的趋势，其消费正在从节俭型向发展、享受型转变，由简单保守型向科学理智型发展，消费需求发生了由物质到精神、由商品到服务、由有形到无形的提升，更加注重教育消费和投资。这一点在市民休闲生活中体现得最为明显，有 40.3% 和 29.2% 的北京市民选择了在业余时间“阅读书籍报刊”“进修学习”的积极休闲方式。

上述成果的取得，不仅充分展示了改革开放以来北京各方面建设取得的巨大成就，也为构建首都社会主义核心价值体系，建设“人文北京、科技北京、绿色北京”，打造世界城市，奠定了良好的基础。

二、目前面临的主要挑战

（一）市民的主导政治信仰在一定程度上、一定群体内仍需加强

调查显示，对马克思主义的信仰在人们的心目中与市民的年龄呈现出“正向”（年龄越大，信任度越高）态势分布，而这种“正向”态势同样也清晰地反映出市民对马克思主义意识形态信仰的“反向”发展趋势，即随着市民的年轻化，对马克思主义的信仰呈现逐渐降低趋势，而对个人主义和实用主义、功利主义的信仰则呈逐渐增长趋势。调查还发现，个人月收入水平与主导政治信仰呈现明显的负相关性。高收入者对儒家思想和宗教思想信仰的比例最高。

（二）市民对部分法律法规部门和执法人员按法律程序办事的满意度偏低，公检法的社会公信力受到一定程度的质疑

调查中，课题组从市民对法律法规部门能否严格按照法律程序办事这个方面进行了测评，结果显示，市民对街道居委会工作人员的认同度较高，信任度达 81.8%，48.9% 的市民对法律法规的执行状况表示不满意，对公检法人员认同比例略低，为 64.9%，而对工商执法人员的信任度最低，仅为 58.4%。可见，市民对一些执法部门和执法人员的执法工作仍然持保留意见。而正是由于我们一些部门和人员在执法中存在的法律意识淡薄、执法素质偏低等诸多问题，直接影响了市民对法律的认同程度和对首都法治目标实现的信心。

（三）市民幸福感评价相对较低，就业和养老等关乎“安全性需求”的社会保障问题亟待解决

调查显示，北京市民幸福感评价较低，在影响市民生活幸福感和满意度的主要原因中，除收入因素以外，主要集中在“工作就业”和“养老问题”。在对“生活保障观”的调查中，人们对单位的依赖性已大大降低，对“政府提供保障”有着较强的需求，且市民的年龄构成与选择“政府提供完善的社会保障”呈严格的升序排列；对“政府提供完善的社会保障”最为看重的群体，主要是农业劳动者、下岗失业人员和离退休人员等群体。

（四）北京市民对外来人口的评价日趋理性，对政府外来人口管理的效能不太满意

通过“北京市民对外来人口评价”的调查结果显示，83.1%的市民认为“外来人口对北京城市发展作出了贡献”，66.9%的认为“外来人口大大方便了北京市民的日常生活”；但也有71.9%的市民认为“外来人口增加了本地人的就业压力”，76.1%的市民认为“外来人口增加了城市环境卫生的压力”，68%的市民认为“外来人口是城市治安的隐患”，对市政府在外来人口管理方面发挥的效能评价“不太满意”。

三、建设北京社会主义核心价值体系的对策和建议

（一）增强主流媒体的吸引力和引导力，充分发挥其在宣传社会主义核心价值体系方面的主渠道作用

调查结果显示，北京市民对时事政治类新闻具有较高的关注度（达69.3%），在获取信息的渠道中，报纸杂志、电视、互联网等媒体仍占据绝对主流媒体地位，分别占89.2%、86.4%和58.4%，接下来依次为广播（27.4%）、手机短信（24.2%）和书籍（13.9%）。对此，我们要因势利导，不仅丰富主流媒体在报道宣传社会主义核心价值体系的内容，而且应当进一步在改善报道形式上下工夫。例如，在提高报纸栏目、电视节目、广播内容的娱乐性、多样性、真实性的同时，强化思想性、文化性、知识性的传播；在拓展互联网、手机信息化平台建设规模，丰富网络文化，促进信息传递的快速化、便捷化的同时，更加注重网络和无线信息的安全化、秩序化建设，提高网络监管和控制能力，使之成为广大市民了解国情，反映民情民意，参政议政的重要渠道，以及政府与市民密切联系、互动的桥梁。

（二）深化政府行政管理体制改革，努力打造服务型政府

调查显示，市民在高度评价党和政府的执政能力和各项工作效能的同时，对政府工作的个别方面、个别部门和人员群体仍持保留态度。一是对政府“依法行政”“政务公开”和“廉洁勤政”的评价相对较低（77.8%、76.3%和72.8%）；二是对“公检法人员”和“工商执法人员”的信任度较低

(35.6%、42.7%)。这充分说明，政府的个别部门或人员还存在着比较严重的工作作风问题，允许这种情形的存在，将会在很大程度上直接损害政府在市民心目中的公信力。而要从根本上解决这些问题，一方面需要加强对政府公职人员道德素质的培养，做到讲党性、重品行、作表率；另一方面，需要继续深化政府行政管理制度和体制改革，打造服务型政府，使广大党员领导干部真正做到权为民所用、情为民所系、利为民所谋。

(三)解决关系市民生活的实际问题，关注社会弱势群体的切身利益

调查显示，收入、就业和养老等问题不仅影响了北京市民的日常生活质量，更导致了他们(外来务工人员、下岗失业者和从未工作过的人员)政治参与意识的相对降低。同时，课题组也发现，面对生活压力，市民中有60.78%选择了通过“政府提供完善的社会保障”来解决，这一方面表明了首都百姓对党和政府全面贯彻科学发展观，解决各种突出矛盾和问题的能力有信心；另一方面，也显示了广大市民期望政府解决关系百姓民生问题的迫切性。因此，北京市今后的工作重点要更加贴近与市民生活、切身利益密切相关的问题，尤其要更多地关注和维护社会经济地位较低的社会弱势群体的利益。

(四)发挥北京国家政治中心、世界文化交流中心的优势，强化市民社会公德意志力的培养

作为“国家首都、世界城市、文化名城、宜居城市”，北京每年举办国际、国内大型活动较为频繁。特别是2008年奥运会的成功举办，不仅给北京发展带来了众多的机遇，而且也向全世界展示了北京的良好形象，为加强市民社会公德建设提供了有利的契机。实践证明，广大市民的首都意识、首善意识、法律意识、道德意识和环保意识得到了显著提高。然而，调查也发现，北京市民在自觉遵守和维护公共道德的意志力方面仍有待于提高。例如，见到有人毁坏公共设施时，有26%的市民表示“内心虽不认同但不会去制止”；面对有人乱扔果皮、纸屑等杂物时，有47%的市民表示“看不惯，但不会去清除”。因此，建议今后把举办各类大型活动同开展市民社会公德、文明礼仪、行为规范教育结合的同时，不断强化对市民遵守社会公德的自觉意志培养，提高广大市民维护社会秩序和社会正义的意志力。

(五)继续加大“领导干部”群体的思想道德教育的力度

在提高党的执政能力建设过程中，加强领导干部群体的道德建设，不仅是增强政府公信力的要求，而且是提高社会整体道德水平的一个关键环节。调查显示，市民们对政府及其工作人员的形象持有较高的信任度的同时，又有超过一半以上的市民认为，行政执法人员、党政领导是目前最需要进行道德教育的群体。这不仅表明，作为代表党和政府贯彻执行各项政策的政府工作人员，人们对其期望值和要求更高，也在一定程度上说明，当前该群体的思想道德水平还不尽如人意，加强党风廉政建设刻不容缓。

（六）强化职业理想教育，提高广大从业人员的社会责任意识

职业理想，是人们对职业活动目标的追求和向往，是人们世界观、人生观、价值观在职业活动中的集中体现。它是形成职业态度的基础，实现职业目标的精神动力。调查显示，市民选择职业时重点考虑的前三位因素，分别是职业的稳定性、报酬的高低和职业是否能施展个人才华，而对“职业社会贡献大小”的选择非常少。这不仅反映出当前北京市民在求职就业方面更加珍视职业的稳定性，注重个人经济利益和自我价值的实现，也反映从业人员存在着明显的社会责任观念和意识的淡薄，相对忽视职业的社会贡献的问题。并且，通过年龄组对比较分析，课题组发现，北京职业群体社会责任、职业理想的集体性缺失，呈现出明显的年轻化趋势。因此，北京市今后在加强职业理想信念教育，培养从业人员树立诚实守信、奉献社会等职业道德意识方面，任务依然繁重。

（七）完善服务体系，加强对北京青年群体的性价值观引导

根据卫生部、联合国艾滋病规划署和世界卫生组织举行的“2008 年世界艾滋病新闻发布会”上联合通报的中国艾滋病情显示，性传播已成为中国艾滋病主要传播途径，目前中国估计有 70 万人感染艾滋病，其中大概有 44 万人不知道自己已感染艾滋病。本次调查显示，年龄在 35 岁以下的北京市民，对于“情侣同居，即使没有结婚的打算也没有关系”的认可率高达 43%，虽然有 82.7% 对于“结婚以后也可以与别人保持性关系（婚外性行为）”表示“不赞同”，但对“与他人保持婚外性行为”的认可度却达到了 35.2%。这说明，一方面北京青年群体的性价值观的开放性、宽容性、独立性更加明显；另一方面也暴露出这一群体在性价值取向上的矛盾性、非理性和性责任意识的缺乏。因此，不断完善北京性心理和生理健康服务体系建设，加强对青年群体性价值观的科学引导，仍是关系北京可持续发展的一项艰巨任务。

（八）健全核心价值体系建设的长效机制，强化对北京市民价值观建设的量化研究、差异性分析和预测性研究

通过调研，课题组发现，北京市民看似矛盾、复杂的价值观状况有其深刻的原因。简要地说，改革开放以来，随着社会转型和社会结构的变革，过去大一统的社会文化开始为多样化的文化所取代，价值观呈现出多样化的发展状态。特别是，市场经济的发展，一方面孕育出开放进取的积极文化，增强了个人的利益意识、责任意识和自主意识的，但另一方面，对人性的影响也有消极的一面，市场经济的效益原则诱发了唯利是图的利己主义、拜金主义观念，造成人们价值观念的淡薄和扭曲，民众对主流意识形态的认同感有所淡化，进而导致了一系列理论和实际问题。如人们过度追求物质利益，理想信念弱化，社会责任意识缺失，人际交往缺乏诚信，阶层性利益矛盾日渐凸显，群体性事件，突发性事件和重大安全事故明显增多等等。因此，建立健全核心价值体系建设的长效机制，强化对北京市民价值观量化评估模型的研究、群体差异性分析的研究、发展预测的研究、构建核心价值体系对策性研究，对于适时掌握第一手资料，科学分析北京不同群体、不同阶层价值取向的热点和难点问题，检验核心价值体系建设工作的实际效果，透析北京市民价值观发展的内在规律，探索加强北京市民共同理想的途径方法，提高北京宣传战线舆论引导能力的途径，推进北京文化体制改革和宣传机制调整等方面的科学决策提供思路，建设中华民族共有精神家园，其意义是十分重大而深远的。

（作者：杨奎　北京马克思主义理论研究与传播基地研究人员　副研究员）

北京市经济社会数据分析与监测评价研究基地

（北京市统计局、国家统计局北京调查总队）

基地名称：北京市经济社会数据分析与监测评价研究基地
依托单位：北京市统计局、国家统计局北京调查总队
项目类别：北京市哲学社会科学“十一五”规划研究基地项目

北京建设世界城市监测评价体系研究①

21世纪，随着经济全球化与信息化两大主流趋势的交织与融合，城市作为全球网络化的重要节点，其地位和作用越来越突出，无论是在发达国家还是发展中国家，城市正逐渐成为全球社会经济活动的动力中枢，并代表国家直接参与到全球竞争的大舞台。2008年第29届奥运会在北京的成功举办，极大提升了北京的国际影响力和综合竞争能力，为北京在全球化城市发展趋势中脱颖而出奠定了坚实基础。瞄准今后几十年中国在世界的地位，以及在后奥运时代谋求更高层次发展的战略需求，2009年12月，市委十届七次全会提出北京建设世界城市的战略发展目标，以更高标准和更高要求来勾勒北京未来的发展蓝图。

一、世界城市的概念和基本特征

“世界城市”一词最早出现于1889年，德国学者哥瑟(Goethe)将罗马和巴黎描述为世界城市。而“世界城市”概念的界定则最早由苏格兰的城市规划师格迪斯(Patrick Geddes)于1915年在《演化中的城市》一书中提出的，是指那些在世界商业活动中具有突出优势的城市。“世界城市”概念的提出距今已有近100年的历史。

英国地理学家、规划师彼德·霍尔(Peter Hall)是现代世界城市研究的先行者。1966年，他提出世界城市是那些已对全世界或大多数国家产生全球性经济、政治、文化影响的国际一流大城市。

1986年美国的城市学家弗里德曼(John Friedmann)提出了从新的国际劳动分工之下的空间组织形态角度来研究世界城市，认为世界城市是资本控制中心，并提出了著名的世界城市的七大假说②：(1)一个城市与世界经济的融合形式和程度以及它在新的国际地域劳动分工中所担当的职能，将决

---

① 本文是《北京建设世界城市监测评价体系研究》项目的阶段成果，项目编号：10AbJG335。

② John Friedmann. The World City Hypothesis, Development and Change (SAGE, London, Beverly Hills and New Delhi), Vol. 17 (1986), pp. 69—83.

定该城市的任何结构转型。(2)世界范围内的各主要城市均会被全球资本用来作为其进行空间组织和协调其生产与市场的基点，由此导致的各种联系将会使世界城市形成为一个复杂的空间等级体系。(3)世界城市的生产活力和就业结构直接决定了其全球的控制职能。(4)世界城市是国际资本集中和积累的主要地点。(5)世界城市是大量国内和国际移民的终点。(6)世界城市使工业资本主义的主要矛盾更加显现，其中空间与阶层的两极分化成为焦点。(7)世界城市增长带来的社会代价之大和之快有可能超越一个国家的财政负担能力。

1991 年美国经济学家萨森(Saskia Sassen)认为全球城市是发达的金融和商业服务中心，是那些能为跨国公司全球经济运作和管理提供良好服务和通讯设施的城市，是"全球性服务中心"。

同年，卡斯戴尔斯[①](M. Castells)在全球网络化发展的基础上提出了"流动的空间"的概念，他指出，我们的社会是环绕着资本流动、信息流动、技术流动、组织性互动的流动、影像、声音和象征的流动而建构起来的，而世界城市是在这种流动的空间内，连接各种全球网络的连接点。

基于国际上诸多学者和研究机构对于世界城市的界定和判断标准，世界城市通常具有以下基本特征：

具有雄厚的经济实力；人口规模大、构成多元化；是重要的国际金融中心，高端服务业较为发达；具备较高的国际化水平和开放度，并具有较强的世界影响力；具有独特的城市特色与魅力、浓郁的历史文化氛围；具有城市群的带动效应、核心辐射能力强；拥有完备的城市基础设施和城市管理水平。

二、世界城市评价标准的演变

世界城市研究表明，不同时期的世界城市表现出来的特征各有不同，时至今日，理论界和学术界仍无法作出统一的界定。通过对世界城市评价标准的演变历程进行分析和研究，能够帮助我们准确把握当代世界城市的核心内涵和未来世界城市的发展方向，为北京建设世界城市提供基础的理论依据。

(一)评价标准的演变历程

1. 以政治、商业影响力作为主要评价标准

1966 年，英国地理学家、规划师彼德·霍尔认为，世界城市的评价标准应该包括：成为所在国的政治权力中心，拥有大型国际机场、较大的港口或铁路等交通枢纽，发达的新闻出版业和无线电、电视网络，较大规模

---

① M. Castells. The Rise of Network Society, Oxford Blackwell, 1996.

的人口并集中了相当比例的富裕阶层，发展良好的娱乐服务业等。评价标准体现了20世纪60年代国家政治权力在城市形成和发展中的影响力。

2. 以新的国际劳动分工下的区域特征作为主要评价标准

1986年，美国的城市学家弗里德曼从新的国际劳动分工下的空间组织形态的角度来研究世界城市，并归纳出判别世界城市的7项标准，包括：主要的金融中心，跨国公司总部所在地，国际组织所在地，商业服务部门的高速增长，重要的制造中心，主要交通枢纽，人口规模，标志着世界城市识别标准研究转向了城市形成的内在动力机制。弗里德曼的思想顺应了20世纪80年代世界经济的产业结构调整过程，是在新的国际分工、国际贸易格局和经济结构形成过程中提出的世界城市的判别标准，突出了以城市为载体的生产与控制的等级体系。

3. 以生产者服务业的集中度作为主要评价标准

美国经济学家萨森于1991年提出了全球城市(Global City)的概念，她更加侧重从微观角度研究世界城市，认为全球城市是发达的金融和商业服务中心，是在生产者服务业为核心的产业体系和优良的基础设施和服务下，能够提供高度专业化的服务和金融产品，并具有全球控制能力的大城市。

1999年，由英国的毕沃斯托克(Beaverstock)、史密斯(R. J. Smith)和彼得·J. 泰勒(P. J. Taylor)等人在拉夫堡大学(Loughborough University)组成了"全球化与世界城市研究小组与网络"(GaWC)，提出从全球城市网络的角度，以城市在全球城市体系中的连结性和影响程度的大小来判断世界城市，将现代服务业中的会计、广告、金融和法律等4个领域的服务能力作为界定世界城市及其等级的依据。

这种评价标准主要缘于20世纪90年代后，新技术、新产品的创新优势使得一些发达国家主要从事高附加值产品的生产，不仅进一步拉大了与发展中国家经济实力的差距，更加带动了发达国家服务经济的发展和全球性服务中心地位的提升，突出了世界城市在世界经济体系中的控制力和集中度。

4. 按照综合发展标准设置的多元评价标准

1991年，伦敦规划咨询委员会(The London Planning Advisory Committee)开创性地提出一套旨在促进世界城市持续发展的综合性指标，认为具备良好的基础设施，通过国际贸易和投资带来较强的财富创造能力、就业和收入的增长，较高的生活质量是判断世界城市的核心标准。而诺克斯(Knox)在1995年提出，以功能分类的方法来评价和判定世界城市，包括3类标准：跨国公司商务活动、国际事务、文化集聚度。

这种分类标准提出多维度综合发展能力是当代世界城市发展的决定性因素，表明世界城市的关注点正逐步由单一功能型转向多功能型甚至是综合功能型城市的判别。识别要素不仅包括经济的首位度，还包括社会、文化、环境等各领域内容。而以单一功能见长的国际大城市已很难再作为世界城市体系中的核心城市，说明综合型世界城市是未来城市建设和发展的方向。

5. 以城市网络体系节点的作用力和影响力作为主要评价标准

在历经几年的研究与观察后，1995 年，弗里德曼再次将世界城市的评价标准归结于世界城市的经济规模及控制实力，以城市空间体系中的作用力和影响力来判别世界城市所处的全球“基点”或“控制中心”。2000 年以后，GaWC 小组也继续拓展了研究工作。他们利用 100 家全球性服务公司数据，从容纳力、支配力和通道三大方面的指标入手，进一步测定了 316 个城市的网络作用力和等级体系，再次界定并细化了世界城市的等级。形成了在更加广阔的世界城市网络的整体发展背景下开展城市研究的趋势。

（二）评价标准演变带来的启示

1. 现代意义的世界城市

通过上述演变历程，现代意义的世界城市已经脱离了传统世界城市的概念，不再单纯以经济体量、人口和城市规模、商业交往能力作为评判标准，而是越来越强调在全球化背景下对世界城市网络体系多维度的作用力和影响力，强调能够前瞻性地引领未来城市的发展方向。当今的世界城市首先表现为综合性、多功能的国际城市，同时，还要成为全球城市网络体系中重要的经济节点、金融节点、贸易节点、国际交往节点，在处理全球经济、社会、政治和人文事务中具有核心地位。

因此，现代意义的世界城市是国际城市的高端形态，是世界跨国公司总部、国际高端人才、重要国际活动的聚集地，是以自身实力为基础，在政治、经济、社会和文化事物中具有重要的影响作用，成为全球社会经济活动的动力中枢和世界城市网络体系中的核心节点的城市。

2. 北京建设世界城市应该遵循世界城市发展的共同特征

通过研究，当今世界城市具有共同的发展特征，这些特征决定了世界城市对国际社会经济事务具有核心作用力和影响力。北京建设世界城市，应该首先遵循世界城市发展的一般规律，按照世界城市的内涵和共性特征，进一步提升城市的综合实力，充分发挥城市的吸引力和辐射力，扩大城市在世界城市网络中的影响作用，力争做到与国际公认的世界城市评价标准相衔接。

3. 北京建设世界城市应该具备个性特征和特色发展路径

人们对于世界城市形态的争论源于当今世界城市的发展路径各有不同，城市发展形态各具特色，金融地位、政治地位、科技创新、文化艺术都是决定世界城市地位的重要因素，对此理论界和学术界始终无法给予明确界定。基于上述原因，北京建设世界城市可以立足于北京实际，突出北京优势，着眼现阶段的城市发展需求，在遵循世界城市共性发展规律的基础上，积极探索建设具有北京特色的世界城市。

三、世界城市评价指标研究

世界城市评价指标是开展世界城市评价体系研究的核心内容和开展监测评价工作的根本落脚点。

（一）反映世界城市一般性特征的识别导向类指标

识别导向类指标是基于对已有世界城市共性特征归纳形成的，具有识别特质的指标。通过梳理具有代表性的学者和机构提及的识别导向类指标，尽管不同时期的研究视角在不断转变，识别的内容在不断延伸和扩展，但主要涉及三大领域：一是以经济规模为代表的“发展实力”；二是以人口规模、跨国公司总部所在地为代表的“集聚能力”；三是以国际组织所在地、国际交通枢纽为代表的世界城市的“交往能力”。这是世界城市识别导向研究中具有核心价值的领域，对于开展世界城市研究具有重要的借鉴意义，应在北京建设世界城市过程中予以持续关注。

表1　开展世界城市研究的学者和机构涉及的识别导向类指标

	发展实力	集聚能力	交往能力
彼德·霍尔（1966年）	良好的娱乐服务业	较大规模人口并集中了相当比例的富裕阶层、发达的新闻出版业和无线电、电视网络	大型国际机场、较大港口或铁路等交通枢纽
弗里德曼（1986年）	商业服务部门的高速增长	重要的制造中心、跨国公司总部所在地、主要的金融中心、人口规模	主要交通枢纽、国际组织所在地
萨森（1991年）		跨国公司总部、银行	
伦敦规划咨询委员会（1991年）	就业和收入的增长、较高的生活质量	国际贸易和投资带来较强的财富创造能力	基础设施
弗里德曼（1995年）	经济规模	控制经济的实力	
诺克斯（1995年）		世界500强企业、文化集聚度	非政府组织和国际组织数
GaWC（1999年）		现代服务业中的会计、广告、金融、法律	
GaWC（2000年以后）		现代服务业的容纳力、支配力、控制力	

(二)突出竞争力思想的比较导向类指标

比较导向类指标是用于衡量不同城市发展过程中的单一或多个领域竞争能力的指标。

1. 单一竞争力特征比较的世界城市指标

2009 年，美世公司根据城市生活条件开展了“全球城市生活质量”调查①。调查涉及影响生活质量的 10 大类、39 个因素，包括：政治和社会环境、经济环境、社会文化环境、医疗和卫生条件、学校和教育条件、公共服务和交通运输、休闲娱乐、消费品、住房、自然环境。

2009 年，《财富》杂志按照各城市拥有的“世界 500 强企业数量”“世界 500 强企业收入总和”两项指标对全球城市进行比较。

美国《幸福》杂志从人口、生活消费指数、飞往其他城市的直达航线、办公用房每平方米年租金、对其他文化开放程度 5 个指标开展比较研究，评出世界十大贸易城市。

2008 年美国媒体评出的“世界十大科技城市排行榜”，2009 年英国《经济学家》杂志信息部公布的一年一度的“世界宜居城市排行榜”都是针对单一竞争力开展的比较研究。

2. 多竞争力特征比较的世界城市指标

2008 年，由中国社科院倪鹏飞博士和美国巴克内尔大学(Bucknell University)的彼得·卡尔·克雷索教授(Peter Karl Kresl)带领的研究团队开展了全球城市竞争力研究，认为竞争力是世界城市发展的核心要素，最具竞争力的城市就是领先的世界城市。2007—2008 年全球城市竞争力报告②使用了 9 项指标对全球 500 个城市的综合竞争力进行测度，即 GDP、人均 GDP、每平方公里 GDP、劳动生产率、城市拥有的跨国公司数量、专利申请量、价格优势、经济增长率和就业率。

2008 年 10 月，美国《对外政策》(Foreign Policy)杂志按照 5 个领域设置全球城市的比较指标，即，商业活动、人力资源、信息交流、文化积累及政治参与，用于对全球城市进行比较研究并排序。

2010 年 3 月，纽约合作组织与普华永道联合开展了旨在考察“城市繁荣推动因素”的研究工作，研究涉及 10 项总体指标，包括：智力资本、技术智商和创新、经济影响力、交通和基础设施、宜商环境、成本、可持续性、健康安全和治安、人口结构和宜居性、生活方式资产，并设置了 58 个变量。

在不同的研究成果中，比较导向类指标所代表的世界城市的特征各有

---

① http://www.mercer.com

② 倪鹏飞、[美]彼得·卡尔·克拉索：《全球城市竞争力报告(2007—2008)》，社会科学文献出版社，2008 年。

不同，既有着眼于商业活动、信息交流、政治参与、文化交流等城市综合发展特征，也有针对科技、生活质量、贸易、城市财富等单一特征开展对比研究。而无论哪一类指标，都是在具有共性特征的世界城市核心功能要素基础上，进一步补充的竞争要素，重点关注世界城市的竞争实力、竞争能力和竞争潜力；强调智力资本、科技研发水平、宜居环境、生活质量、可持续性是未来世界城市发展的着力点；强调致力于在全球城市网络体系中提升自身地位的城市需要具备的比较优势。因此，比较导向类指标突出体现了当前以及未来世界城市竞争力的关键所在。

（三）引导世界城市发展方向的规划导向类指标

1. 规划导向类指标的基本情况

规划导向类指标是用于指导如何建设世界城市的指标。美国城市学家弗里德曼曾经提到，“城市在很大程度上是公共政策的结果”，而“下一世纪的城市必然是规划的结果”①。

《东京构想 2000》、“伦敦荣耀计划”（the London Pride Prospectus）②、《纽约 2030 规划》、《可持续发展的悉尼 2030 远景规划》③、《香港 2030：规划远景与策略》④纷纷围绕世界城市发展目标，提出各自的城市发展思路、重点战略发展框架。

2. 规划导向类指标的着力点

从伦敦、东京、纽约、巴黎等顶级世界城市，以及中国香港、悉尼等新兴世界城市与地区的战略规划看，虽然内容不一，形式多样，但均涉及了三个共性主题：一是对人文社会领域的关注，二是城市发展实力和整体地位的提升，三是绿色发展。

上述研究表明，以人文发展、竞争实力、绿色发展为代表的主题是未来世界城市发展的共性趋势和目标选择，对于北京建设世界城市具有重要的借鉴意义。其中，提升城市文明、塑造城市形象、推动人文领域的全面发展是世界城市发展的根本；通过提高信息化和科技发展水平，增强城市竞争力，打造综合经济实力是世界城市发展的重要引擎；实现绿色、宜居、可持续发展是世界城市发展的主要方向。

从构建世界城市的指标体系以及城市远景规划来看，规划导向类指标

---

① ［美］约翰·弗里德曼著，陈闽齐译：《世界城市的未来：亚太地区城市和区域政策的作用》，《国外城市规划》，2005 年，第 20 页。

② Andy Thornley. URBAN PLANNING AND COMPETITIVE ADVANTAGE：London，Sydney and Singapore，London School of Economics and Political Science，LSE LONDON Discussion Paper No. 2，May 1999.

③ http：//www. cityofsydney. nsw. gov. au/2030/

④ http：//www. china-up. com/international/message/showmessage. asp? id =941

主要用于指导如何建设世界城市。指标涵盖的领域更宽、范围更广、内容更加丰富，不仅在城市自身发展规律的基础上提出了远景发展目标的指标设定，而且更加关注时代发展的动态趋势，往往包含城市未来可持续发展的众多控制因素。因此，在国际政治经济环境不断变化、城市间竞争日趋激烈的今天，规划导向类指标为不同城市提出了方向性的发展目标要求，这种要求既符合城市发展的自身规律特点，又立足于世界城市和人类社会发展的整体规律和变化趋势，代表了世界城市建设和研究的发展方向，是对世界城市指标研究的进一步延伸。

综上所述，识别导向类指标、比较导向类指标倾向于对现有世界城市的研究分析，为我们开展世界城市和指标设置研究提供了公认的核心功能性指标和具有特色的竞争力指标选取的参考价值。而规划导向类指标则更倾向于对未来世界城市的规划和构建，为北京这样的后发世界城市提供了可以遵循的发展模式和发展思路。

四、北京建设世界城市监测评价体系

(一) 设计原则

一是突出国际性原则。北京建设世界城市监测评价体系应注重对世界城市内涵与本质特征的把握，做到与国际公认的世界城市评价标准相衔接，有利于国际比较。

二是突出首都特色。突出中央对北京城市发展的功能定位和“四个服务”的要求，突出城市总体规划确定的“国家首都、国际城市、文化名城、宜居城市”的发展定位，突出建设“人文北京、科技北京、绿色北京”的战略任务。

三是突出阶段性特征。北京建设世界城市监测评价体系设计，既要充分体现世界城市发展的趋势，又要立足于北京的实际，着眼于现阶段的发展需求。评价体系将随着北京建设世界城市的历史进程适时进行调整，以引导北京工作向着建设世界城市的目标不断迈进。目前本课题研究的监测评价体系涉及的内容着眼于 2010—2020 年阶段。

四是突出可为性原则。北京建设世界城市监测评价体系设计既要与北京的发展规划、战略目标、重点任务相衔接，更好地服务市委市政府的科学决策；又要从目前国内外开展世界城市研究面临的数据缺乏的实际出发，充分考虑指标数据的可得性(特别是国际比较数据)和数据来源的稳定性，以保证评价监测工作的有效实现。

(二) 设计思路

北京建设世界城市监测评价体系的设计，既要与世界城市的通行标准和发展趋势接轨，又要与北京的功能定位、城市战略发展目标和发展理念相承接，在遵循共性发展规律的基础上突出个性和特色化发展道路，探索出一条在发展中国家建设一流世界城市的崭新模式。

通过对识别导向、比较导向、规划导向类指标的比较分析研究，以识别导向类指标为基础构建"共性指标"，以比较导向和规划导向类指标为基础构建"特色指标"成为我们设置北京建设世界城市监测评价体系的总体思路。

（三）总体框架

基于以上研究，我们在学习和借鉴相关研究成果设计思路的基础上，本着在体现共性特征的基础上，要更加突出北京特色、更加简洁明了、更加具有工作导向性的要求，提出了《北京建设世界城市监测评价体系（2010—2020年）》。

北京建设世界城市监测评价体系的总体框架包括四个层次，即维度层、领域层、要素层和代表性指标层。

1. 维度层

维度层是对评价体系框架的总体把握，分为"共性指标"和"特色指标"两个维度。"共性指标"主要反映当前理论界对世界城市内涵与核心特征的认识；"特色指标"主要反映北京建设世界城市的个性化特征和发展路径。

2. 领域层

领域层是对维度层的细化。在"共性指标"维度下，基于国际公认标准，主要设置了"国际影响力"这一领域。在"特色指标"维度下，基于"人文北京、科技北京、绿色北京"战略发展要求，设置了"人文发展"、"科技发展"、"绿色发展"三个领域。

3. 要素层

要素层是对领域层的进一步细化，各个要素分别代表每个发展领域中的观测重点，是北京建设世界城市体系的支撑点和在工作要素层面上的具体分解。

关于"国际影响力"领域，理论界普遍认为，世界城市的国际影响力主要表现在三个方面：一是具有雄厚的经济实力，包括拥有较大规模的经济体量、较高程度的经济水平、较为明显的后工业化经济结构特点；二是具有较强的集聚和控制能力，成为全球资本流动控制中心和全球经营管理调控中心，在人才、物质、资本、技术和信息顺畅流动的基础上发挥经济、社会、文化事务的控制力和影响力。三是具有良好的资源流动的承载能力和国际交往能力，形成较高的国际化水平和开放度。因此，在"国际影响力"领域下，分别设置了"经济水平"、"集聚水平"和"交往水平"三个要素。

关于"人文发展"、"科技发展"和"绿色发展"三个领域，根据"人文北京"、"科技北京"、"绿色北京"三个行动计划和今后应当努力的重点，分别设置了“人口素质”、“公共服务”、“城市文明”、“文化发展”、“科技资源”、“科技成果”、“信息化水平”、“资源节约”、“环境保护”以及“生态建设”十个要素。

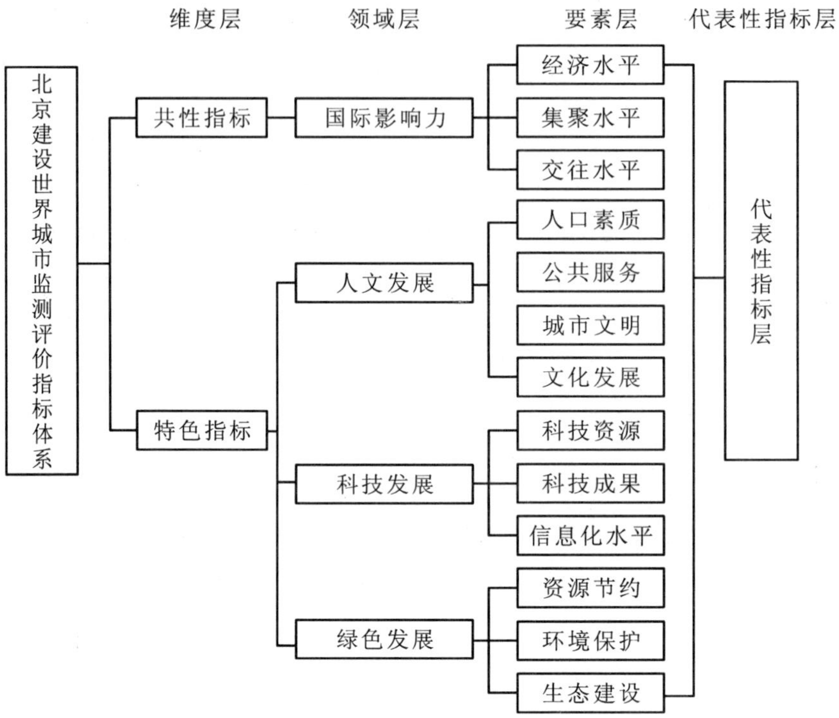

图 1　北京建设世界城市监测评价体系框架

4. 代表性指标层

为便于操作，评价体系不能过于庞杂，在每个评价要素中只分别选取最具代表性的指标用于实际监测和评价，既要遵循首都特色，立足于现阶段城市的发展目标；又要数据易获取，便于开展国际比较。

表 2　北京建设世界城市监测评价体系(2010—2020 年)

维度	领域	要素	序号	代表性指标	单位
共性指标	国际影响力	经济水平	1	人均 GDP	美元
			2	第三产业增加值比重	%
		集聚水平	3	金融机构总部、全球 500 强企业总部数	个
			4	联合国机构及国际组织总部数	个
			5	大型国际会议展览数量	个
			6	外籍常住人口数	万人
		交往水平	7	入境旅游人数	万人次
			8	航空旅客吞吐量	万人次

续表

维度	领域	要素	序号	代表性指标	单位
特色指标	人文发展	人口素质	9	平均期望寿命	岁
			10	平均受教育年限	年
		公共服务	11	轨道交通运营线路长度	公里
			12	公共服务均等化指数	—
		城市文明	13	市民公共行为文明指数	—
		文化发展	14	国家文物保护单位、博物馆数	个
			15	文化创意产业增加值占 GDP 比重	%
	科技发展	科技资源	16	每万人口中研发(R&D)人员折合全时当量	人年
		科技成果	17	专利的国际申请数	项
			18	工业企业新产品销售收入占产品销售收入比重	%
		信息化水平	19	每千人宽带用户数	个
	绿色发展	资源节约	20	万元 GDP 能耗、水耗	吨标油、立方米
		环境保护	21	清洁能源比重	%
			22	二氧化氮和可吸入颗粒物浓度	微克/立方米
		生态建设	23	城市绿化覆盖率	%

五、北京建设世界城市监测评价方法

(一)标准化处理

北京建设世界城市监测评价工作主要是按照评价体系的指标设定，观察各建设领域的发展水平，定期监测北京建设世界城市的发展进程，衡量与主要世界城市的发展差距，有针对性地开展建设工作。因此，本课题拟运用“标杆法”和“定基指数法”进行标准化处理，以达到所需的评价目的。

1．标杆法

“标杆法”是在被评价主体及比较对象范围内，分别选取每个指标的最优水平作为标杆值，形成评价体系的一组标杆，将标杆作为评价标准进行比较分析并得到标准化值的方法。

正指标

计算公式为：

$$z_i = \frac{x_i}{x_{max}}$$

其中，z_i 为 x_i 的标准化值，x_i 为实际值，x_{max} 为最大标杆值。

逆指标

计算公式为：

$$z_i = \frac{x_{min}}{x_i}$$

其中，z_i 为 x_i 的标准化值，x_i 为实际值，x_{min} 为最小标杆值。

标杆法的特点在于，它强调了在比较范围内所处的发展水平，适用于判断样本城市与相关城市的发展差距。

2. 定基指数法

定基指数法是以样本城市某一年份的发展水平为基期，将未来连续几年的实际值与基期值进行比较，得出标准化值的方法。

正指标

计算公式为：

$$z_i = \frac{x_i}{x_0}$$

其中，z_i 为 x_i 的标准化值，x_i 为第 i 年的实际值，x_0 为基期年份的实际值。

逆指标

计算公式为：

$$z_i = \frac{x_0 - x_i}{x_i} + 1$$

其中，z_i 为 x_i 的标准化值，x_i 为第 i 年的实际值，x_0 为基期年份的实际值。

定基指数法的特点在于，它便于观察以某一年份为基础的城市发展进程。

（二）权重设置

考虑到按照目前评价指标体系收集北京市及相关城市（国家）数据存在较大困难，不符合客观赋权法的数据要求，因此，北京建设世界城市监测评价体系主要采用主观赋权法中的层次分析法（Analytic Hierarchy Process, AHP），测算指标权重。

表 3 北京建设世界城市监测评价指标权重

维度	领域	要素	序号	指标名称	权重
共性指标（66.50）	国际影响力（66.50）	经济水平（28.53）	1	人均 GDP	19.68
			2	第三产业增加值比重	8.85
		集聚水平（25.49）	3	金融机构总部数	5.44
				全球 500 强企业总部数	5.45
			4	联合国机构及国际组织总部数	6.87

续表

<table>
<tr><th>维度</th><th>领域</th><th>要素</th><th>序号</th><th colspan="2">指标名称</th><th>权重</th></tr>
<tr><td rowspan="5">共性指标
(66.50)</td><td rowspan="5">国际影响力
(66.50)</td><td rowspan="3">集聚水平
(25.49)</td><td rowspan="2">5</td><td colspan="2">大型国际会议数量</td><td>2.60</td></tr>
<tr><td colspan="2">大型国际展览数量</td><td>2.60</td></tr>
<tr><td>6</td><td colspan="2">外籍常住人口数</td><td>2.53</td></tr>
<tr><td rowspan="2">交往水平
(12.48)</td><td>7</td><td colspan="2">入境旅游人数</td><td>7.60</td></tr>
<tr><td>8</td><td colspan="2">航空旅客吞吐量</td><td>4.88</td></tr>
<tr><td rowspan="21">特色指标
(33.50)</td><td rowspan="11">人文发展
(15.45)</td><td rowspan="2">人口素质
(4.76)</td><td>9</td><td colspan="2">平均期望寿命</td><td>1.78</td></tr>
<tr><td>10</td><td colspan="2">平均受教育年限</td><td>2.98</td></tr>
<tr><td rowspan="5">公共服务
(5.01)</td><td>11</td><td colspan="2">轨道交通运营线路长度</td><td>2.22</td></tr>
<tr><td rowspan="4">12</td><td rowspan="4">公共服务均等化指数</td><td>城镇化率</td><td>0.70</td></tr>
<tr><td>城乡最低生活保障水平比</td><td>0.69</td></tr>
<tr><td>城乡中小学校生均拥有骨干教师数量比</td><td>0.70</td></tr>
<tr><td>城乡人均拥有医生、护士数量比</td><td>0.70</td></tr>
<tr><td>城市文明
(2.80)</td><td>13</td><td colspan="2">市民公共行为文明指数</td><td>2.80</td></tr>
<tr><td rowspan="3">文化发展
(2.88)</td><td rowspan="2">14</td><td colspan="2">国家文物保护单位</td><td>0.55</td></tr>
<tr><td colspan="2">博物馆数</td><td>0.55</td></tr>
<tr><td>15</td><td colspan="2">文化创意产业增加值占 GDP 比重</td><td>1.78</td></tr>
<tr><td rowspan="4">科技发展
(11.26)</td><td>科技资源
(3.57)</td><td>16</td><td colspan="2">每万人口中研发(R&D)人员折合全时当量</td><td>3.57</td></tr>
<tr><td rowspan="2">科技成果
(5.59)</td><td>17</td><td colspan="2">专利的国际申请数</td><td>3.45</td></tr>
<tr><td>18</td><td colspan="2">工业企业新产品销售收入占产品销售收入比重</td><td>2.14</td></tr>
<tr><td>信息化水平
(2.10)</td><td>19</td><td colspan="2">每千人宽带用户数</td><td>2.10</td></tr>
<tr><td rowspan="6">绿色发展
(6.79)</td><td rowspan="2">资源节约
(2.46)</td><td rowspan="2">20</td><td colspan="2">万元 GDP 能耗</td><td>1.23</td></tr>
<tr><td colspan="2">万元 GDP 水耗</td><td>1.23</td></tr>
<tr><td rowspan="3">环境保护
(2.60)</td><td>21</td><td colspan="2">清洁能源比重</td><td>1.61</td></tr>
<tr><td rowspan="2">22</td><td rowspan="2">二氧化氮和可吸入颗粒物浓度</td><td>二氧化氮浓度</td><td>0.49</td></tr>
<tr><td>可吸入颗粒物浓度</td><td>0.50</td></tr>
<tr><td>生态建设
(1.73)</td><td>23</td><td colspan="2">城市绿化覆盖率</td><td>1.73</td></tr>
</table>

(三)加权汇总

运用“综合评价指数法”，将标准化值乘以对应权重，然后加权汇总得出总指数。

$$y = \sum_{i=1}^{n} \omega_i \times z_i \qquad i = 1, 2, \cdots, n$$

其中：y 为综合指数，ω_i 为权重，z_i 为标准化值，n 为指标个数。

六、北京建设世界城市实证分析

按照北京建设世界城市监测评价体系的指标设定，本课题收集了2005年、2008年、2009年的北京城市数据，并有针对性地选择了三类城市开展比较研究。这三类城市包括以纽约、伦敦、东京、巴黎为代表的全球公认的顶级世界城市；以新加坡、首尔为代表的亚洲新兴世界城市；以香港、上海为代表的国内领先城市。分别运用“定基指数法”测算北京建设世界城市发展指数，运用“标杆法”测算北京建设世界城市比较指数是本课题开展实证分析的主要内容。

通过实证分析(由于篇幅有限，北京建设世界城市实证分析部分的内容被略去)，尽管北京城市发展已经取得了长足进步，但与主要世界城市相比，差距依然明显，建设世界城市任务依然任重道远。

参考文献

1. [美]丝奇雅·沙森：《全球城市》，上海社会科学院出版社，2005年。
2. 周振华：《崛起中的全球城市》，上海上民出版社，2008年。
3. 刘玉芳：《国际城市评价指标体系研究与探讨》，《城市发展研究》，2007年第4期。
4. 屠启宇：《世界城市指标体系研究的路径取向与方法拓展》，《上海经济研究》，2009年第6期。
5. [美]约翰·弗里德曼著，陈闵齐译：《世界城市的未来：亚太地区城市和区域政策的作用》，《国外城市规划》，2005年。
6. 金元浦：《北京走向世界城市》，北京科学技术出版社，2010年。
7. 北京市社会科学界联合会：《2010首都论坛论文集 世界城市：北京发展新目标》，2010年。
8. [美]曼纽尔·卡斯特：《网络社会的崛起》，社会科学文献出版社，2006年。
9. [美]贝尔琴：《全球视角中的城市经济》，吉林人民出版社，2003年。
10. 张茅：《北京建设国际交往中心研究》，中国旅游出版社，2001年。
11. 倪鹏飞、[美]彼得·卡尔·克拉索：《全球城市竞争力报告(2007—2008)》，社会科学文献出版社，2008年。
12. 曹红阳：《中国的世界城市发展道路研究——以北京为例》，2007年。
13. Friedmann. J. The World City Hypothesis, Development and Change (SAGE, London, Beverly Hills and New Delhi). Vol. 17 (1986).

14. J. V. Beaverstock, R. G. Smith and P. J. Taylor. A Roster of World Cities, http://www.lboro.ac.uk/gawc/rb/rb5.html.

15. P. J. Talor. Leading World Cities: Empirical Evaluations of Urban Nodes in Multiple Networks. GaWC Research Bulletin.

16. Castells. M. The Rise of Network Society. Oxford Blackwell, 1996.

17. Corporation of London 1999, Competitiveness of London's Financial and Business Services Sector.

18. Sassen S. The global city: New York, London, Tokyo. Princeton: Princeton university press, 1991.

19. Peter Hall. The World Cities London Weidenfeld and Nicholson, 1966.

20. Knox P L and Taylor P J. World Cities in a World System, New York Cambridge University Press, 1995.

21. Andy Thornley. URBAN PLANNING AND COMPETITIVE ADVANTAGE: London, Sydney and Singapore. London School of Economics and Political Science. LSE LONDON Discussion Paper No. 2, May 1999.

22. Freeman, Alan. Measuring and Comparing World Cities. Munich Personal RePEc Archive, 2004. 1. http://mpra.ub.uni-muenchen.de/18103.

（作者：苏　辉　北京市经济社会数据分析与监测评价研究基地负责人
高级会计师
崔　萍　北京市经济社会数据分析与监测评价研究基地研究人员
高级统计师
杜明翠　北京市经济社会数据分析与监测评价研究基地研究人员
统计师）

马克思主义研究基地

（中国人民大学）

基地名称：马克思主义研究基地
依托单位：中国人民大学
项目类别：北京市哲学社会科学“十一五”规划研究基地项目

我们为什么需要马克思主义？①

中国共产党将马克思主义作为指导思想已近90年，新中国将马克思主义作为指导思想写入中华人民共和国宪法也已经半个多世纪。在我国，马克思主义已经被确立为我们立党立国的根本指导思想，被确立为全党全国人民团结奋斗的共同思想基础。在社会主义核心价值体系建设中，马克思主义是灵魂，是决定其性质和发展方向的决定性因素。可问题是，产生于西方的马克思主义传入中国后，何以能够改变中华民族、中国人民、中国共产党的面貌呢？马克思主义既然具有如此神奇的力量，为何还有那么多人对马克思主义产生怀疑，还有那么多人不信仰马克思主义？问题的焦点集中到一点：我们为什么需要马克思主义呢？本文试就这个问题所涉及的一些具体问题作有针对性的探讨。

一、我们之所以需要马克思主义，是因为马克思主义是科学，具有世界性的意义

针对问题之一：马克思主义产生于19世纪的欧洲，顶多是欧洲文明的产物。相对于其他地区、其他民族国家的思想文化来说，马克思主义无疑是“异质”文化。也许在欧洲，马克思主义曾具有指导意义，但对于历史文化传统、国情完全不同的其他地区，就失去了它的指导意义。

马克思主义于19世纪40年代产生于西欧。为何在这一时期产生于西欧，是因为此时西欧经济社会的发展和自然科学的重大创新为马克思主义的产生和发展提供了必要的社会历史条件。19世纪初，西欧资本主义已有相当发展，英、法、德三国已经或正在实现产业革命，生产力和科学技术达到前所未有的水平。产业无产阶级已经由自在阶级开始向自为阶级转变。19世纪30—40年代英国宪章运动、法国里昂工人起义和德国西里西亚纺织工人起义标志着无产阶级已经作为独立政治力量登上历史舞台。马克思主义就是马克思、恩格斯在19世纪欧洲工人运动实践基础上而创立的理论

① 本文是《中国特色社会主义理论体系研究》项目的阶段成果，项目编号：09AbKD080。

体系。

马克思主义虽然产生于西欧，但它却是在吸收了几千年来人类思想和文化发展中的一切优秀成果，尤其是在批判地继承、吸收人类在 19 世纪所创造的优秀成果——德国古典哲学、英国古典政治经济学和法国、英国的空想社会主义合理成分的基础上，在深刻分析资本主义社会的发展趋势和科学总结工人阶级斗争实践基础上创立和发展起来的。法国启蒙学者的思想和法国复辟时期历史学家的阶级斗争学说，也曾为科学社会主义理论提供了有益的思想资料。19 世纪科学技术的新成果，特别是细胞学说的确立、能量守恒和转化规律的发现、进化论的新发展为马克思主义的产生奠定了坚实的自然科学基础。正如列宁所说："马克思主义这一革命无产阶级的思想体系赢得了世界历史性的意义，是因为它并没有抛弃资产阶级时代最宝贵的成就，相反却吸收和改造了两千多年来人类思想和文化发展中一切有价值的东西。"①所以，马克思主义虽然产生于欧洲，但它并非只是欧洲文明的产物，而是建立在已有的人类优秀文化遗产的基础上。因此，这一人类思想史上伟大革命的成果不仅属于欧洲，也属于全世界，属于全人类。正因为如此，马克思主义在 19 世纪就开始传播到世界各地，成为被剥削阶级寻求自身解放的思想武器。

针对问题二：马克思主义虽然是人类文明的产物，但它毕竟只是人类文明众多的理论成果之一，为何我们如此强调要坚持马克思主义呢？

邓小平讲："学马列，要精，要管用的。"②"管用"，就是有价值。我们之所以强调坚持马克思主义，之所以从众多的理论中选择马克思主义，是因为马克思主义具有科学性和真理性。我们认为，衡量一个理论是否科学，是否具有真理性，关键是看以下几条：一是看其是否具有科学的世界观和方法论；二得看其是否具有正确的立场；三是看其是否具有强大的生命力；四是看其指导实践的效果。

首先，我们看到，马克思主义的世界观和方法论是科学的。它坚持辩证唯物主义和历史唯物主义的世界观和方法论，科学分析了资本主义社会的内在矛盾，深刻揭示了历史发展的客观规律，为人类社会发展进步指明了正确方向。马克思主义的世界观和方法论，集中起来就是我们所说的"实事求是"，这是马克思主义的精髓和灵魂。辩证唯物主义与历史唯物主义，为我们提供了伟大的认识工具，成为我们认识世界和改造世界的科学思想武器。

其次，我们看到，马克思主义的立场是科学的，它代表了最广大人民

---

① 《列宁选集》第 4 卷，人民出版社，1995 年，第 299 页。

② 《邓小平文选》第 3 卷，人民出版社，1993 年，第 382 页。

的利益，它的全部理论都立足于实现和维护最广大人民的根本利益，它的最高价值追求是实现全人类解放和人的自由而全面发展。

再次，马克思主义具有顽强的生命力。马克思主义是开放的、与时俱进的理论体系，它始终随着时代和实践的进步而不断丰富发展，始终在与各国实际相结合的过程中获取新的活力。列宁把马克思主义同俄国革命的具体实践结合起来，创立了列宁主义。中国共产党人把马克思主义的基本理论与中国历史、中国文化和中国实践相结合，先后创立了毛泽东思想和中国特色社会主义理论体系，不断开辟了马克思主义发展的新境界。

最后，也是最重要的，还是看实践。实践是检验真理的唯一标准。马克思主义是一门以实践为基础的学说，它来自实践，服务实践，并在实践中不断得到检验和发展。马克思主义的科学性和真理性，已经被一百多年来国际共产主义运动、近百年来中国革命、建设和改革的成功实践所证明。

国际共产主义运动和中国历史告诉我们这样一个结论：坚持以马克思主义为指导，就是坚持真理、坚持科学、坚持最广大人民的利益。

针对问题三：既然马克思主义属于全人类，为何马克思主义在它的产生地——欧洲已经被抛弃了呢？为何马克思主义俄罗斯化的列宁主义也于20世纪90年代被俄罗斯人所抛弃了呢？环顾今日之全球，把马克思主义当做指导思想的国家和政党越来越少了，我们为何还谈坚持马克思主义呢？

应该承认，马克思主义作为工人阶级的世界观，作为工人阶级认识世界和改造世界的思想武器，作为工人阶级争取阶级解放和人类解放的科学理论，虽然对国际共产主义运动产生过十分重要而深远的影响，但它从来没有在西方发达资本主义国家成为主导的意识形态。虽然西欧一些左翼政党在获得执政地位后，也曾从马克思主义中获取理论资源，但马克思主义也只是被当做众多理论资源中的一种。虽然西欧一些国家的共产党至今仍然在坚持马克思主义，但西欧国家的共产党组织数量和党员人数确实已经很少。不过，由此得出马克思主义被西方所抛弃这个结论，并不是客观的。我们看看以下几个事实：

第一，作为意识形态的马克思主义，它自产生以来，一直是欧洲工人阶级运动的指导思想，也一直是国际共产主义运动的指导思想。马克思主义虽然未被发达资本主义国家作为主流意识形态，但发达国家并没有抛弃马克思主义。160年来，“马克思的幽灵”一直在世界徘徊①。马克思主义是同各式各样资产阶级和小资产阶级反动思潮、同国际工人运动中各种机会主义、修正主义的反复斗争中不断发展和壮大，最终确立了它在国际工人

① ［法］德里达：《马克思的幽灵》，中国人民大学出版社，1999年。

运动中的统治地位。“它把伟大的认识工具给了人类，特别是给了工人阶级。”[①]时至今日，马克思主义仍然是工人阶级争取自身解放的思想武器。马克思主义对未来社会的设想仍然在激励着工人阶级为争取实现自身的利益而奋斗。冷战结束后，西方一些著名学者对马克思主义的历史功绩给予了充分的肯定，如德里达指出：“不能没有马克思，没有马克思，没有对马克思的记忆，没有马克思的遗产，也就没有将来：无论如何得有某个马克思，得有他的才华，至少得有他的某种精神。”[②]

第二，作为方法论的马克思主义，它一直存在于人们认识世界和改造世界的伟大实践中。马克思主义的创始人恩格斯在晚年曾一再强调指出：“马克思的整个世界观不是教义，而是方法。它提供的不是现成的教条，而是进一步研究的出发点和供这种研究使用的方法。”[③]列宁曾明确指出：“马克思认为他的理论的全部价值在于这个理论‘按其本质来说，它是批判的和革命的’。”[④]作为一种批判的理论，它对资本主义社会基本矛盾和本质的揭示，为人们科学认识资本主义的历史命运和人类社会发展规律，提供了科学的方法。德里达在《马克思的幽灵》中列举了当代西方资本主义的十大祸害，他认为，对这些祸害的解决，绝对离不开马克思主义的批判精神。作为革命的理论，它指导各国无产阶级具体分析本国的实际情况，从本国的实际出发把握本国的特点和特殊规律，正确地制定和贯彻党和政府的纲领、路线、政策和方针。西方有些学者虽然不承认自己是马克思主义者，但却始终坚持和运用马克思主义的方法。资本主义国家的统治者虽然极力反对马克思主义，但也时常从马克思主义理论中寻找解决自身矛盾的方法。

第三，作为学术研究对象的马克思主义，它一直存在于不同时期、不同国别、不同学科学者的学术研究视域中。马克思主义自产生以来，马克思主义哲学、政治经济学、科学社会主义等内容，在不同学科中都占有十分重要的地位。马克思恩格斯的文本、马克思恩格斯的思想等一直是哲学社会科学学科重点研究的对象。进入 20 世纪，在西方社会，不同时期曾有不同的马克思主义流派，即使在冷战结束后，西方仍然存在着十多种马克思主义流派。西方研究马克思恩格斯思想时形成的“马克思学”、“恩格斯学”、“列宁学”等，就是对马克思主义进行纯粹学术研究的结果。前苏联，虽然已经走上了资本主义道路，否定了马克思列宁主义在意识形态的指导地位，但马克思列宁主义对苏联社会进步所产生的影响，始终没有被人们

① 《列宁论马克思主义》，人民出版社，2003 年，第 68 页。

② ［法］德里达：《马克思的幽灵》，中国人民大学出版社，1999 年，第 21 页。

③ 《马克思恩格斯全集》第 39 卷，人民出版社，1979 年，第 406 页。

④ 《列宁选集》第 1 卷，人民出版社，1995 年，第 82 页。

忘记。时至今日，俄罗斯仍然有不少学者在重新认识马克思，重读马克思，反思马克思。

第四，作为一个整体的马克思主义，至今仍然“活着”。在千年之交、世纪更替之际，包括剑桥大学、英国广播公司（BBC）、路透社等在内的西方媒体和一些大学开展了几次评选“千年思想家”等活动，结果都是马克思以高票位居榜首，被评为千年“最伟大的思想家”、“千年伟人”。目前，当国际金融危机肆虐全球之时，马克思的鸿篇巨著《资本论》在欧洲销量大幅增长。与此同时，马克思的其他著作也在热销之中。在很多人看来，马克思主义成为分析国际金融危机的一把钥匙，成为摆脱金融危机的一剂良方。这些事实都说明了一个道理：尽管现在世界上的情况有很多新变化，但历史发展的总趋势并没有越出马克思主义经典作家所揭示的基本规律。马克思主义是划时代的理论，也是与时俱进的理论，具有强大的生命力。

马克思主义虽然产生于欧洲，但却跨越欧洲，影响了全世界。马克思主义一经产生，就与各国工人运动相结合，兴起了国际共产主义运动，极大地推动了最广大人民的解放事业。可以说，在人类思想史上，至今还没有哪一种理论，能够像马克思主义那样，对人类的思想、文化、社会发展产生如此深远的影响。

二、我们之所以选择了马克思主义，是因为马克思主义切合了中国人民的需要

针对问题一：中国是一个文明古国，中国传统文化博大精深，蕴藏着十分丰富的治国理政的道理。在马克思主义转入中国之前，中华民族已经生存了几千年，而且曾经创造过十分辉煌的人类文明。中华民族为何一定要拿西方的马克思主义来作为指导思想，而不能用中国传统文化作为指导思想呢？

我们必须承认，中国传统文化历史悠久，内容博大精深。中国传统文化讲的和谐、包容等思想对于今天构建和谐社会，促进世界和平发展具有重要的现实意义。中华优秀传统文化也是我们实现中华民族伟大复兴的取之不尽、用之不竭的宝贵资源。但我们又必须承认，传统文化毕竟是与自然经济、农耕文明、封闭社会、封建制度和血缘关系相适应的，它很难与已经步入市场经济、工业文明、社会主义的现代中国相适应。中国共产党人和中国人民靠什么思想武器取得了民族独立的伟大胜利和社会主义现代化事业的巨大成就？靠的就是与中国实际相结合的马克思主义，而不是靠中国的传统思想，不是靠孔夫子。近百年的中国历史已经证明，靠中国的传统思想，靠孔夫子，既不能取得民族独立和实现社会现代化，也不能实现中国文化的复兴。1942 年，毛泽东在延安同匡亚明谈论孔子时指出，孔

子的确是中国历史上一个非常伟大的人物。他思想中有消极的东西，也有积极的东西，只能当做历史遗产，批判地继承和发扬。对当前革命运动来说，它是属于第二位的东西。第一位的用以指导革命运动的是马克思主义理论①。

当然，我们并不否认传统文化的现代价值，恰恰相反，我们正在极力挖掘传统文化的精华。我们所说的马克思主义与中国实际相结合，这里的“实际”，既包括了当代中国现实实际，也包括中国传统文化实际。在马克思主义中国化的过程中，我们的一项很重要的工作就是使马克思主义的基本原理通过一定的中国民族文化形式表现出来，也就是通过中国化而使其融入中国民族文化的发展之中，变成中国人民所能理解和接受的东西，使马克思主义扎根于中国民族文化的土壤之中从而得以生长和繁荣起来。中国近代以来的社会变迁证明，全盘否定中国传统文化，马克思主义中国化会失去民族文化土壤，无法生根发芽；相反，如果全盘肯定中国传统文化，并试图以其替代马克思主义的指导地位，无疑会开历史倒车，违背人类社会发展规律。

针对问题二：马克思主义的创始人马克思、恩格斯虽然曾关注过中国，但中国问题毕竟不是马克思主义经典作家关注的重点。马克思主义是典型的西方思想体系，这种典型的西方思想体系不仅没有在东方古国毁灭绝迹，反而在异土他乡生根、开花、结果。中国人为何接受了马克思主义呢?

马克思的学说是在19世纪末20世纪初传入中国的，当时只是西学诸多学说中的一种。虽然不管是马克思、恩格斯，还是列宁，他们都很关心中国，很关注中国社会和中国革命，他们关于中国问题的论述甚至可以编一本书②，但由于受历史条件的制约，他们对中国历史、哲学、文化的了解毕竟是有限的。

马克思主义传入中国并被中国人所接受并成为当代中国的主流意识形态，具有历史必然性。这种必然性主要现在三个方面：

第一，马克思主义是科学，是真理，具有世界意义。这一点，我们在前面已有论述。

第二，马克思主义与中国传统文化有着高度的契合性。

郭沫若在20世纪20年代，曾发表一篇题为《马克思进孔庙》的小品文，其中写道：“马克思(对孔子)说：‘我想不到两千年前，在远远的东方，已经有了你这样一位老同志，你我的见解完全是一致的。’”③大约半个多世纪

---

① 匡亚明：《孔子评传》，齐鲁书社，1985年，第474页。

② 有关马克思恩格斯论中国问题的观点参见《马克思恩格斯论中国》，人民出版社，1997年。

③ 《郭沫若全集》(文学卷)第10卷，人民文学出版社，1985年，第161页。

前，英国剑桥大学李约瑟研究所名誉所长李约瑟曾说过这样一段话："现代中国人如此热情地接受（马克思）的辩证唯物主义，有很多西方人觉得不可思议。他们想不明白，为什么这样一个古老的东方民族竟会如此毫不犹豫、满怀信心接受一种初看起来完全是欧洲的思想体系。但是，在我想像中，中国的学者们自己却可能会这样说：'真是妙极了！这不就像我们自己的永恒哲学和现代科学的结合吗？它终于回到我们身边了！'""中国知识分子之所以更愿意接受辩证唯物主义，是因为，从某种意义上说，这种哲学思想正是他们自己所产生的。"①李约瑟的这段话，可能并不精确，但却道出了马克思主义与中国传统文化的某种联系。

马克思主义与中国传统文化的价值契合点和学理上的一致性，中国的知识分子曾从多个角度进行过探寻。张岱年、程宜山认为：中国人特别是知识分子接受马克思主义，与中国传统文化有密切关系。"中国文化中本有悠久的唯物论、无神论、辩证法的传统，有民主主义、人道主义思想的传统，有许多历史唯物主义的思想因素、有大同的社会理想，如此等等，因而马克思主义很容易在中国的土壤里生根。"②吴雁南等人指出：中国是一个有着悠久文化历史的国家，其传统文化在长期的积淀中留下不少民主性的精华，"儒家的大同思想，以天下国家为己任的追求，讲求群体的观念以及道家无为而治的理想等，都从不同的层面折射出社会主义的因素，尽管这些因素是空想的、主观的，乃至宗教性的。这些思想观念，在一定程度上削弱了中国先进知识分子接受科学社会主义的认知障碍，奠定了他们接受科学社会主义的心理基础。"③事实正如他们所说，马克思主义与中国传统文化的确具有许多相容或相通之处，这正是早期马克思主义在中国能够得到广泛传播的深层次原因。

第三，中国人接受马克思主义，是因为中国社会有了这种需要。

毛泽东曾说："马克思列宁主义来到中国之所以发生这样大的作用，是因为中国的社会条件有了这种需要，是因为同中国人民革命的实践发生了联系，是因为被中国人民所掌握了。"④今天，当我们来反思中国接受马克思主义的心路历程，我们确实发现，中国人选择接受了马克思主义，与中国社会发展的需要有密切的关系。

近代以来，面对日益严重的民族危机，中国的先进分子认识到靠中国的传统思想、靠孔夫子、靠儒家学说是救不了中国的，于是便转向西方国

---

① ［英］李约瑟：《四海之内》，三联书店，1987年，第67页。

② 张岱年、程宜山：《中国文化与文化论争》，中国人民大学出版社，1990年，第190页。

③ 吴雁南等：《中国近代社会思潮》第2卷，湖南教育出版社，1998年，第471页。

④ 《毛泽东选集》第4卷，人民出版社，1991年，第1515页。

家寻找救国真理，先是转向西方的“奇技”，洋务运动的“师夷之长技以制夷”便是这种思想观念的反映；甲午战争失败后，中国又转向了西方的政治文明，戊戌变法就是这种思想观念的反映；戊戌变法失败后，中国人开始求助于西方的科学与民主，即所谓“德”“赛”两先生。中国的先知先觉们满心以为西方资产阶级民主主义文化可以救中国，但“老师总是打学生”，帝国主义的侵略打破了中国人学习西方的迷梦。现代中国需要科学、民主、自由、人权，但西方资产阶级民主主义、资产阶级自由主义以及西方资产阶级共和国的方案则行不通。

中国人最终接受马克思主义选择社会主义，与 20 世纪头 20 年中国面临的内外环境有很大的关联度。甲午战争和戊戌变法失败后，正当中国准备全盘接受西方文明时，第一次世界大战充分暴露了资本主义文明的弊端。而正当中国人在封建主义与资本主义之间进行痛苦选择时，俄国发生了十月革命。在俄国十月社会主义革命胜利的影响下，先进的中国人便转向俄国，学习马克思主义。中国人找到了马克思主义，才在精神上就由被动转入主动。马克思主义传入中国，擦亮了中国人民的眼睛，帮助中国人民认清了当时的世界形势，明确了中国革命的主要任务，明确了中国新民主主义革命的前途，明确了中国革命的领导力量和依靠力量。历史选择了马克思主义，马克思主义也深刻改变了中国的命运。正因为如此，毛泽东在《论人民民主专政》中满怀深情地指出：要“谢谢马克思、恩格斯、列宁和斯大林，他们给了我们以武器。这个武器不是机关枪，而是马克思列宁主义”①。

三、我们之所以要坚持马克思主义，是因为马克思主义仍然具有重要的理论意义和现实意义

针对问题一：当今发达国家都是资本主义国家，资本主义国家不仅不以马克思主义为指导，反而一直在反对马克思主义。中国现代化的首要目标是赶上和超过发达资本主义，为何不向发达资本主义国家学习，学习他们放弃马克思主义呢?

马克思主义是为推翻资本主义和一切剥削压迫制度，使无产阶级和广大劳动人民得到彻底解放，为建设社会主义和共产主义服务的革命理论。恩格斯指出：“在共产主义作为理论的时候，那么它就是无产阶级立场在这个斗争中的理论表现，是无产阶级解放的条件的理论概括。”②斯大林也曾明确指出：“马克思主义是工人阶级根本利益的科学表现。”③正因为马克思主

① 《毛泽东选集》第 4 卷，人民出版社，1991 年，第 1469 页。

② 《马克思恩格斯全集》第 4 卷，人民出版社，1958 年，第 312 页。

③ 《斯大林全集》第 13 卷，人民出版社，1956 年，第 333 页。

义是无产阶级立场和根本利益的科学表现，因而它具有鲜明的阶级性和彻底的革命性。正因为“它给人们提供了决不同任何迷信、任何反动势力、任何为资产阶级压迫所作的辩护相妥协的完整的世界观”①，因为它宣告了资本主义的灭亡，并给资本主义下了死亡判决书。所以，马克思主义自产生以来，它一直遭到资产阶级的围攻，一直遭到资产阶级学者的诘难。

中国是中国共产党领导的社会主义国家。毛泽东说：“我们的党从它一开始，就是一个以马克思列宁主义的理论为基础的党，这是因为这个主义是全世界无产阶级的最正确最革命的科学思想的结晶。”②在改革开放新时期，邓小平强调，我们党是一个马克思主义的大党，我们国家是马克思主义指导下建立起来的社会主义大国，我们要建立的现代化是社会主义现代化。因此，在当代中国必须始终坚持马克思主义不动摇。他反复告诫我们：“坚持马克思主义对中国十分重要，坚持社会主义对中国也十分重要……对马克思主义的信仰，是中国革命胜利的一种精神动力……所以，我们多次重申，要坚持马克思主义，坚持走社会主义道路。”③以马克思主义武装起来的，作为无产阶级先锋队的共产党，在领导社会主义革命、建设和改革的过程中，在巩固和发展社会主义并为实现共产主义创造条件的过程中，都必须坚持以马克思主义为指导。

针对问题二：马克思主义毕竟是产生于19世纪中叶，也许在马克思生活的那个时代，马克思主义是管用的，现在已经是21世纪，现时代与马克思恩格斯生活的时代完全不同，与现时代的发展相求相比，马克思主义已经是一种“过去”的、“陈旧”的东西，“过时了”，为何还要坚持以马克思主义为指导呢？

我们应该承认，马克思主义产生于19世纪中叶，产生于资本主义自由竞争时期，产生于第二次科技革命的历史条件下，现在的时代的确与马克思主义生活的时代发生了较大的变化。我们还必须承认，马克思主义作为真理，其真理性也是相对的。

但马克思主义“过时论”的鼓吹者，至少犯了两个错误：其一，“过时论”首先犯了一个形式逻辑的错误，如果按照这一观点所依据的逻辑，那么我们可以肯定地说，产生于两千多年以前的古希腊哲学和中国儒家学说，早就应该过时了；同样逻辑，产生于17、18世纪的资产阶级启蒙思想家的学说今天也肯定过时了。如果按照这一逻辑，那么可以肯定地说，当今社会变革实践已经没有任何理论可以指导了，因为任何科学理论都是具体的、

① 《列宁选集》第2卷，人民出版社，1995年，第309页。

② 《毛泽东选集》第3卷，人民出版社，1991年，第1093页。

③ 《邓小平文选》第3卷，人民出版社，1993年，第62—63页。

历史的，一种理论一产生，它所产生的社会历史条件就可能已经变化了，就已经过时了，就不可能再指导实践了。很显然，持此观点的人犯了教条主义的错误。他们把马克思主义看成是固定不变的教条。他们根本不了解，与时俱进是马克思主义最重要的理论品质。这种理论品质不仅表现在马克思主义的形成过程中，而且表现在这种理论形成之后，马克思主义始终在随着时代的发展而发展。其二，此种观点犯了一个辩证逻辑的错误。他们不是把马克思主义看成是揭示客观世界发展规律的科学，看成是研究和解决问题的方法。他们没有把马克思主义看成一个整体，而是把它的一些原理或个别结论教条化，一旦某个原理不能说明变化了的情况，某个结论已经过时，便认为整个马克思主义“过时了”。这里犯了把个别等同于一般，把特殊等同于普遍，把部分等同于整体的错误。当然，我们必须承认，马列著作、包括像《共产党宣言》这样的经典性著作，都带有它写作时代的某些特征，它的个别原理和个别观点会失效，但包含在其中的基本原理是不会过时的。对于这一点，马克思恩格斯自己也承认，1872 年马克思、恩格斯在为《共产党宣言》德文版写序言时就明确指出，虽然《宣言》阐述的一般原理仍然是正确的，“关于共产党人对待各种反对党派的态度的论述(第四章)虽然在原则上今天还是正确的，但是就其实际运用来说今天毕竟已经过时，因为政治形势已经完全改变。”①

马克思主义虽然产生于 19 世纪，但其现实指导意义并不局限于 19 世纪。今天，我们所处的时代与马克思、恩格斯所处的时代确实发生了较大的变化，当代资本主义与马恩时期的资本主义相较也确实表现出许多不同的特点。但只要我们细细考量一下就会发现：人类社会的发展虽然出现许多新情况，但马克思主义所揭示的人类社会发展规律并没有变；时代主题虽然发生了许多变化，但人类社会从资本主义向社会主义过渡的时代性质没有变；当代资本主义社会虽然发生了许多变化，但其基本矛盾和本质并没有变；资本主义虽然也在发展，但马克思主义所揭示的资本主义社会的各种矛盾和问题仍然存在；社会主义虽然遭受挫折，但人们对于未来美好社会的追求也没有变。当前，世界社会主义出现的不同程度的失误、挫折甚至暂时的倒退，除了某些复杂的历史原因外，根本的就在于偏离和违背了马克思主义。历史一再证明，马克思主义由于是一种科学的世界观和方法论，它不但在工人运动和马克思主义史上从未出现过“过时”或“不适应”的情况，历史还将证明，它在将来也永远不会过时。

针对问题三：马克思主义是关于革命的理论，强调的是“阶级斗争”。马克思主义只有在“闹革命”的地方“受欢迎”，在搞建设的地方则“不需要”

---

① 《马克思恩格斯文集》第 2 卷，人民出版社，2009 年，第 5—6 页。

和“不适用了”。我们现在搞建设和改革，强调的是“以经济建设为中心”和构建社会主义和谐社会，我们为何还需要马克思主义呢？

首先，我们必须清楚，马克思主义是由若干基本原理和基本观点组成的科学体系。我们坚持马克思主义，就要把马克思主义的科学体系和马列经典作家的个别论断区别开来。邓小平曾告诫我们，“对马克思列宁主义，应该准确地完整地理解它的体系……否则非犯错误不可。”①“至于个别的论断……无论是马克思、列宁和毛泽东同志，都不免有这样那样的失误。但是这些都不属于马列主义、毛泽东思想的基本原理所构成的科学体系。”②马克思主义的一系列观点都是在一定的历史条件下，针对一定的具体问题提出的，没有脱离一定时空、处处适用的灵丹妙药。如果说马克思主义基本原理有普遍性，那也只能从马克思主义的整个理论体系来理解，不能用马列经典作家的个别词句、个别论断代替马克思主义的科学体系。“阶级斗争”理论确实属于马克思主义基本原理的重要组成部分，但不等于马克思主义的全部。但即使马克思主义的阶级斗争理论，至今仍然具有重要的理论意义和现实意义。难道我国现阶段阶级差别和阶级矛盾已经消失了吗？难道今天不存在阶级斗争吗？坚持“以经济建设为中心”，构建社会主义和谐社会绝不等于否定了马克思主义的阶级斗争理论，更不等于马克思主义失去了指导地位。

其次，我们必须清楚，中国的改革开放之所以取得的伟大的成就，其根本的原因就是我们既坚持了马克思主义的基本原则，又赋予马克思主义鲜明的时代特色、民族特色和实践特色；就是因为中国共产党在继续推进马克思主义中国化过程中开辟了中国特色社会主义道路，形成了中国特色社会主义理论体系。今天，中国的改革开放进入到了一个新的发展阶段，真如邓小平所说的，“过去我们讲先发展起来。现在看，发展起来以后的问题不比不发展时少”③。当今世界和我们所处的时代，同过去相比发生了很多深刻的变化。无论从国际还是从国内看，我们都面临着许多新情况新问题，必须从理论上和实践上作出回答并加以解决。中国现在和未来发展过程中面临着许多新问题，仍然需要坚持马克思主义作为指导思想来解决。正因为如此，我们党才一再强调：必须以我国改革开放和现代化建设的实际问题、以我们正在进行的建设中国特色社会主义事业为中心，着眼于马克思主义理论的运用，着眼于实际问题的理论思考，着眼于新的实践和新的发展。

---

① 《邓小平文选》第2卷，人民出版社，1994年，第67页。

② 《邓小平文选》第2卷，人民出版社，1994年，第171页。

③ 《邓小平年谱(1975—1997)》下卷，中央文献出版社，2004年，第1364页。

最后，我们必须清楚，我们要坚持的马克思主义必须是与中国实际相结合的马克思主义。在今天，这一中国化的马克思主义就是中国特色社会主义理论体系。马克思主义的生命力就在于它始终同各国的具体实际相结合。邓小平曾指出："我们多次重申，要坚持马克思主义，坚持走社会主义道路。但是，马克思主义必须是同中国实际相结合的马克思主义，社会主义必须是切合中国实际的有中国特色的社会主义。"①中国特色社会主义理论体系，坚持和发展了马克思列宁主义、毛泽东思想，是马克思主义中国化的最新成果，是我们党最可宝贵的政治和精神财富，是全国各族人民团结奋斗的共同思想基础。正因为如此，党的十七大报告才特别强调："在当代中国，坚持中国特色社会主义理论体系就是真正坚持马克思主义。"

（作者：秦宣　马克思主义研究基地研究人员　教授、博导）

---

① 《邓小平文选》第3卷，人民出版社，1993年，第63页。

北京能源发展研究基地

（华北电力大学）

基地名称：北京能源发展研究基地
依托单位：华北电力大学
项目类别：研究基地自设项目

北京市低碳绿色发展与能源结构调整①

2009 年 12 月，北京市委市政府明确提出要瞄准国际城市的高端形态，从建设世界城市的高度，加快实施人文北京、科技北京、绿色北京发展战略，以更高标准推动首都经济社会又好又快发展。我们认为，北京在建设世界城市的进程中，要树立低碳绿色发展理念，科学规划低碳绿色发展，加快能源生产结构和消费结构调整，发展低碳能源产业，使北京成为全国乃至全世界低碳能源高端研发、高端示范和高端制造中心。

一、树立“低碳绿色发展”理念

为应对全球气候变暖，英、美、日、韩等国分别提出了“低碳经济”“低碳路径”“低碳社会”和“低碳增长”等理念，这些理念是它们根据本国国情提出的应对策略，均有特定的内涵、实施的方案和措施，目前还没有国际社会公认的世界各国共同的应对策略。

我们认为，要从中国国情出发提出“低碳绿色发展”的理念。低碳绿色发展是一种以低能耗、低排放、低污染为基础的经济社会发展模式，以应对气候变化，保障能源供给，促进社会可持续发展为目的。低碳绿色发展的内涵主要有两点：一是发展。维护了我国在国际气候谈判中一贯坚持的发展权问题。二是低碳绿色。我国和北京市在快速工业化、城市化过程中，能源消费和相应的二氧化碳排放的较快增长趋势与世界减排温室气体、保护全球气候目标形成越来越尖锐的矛盾，与我国的能源支撑能力形成尖锐的矛盾。选择低碳绿色发展模式，意味着我国和北京市不走高碳发展道路，而是要通过推动技术创新，发展低碳能源技术，转变经济发展模式和社会消费模式，走低碳绿色发展的道路，这是我国和北京市协调经济发展和保护大气环境关系的必然选择，也是突破资源环境制约，保障能源安全，实现可持续发展的根本途径。

面对世界各国发展低碳经济的新潮流，北京作为中国的窗口，在调整

① 本文是《我国应当以“低碳发展”作为应对气候变化的策略》项目的成果摘要。

能源结构和推动低碳绿色发展方面，不仅受到国际社会广泛关注，而且直接关系“绿色北京”和“世界城市”建设，在很大程度上代表着国家的形象。北京有责任有能力采取切实有效的节能减排措施，加快能源结构调整，选择低碳绿色发展的道路，为有效控制温室气体排放，作出发展大国首都的应有贡献。

二、科学规划“低碳绿色发展”

加快北京市经济社会发展转型，尽快走上低碳绿色发展道路，关系重大，任务艰巨，时间紧迫，需要早作决策，抓紧部署。“十二五”时期，是首都发展向更高水平跨越，全力推进“三个北京”和世界城市建设的关键时期，因此，我们建议在“十二五”规划中，对低碳绿色发展战略加以部署。具体建议如下：

（一）明确低碳绿色发展战略的总体思路

通过扎扎实实地加快北京市发展转型，发展低碳能源技术，促进新能源发展，加快构建符合低碳绿色发展要求的经济体系、经济运行机制、技术支撑体系、能源保障体系、宏观调控体系和社会消费模式，不断降低单位 GDP 碳排放强度，用最小的化石能源消耗获得最大的经济产出，促进国民经济和社会发展尽快走上以低碳绿色发展为主要特征的可持续发展道路。

（二）加快建设符合低碳绿色发展要求的体制机制

一是继续大力提倡节约光荣的社会风尚，加快建设具有资源节约理念的社会组织体系，使节约资源成为政府机构、社会团体、企事业单位和家庭等社会主体及全体市民的共同意愿，形成人人崇尚简朴节约的社会风尚。二是建立以能源低消耗为特征的低碳型经济体系，加快构建低碳型的工业、农业、交通运输业、建筑业和服务业等产业体系，广大企业等生产主体要按照循环经济模式运作，减少单位产出对化石能源的消耗水平，生产符合低碳绿色发展要求的产品。三是建立以绿色消费与绿色生活方式为主流的低碳型消费体系，提倡资源节约型消费方式，崇尚自然、追求健康、注重环保、节约资源，以资源节约型的绿色产品满足社会公众需要，实现人与生态和谐、人与环境友好。四是形成以低碳绿色发展为重要目标的政府宏观调控体系，促进低碳绿色发展成为政府的重要职能，成为考核各级政府工作的重要指标。政府设置低碳绿色发展专门机构，充分保证政府职能的有效行使和促进低碳绿色发展目标的实现。

（三）着力构建符合低碳绿色发展要求的能源供给体系

加快能源结构战略性调整步伐，大力推进核能、太阳能、风能、水能、生物质能等低碳能源的开发利用，逐步降低煤炭在能源供给中的比重。建立以科技进步为支撑的新能源发展技术保障体系，广泛推广应用节能及能源综合利用技术，大力推进煤炭洗选、煤层气开采利用等产业发展，降低燃煤二氧化碳排放。加快研究二氧化碳捕获、封存和利用等技术，在试验成功基础上推广应用。

（四）加快建立健全促进低碳绿色发展的政策法规体系

逐步理顺资源性产品价格，建立能够反映资源稀缺程度和清洁程度的价格形成机制，积极稳妥地推进电价和油气价格改革。借鉴国际经验，研究实施低碳税收政策。制定鼓励生产和使用节能产品的税收政策和发展节能建筑的经济政策，完善资源综合利用和废旧物资回收利用的税收优惠措施。制定更加严格的节能环保各项标准。完善和强化高耗能落后工艺、技术和设备强制淘汰制度，严格重点耗能产品和新建建筑的节能环保准入制度。严格执行和认真落实《循环经济促进法》、《可再生能源法》和《节约能源法》等相关法律法规并配套制定北京市地方法规，加大资源保护和节约的执法力度。

（五）积极开展低碳绿色发展的示范试点

低碳绿色发展是全新的工作。“十二五”期间，建议选择一些重点区、县和重点行业作为低碳绿色发展的试点，编制试点地区和试点行业的低碳绿色发展规划，建立低碳绿色发展指标体系及行业标准，加强低碳绿色发展的统计、监测和管理体系建设，探索碳排放限控机制和碳排放交易制度，建立并逐步完善新型管理体系和财税、金融等政策激励机制，加速低碳技术的研发和产业化步伐，增强自主技术创新能力，提升地区和行业的综合竞争能力，从而积累经验，探索具有北京特色的低碳绿色发展之路。

三、加快能源生产结构和消费结构调整

在北京市委市政府的大力推动下，北京市能源结构调整取得了很好的效果。能源结构不断优化，三产能耗首次超过二产。但是，北京市能源结构还需进一步调整优化。从品种结构看，优质能源占北京市能源消费总量中的比重为67%，与发达国家（70%～80%）水平相比还存在一定差距；全市能源消费总量中三分之一是煤炭，其中一半以上用于终端消费，制约了城市环境质量的进一步改善；新能源和可再生能源发展尚处于起步阶段，产业化规模小，资源优势和能力尚未充分发挥。从区域结构看，城八区仍有63座大型燃煤锅炉房需改造升级，南城地区优质燃气供热能源设施普遍缺乏；从城乡结构看，城乡能源利用方式和水平仍存在较大差距，农民冬季取暖、旧村改造电力增容等问题比较突出。① 我们认为，北京市要实现低碳绿色发展，必须优化能源生产结构，改进能源消费结构，大力鼓励用户

① 参见《北京市十二五能源发展思路》。

合理用能等。

（一）优化能源生产结构

不同类型的能源生产和消费带来不同的环境污染排放。北京一次能源产量低；能源对外依存度很高；二次能源的生产具有一定规模。北京不具备发展核电、水电的条件，又由于环境的约束，也不适合发展燃煤火电，需要从其他省份外购电能，但可以加快太阳能光伏、大型生物质制气等附加值高、技术成熟的可再生能源资源的开发利用，积极推进 2.5 兆瓦级以上风力发电机组整机设计、高效污水源热泵利用、光伏技术节能建筑、新能源汽车、核能高端研发等新能源技术发展。

一是要积极开发太阳能。北京属于太阳能资源富集地区，每年有 184 天左右的日照时间在 8 小时以上，市行政区域内，太阳能辐射总量 5.6 × 106 兆焦/平方米・年，年平均日照时数 2510 小时，全市年可接收的太阳能辐射总量约 30 亿吨标准煤，是现有能源消费总量的 60 倍。因此，应当立足北京在太阳能利用领域技术研发和高端装备制造的产业基础，强化自主创新，力争在太阳能利用关键技术、核心技术装备、系统集成能力上取得突破进展；重点推进晶硅太阳能 PECVO 和薄膜、太阳能 PVO、PECVO 等关键设备及太阳能电池生产线关键技术研制；建立太阳能应用与产业发展相互促进的互动机制和完善的政策标准体系。①

二是要因地制宜发展风电。北京周边官厅地区地势开阔，风能资源极其丰富。康西地区 10 米高平均风速 5.4 米/秒 ~ 5.8 米/秒，70 米高平均风速 7.0 米/秒 ~ 7.1 米/秒，年有效发电小时数为 1800 小时以上，风能利用前景非常广阔，是北京地区适合建立大型风电场的理想场所。具体措施可以考虑通过吸引风电研发与企业总部，推动关键零部件的研发制造、风电场开发与服务、软件开发等产业链相关企业集聚发展；积极推动 2.5 兆瓦级以上风力发电机组整机设计、技术研发及产业化；重点提升风电场监控系统、风电变频控制系统、并网控制系统、风电场综合管理系统等关键技术和装备的系统集成能力；积极发展风光互补技术，推进太阳能和风能混合发电系统的开发及应用。②

三是要发展生物质能和垃圾发电。积极推进农村生物质能和城市垃圾资源再利用；北京发展垃圾发电有着巨大的环境效益和经济效益。垃圾焚烧发电具有许多优点：可以使城市垃圾的体积减小 80% ~90%；高温燃烧可以使垃圾中的有害成分得到完全分解，并能彻底杀灭病原菌；可以降低填埋场浸出液的污染物浓度和释放气体中的可燃及恶臭成分；焚烧厂占地

① 参见《北京市十二五能源发展思路》。

② 参见《北京市十二五能源发展思路》。

面积小，可以在靠近市区的地方建厂，既可节约用地又可缩短垃圾的运输距离。北京现行的垃圾填埋处理方式，虽然也能达到无害化处理，但是每年垃圾填埋会“蚕食”宝贵的土地。依托垃圾焚烧发电、填埋气发电、生物质热电联产、生物质气化、大中型沼气等项目，加大关键技术的研发和制造，逐步培育生物质能市场。[①]

四是要积极发展热泵。北京要坚持“因地制宜、统筹发展、分布实施”的原则，优先发展再生水(污水)和电厂循环水余热等非热泵，有条件的发展地热热泵；适度发展土壤源热泵，限制发展水源热泵。[②] 采取“热电联产+分布式供能+热泵”相结合的方式，可以有效解决城市的供热问题。

总之，要建立以电为主，煤、气、油为辅，新能源和可再生能源作为补充，多元互补、协调发展的优质能源结构，构建持续安全、经济、清洁的能源体系，从而优化能源供给结构。为此，在外购的一次能源中，增加天然气的比重，在本地一次能源的开发利用中，大力发展风能、太阳能、生物能等可再生能源，合理增加电力的外购量，特别是风力发电发出的绿色电力。同时，优化能源转换与输运结构，把市区的燃煤发电改为天然气联合循环热电联供机组，把终端的燃煤供热锅炉改为天然气分布式热电联供或热电冷三联供系统，推广应用太阳能建筑一体化技术。

(二)不断改进能源消费结构

北京2007年，北京市终端能源消费量为6077.51万tce。其中电力占35.4%；煤炭占16.3%；成品油(汽、煤、柴)占20.0%；天然气占7.4%；焦炭占4.0%；其他占16.9%。煤炭和石油等高碳能源比例较高。因此，北京需要降低煤炭和石油等高碳能源的终端消费比例。

一是加快发展电动汽车。与煤炭、成品油相比，电力的能效最高、污染最小。为了进一步降低污染排放，北京市要提高电力消费比重，降低石油和煤炭消费比重。由于国际原油价格大幅波动，我国石油对外依存度不断增大，汽车尾气污染不断加大，北京市要加快发展电动公交、电动出租车、电动家庭用车等，实现以电代油，减少油耗，实现“零排放”。

二是大力发展轨道交通。城市公共交通主要为大众服务，由于流量大、里程长，亟待选择能耗低、污染小的交通工具，而轨道交通则是最好的选择方式之一。因此，北京要进一步加大加快地铁和轻轨建设。

三是大力推进节能和煤炭清洁利用。节约能源被认为是与煤炭、石油、天然气和电力同等重要的“第五能源”，而且可以节省能源开发投资。因此，北京要出台鼓励节能和煤炭清洁利用的技术、经济、财税和管理政策；加

---

① 参见《北京市十二五能源发展思路》。

② 参见《北京市十二五能源发展思路》。

强能源审计和监督检查，实行固定资产投资项目节能评估和审查制度，新上项目与节能减排指标挂钩，淘汰落后产能。加快推进城六区全部大型燃煤锅炉房的清洁改造，实现城八区无燃煤锅炉房供热。

四是逐步发展氢燃料电池汽车。氢能汽车有两种形式，一种是通过内燃机燃烧氢产生动能，也可以是氢与天然气的混合物；另一种是使用以氢为原料的燃料电池作为汽车动力，即氢燃料电池汽车。氢燃料电池汽车是零污染排放汽车，而且，燃料电池驱动效率是传统汽油发动机驱动效率的2倍多。因此，可以考虑在北京市公交系统中率先应用氢燃料电池汽车。

可见，提高电力在终端能源消费中的比例，采取"热电联产 + 分布式供能 + 热泵"方式解决城市的供热问题，加快发展电动汽车与新能源汽车，大力发展轨道交通，可以有效改善北京能源消费结构。

（三）鼓励用户合理用能

促进用户合理用能的措施包括：拓展峰谷分时电价使用范围、制订用户有序用电计划、建立可中断负荷电价机制、推行"能效电厂"等节能方式。

一是拓展峰谷分时电价使用范围。发电端设备容量一般是按系统高峰时期最大用电负荷来设计的，投资费用极大，高峰时电能边际成本很高，如果向用电侧部分用户提供一定的优惠政策和费用补偿，就可以减缓用电峰谷时段，引导用户到低谷时段用电。峰谷分时电价就是依据电网负荷曲线，对有调荷能力的用户在高峰期实行上浮电价，低谷期执行下浮电价。这种经济手段可以鼓励用户降低高峰负荷，增加低谷用电，削峰填谷，提高负荷率，从而减少高耗能调峰机组的运行和启停，降低发电侧的投资及运行费用，减少电网线损，节省用户电费。美国的相关数据表明，利用电价政策手段进行调峰与采用抽水蓄能机组、燃油、燃气调峰机组等物理手段相比，成本可以节省至少1/2。目前，北京市只对大工业用户实施分时电价，我们建议将分时电价逐步扩大到居民用电和商业用电。

二是编制用户有序用电计划。编制大型用户高峰、低谷时段的用电序位计划，可以平衡终端用电设备在高峰、低谷端的电量平衡，这种计划手段可以减少发电投资，改善电网运行经济，抑制电价上升幅度，间接节约发电资源。具体建议包括：提高照明、空调、电动机、电热、冷藏、电化学设备用电效率；改变蓄冷、蓄热、蓄电用电方式；实施能源替代、余能回收；推行建筑物保温；引导用户改变消费行为；鼓励在尖峰时段自备电厂参与调度等。目前，美国、加拿大、法国、英国、德国、瑞士、丹麦、芬兰、捷克、印度、泰国、菲律宾、马来西亚、沙特阿拉伯、日本等都在实施这种计划，建议北京市考虑借鉴这种做法。

三是建立可中断负荷电价机制。可中断电价是指由电力企业与用户签订合同，通过电价激励，实现在系统峰值时或紧急状态下，用户按照合同规定中断或削减负荷。这种电价机制可以缓解负荷高峰时的供电紧张状况，避免或减少昂贵的旋转备用和发电容量投资，降低发电与电网运行成本，与此同时，用户也可以得到电价补贴优惠。

四是推行“能效电厂”等节能方式。“能效电厂”属于虚拟电厂，即采用投资项目的形式，形成某行业或企业电力需求节约的一揽子行动方案，通过鼓励用户采用节能新设备、新技术，对用电设备进行节电改造，包括改造商用和民用照明、制冷设备、高效电动机与调速装置、变配电节电技术及余压余热利用等，达到降低用电负荷、提高能源的使用效率，从而达到与新建电厂和扩建电力系统异曲同工的效果。虚拟电厂的成本相对较低，不需要征用大量土地，且对环境不会造成任何影响。积极发展蓄能技术与“能效电厂”的同时，还应加快发展智能电网、智能热网、智能气网。

四、抓紧建设低碳绿色能源高端研发、示范和制造中心

2009 年 5 月 20 日，在“坚持自主创新，振兴北京新能源产业”专题调研座谈会上，刘淇书记和郭金龙市长发表了把北京市建设成为新能源研发中心、示范中心和高端制造中心的重要讲话，指明了今后一个时期北京市实现能源可持续发展的战略布局和行动纲领。在建设新能源中心方面，北京市制定出台了《北京市振兴新能源产业规划实施方案》、《北京市加快太阳能开发利用促进产业发展指导意见》、《热泵利用指导意见》、《村镇住宅太阳能采暖应用技术规范》等规划、政策和技术标准。同时，还实施了 69 项奥运场馆新能源利用项目，建成全球最大规模的集中式太阳能热水系统、亚洲最大规模的禽类沼气发电项目、全国最大规模的可再生水源热泵系统、华北地区首座垃圾填埋气发电项目和北京首座风力发电项目等一批具有突破意义的可再生能源利用亮点工程，有力促进了新能源和可再生能源的快速发展。①

由于新能源和可再生能源基本属于低碳能源，因此，我们建议，北京市要根据国家科技发展规划中有关低碳能源的战略布局，充分发挥其在新能源产业发展方面的研发优势，积极建设新能源研发中心；通过新能源产业重大关键装备制造，真正体现北京市发展新能源产业的高端优势；通过组建新能源产业的各类联盟，尽快形成新能源产业集群。

（一）根据国家科技发展规划部署低碳绿色能源的高端研发、示范和制造

《国家中长期科学和技术发展规划纲要(2006－2020 年)》已经将“可再生能源低成本规模化开发利用”列为“优先主题”，即“重点研究开发大型风力发电设备，沿海与陆地风电场和西部风能资源密集区建设技术与装备，

① 参见《北京市十二五能源发展思路》。

高性价比太阳光伏电池及利用技术，太阳能热发电技术，太阳能建筑一体化技术，生物质能和地热能等开发利用技术”，并将“氢能及燃料电池技术、分布式供能技术、快中子堆技术、磁约束核聚变等先进能源技术”列为“前沿技术”。北京市要根据规划纲要，结合本市实际，依托相关科研院所和高等院校，布局低碳能源的研发、示范和高端制造。如通过安排“可再生能源技术”攻关项目，研究开发生物质能、风能、太阳能、海洋能和地热能等利用技术，为可再生能源低成本、规模化开发利用提供技术储备和技术支撑；通过安排“高效节能与分布式供能技术”攻关项目，研究开发工业领域中主要耗能行业的系统与装备节能技术以及分布式供能系统技术，提高能源系统的综合利用效率；通过安排“洁净煤技术”攻关项目，研究开发煤炭的燃烧、加工与转化、污染物控制、发电等清洁高效利用技术，提升煤炭综合利用技术水平；通过安排“氢能与燃料电池技术”攻关项目，研究开发制氢、储氢和输氢、氢能安全及燃料电池技术，为氢能发展奠定技术基础等。

（二）加大低碳绿色能源关键技术和前沿技术的高端研发、示范和制造

在关键技术方面，要突破清洁、可靠、经济的能源供给与使用技术；重点攻克工业、建筑、交通领域节能关键技术；开发和利用清洁能源技术、煤炭多联产和 IGCC 技术、碳回收和再利用及封存技术；掌握先进的洁净煤发电技术、煤炭转化技术和污染物控制与温室气体减排技术；突破水能、风力发电，生物质液体燃料，太阳能光伏发电等可再生能源利用的关键技术，实现低成本、规模化及产业化利用；掌握保障电网安全的关键技术，提高电网输电容量、效率和安全运行水平。组织实施建筑节能关键技术研究与示范、大功率风电机组研制、示范与装备等重大项目。在前沿技术方面，要大力开发节能和煤炭高效利用、转化技术，积极发展新能源和可再生能源技术，掌握核能、氢能开发与利用技术。重点研究氢能与燃料电池技术、高效节能与分布式供能技术、洁净煤技术、可再生能源技术。组织实施以煤气化为基础的多联产示范工程、低碳能源的创新工程和重大项目等。

（三）加强低碳绿色能源领域的基础研究和关键科学问题研究

一是要在大规模发展风能、生物质能等可再生新能源关键问题方面加强基础研究，这些关键问题包括大规模发展核裂变能、天然气水合物富集规律与勘探开采、内燃机高效清洁利用代用燃料、太阳能化学和生物转化过程、重油高效洁净转化、规模化太阳能热发电、大规模高效储能技术、特高压输变电关键技术、多能源互补的冷热电联供系统等；二是要在化石能源高效洁净利用与转化、新能源和可再生能源大规模经济利用、核能大规模利用、氢能规模无污染制备、输运和存储、大规模高效清洁气化、规模化微藻能源、可燃固体废弃物能源化高效清洁利用、特高压输变电、新型高效低成本光伏电池等方面加强关键科学问题研究。

（四）大力开展低碳绿色能源科技的国际合作

国际合作的重点要放在加强太阳能、风能、生物质能、地热能、海洋能以及氢能、天然气水合物等低碳能源技术的引进、消化吸收与再创新，具体包括：(1)太阳能发电与太阳能建筑一体化。如太阳能光热发电和光伏发电系统，薄膜太阳能电池和其他新型太阳能电池，太阳能综合建筑，低成本、低污染太阳能高纯硅材料生产技术，太阳能热利用技术工业应用等。(2)风力发电。如风能资源评估，大型高效风电机组，海上风电机组及风电场建设等。(3)生物质燃料与生物质发电。如非粮能源作物、纤维素原料乙醇、能源林业植物、生物柴油、生物质成型燃料、生物质气化、沼气及发电等。(4)氢能及燃料电池。如制氢、储氢和输氢技术，新型燃料电池与燃料电池汽车技术等。(5)天然气水合物开发。如天然气水合物勘探、开发、储运、利用技术等。在此基础上，北京市要力争突破低碳能源的关键技术，形成自主设计的标准体系，建设各种示范项目和基地，完成关键装备的国产化，形成拥有自主知识产权的品牌等。

（五）高度重视低碳绿色能源自主创新平台建设

我们建议，北京市要积极探索建立产学研合作的信用机制、责任机制和利益机制，探索承担重大技术创新任务的组织模式和运行机制，探索整合资源构建产业技术创新平台、服务广大中小企业，探索率先落实国家自主创新政策，发挥行业技术创新的引领和带动作用。及时启动并实施科技基础条件平台建设项目，建设各种低碳产业技术创新战略联盟，如太阳能光热产业技术创新战略联盟、多晶硅产业技术创新战略联盟、能源化工产业技术创新战略联盟、煤炭开发利用技术创新战略联盟等。

此外，北京市还要通过政策扶持新能源产品的推广应用，如民用核能应用技术产品、小型水能利用技术产品、太阳能热利用技术产品、高效生物质能转化技术产品、农村生物质能利用技术产品、风能技术产品、氢能技术产品、地热能和海洋能技术产品等。

总之，与全国其他省市相比，北京市在低碳能源技术研发、新能源高端产业制造、系统集成创新等方面都具有明显的优势，这些优势为北京市加快调整能源结构，走出一条具有首都特色的低碳绿色发展道路创造了有利条件。

（作者：杨勇平　北京能源发展研究基地学术委员会委员　教授、博导
周凤翱　北京能源发展研究基地主任　教授、博导
谭忠富　北京能源发展研究基地首席专家　教授、博导）

基地名称：北京能源发展研究基地
依托单位：华北电力大学
项目类别：研究基地自设项目

燃油消费税调整及其政策影响调查报告
——以北京市为例①

2009 年 1 月 1 日中国大幅提高了燃油消费税额度，同时逐步取消了公路养路费和二级公路费等收费项目。为深入了解燃油消费税调整实施后的相关情况，完善我国相关税费制度，北京能源发展研究基地组织开展了此次问卷调查。

一、调查方法及样本特征

本次问卷调查采用配额抽样。调查地点选取了北京市城八区（东城、西城、崇文、宣武、朝阳、海淀、石景山、丰台）和昌平区。按照问卷调查设计方案，朝阳区和海淀区各发放问卷 74 份，其他 7 个区每个区发放问卷 36 份。朝阳区和海淀区至少选取 8 个停车场/加油站作为问卷发放的地点，其他 7 个区至少选取 4 个停车场/加油站作为问卷发放地点。每个停车场/加油站发放问卷 10－15 份。所有被访者都是在停车场停车或在加油站加油的车主。具体调查时间从 2009 年 12 月 19 日开始到 12 月 21 日结束，实际共发放问卷 410 份，回收 401 份，有效问卷 401 份，问卷回收率 97.8%，有效率 100%。

回收的 401 份问卷中，访问到的女性车主占 34.2%，男性车主占 65.8%。北京市本地车牌车主占 83.7%，外地车牌车主占 17.3%。访问到的车辆品牌共 57 种，款式 100 多种。被访车主的年龄、收入、车辆价格以及车辆行驶里程数情况见表 1。

从表 1 可以看出，被访车主的年龄主要集中在 26 岁到 50 岁之间，25 岁以下（占 10.2%）及 50 岁以上（占 6.2%）的车主较少。从家庭平均月收入来看，15000 元以下的占大多数（76.9%），也有 6.5% 的被访者家庭平均月收入在 30000 元以上。从被访车辆购买时的价格来看，20 万元以下的居多（占 67.8%），也有 14.2% 的被访车辆购置时在 30 万以上，最贵的为 127 万

① 本文是《燃油税改革现状调研与提高成品油质量政策研究》项目的阶段成果。

表1　被访车主的年龄、收入、车辆购置价格以及车辆年平均行驶里程数情况

年龄	百分比（%）	家庭月平均收入	百分比（%）	车辆购买价格	百分比（%）	年平均行驶里程	百分比（%）
20－25岁	10.2	5000元及以下	22.2	10万元以下	23.8	5千公里以下	12.0
26－30岁	22.2	5000—10000元	36.2	10.1万—15万元	24.5	5千—1万公里	27.0
31－35岁	23.8	10000—15000元	18.5	15.1万—20万元	19.5	1万—1万5千公里	24.0
36－40岁	20.0	15000—20000元	8.5	20.1万—25万元	9.8	1万5千—2万公里	15.5
41－50岁	17.5	20000—30000元	8.0	25.1万—30万元	8.2	2万—3万公里	12.2
50岁以上	6.2	30000元以上	6.5	30万元以上	14.2	3万公里以上	9.2
合计	100.0	合计	100.0	合计	100.0	合计	100.0

元。从车辆的年平均行驶里程数来看，最多的情况是5000－10000公里（占27%），其次是1万—1万5千公里（占24%），再次是1万5千—2万公里（占15.5%），5千公里以下和2万—3万公里之间的情况都在12%左右，也有9.2%的车辆年平均行驶里程数在3万公里以上。

二、燃油消费税调整及其政策影响

（一）燃油支出变化及其对车主用车行为的影响

按照普遍的预期，大幅提高燃油消费税额度必然会带来燃油价格的上涨，也必然会引起车主燃油消费支出的上涨，进而造成用车总成本增加。本次调查结果显示，被访者今年平均每月油钱支出情况是：500元以下的占7.2%；500—800元的占31.7%；800—1000元的占29.7%；1200—1500元的占15.0%；1500元以上的占16.5%（见表2）。因此，每月油钱支出在500－1000元之间的情况居多。从车辆的年度总开销来看，有16.3%的被访者每年用于车辆的总开销在1万元以内，有46.6%的被访者每年用于车辆的总开销在1万—2万元之间，有26.9%的被访者每年用于车辆的总开销在2万—3万元之间，5.2%的被访者每年用于车辆的总开销在3万—4万元之间，也有5%的车主每年用于车辆的总开销超过5万元（见表2）。因此，大部分被访者的车辆年度开销在1万—3万元之间。

从表3可以看出燃油消费税调整后对车主燃油费用支出的具体影响情况。有84.9%的被访者都认为燃油消费税调整一年来，车辆的燃油费用支出增加了，只有2.8%的被访者认为燃油费用减少了。这说明通过大幅度燃油税调整，确实增加了车主的燃油支出。尽管燃油消费税调整的同时，政府

表 2　被访车主平均每月油钱支出和每年用于车辆的总开销情况

目前平均每月的油钱支出	百分比（%）	每年用于车辆的总开销	百分比（%）
500 元以下	7.2	1 万元以内	16.2
500—800 元	31.7	1 万—2 万	46.6
800—1000 元	29.7	2 万—3 万	26.9
1200—1500 元	15.0	3 万—4 万	5.2
1500 元以上	16.5	4 万元以上	5.0
合计	100.0	合计	100.0

取消了公路养路费和二级公路费等收费项目，但是由于燃油费和其他与车辆相关费用的变化，有可能使得车主的总体负担加重。表 3 和图 1 是被访者 2009 年各项与车辆相关的各项费用支出变化情况。

表 3　问卷调查："2009 年您车辆的各项费用支出变化情况"

	燃油费用	车险	车船使用税	维修保养费用	停车费	其他费用
增加了（%）	84.9	21.9	14.1	45.5	56.1	31.5
减少了（%）	2.8	14.6	15.4	3.7	3.0	1.5
没明显变化（%）	12.3	63.5	70.5	50.8	40.9	66.9
合计（%）	100.0	100.0	100.0	100.0	100.0	100.0

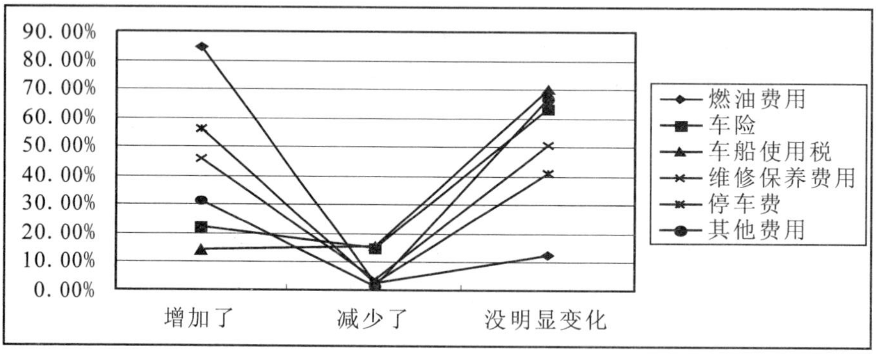

图 1　2009 年与车辆相关的各项费用支出变化曲线图

从表 3 和图 1 还可以看出，除了车船使用税外，其他与车辆相关的各项费用都是认为增加的人比减少的人多。燃油费用排在第一位，停车费排在第二位。有 56.1% 的被访者认为停车费增加了，只有 3.0% 的被访者认为减少了。维修保养费排在第三位，有 45.5% 的被访者认为维修保养费增加了，只有3.7%的被访者认为维修保养费减少了。其他费用排在第四位，有31.5%的被访者认为其他费用增加了，只有1.5%的被访者认为减少了。车险费排在最后，认为车险费增加的被访者比认为减少的被访者多了7.3%。因此，尽管公路养路费和二级公路费取消了，但是燃油费、车船使用税、维修保养费、停车费和其他费用均不同程度上升了。因此，燃油税调整究竟是增加还是降低了个人的用车成本还需要进一步探讨。

此次燃油税调整的政策目标之一是希望通过提高燃油价格，实现多用燃油多负担，进而推动节能减排。因此政策预期是鼓励车主尽量少开车。从本次调查的情况来看，燃油消费税调整对车主用车行为的影响还是比较大(见表4)。

表4　问卷调查："燃油消费税调整对您用车有什么影响?"

对用车行为的影响	开得少，影响不大	减少了开车、多坐公交	影响很大、但没有办法	合计
百分比(%)	43.6	13.0	43.4	100

从上表可以看出，有43.4%的被访者认为影响很大，但是没有办法；有13.0%的被访者采取了减少开车、多坐公交的措施来应对；有43.6%的被访者认为开得少、影响不大。由于被访者的家庭收入不同，燃油价格的上涨可能对他们的影响会不一样(见表5)。

表5　燃油消费税调整对不同收入家庭用车行为影响交叉表

用车行为影响 \ 家庭月平均收入	5000元及以下	5000—10000元	10000—15000元	15000—20000元	20000—30000元	30000元以上
开得少，影响不大(%)	27.0	47.6	45.9	42.4	56.2	57.7
减少了开车，多坐公交(%)	18.0	13.1	9.5	12.1	12.5	7.7
影响很大，但没有办法(%)	55	39.3	44.6	45.5	31.3	34.6
合计(%)	100.0	100.0	100.0	100.0	100.0	100.0

注：交叉表的 $x^2=16.586$　df = 10　P = 0.084

从表5可以看出，在开得少、影响不大的被访者中，明显是家庭收入高的人所占的比例更大。家庭月平均收入在30000元以上的被访者中，有57.7%的人认为开得少、影响不大；而家庭月平均收入在5000元以下的被访者中，只有27%的人认为开得少、影响不大。从图2也可以看出，家庭收入的升高，曲线呈明显上升趋势。在减少了开车、多坐公交的被访者中，明显是低收入者占的比例更大。家庭月平均收入在30000元以上的被访者中，只有 7.7.%的人会减少开车，多坐公交，而家庭月平均收入在 5000 元以下的被访者中，这一比例达到 18%。从图 2 也可以明显看出，随着家庭收入的升高，曲线呈明显下降趋势。在影响很大、但没有办法的 43.4%的被访者中，低收入者占的比例更大。家庭月平均收入在 30000 元以上的被访者中，有 34.6%的人认为影响很大、但没有办法；而家庭收入在 5000 元以下的被访者中，这一比例达到 55%。从图 2 可以看出，随着收入的升高，曲线呈明显下降趋势。因此，通过分析可以发现，燃油消费税的调整对于不同收入阶层的影响是不同的。总体看来，燃油消费税调整对于低收入阶层更敏感，对于推动低收入阶层改变用车行为的影响要大于高收入阶层。

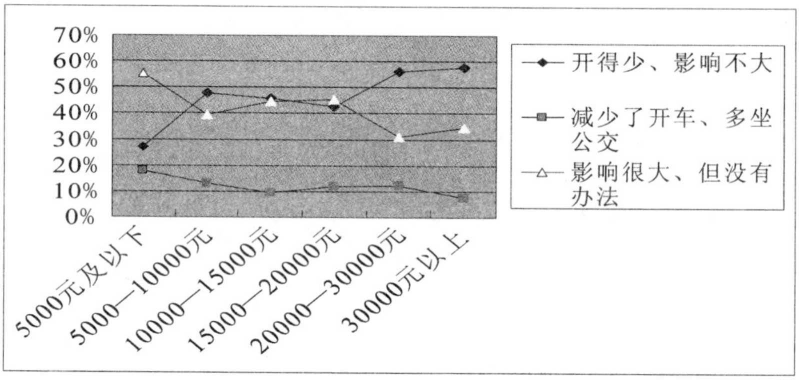

图 2　燃油消费税调整对不同收入家庭用车行为影响曲线图

（二）燃油价格预期及其对车主用车行为的影响

燃油价格的变动趋势不仅是政府关注的焦点，也是老百姓日常谈论的重要话题之一。公众对燃油价格的心理预期不仅会影响政府决策，也会影响消费者的实际行为。本次调查结果显示，有 87%的车主认为未来燃油价格将升高，只有 13%的车主认为未来燃油价格会降低（见图 3）。而且，我们通过进一步相关分析发现，这种对燃油价格上升趋势的心理预期与车主的性别、年龄、收入、车辆的价格等均没有显著相关关系，这说明被访者对燃油价格上升趋势的预期是一种普遍现象。表 6 和图 4 是被访者对今后 5 年内燃油价格估计的具体数额和比例。

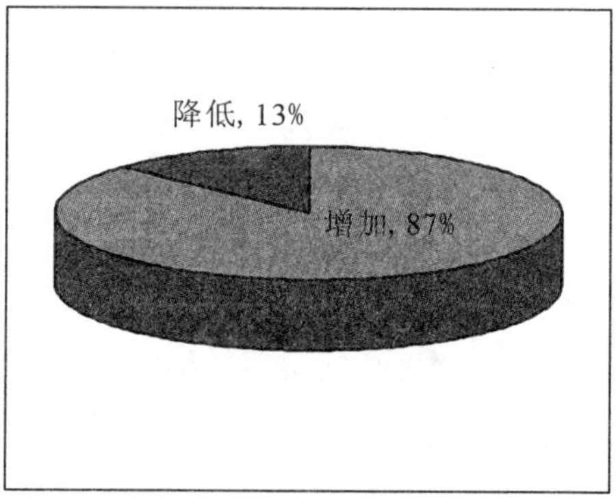

图 3　对未来燃油价格的预期

表 6　问卷调查："您估计在今后 5 年内燃油价格将增加到每升多少元?"

	6—7 元	7—8 元	8—10 元	10—12 元	12 元以上	合计
百分比(%)	11.3	25.9	44.2	13.8	4.8	100.0

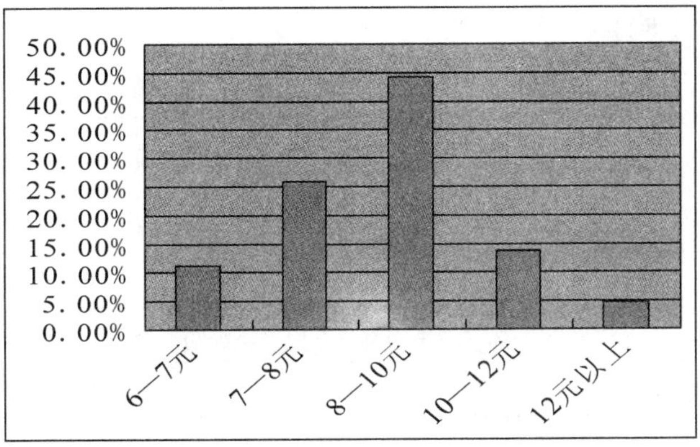

图 4　对今后 5 年内燃油价格估计

从表 6 和图 4 可以看出，认为今后 5 年内燃油价格在 8—10 元/升的被访者最多(占 44.2%)，其次是 7—8 元(占 25.9%)，再次是 10—12 元(占 13.8%)，第四位的是 6—7 元(11.3%)，也很少一部分被访者(4.8%)认为燃油价格将超过 12 元。因此，大部分被访者对今后 5 年内燃油价格的心理预期在 7—12 元/升之间。

如果燃油价格不断上涨，那么车主会不会放弃开车行为呢？调查结果表明：有 44.9% 被访者表示无论燃油价格多贵他们都将开车。有 55% 的被访者表示，如果燃油价格上升到一定的程度他们会放弃开车。也就是说大约 45% 的被访者的开车需求是刚性的，乘坐其他交通工具对自己开车没有可替代性。那些无论油价多贵都将开车的人是谁呢？调查结果表明，开车需求的刚性程度跟收入和年龄显著相关(见表 7 和表 8)。

表 7　无论燃油价格多贵都将开车与家庭月平均收入交叉表

家庭月平均收入 / 是否无论燃油价格多贵都将开车	5000 元及以下	5000—10000 元	10000—15000 元	15000—20000 元	20000—30000 元	30000 元以上
是(%)	33.3	41.0	37.8	55.9	67.7	84.6
否(%)	66.7	59.0	62.2	44.1	32.3	15.4
合计(%)	100.0	100.0	100.0	100.0	100.0	100.0

注：交叉表的 $x^2=31.860$　df = 5　P < 0.000

从表 7 可以看出，家庭收入越高越不容易放弃开车。家庭月平均收入在 5000 元及以下的被访者中无论燃油价格多贵都将开车的人占 33. 3%，而家庭月平均收入在 30000 元以上的被访者中无论燃油价格多贵都将开车的人达到 84. 6%。除了收入外，调查结果还显示，年龄也是让车主不放弃开车的重要因素(见表 8)。

表 8　无论燃油价格多贵都将开车与车主年龄交叉表

年龄 无论燃油价格多贵都将开车	20—25 岁	26—30 岁	31—35 岁	36—40 岁	41—50 岁	50 岁以上
是(%)	32. 5	33. 7	48. 9	53. 8	46. 4	58. 3
否(%)	67. 5	66. 3	51. 1	46. 2	53. 6	41. 7
合计(%)	100. 0	100. 0	100. 0	100. 0	100. 0	100. 0

注：交叉表的 $x^2 = 11.953$　df = 5　P = 0. 035

从表 8 可以看出，年龄越大越不容易放弃开车行为。年龄在 50 岁以上的被访者中，有 58. 3% 的人表示无论燃油价格多贵都将开车，而年龄在 20—25 岁的被访者这一比例只有 32. 5%。这种结果可以从两个方面来解释：第一，年纪大一些的人经济能力要强一些，因此对于燃油价格的上涨有更强的承受能力。第二，年纪大一些的人对车的依赖性要强于年轻人。例如，年轻人很容易就可以放弃开车去挤地铁和公交车，但这对于年纪大的人可能会相对困难。

对于那 55% 表示会放弃开车的人来说，他们对燃油价格上涨的心理临界点又在哪里呢？调查结果显示，当燃油价格平均涨到 11. 02 元/升(标准差 = 3. 354)时，那些表示会放弃开车的人将放弃开车。这说明 11. 02 元/升是那些因燃油价格上涨而愿意放弃开车车主的平均心理均衡点。由于收入、心理承受力等方面因素的差异，不同的人对于燃油价格上涨的容忍强弱会有差异。从表 9 和图 5 可以看出，认为燃油价格涨到 10 元/升将放弃开车的人最多(占 39. 3%)，其次是 8 元/升，再次是 12 元/升(占 13. 7%)，排在第四位的是 15 元/升(占 9. 1%)，排在第五位的是 20 元/升(占 5. 9%)。其

表 9　问卷调查："当燃油价格涨到每升多少元，您将放弃开车?"

燃油价格	6 元/升	7 元/升	8 元/升	8. 5 元/升	9 元/升	10 元/升	11 元/升
百分比(%)	0. 9	3. 2	16. 4	0. 5	5. 0	39. 3	3. 7
燃油价格	12 元/升	13 元/升	14 元/升	15 元/升	18 元/升	20 元/升	30 元/升
百分比(%)	13. 7	0. 9	0. 5	9. 1	0. 5	5. 9	0. 5

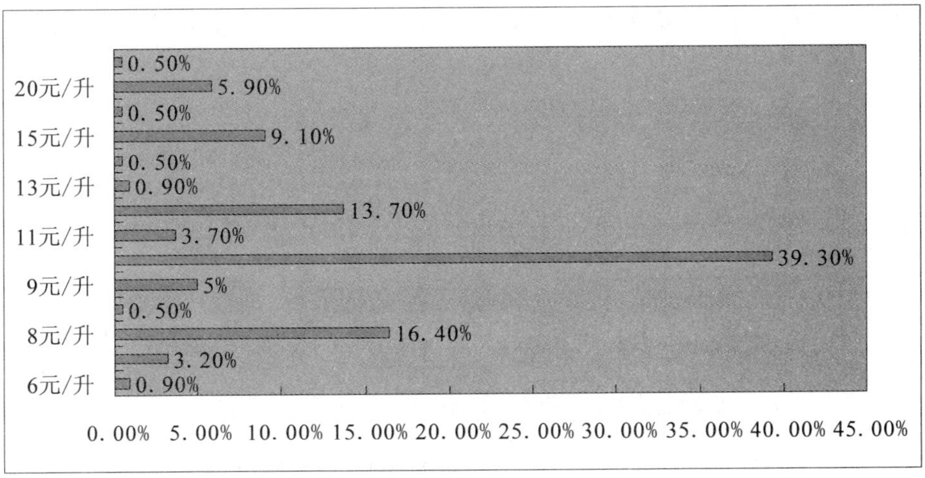

图5 问卷调查："当燃油价格涨到每升多少元，您将放弃开车？"

他价格所占比例都小于5%。

（三）燃油税调整对公路收费站的影响

在调整燃油税的同时，政府取消了公路养路费和二级公路费的收费，以让老百姓真正得到实惠，减少因大幅提高燃油税对老百姓用车成本造成的冲击，同时也有利于从源头上遏制乱收费、乱罚款、乱执法的"三乱"行为。本次调查结果显示，有16.8%的被访者认为感觉到公路收费站明显减少了，有62.7%的被访者表示没有明显感觉到，还有20.6%的被访者表示不清楚。通过进一步分析发现，外地牌照的车主认为感觉到公路收费站明显减少的比例要多于本地牌照的车主。从表10可以看出，有15.9%的本地牌照车主表示明显感觉到收费站减少了，而外地牌照的车主这一比例达到21.5%。

表10 问卷调查："燃油税调整后有没有明显感觉到公路收费站减少？"与牌照类型交叉表

有没有感觉收费站减少 牌照类型	有	没有	不清楚	合计
本地牌照（%）	15.9	63.5	20.7	100
外地牌照（%）	21.5	58.5	20.0	100.0
合计（%）	16.8	62.7	20.6	100.0

注：交叉表的 $x^2=1.271$ df = 2 P = 0.530

为了进一步分析到底哪部分人在取消公路收费站这一措施上得到了实惠，本调查又将车辆年平均行驶的里程数与有没有明显感觉到公路收费站减少两个变量作交叉分析，具体结果见表11。

表 11　问卷调查："有没有明显感觉到公路收费站减少?"与车辆年平均行驶里程数交叉表

有没有感觉收费站减少 \ 车辆年平均行驶里程数	5 千公里以下	5 千—1 万公里	1 万—1 万 5 千公里	1 万 5 千—2 万公里	2 万—3 万公里	3 万公里以上
有(%)	10.4	15.7	10.4	19.4	16.3	40.5
没有(%)	72.9	55.6	65.6	67.7	69.4	43.2
不清楚(%)	16.7	28.7	24.0	12.9	14.3	16.3
合计(%)	100.0	100.0	100.0	100.0	100.0	100.0

注：交叉表的 $x^2=28.277$　df = 10　P = 0.002

从表 11 可以看出，车辆行驶里程数越多的车主越能感觉到收费站明显减少了。车辆年平均行驶里程数在 3 万公里以上的被访者中，有 40.5% 明显感觉到公路收费站明显减少了。车辆年平均行驶里程数在 2 万—3 万公里以上的被访者中，有 16.3% 明显感觉到公路收费站明显减少了。而车辆年平均行驶里程数在 5 千公里以下的被访者中，只有 10.4% 的人明显感觉到公路收费站减少了。这说明，开车越多越能从取消公里收费站这一措施中受惠，这实际上对于那些开长途车的车主来说非常有利。

(四)油品选择及其影响因素

不同的油品不仅会对车辆本身有不同的影响，而且对环境造成的影响也有差异。那么人们在选择燃油时主要考虑哪些因素呢？调查结果显示，35% 的被访者认为选择燃油时首先考虑的是燃油价格，同样也有 35% 的被访者选择燃油时首先考虑的是对车的影响，有 27% 的被访者选择燃油时首先考虑的是环保，另有 3% 的被访者选择燃油时首先考虑的是其他因素。通过进一步分析发现，车辆的购置价格对于车主选择燃油时首先考虑的因素有显著影响，具体结果见表 12 和图 6。

表 12　燃油选择首先考虑因素与车辆购置价格交叉表

燃油选择时首先考虑因素 \ 车辆购置价格	10 万元以下	10.1 万—15 万元	15.1 万—20 万元	20.1 万—25 万元	25.1 万—30 万元	30 万元以上
价格(%)	49.5	40.8	30.8	20.5	39.4	14.0
环保(%)	27.4	25.5	24.4	38.5	21.2	28.1
对车的影响(%)	21.1	30.6	39.7	41.0	36.4	54.4
其他(%)	2.0	3.1	5.1		3.0	3.5
合计(%)	100.0	100.0	100.0	100.0	100.0	100.0

注：交叉表的 $x^2=38.844$　df = 15　P = 0.03

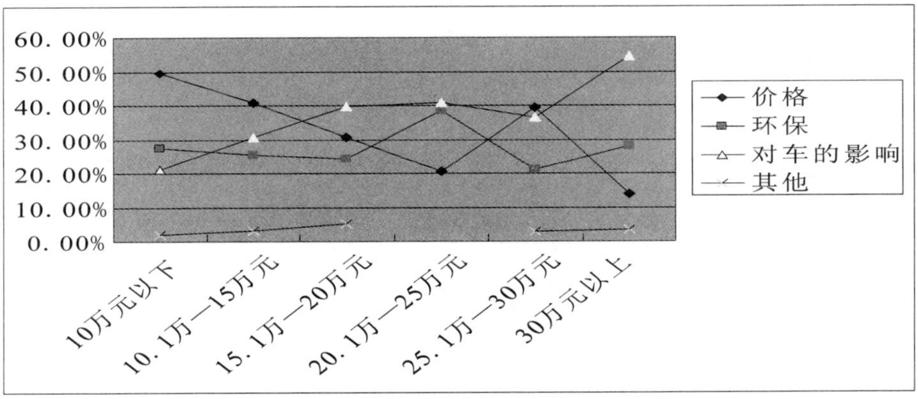

图 6　车辆购置价格对燃油选择的影响曲线图

从表 12 和图 6 可以看出，车辆购置时的价格对燃油选择有显著影响。车辆价格越便宜，车主在选择燃油时越注重燃油的价格。而车辆的价格越贵，车主越不在乎燃油的价格。车辆价格在 10 万以下的车主在选择燃油时，有 49. 5% 的会首先考虑燃油的价格，而车辆价格在 30 万元以上的车主，只有 14% 在选择燃油时会首先考虑燃油的价格。而燃油选择对车的影响则恰好相反。车辆价格越便宜，车主越不考虑燃油对车的影响。车辆越贵，车主选择燃油时越注重燃油对车的影响。车辆价格在 10 万元以下的车主只有 21. 1% 在选择燃油时会首先考虑对车的影响，而车辆价格在 30 万元以上的车主这一比例达到 54. 4% 。在选择燃油时对环保的考虑方面，各种价格车辆的车主均没有显著差异。

（五）对城市车辆总量控制措施的态度

2009 年北京市车辆总数已经接近 400 万辆。城市车辆总量过多，不仅会造成道路拥堵，而且会带来停车难、城市空气污染等问题。因此，城市车辆的总量控制是世界大城市面临的普遍性难题。随着城市车辆数字的不断攀升，北京市也采取了车辆限行等措施来减少上路车辆。由于不同的车辆控制措施对公众会造成不同影响，因此公众对于不同的车辆控制措施会有不同的评价，本次调查的结果见表 13 和图 7。

表 13　问卷调查："为了控制城市车辆的总量，您认为应该采取以下哪些措施?"

	是(%)	否(%)
限制牌照数量，通过拍卖等措施提高车辆牌照的价格	39. 1	60. 9
实行单双号限行	44. 6	55. 4
实施拥堵收费，对高峰时段进入城区车辆征收高额通行费用	33. 6	66. 4
提高城市中心区域的停车费	27. 3	72. 7
提高燃油价格	15. 0	85. 0
其他手段	9. 6	90. 4

注：本题为多选题

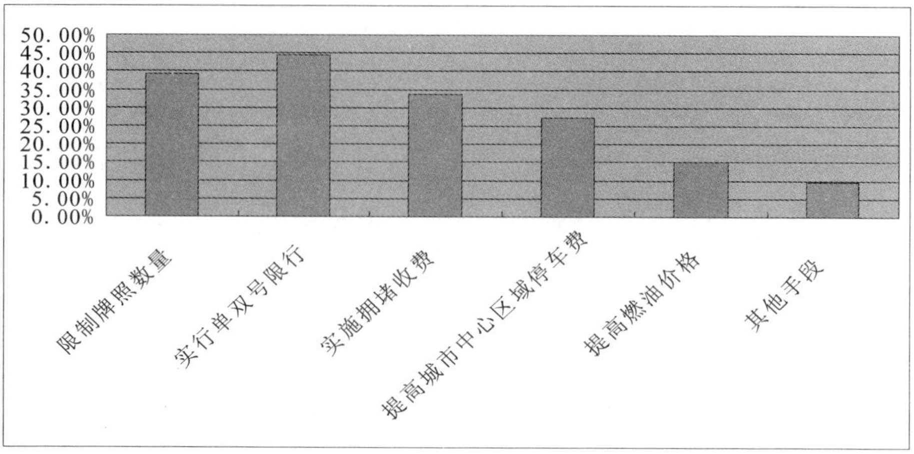

图 7　问卷调查："为了控制城市车辆的总量，您认为应该采取以下哪些措施？"

从表 13 和图 7 可以看出，实行单双号限行是被访者赞同比例最高的（占 44.6%），其次是通过拍卖等措施提高车辆牌照价格、限制牌照数量（占 39.1%），排在第三位的是实施拥堵收费、对高峰时段进入城区车辆征收高额通行费用（占 33.6%），排在第四位的是提高燃油价格（占 15.0%），最后是其他手段（9.6%）。这说明，目前政府采取的限制城市车辆总数的措施基本上得到了被访者的认同。

（六）对燃油税调整政策影响的判断

政府调整燃油消费税的政策目标是出于多方面考虑的，但是公众对此未必能完全理解和认同。除了自身的利益增损之外，对大幅提高燃油消费税的政策意义的理解和认同也有赖于公众自身素质，如受教育程度、知识结构等。调查结果显示（见表 14 和图 8），有 53% 的被访者认为燃油税调整有利于鼓励少开车、多乘坐公共交通，排在第一位。有 46.5% 的被访者认为

表 14　问卷调查："您认为提高燃油消费税有何影响？"

	是（%）	否（%）
有利于推动节能减排产品和技术的应用，比如小排量汽车、先进柴油机技术、混合动力汽车、电动汽车等新能源汽车	46.5	53.5
有利于鼓励少开车，多乘坐公共交通	53.0	47.0
有利于降低购车意愿、缓解城市交通拥堵	30.2	69.8
会增加车主负担，而节能减排效果有限	33.5	66.5
有利于减少公路乱收费、规范税费征收	23.2	76.8
不好说	13.8	86.2

注：本题为多选题

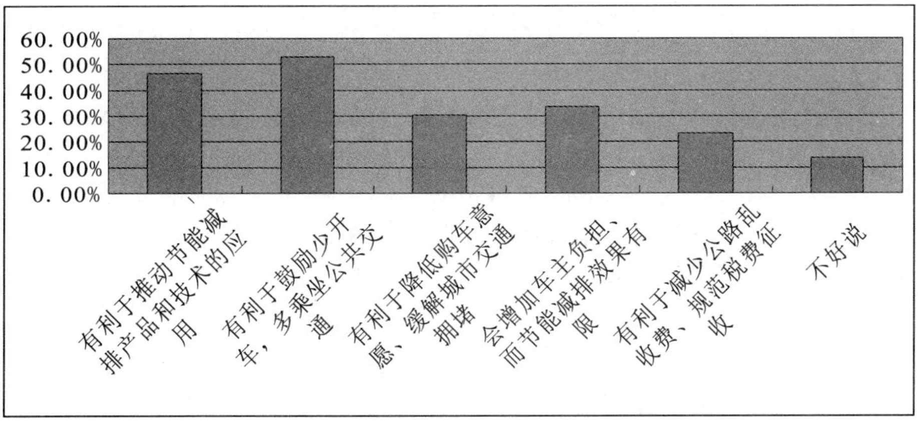

图8　问卷调查："您认为提高燃油消费税有何影响?"

有利于推动节能减排产品和技术的应用，比如小排量汽车、先进柴油机技术、混合动力汽车、电动汽车等新能源汽车，排在第二位。有 33.5% 的被访者认为会增加车主负担，而节能减排效果有限，排在第三位。有 30.2% 的被访者认为有利于降低购车意愿、缓解城市交通拥堵，排在第四位。有 23.2% 的被访者认为有利于减少公路乱收费、规范税费征收，排在第五位。最后，有 13.8% 的被访者认为提高燃油消费税的影响不好说。

（七）对燃油调整相关政策的评价

燃油是一项与民生问题息息相关的物品，大幅调整燃油消费税必然会对老百姓的日常生活造成影响，同时这种利益增损对于不同的社会阶层也不一样。因此，相关政策能否取得公众的认同是政府关注重点之一。2009 年，为应对燃油价格波动，北京市根据出租车租价与油价联动机制，从 11 月 25 日起，北京乘坐出租车超过 3 公里乘客将多付 1 元钱燃油附加费。加收燃油附加费后，出租车如果按照每天行驶 250—300 公里计算，油价上涨后，每个月多支出 400 元以上。每天平均载客在 15 次至 16 次，能收 15 元至 16 元的燃油附加费，一个月也就在 400 元以上，基本上可以抵消油价上涨所增加的成本。因此，对于出租车行业而言，因燃油税调整带来的影响基本上转嫁到乘客身上了。北京现行的出租车资费标准已经不低，再多收 1 元燃油附加费，乘客是否表示理解呢？本次调查结果见下表：

表 15　问卷调查："今年 11 月 25 日起，北京乘坐出租车超过 3 公里乘客将多付 1 元钱燃油附加费，您认为合理吗?"

	合理	不合理	无所谓	合计
百分比(%)	45.1	36.4	18.5	100

从表 15 可以看出，有 45.1% 的被访者认为此项政策合理，36.4% 的被

访者认为不合理，也有 18.5% 的人认为无所谓。需要注意的是，被访者都是自己开车的人，他们乘坐出租车的可能性要比其他人要小一些，但仍然有 36.4% 的人认为此项政策不合理。如果访问那些没有开车的人，那么认为不合理的比例应该会更高一些，这说明这项政策公众认同程度并不很高。

长期以来，我国国内成品油价格对国际市场的石油价格变化反应不灵敏，此次燃油消费税调整是成品油价格形成机制的重要举措之一。一年来的实践表明，国家对成品油价格进行了五升四降九次调整，已经建立起既反映国际市场石油价格变化和企业生产成本，又考虑国内市场供求关系；既反映石油资源稀缺程度，促进资源节约和环境保护，又兼顾社会各方面承受能力的成品油价格形成机制，充分利用了国内国际两个市场、两种资源，保障了成品油市场供应，对国民经济平稳运行起到积极作用。但是公众是否了解和赞同呢？本次调查结果见表 16：

表 16　问卷调查：国家通过燃油消费税调整和成品油价格机制改革“提高终端油品价格，引导资源节约，您是否赞成？”

	完全赞成	基本赞成	无所谓	不太赞成	不赞成	合计
百分比(%)	16.0	39.4	13.2	20.9	10.5	100

从表 16 可以看出，完全赞成和基本赞成的被访者占 55.4%，明确表示不太赞成和不赞成的被访者占 31.4%，另外还有 13.2% 的被访者表示无所谓。这说明国家通过燃油消费税调整，形成成品油价格机制、引导资源节约的政策基本上得到了被访者的赞同。

三、结论与建议

(一)基本结论

第一，燃油消费税调整以来，绝大部分与车辆相关的费用均呈上涨趋势。其中，燃油开支上涨排在第一位。其次是停车费，排在第三位的是维修保养费，排在第四位的是其他费用，排在第五位的车险费。

第二，燃油消费税大幅调整对公众用车行为产生了一定的影响。有 43.2% 的被访者认为影响很大，但是没有办法，43.6% 的被访者认为影响不大，也有 13.0% 的被访者采取了减少开车、多坐公交的措施来应对。但是这种影响对不同收入阶层效果是不一样。认为影响不大被访者中高收入者所占的比例更大，影响很大、但没有办法和减少了开车、多坐公交的被访者中，低收入者居多。

第三，大部分被访者认为燃油价格未来的走势是上涨，认为今后燃油价格会降低被访者非常少。大部分被访者对于 5 年内燃油价格的心理预期在 7—12 元/升之间。

第四，在燃油价格不断上涨的背景下，有大约45%的被访者表示无论燃油多贵都不会放弃开车。收入和年龄是不放弃开车的重要影响因素。家庭收入越高越不容易放弃开车，年龄越大越也不容易放弃开车。有大约55%的被访者表示，如果燃油价格上涨到一定的程度会考虑放弃开车，他们放弃开车的心理均衡点是燃油价格平均上涨到11.02元/升。

第五，燃油消费税调整以来，只有少部分被访者明显感觉到公路收费站减少了。在明显感觉到公路收费站减少的被访者中，外地牌照的车主多于本地牌照的车主，车辆行驶里程数越多的车主越能感觉到公路收费站明显减少了。

第六，车辆购置时的价格对燃油选择有显著影响。车辆价格越便宜，车主在选择燃油时越注重燃油的价格。车辆价格越贵，车主越不在乎燃油的价格。而燃油选择对车的影响则恰好相反。车辆价格越便宜，车主越不考虑燃油对车的影响。车辆越贵，车主选择燃油时越注重燃油对车的影响。选择燃油时对环保的考虑，各种价格车辆的车主均没有显著差异。

第七，在控制城市车辆总量应采取的措施上，实行单双号限行是被访者赞成比例最高的，其次是通过拍卖等措施提高车辆牌照价格、限制牌照数量，排在第三位的是实施拥堵收费、对高峰时段进入城区车辆征收高额通行费用，排在第四位的是提高燃油价格，最后是其他手段。

第八，在燃油税调整可能产生的影响问题上，认为有利于鼓励少开车、多乘坐公共交通排在第一位。认为有利推动节能减排产品和技术的应用(如新能源汽车)排在第二位。认为会增加车主负担、而节能减排效果有限排在第三位。认为有利于降低购车意愿、缓解城市交通拥堵排在第四位。认为有利于减少公路乱收费、规范税费征收排在第五位。

第九，国家通过燃油消费税调整形成成品油价格机制、引导资源节约的举措基本上得到了被访者的赞同。数据结果显示，表示赞同的被访者超过了一半，明确表示不赞成的被访者占三分之一左右，另外还有部分被访者表示无所谓。在乘坐出租车每超过3公里乘客多付1元钱燃油附加费的问题上，有45.1%的被访者认为此项政策合理，超过三分之一的被访者认为不合理，也有部分人认为无所谓。

(二)思考与建议

第一，由于燃油消费税调整对于不同社会阶层造成的影响不同，进而造成他们对制度的认同程度也不尽相同。因此，今后在出台此类政策措施时应充分考虑不同社会阶层的利益和需求，特别是应尽量照顾到低收入阶层的利益，以减少政策的负面影响。

第二，政策出台的时机选择对于政策实施成功与否有重要影响。尽管这次燃油消费税调整正值国际金融危机，但是这一时期同时也是国际油价大幅下跌的时期。从中长期来看，油价趋势是上涨，再加上对燃油消费税调整进行了长期论证和政策宣传，使得本次燃油税调整基本上得到了公众的认同。因此，本次燃油消费税的调整对于今后此类政策措施的出台时机选择有重要借鉴意义。

第三，政策往往是一个系统，一个环节的变动往往会牵动其他环节，从而影响到整个政策的成功或者失败。本次调查显示，尽管年初燃油消费税调整以来，包括燃油在内的与车辆相关的各项费用都在上涨，但是由于在调整燃油税的同时取消了养路费，这在很大程度上能够减少因用车成本急剧上涨引起的政策压力。因此，本次燃油消费税大幅上调其实不是一个燃油涨价问题，而是用车成本中各项费用的调整问题。这也是政策能够取得成功的重要保证。

第四，燃油税调整时取消了公路养路费等六项收费，但是没有取消过路过桥费和贷款高速公路收费。此外，车船税也没有在这次调整中取消。车船税和养路费一样，都是不论车辆使用与否，按固定数额加以征收，它显然具有和养路费同样的不合理性。因此，燃油消费税调整后，其他相关配套改革措施还有待于进一步推动。

（作者：姚建平　北京能源发展研究基地研究人员　副教授
廖乃莹　北京能源发展研究基地研究人员　博士研究生）

北京新农村建设研究基地

（北京农学院）

基地名称：北京新农村建设研究基地
依托单位：北京农学院
项目类别：北京市科学技术协会委托项目

北京市农村专业技术协会的发展现状及对策研究[①]

引 言

我国的农村专业技术协会诞生于20世纪70年代末，它是在家庭联产承包责任制基础上，由同业农户自愿加入，民主管理，为会员生产的全过程提供服务的技术合作经济组织。其特征是一种民间性质的公益性科普社团。农技协的出现，打通了科技流向农民的渠道，它将农业生产与市场需求有效地结合起来，有机地将农户主体与市场客体联系在一起，较好地解决了高度分散的农户小生产和国内外统一的大市场之间的矛盾，弥补了农村科技普及和市场失灵的问题，在我国农村经济社会中显示出旺盛的生命力。本文通过对北京市郊区县基层农技协的实地调研，收集了大量第一手资料，深刻分析目前北京农技协存在的问题、剖析原因并给出对策建议，以供决策参考。

一、北京市农村专业技术协会的基本情况

我国第一个农村专业技术协会是1980年成立的四川省郫县养蜂协会。[②]经过三十年的实践和探索，农技协组织由小到大，由弱变强，服务模式各具特色。据中国农技协2008年统计，全国现有农技协13.3万个，会员1130万户。[③] 这些基层农技协组织，上连专业学会、大专院校、科研院所，下连千家万户，成为联系科技人员和农户之间的一座桥梁，因而在农业科技成果转化、培养新型农民等方面发挥着十分重要的作用。

目前，北京市现有各类农技协1000多家，其中在民政部门正式登记注

---

① 本文是《北京市农村专业技术协会现状与对策研究》项目的最终成果摘要。

② 王元、刘冬梅等：《我国农村专业技术协会的运行机制与发展方向研究》，中国农业科学技术出版社，2009年，第45—46页。

③ 张晓军：《加强农技协工作，推进新农村建设》，《学会》，2010年第1期，第18—19页。

册的有 464 家（还有一部分农技协暂时没有注册，但已经开展了相关的技术服务工作）。① 主要分布在种植、养殖、农产品深加工、民俗旅游服务等领域。其中种植类占 50%，养殖类占 41%，农产品深加工占 5%，民俗旅游占 3%，其他占 1%（见图 1）。2010 年 1 月北京市成立了北京市农村专业技术协会，是全国第 21 个成立的省级联合会。

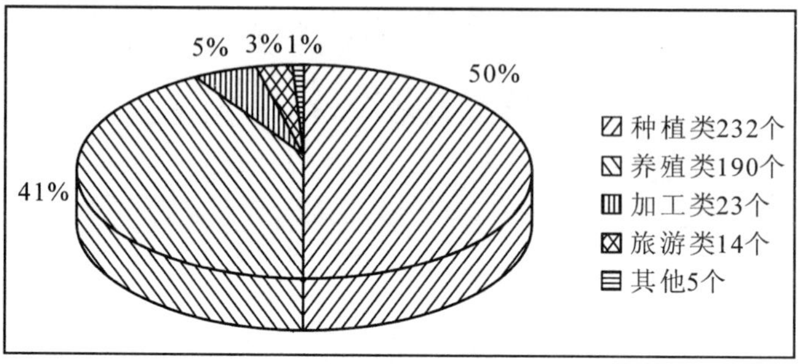

图 1　北京农技协的不同行业分布

据调查，北京市基层农技协的基本类型主要有三种（见图 2）：

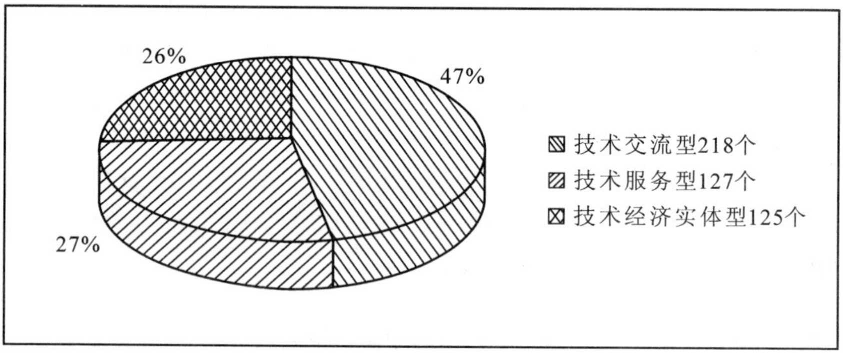

图 2　北京市农技协的不同类型分布

技术交流型：主要是引进推广各类新技术、新品种，开展技术培训，进行试验、示范、交流信息等。这类农技协占总数的 47%；如怀柔区琉璃庙镇燕岭种植业协会就是主要为会员提供各种技术和信息服务。

技术经济服务型：主要是在技术服务的基础上根据生产过程和会员利益的需要，统一购买生产资料，帮助会员联系产品的销售渠道，提供产前、产中服务，这类农技协占总数的 26%；最典型的是通州区张家湾葡萄协会、通州区果树协会、昌平区蜂业协会等。

技术经济实体型：主要是为会员产前、产中、产后全过程特别是销售、

① 北京市民政信息网．http：//www.bjmzj.gov.cn 2010

加工产品提供系列化服务。群众称这种形式叫"公司 + 协会 + 农户"社会化服务体系模式。它的最大特点是解决了农民"想的是致富，愁的是门路，缺的是技术，盼的是服务，急的是销路"一系列问题，真正实现了社会化大服务、专业化大生产的新格局。这类农技协占总数的 27%；其中有 3% 的农技协实行了股份合作制。如顺义区食用菌协会、北京市绿奥产销合作社等。

二、北京市农村专业技术协会的作用

农技协从成立之初，就把技术服务作为自己生存的根本。它以技术为依托，以市场为导向，紧紧围绕农业生产的全过程为农民提供一系列的服务。

（一）促进了新型农业社会化服务体系的完善，推动了农村经济体制改革的深入

农技协通过产前统一代购生产资料、产中技术指导、产后销售服务这样一系列的服务，解决了农民一家一户办不好或办不到的难题，满足了农民多方面、多层次、多种类的需要，提高了适应市场需求、参与市场竞争和抗御市场风险的能力。北京市大兴区安定镇果桑苗木产销协会成立于 2003 年，是集果桑种植、技术研发、果桑系列产品深加工及旅游采摘新功能为一体的农民专业合作经济组织。协会现有会员 165 个，果桑种植面积 7000 亩。该协会通过与中国农业大学、西北农业大学签订技术合作协议，引进果桑新品种 20 余个，采用桑树密植新技术，产品获得了中国有机食品认证，安定镇被中国优质农产品开发服务协会授予"中国桑椹之乡"。另外，该协会还充分利用当地拥有的华北最大、北京地区独有的千亩古桑园资源，大力发展观光农业，年接待游人 5 万人次，收入达 50 万元，使广大农户获取或分享了第二和第三产业的增值利润，保障了入会农民的经济利益。

（二）加快了农业科技成果的转化，推动了农业科技进步

农技协既是先进技术的需求者，又是直接受用者、受益者和传播者，为农业科技创造了一种以需求为导向的普及推广机制，开辟了科学技术计入农户的快捷、方便、高效的新途径。[①] 由于农技协以专业技术为纽带，与大专院校、科研院所、农技推广部门和各种专业学会建立了广泛联系与合作，因此，两者之间就有了相同的技术互助需求，农技协试验、示范所需的新技术、新品种，在会员和农户中普及推广，开辟了向千家万户传播科学技术的新渠道，加速了农业科技成果在广大农村的转化，改变了过去科

---

① 邵新贵、袁慎庆：《试论农技协在农村经济发展中的作用》，《科学与管理》，2000 年第 2 期，第 58—59 页。

技成果“热在城里，冷在乡里，停在村里，到不了农民手里”的状况。[①] 如昌平区十三陵果树协会在北京农学院张铁强老师的帮助下，近几年来相继从北京农学院、北京农科院等单位引进推广新品种近 30 个，普及推广新技术 20 多项，进行新品种对比试验 10 多项，选择果树优良品种进行推广，如尜尜枣的推广了 5000 多亩，带动 8 个村 2000 多户农民致富，取得良好成效。

（三）优化了农业产业结构，培育了农村新的经济增长点

为了发展生产，提高经济效益，较快地增加农民收入，农技协一方面在产业化经营上进行大胆的探索，把重点放在发展高产、优质、高效农业上；另一方面，将分散的农户组织起来，以市场为导向，努力发展规模经营，提高效益，增强市场竞争力。很多协会积极引进和推广适合本地条件的新品种、新技术，获得了较高的经济效益。为了满足市场对产品批量需求，农技协将自己成功的技术和经验，通过会员不断辐射到周围的群众中去，很快形成了“一户带十户，十户带一村，一村带一业”和“发展一个协会，带出一群能人，创办一个实体，服务一方农民”的局面，推动了优势产业的发展，促进了农村经济多元化、规模化和集约化，加速了农村产业结构的调整和优化，为农村经济注入了新的活力。[②] 一些农技协发展的产业已成为当地的支持产业、龙头企业。如通州区张家湾葡萄协会带动周边地区农民种植葡萄近万亩，成为北京五大葡萄基地之一，改善了当地农民的生活条件，促进了农业和农村产业结构的调整和升级，推动了农业产业化发展。

（四）帮助农户架起了通往外面社会化大市场的桥梁

农户进入市场的过程中，往往遇到信息不灵，难以应付多变的市场，显得势单力薄，缺乏市场竞争力。农技协正是适应农民的需要，以服务为手段，帮助农户走向市场。通过代购代销，联营联销等多种服务形式，解决了一家一户办不了，办不好，办起来不划算的问题，形成了产供销一条龙，加工贸一体化的生产服务体系，让农户从中获得利益，赢得了农户的信赖。通过农技协在市场竞争中的作用，降低和分解了会员和农户的市场风险，有力地保护了农民的利益，解决了农产品分散供给和市场集中需求的矛盾，解决了小生产与大市场的矛盾，使农技协成为农户通向市场的载体。如昌平区蜂业协会以技术服务为依托，帮助蜂农解决生产技术上的难题，而且还积极开拓市场，提高自身产品的市场占有率，成为农户通往外部市场的一座桥梁；门头沟养蜂协会注重自身农产品品牌建设，在北京农

① 袁慎庆：《科技兴齐鲁辉煌五年间》，《山东科技报》，2002 年第 12 期，第 28 页。

② 袁慎庆：《山东省农村专业技术协会发展问题研究》，山东农业大学硕士学位论文，2004 年第 33—34 页。

学院李华教授等专家帮助下，申请到国家工商总局"京西白蜜"地理标志，成为北京第七家有地理标志的单位。

（五）促进了农民增收，加快了农民致富奔小康的步伐

农技协从成立之日起就把增加农民收入作为协会的根本宗旨。农技协积极引导会员，推进农业产业化的步伐；形成特色，发展区域规模经济；送科技下乡，服务广大农民群众；提供市场信息，指导产品销路。如北寨红杏产销协会带动周边农户300多户种植红杏，帮助农民走上了致富之路。延庆县香营乡"金剪子服务队"提供统一的标准化果品管理技术，改变过去一家一户因技术水平有限而不能保证果品质量的状况，真正实现了果品的优质、高效，增加了果农的收入。从2006年以来，该服务队在县内外修剪果树6000多亩，涉及果农800多户，帮助果农增加收入500多万元。北京华利丰蔬菜产销协会带动周边地区近千户农民种植甜豆、荷兰豆5000亩，实现户均增收2600元。

（六）提高了广大农民科技素质和推动了农村的精神文明建设

农技协通过组织技术交流，外出学习、技术培训、参加农函大、农广校学习，农村党员、基层干部实用技术培训等活动，提高了广大农民群众科技文化素质，为农村培养了一大批专业技术人才，为实现农村经济增长方式的转变打下了基础。平谷区大桃标准化种植协会采取外聘专家举办技术培训班、科技人员进村入户进园讲课、编印《果品技术手册》等形式，年培训人次达1.5万。在发挥农技协骨干示范带头作用的同时，农技协还通过制度建设和组织活动，要求会员遵纪守法，做有理想、懂技术、守法规、会经营的新型农民。农技协的会员既是农村致富的带头人，又是农村精神文明的模范，提高了广大会员的文明程度，有力地促进了农村社会主义精神文明建设。通州区张家湾葡萄协会在协会中建立了党支部，通过"支部+协会"模式，在会员中开展各种党的先进性教育、科技普及教育，引导会员形成积极向上、健康和谐的生活方式，起到了良好的效果。

三、北京市农技协目前存在的问题

（一）法律地位缺失，外部宏观发展环境欠佳

由于没有出台针对农技协的相关法律，致使农技协的发展处于真空状态。目前，北京市非常重视农民专业合作社的建设工作，如密云县成立了全市首家农民专业合作社服务中心，以加强对本地区合作社的指导和管理。但农技协尚没有引起相关政府部门的重视，严重缺乏政府的支持和政策的扶持，从而使协会处于自生自灭的状态，尤其自2007年《农民专业和合作社法》颁布以后，基层农技协的发展更是极其缓慢。（见图3）

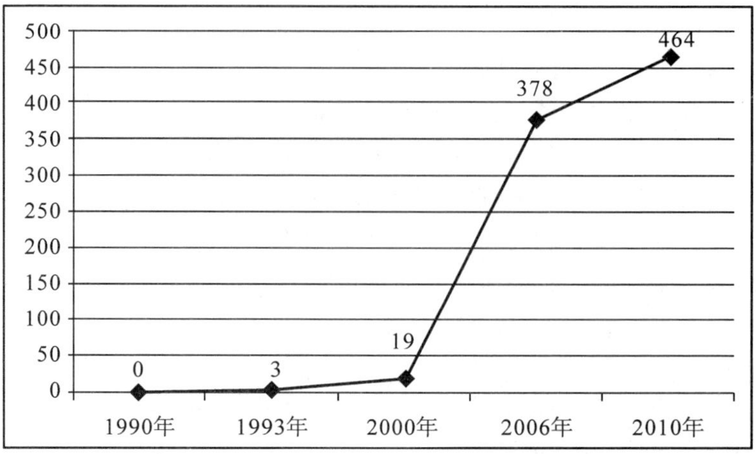

图3　北京市农技协的发展态势图

（二）办理农技协登记手续时间过长，不利于农技协的快速发展

与农民专业合作社比较，申请成立农技协的时间较长，从作出批准(60日内)—召开会员大会(6个月内)—发证(30日内)，前后需要约9个月时间。而农民专业合作社则较简捷，“登记机关应当自受理登记申请起20日内办理完毕，向符合登记条件的申请者颁发营业执照”。

（三）协会自身的运行机制不健全

协会的发展壮大，加强协会自身建设是关键。当前大部分协会是依托“能人效应”管理和运作，制度建设还比较薄弱；协会成员绝大多数是农民，经营管理人才缺乏；协会内部财产权属不清，管理机制、激励机制、监督机制等不够健全，一些农技协理事会、监事会、会员大会基本上形同虚设，会员责权利不明等现象比较明显，会员大会制度、科学决策制度、会员监督制度、财务管理制度得不到有效执行，导致中介服务作用发挥不充分，限制了农技协的发展。调研中发现，有一部分协会的章程、规章制度只挂在墙上，没有发挥应有的作用。还有的协会根本没有财务制度，所有的财务都由协会领办人一人负责。

（四）协会综合实力不强，普遍缺乏资金支撑，自我发展后劲不足

北京市科协、财政局在“十一五”期间，每年拨出789万元进行了“科普惠农兴村计划”，用于奖励农村专业技术协会、农村科普基地、科普带头人、农业科技服务专家，但资金相对来讲还很缺乏。资金缺乏是制约协会发展的最大瓶颈问题。由于资金缺乏，一些协会还处在无资金、无场所、无科普网络体系的状况，协会类型单一、整体作用发挥不够好，自我规范管理差。

（五）协会规模小，协会领办人素质不高，抗风险能力差

调研组到门头沟等地调查发现，农技协的规模过小，服务成本偏高，经营范围过窄，严重影响其生存和发展。门头沟共有41家农技协，其中会员超过30户的协会仅占54%，如门头沟区奶牛协会现有会员40户，门头沟养羊协会现有会员23户，这就削弱了农技协参与国际国内市场竞争和与高科技农产品相抗衡的实力。由于协会大部分是由农村中的农民组建起来的，普遍素质不高，在100份调查问卷中，回收有效问卷85份，协会负责人文化程度在大专及以上的占5%，高中文化程度的占85%，初中文化程度的占10%，从中可以看出，协会领导人自身的文化程度还有待提高，以适应协会更好发展的需要。

（六）技术、市场信息渠道不畅，信息梗阻严重

北京市省级农技协刚刚成立，尚无一个功能强大、反应灵敏、组织严密、传输快捷、正确有效的服务网络。由于目前缺乏一个功能强大的技术与市场信息服务网络，协会很难及时得到权威的、准确的技术与市场信息。因此，协会普及技术、安排生产、进行社会化服务等均带有很大的盲目性，市场销售存在着很大的风险和随机性。[①]

四、对策及建议

（一）创造良好的外部宏观发展环境，简化农技协的登记手续

当前，农技协的工作涉及农业、科技、税务、畜牧、科协、民政等多个部门，可考虑建立一种协调和沟通机制，形成、培育、发展农技协的合力，为农技协的发展保驾护航。民政部门可以适当简化农技协的办理手续。

（二）加强自身的能力建设，完善自律机制

首先，要建立完善的协会内部管理制度，通过民主管理，实现协会规范化、制度化的发展目标。其次，积极拓宽服务领域，把服务能力建设作为协会的头等大事来抓，从而吸引更多的会员加入进来，发挥好优秀会员的榜样示范、模范引导作用。最后，要明晰协会内部的产权关系，如果产权关系不明晰，协会就失去了凝聚力和吸引力。

（三）要研究出台相关政策，保障农技协的健康、可持续发展

农技协的发展需要得到政府各方面的支持，特别是在政策上支持和优惠。为此建议对一些具有较大带动作用的农技协组织进行重点扶持，这些扶持包括从优惠政策到资金扶持等各个方面。尽快制定《农村专业技术协会管理条例》，明确农技协的法律地位，对到农技协工作的专职人员提供社会保障、医疗、职称评定等。2009年11月北京市通过了《北京市实施〈中华人民共和国农民专业合作社法〉办法》，规定了政府各级部门在实施过程中的

---

① 杨文志：《对农村专业技术协会及其相关问题的探讨》，《中国农村经济》，2002年第3期，第27—28页。

职责和义务，明确了农民专业合作社的市场主体地位，同时对大学生到农民专业合作社工作给予优惠政策，这将对保障农民专业合作组织的健康、快速、可持续发展提供了较好的发展空间；[①] 同时，也希望能给农技协提供同等的优惠政策。

（四）要提供资金支持、加强科技支撑，推动农技协不断发展壮大

财政、金融等部门要给予农技协一定的资金扶持，支持农技协发展新产业、开发特色产品、延伸加工和流通，实行产加销一体的农业产业化经营；要制定优惠政策和激励措施，吸引企业、个体及社会资金与农民股份制合作兴办农技协，探索建立多元化融资、社会化参与支撑农技协发展壮大的新机制；要鼓励和支持科研院所、大专院校、专业学会及其科技工作者与农技协建立密切的科技扶持、服务关系，为农技协发展提供农业新品种、新技术、新成果和市场经济信息，培训农民专业技术人才，开展技术推广、技术咨询和技术服务，以推动农技协不断发展壮大。

五、结　语

农村专业技术协会作为一种农民自己创办的技术合作经济组织，在发展现代农业、沟域经济、社会主义新农村建设、培养新型农民等方面发挥着十分重要的作用，当前，应该积极引导农技协规范化发展，提高自身的服务能力，紧密联系各个涉农领域的科技专家，同时，还要争取外部优惠政策、资金、人才的支持，创新服务农民的方式，走技术普及和经济合作并重的道路。

（作者：李　华　北京新农村建设研究基地研究人员　教授
王有年　北京新农村建设研究基地主任　教授、博导
任长宾　北京农学院经管学院　硕士研究生
王建文　北京市农村专业技术协会秘书　博士）

① 北京市实施《中华人民共和国农民专业合作社法》办法，2009 年 11 月 20 日北京市第十三届人民代表大会常务委员会第十四次会议通过。

基地名称：北京新农村建设研究基地
依托单位：北京农学院
项目类别：研究基地自设项目

北京都市型现代农业发展趋势研究①

一、北京农业发展历程

改革开放以前，北京农业处在传统的农区型农业阶段，农业结构变动缓慢，呈现单一的种植业为主的格局，在种植业内部主要以粮食种植为主。20 世纪 70 年代末到 90 年代中后期，北京农业为城郊型农业发展阶段，其地域空间主要划定在城市郊区，主要功能定位是供应城市居民鲜活农副产品和部分粮食，解决城市副食品供应不足的问题，起到稳定物价、稳定居民生活和稳定社会的作用。从 20 世纪 90 年代中后期开始，北京农业进入都市型现代农业阶段，农业多功能性不断开发，农业产业链条不断延伸，农业的产业化、现代化、社会化、组织化水平显著提升。

（一）农业总产值稳步增加

1978—2008 年，京郊农村围绕农民增收、农业增效和区域功能定位，实现了农业结构的战略性调整。农业产业化经营水平逐渐提高，精品农业、

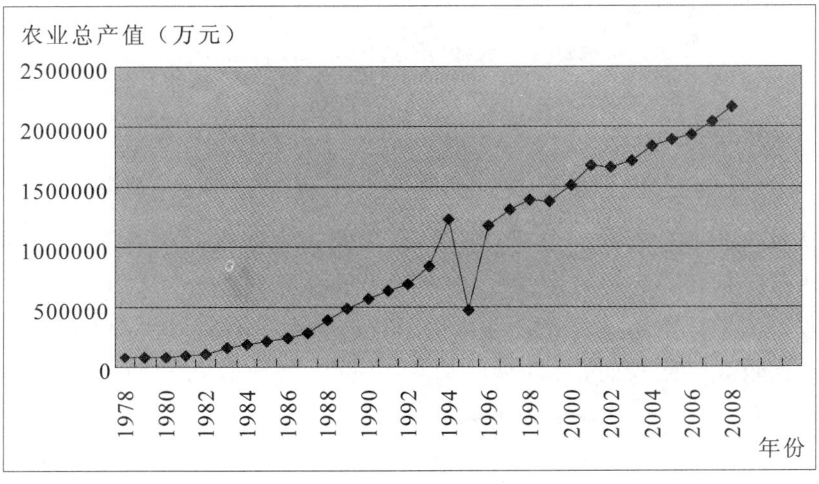

图 1　1978—2008 年北京郊区农业总产值变化示意图

① 本文是《北京都市农业研究》项目的阶段成果。

设施农业、籽种农业、观光农业等都市型现代农业也得到较快发展，农业总产值相应增加，由 1978 年的 7.6 亿元增加为 2008 年的 215.8 亿元，年均增长率为 11.8%（见图 1）。

（二）农业结构不断优化

改革开放以来，随着首都经济社会的快速发展，城市居民的市场需求不断升级，郊区农业结构调整实现了突破性进展，由以农为主向农、畜并重转变，种植业由粮食为主向粮、经、饲多元生产结构转变，初步完成由数量型向质量、效益型的转变，农业产业结构不断优化。

从农、林、牧、渔不同产业的收入变化情况看，1978—2008 年间，农业收入由 6.2 亿元增加为 90.3 亿元，年均增长率为 9.3%；林业收入由 0.6 亿元上升为 13.9 亿元，年均增长率为 11.0%；牧业收入由 0.8 亿元增加为 103.1 亿元，年均增长率为 17.6%；渔业收入由 0.0084 亿元上升为 8.5 亿元，年均增长率为 25.9%（见图 2）。

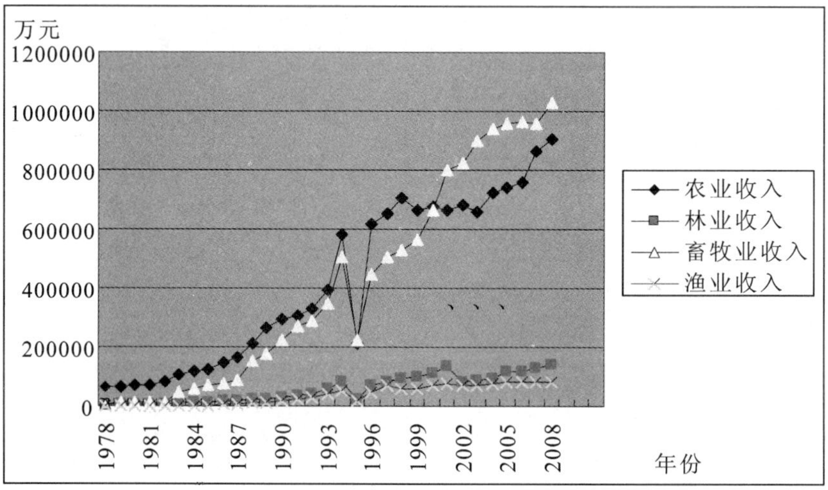

图 2　1978—2008 年北京郊区农、林、牧、渔业收入变化对比图

从收入的绝对值看，在 1978—2000 年间，农业收入水平均高于畜牧业收入水平，且两者的增减变化几乎呈现完全相同的趋势；从 2001 年起，畜牧业收入水平开始超过农业收入水平，且该状态一直持续到 2008 年，两者差距还比较大。比较而言，1978—2008 年间，林业收入和渔业收入水平均不高，且林业收入始终高于渔业收入。

从收入的增长速度看，30 年间，渔业收入的增长速度最快，远远高于同期第一产业的平均增速（11.8%）；牧业收入的增长速度次之，也高于同期第一产业的平均增速；林业收入的增长速度一般，略低于同期第一产业的平均增速；农业收入的增长速度最慢，低于同期第一产业的平均增速。

从第一产业内部结构看，京郊农村第一产业以农业和畜牧业为主，但各业所占比重在不同时间段呈现不同的变化趋势，农林牧渔业比例由 1978 年的 81.68∶7.76∶10.46∶0.11 调整为 2008 年的 41.84∶6.44∶47.78∶3.94。其中，农业比重大体上呈现持续下降的趋势，从 1978 年的 81.68% 下降到 2008 年的 41.84%，年均下降 1.3 个百分点；畜牧业比重则在总体上呈现上升趋势，从 1978 年的 10.46% 上升到 2008 年的 47.78%，年均上涨 1.2 个百分点；林业比重变化不大，历年均不超过 10%，从 1978 年的 7.76% 到 2008 年的 6.44%，年均下降 0.04 个百分点；渔业比重则呈逐年上升趋势，从 1978 年的 0.11% 到 2008 年的 3.94%，年均上升 0.13 个百分点（见图 3）。

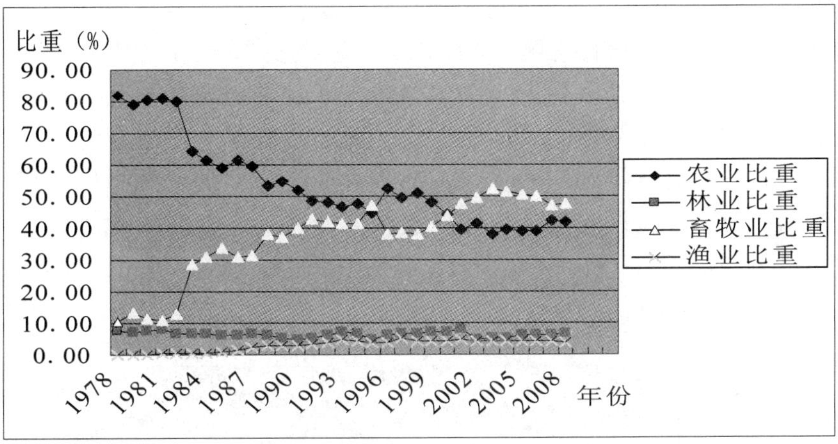

图 3 1978—2008 年北京郊区第一产业内部各业所占比重变化示意图

（三）农业产业化经营蓬勃发展

伴随着北京农业的几个不同阶段的发展变化，北京市农业产业化发展经历了简单产品加工阶段、探索和成长阶段、快速发展和创新阶段。特别是近年来，北京市采取切实措施，以发展农产品加工为切入点，推动农业产业化经营，使农业产业化水平不断提升，农业企业实力不断增强，带动力和辐射力不断提高。

当前，北京农业产业化组织模式不断创新，“龙头企业 + 协会 + 农户”、“龙头企业 + 合作组织 + 农户”等新模式表现出巨大生机；农业产业化经营主体实力增强，社会资本开始进入农业产业化领域；农业产业化经营理念不断更新，休闲产品、文化创意产品层出不穷；产业布局日趋合理，逐渐形成了区域特征明显的优质农产品主导产业。截至 2008 年年底，北京市农业产业化组织从业总人数为 198206 人，其中，在龙头企业从业人数 75116 人，占总人数的 37.7%。通过多次加工增值，提高了农业的附加值和综合效益，也给农民直接带来实惠。农户从事产业化经营增加收入由 2002 年的

34389 万元增加到 2007 年的 162272 万元，年均递增 74.3%。到 2009 年上半年，全市共有市级以上龙头企业 74 家(含 23 家国家重点龙头企业)，实现销售收入 205.0 亿元，净利润 12.0 亿元，上缴税收 6.1 亿元，创汇 1.4 亿美元，固定资产 79.9 亿元。北京农业产业化经营的快速发展，为推进都市型现代农业，社会主义新农村建设和率先形成城乡经济社会一体化格局提供了重要的产业支撑。

(四)农业生态功能日益显现

农业生态系统包括森林、草地、湿地、农田等多种植被。生态系统服务一般指自然生态系统及其所属物种支撑和维持人类生存的条件和过程，通过生态系统的功能可直接或间接得到相关的产品和服务。农业生态价值主要包括涵养水源、保育土壤、固碳制氧、生物多样性、净化环境等。

近年，随着首都经济快速发展，城市生态环境越来越恶化，人们对良好生态环境的需求越来越迫切，生态保护意识逐渐加强。农业生态系统服务价值得到了社会各界的广泛认可，都市农业生态功能已成为服务城市的重要功能(见图 4)。据北京市统计局监测，2007 年，北京农业生态环境服务价值为 425.62 亿元(年产出价值)，其中农田为 174.85 亿元，森林 233.5 亿元，草地为 17.27 亿元。

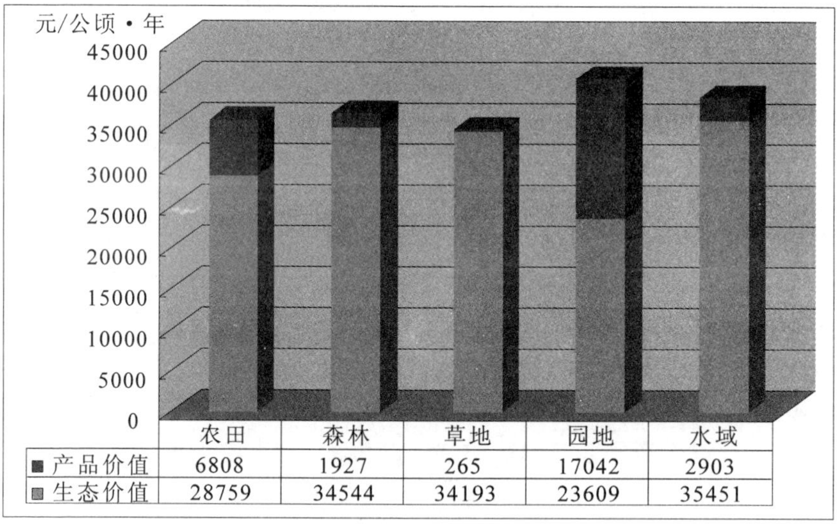

	农田	森林	草地	园地	水域
■ 产品价值	6808	1927	265	17042	2903
■ 生态价值	28759	34544	34193	23609	35451

图 4　北京各类型生态系统单位面积服务价值

二、新阶段面临的挑战

当前，北京经济社会已步入快速发展期，1996—2004 年北京 GDP 年平均增长速度 13%，高于全国平均水平 9%，年均增加 333 亿元。2008 年，全市 GDP 总量突破 1 万亿元，地方财政收入(一般预算)1800 亿元，常住人口人均 GDP 达到 9000 多美元，财政实力大大增强；2008 年，北京城市居民人均可支配收入达 24000 元，农民人均纯收入达 10747 元，收入水平显著提高。从总体上看，首都经济社会发展进入后工业化阶段，具备了“以工促农、以城带乡”的条件。

按照北京城市总体规划要求，北京城市未来发展定位为“国家首都、世界城市、文化名城、宜居城市”，这种功能定位对城市发展的生态环境、资源保护等提出了更高的要求。北京农业发展方向和目标应与北京城市的性质和发展目标保持一致，农业生产必须考虑未来的农业发展空间，水资源限制、环境保护要求和食品安全。

可以说，经济和社会的高速发展给北京农业带来了前所未有的历史机遇，但同时，快速的工业化和城市化发展也给农业生产资源和要素带来一定程度的损害，北京农业进一步发展面临着一些严峻的约束条件。

(一)农业比较效益低，导致农业兼业化

30 年来，虽然农业收入基本上呈持续增长趋势(个别年份除外)，但其增速远低于二、三产业，因此农业收入在京郊农村经济总收入中所占比重逐年下降，由 1978 年的 40.33% 下降到 2008 年的 6.15%，年均下降 1.1 个百分点(见图 5)。而且由于农业比较效益低，自我积累和发展能力有限，其在农村经济总收入中所占比重可能会继续下降。

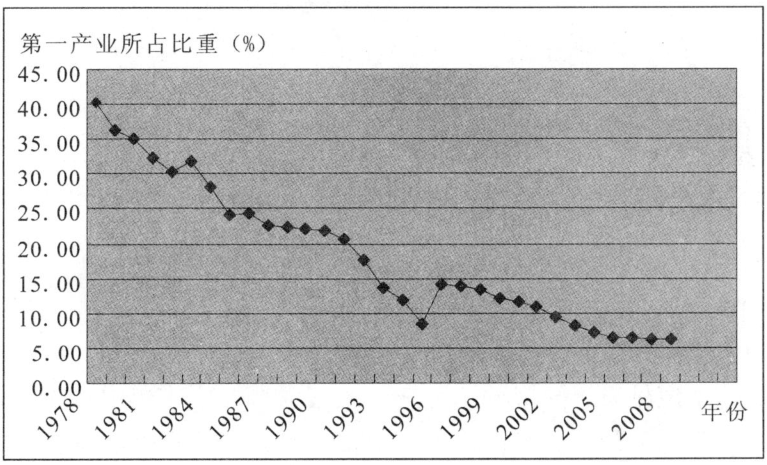

图 5　1978—2008 年北京郊区农业在农村经济总收入所占比重变化示意图

就农民收入而言，虽然近年北京郊区农民人均纯收入呈快速增长态势，但对收入结构的分析表明，农民收入的增加主要得益于工资性收入、转移性收入等的贡献，农民从事家庭农业经营收入在农户总收入中所占比重越来越低。

农业生产比较利益低，导致部分农户存在兼业化的倾向，农田经营主体弱化，农业投入淡化，从长远看，不利于北京郊区农业的发展。

（二）城市化进程加快，农业发展空间不断萎缩

随着城市建设的快速发展，多年来北京城市面积与人口数量迅速膨胀，城市面积从解放时的 190 平方公里扩大到现在的 1400 平方公里，增长了 6 倍多；人口数量由 20 世纪 90 年代的 1000 万人增长到现在的 1700 万人，原本一些郊区地带已变为繁华的都市。随着城市化进程加快，大都市的高速发展严重挤占了农业发展空间，大量农田被占用，有资料显示，1979—2007 年平均每年递减 10 万亩，2000—2007 年平均每年递减 20 万亩，2008—2020 年耕地进入相对稳定期（见图 6）。

此外，从有限的农业用地分布情况看，用地高度混杂，农地支离破碎，不利于农业的规模化生产。

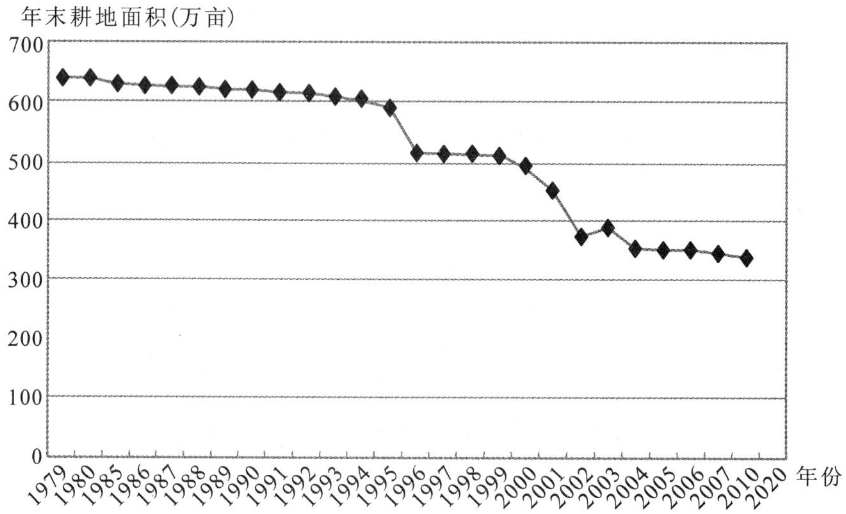

图 6　1979—2020 年北京市耕地面积变化情况图

（三）水资源严重短缺，农业生产受到制约

北京水资源严重缺乏，人均占有量仅为全国的八分之一，世界的三十分之一，水资源成为制约可持续发展的重要瓶颈。为了缓解首都水资源紧张的局面，实现可持续发展，北京市对水资源进行了严格的保护，对其使用也实行了严格的控制。

1988 年以来，北京市用水实行“限农压工保生活”的政策，工业、农业用水减少了 52% 和 44%，而生活用水增加了 142%；为了顺应水资源利用政策的变化，高耗水作物种植下降，20% ~50% 小麦玉米两作农田自发转向春玉米一熟制。即便如此，北京目前万元 GDP 用水仍高达 33 方，农业用水 136 方。北京大田农业用水量为 13 亿方，是第一用水大户。水资源不足依然是制约北京郊区农业生产发展的重要因素。

（四）农业生产成本高，影响市场竞争力

农产品生产成本的高低，直接影响着产品销售价格的高低，并进而影响产品的市场竞争力。农业生产成本包括农药化肥等生产资料费用、机械费用、土地费用、活劳动费用等。一方面，目前农业分散、小规模生产的经营格局导致了农业适用技术效率不高，每单位产品生产的机械费用高；另一方面，和周边地区相比，北京农业生产的土地和劳动力机会成本都较高。此外，农资价格不断上涨也是影响农产品生产成本的一个重要因素。

由于北京特殊的地域特征，据调查北京小麦生产成本在全国 23 个生产省市排名第 16 位；玉米生产在 21 个省市排名最后。调查结果表明，郊区总体农业生产成本比河北省周边高三分之一。过高的生产成本削弱了北京农业的市场竞争力，进而抑制了农民的生产积极性，产业发展动力不足。

三、北京农业发展趋势

都市型农业是现代农业在大城市的表现方式，是大城市率先实现农业现代化的根本途径，是大城市农业发展的必由之路。北京农业经过多年的发展变化，历经了农区型农业、城郊型农业、都市型农业等不同阶段，取得了巨大的成就，但同时也存在着一些不容忽视的问题。作为高速发展中的国际化大都市，北京发展都市农业，机遇与挑战并存。

立足于首都城乡统筹全局，跳出农业看农业，北京农业的地位、价值、环境正在发生深刻变化，产业地位愈益重要，隐性价值不断显现，发展优势得天独厚。从未来发展趋势看，北京都市农业呈现出功能多样化、种植园林化、生产立体化、布局规模化、装备设施化、产品特色化、管理精密化、农民组织化、食品安全化、营销品牌化的重要特征。

（一）功能多样化

传统农业主要是满足食品需求，体现的是生产、经济功能。而都市型现代农业除生产、经济功能外，同时具有生态、休闲、观光、文化、教育等多种功能。农业功能由单一化向多元化转变，是其发展的客观规律。大力开发都市型现代农业的多种功能，是建设宜居城市和实现首都可持续发展的客观要求。随着北京工业化、城市化的推进，都市农业的生产经济功能必将逐步弱化，而农业的生态服务功能、景观文化功能和生活功能将日益突出和强化。公益功能为主，兼顾经济功能的都市型农业必将引导农业产业的发展。

近年，北京郊区都市农业功能不断拓展，依托于农业的多功能性，开发出创意农业、休闲农业、体验农业、示范农业、教育农园、市民农园等多种新兴业态。如在顺义马坡（水上运动场附近，总面积 140 亩）、密云溪翁庄（瑞海姆度假村北侧，总面积500亩）建设了两处玉米迷宫主题农业公园；为迎接奥运，在京承高速路东侧板桥渔场种植了以“都市农业迎奥运”为主题的奥运五环，以牧草为背景，种植观赏矮化向日葵，形成奥运五环，占地规模200余亩；通州区“南瓜主题园”和分布在全市旅游发达地区的十大“果园和花卉主题公园”等，通过挖掘农业多功能性，丰富了市民文化生活，拓展了人们的生活空间。

（二）种植园林化

本着“有景可观、有光可赏、有物可采、有知可长、有技可学”的思路，北京市近几年大力发展观光休闲农业，农业生产方式由大田式生产向观光公园式转变，全市建设了一批有带动力、影响力和辐射力的观光休闲园区。特别是2007年开始，一批农业种植公园的兴起，成为都市型现代农业的新亮点。

如以京承高速农业走廊为代表的都市型现代农业走廊，就是都市农业公园式生产方式的具体体现。到目前为止，都市农业走廊建设已取得初步成果，实现了生态效益、经济效益和社会效益的和谐统一。一是京承路两侧绿化带建设全面完成。共绿化面积8215亩，在路两侧建起了各30米宽的绿化隔离带，基本做到了“绿不断线、景不断链、三季有花、四季常绿”。二是京承路两侧3.5万亩裸露农田得到有效治理。通过种植春玉米、春大豆、饲草等作物，对裸露农田进行了有效覆盖，实现了农业的生态服务价值。三是沿线土地整治与修复工作成效明显。

此外，受举办奥运会和花博会的影响，花卉产业基地发展迅速，花卉产业也将成为郊区都市型现代农业一个大有潜力的经济增长点。

（三）生产立体化

北京近年来林下经济蓬勃兴起，发展十分迅速，它的建设与发展对保护生态环境、优化农业产业结构、增加农民收入起到了重要的推动作用。目前，北京郊区林下经济建设已发展到林菌、林禽、林药、林草、林花、林粮、林蔬、林桑、林葵、林瓜等10多种模式。全市累计利用林下土地资源1.4万多公顷，涉及通州、延庆等12个区县，带动农民就业6万多户，24万多人，为郊区农民年增加收入突破12亿元，实现了经济效益、生态效益的“双赢”。

以林菌间作、果草畜一体化等为代表的立体式生产方式，逐步体现出现代集约农业的特征。近年来北京市耕地面积逐渐减少，由1995年的599.1万亩减少到2006年的354万亩，然而农业生产的产值并没有因为耕地面积的减少而降低，农业总产值发展速度由1995年的104.4%上升为2005年的105.8%，除了因为单产产值和农业附加值的提高外，充分利用空间发展立体式生产也是产值增加的重要原因之一。

（四）布局规模化

农业规模化经营是农业发展的一个历史趋势。小规模或分散经营会导致单位经营成本上升，而规模化生产则容易取得规模效益和产业集聚效应，有利于增加利润。变分散经营为规模经营，是提高农业综合生产能力的一种途径。

北京都市农业发展按照五个圈层的布局，形成了农业优势主导产业空间分布的基本构架，各区县都根据区域优势发展和形成了各具特色的粮经类特色基地，大兴的西瓜、平谷的大桃、昌平的苹果、门头沟的樱桃、通州的葡萄、房山的磨盘柿、怀柔的板栗等一批具有区域特色的果品和产业带基本形成。另外，密云的农耕文化休闲产业带、云蒙风情大道，怀柔的"雁栖不夜谷""夜渤海"等多条民俗旅游产业带，整体规划布局，同一设计风格，体现了多种产业的融合，实现了规模效益。

（五）装备设施化

设施农业是随着农业现代化和农村种植业结构调整而发展起来的新型产业，是通过综合应用现代工程技术、生物技术和信息技术，按照动植物生长发育的要求控制生产环境，从而提高农产品产量和质量的现代农业。它具有高投入、高产出、高效益、无污染等特点，在一定程度上克服了传统农业难以解决的限制因素，有利于提高农业水利化、机械化和信息化水平，提高土地产出率、资源利用率和农业劳动生产率，加强资源的集约高效利用，大幅度提高农业综合生产能力。

设施农业是都市型现代农业的主要形态。经过多年发展，北京郊区设施农业发展已初具规模，截至2008年年底，全市设施占地面积达到25.6万亩，在拉动内需、促进农业经济增长、带动农民就业等方面起到了积极的促进作用。为进一步促进设施农业发展，市政府出台了《关于促进设施农业发展的意见》（京政发〔2008〕30号），明确了设施农业五年发展规划，制定了相关扶持政策，结合各区县的区域特点和不同优势，确定了全市设施农业"两区两带多群落"的空间发展格局，实现区域特色设施农业和其他类型设施产业循环联动发展。

在发展设施等高效农业的同时，农业生产的先进技术也不断完善配套。温室大棚安装了杀虫汞灯、防雹网、遮阳网、黄板防虫等先进的设施，同时水电路等基础设施也在不断完善改进。

此外，农业生产手段从人工向机械转变也是都市农业的发展趋势。目前，京郊小麦生产从种植到收获已经基本实现了机械化生产，小麦机耕率、机播率均达到95%左右，综合机械化水平达到78.9%，农机投入不断增加，农机综合生产能力大幅提高。

（六）产品特色化

特色农产品在北京都市型现代农业发展中扮演着极其重要的角色。总体上看，北京的特色农产品具有供给充足和需求旺盛的特点。北京城郊地区的特色农产品品种丰富，交通基础优越，在特色农产品供给方面占有明显优势；随着人们生活水平的提高，人们对特色农产品的需求也在不断提高，加之北京良好的国际区位优势，国内外市场对特色农产品的需求越来越旺盛。准确进行市场定位，深入挖掘资源优势，开发特色农产品，是发展京郊高端农业、高效农业、高辐射农业的重要途径，是提高京郊农业科技、文化、绿色、加工附加价值的重要手段。

目前，北京市特色农产品种类丰富。但特色农产品在区域分布、结构分布方面有着很大差别，同一品种的农产品、同种农产品的不同品种在价格方面差异也很巨大。如平谷区依托大桃生产，挖掘其文化价值，成功开发晒字桃、异型桃等生日系列产品，提高了平谷大桃的文化品位，其价格可以比普通桃高出几倍、十几倍甚至几十倍，极大地提升了产品的价值。

（七）管理精密化

精准农业是当今世界农业发展的新潮流，是由信息技术支持的、根据空间变异定位、定时、定量地实施一整套现代化农事操作技术与管理的系统，根据作物生长的土壤性状，调节对作物的投入，调动土壤生产力，以最少的或最节省的投入达到同等收入或更高的收入，并改善环境，高效地利用各类农业资源，取得经济效益和环境效益。

发展精准农业既能够体现首都现代农业的特点，又能够突破资源制约的瓶颈，已成为北京郊区都市农业发展的新亮点，符合未来农业发展趋势。目前，大兴区已建成北京郊区规模最大的精准农业生产示范区，现代化的生产技术正在颠覆着传统的栽培技术。大兴区以农业生产基地、专业合作社、龙头企业为对象，围绕设施农业精准生产、果园精准生产、精准经营流通管理等进行精准农业技术示范。在 5 个乡镇 6 个村、15 家企业开展了精准农业技术应用示范工作，集中展示了设施瓜、菜、花精准管理套餐技术模式，取得了明显成效。从栽种到管理再到销售，借助信息手段的数字化技术渗透进每个环节，加速农业生产由传统、粗放、经验型向智能、精准、数字化方向的转变。

（八）农民组织化

农民合作组织是农业产业横向一体化经营的组织载体。它把分散的小规模农户直接组织起来以“集团军”的形式共同进入社会化大市场，有利于促进农业的市场结构由过度竞争向垄断竞争的转变，它是提高农业的市场集中度，进而矫正农业弱质特性的根本途径。

较高的农业生产组织化程度是都市型现代农业的重要特征。北京市近几年的农民专业合作组织建设速度惊人，并且呈规模扩大化、发展规范化、主体多元化、领域多样化的趋势发展。截至目前，各类农民专业合作组织已达到1200多个，入社农户近26万户，占到全市从事一产农户总数的43.3%，带动能力显著增强。从类型上看，北京郊区农业合作组织已经由农民自己组建发展转化到依托农村集体经济组织组建、依托龙头企业组建、依托农技服务组织组建、依托基层供销社组建等多样化形式并存的局面。合作组织涉及的领域也不断扩大，已经从原有的以蔬菜、瓜果为主扩展到现在种植、养殖、旅游、农机、水电、科技服务等多业发展。

农民专业合作经济组织通过专业合作，扩大了农业生产的规模，延长了产业链条，提高了专业化水平，降低了农业科技的推广使用成本和市场风险，有利于提高农产品的科技含量和经济效益，促进农民增收致富。近年，北京郊区涌现出一批引领全市农民专业合作组织发展的排头兵，如奥金达蜂产品合作社、凯诚柴蛋鸡合作社、新特新葡萄产供销合作社、长阳奶牛合作社，等等。

(九)食品安全化

随着首都经济社会发展，居民收入不断增加，消费支出结构不断升级，市场需求不断变化，农产品仅从数量上已经越来越不能满足日益增长的人口需要，北京市民对农产品的质量与安全的要求越来越高，高档农产品的市场空间将会越来越大。进一步提升首都农产品质量安全水平，是深化及展现都市型现代农业发展的重要内容；是保民生促进人民身心健康的需要；是构建北京市与外埠良性互动机制的重要手段；也是促进农民增收、促进农业可持续发展的要求。

有机生产已经成为都市农业生产的必然趋势。北京市近年采取多种措施，加大力度推行农业标准化生产，实施田间督导，加强生产源头监控，加强检测农业生产化学投入品，从源头保障农产品质量安全。2009年全市推广有机栽培技术的果品2.5万亩，总计达到了10万亩，其中约有1.5万亩果树取得了有机认证。同时，鼓励企业开展绿色、有机农产品认证。2009年上半年新增绿色、有机农产品认证35个，全市绿色、有机农产品累计达到257个。

(十)营销品牌化

当前，随着经济一体化发展，北京农业面对的竞争压力越来越大，农产品在国际、国内市场的竞争日趋激烈。品牌农产品因其具有相对市场垄断优势和较高的市场渗透能力，能够获得相对市场价格优势。创立品牌可以使农产品在同类产品市场的可替代程度降低，使农业产业中各市场主体之间的竞争变得不充分，从而产生市场竞争力差异。因此，以实施农产品品牌工程为突破口，开展农产品品牌建设，是调整农业产业结构、提高农产品市场竞争力、稳定提高农民收入、实现农业可持续发展的重要举措。

发展品牌农业是北京都市农业的必然选择。目前，北京市品牌农业发展势头良好，农产品注册商标已达2716件，与1998年相比数量翻了35倍。基本上京郊名、特、优、新农产品都有了自己的注册商标，其中中国名牌产品4个，北京名牌产品13个，牛栏山等中国驰名商标2件，牵手、顺鑫农业等北京市著名商标24件，鹏程等中国名牌农产品6个，并有平谷大桃、大兴西瓜、房山磨盘柿、门头沟京白梨、密云甘栗和怀柔板栗等6个产品获得地理标志商标。通过品牌培育，提高了京郊农产品的价格，增加了农民经济收益。

四、对策建议

农业是一种公益性很强的产业，但它又是弱质产业。其发展不仅受水、土等自然条件的限制，受消费需求的导向，更是多种政策措施交互作用下不断发展的产业，必须要由政府进行宏观调控和指导。因此，要根据北京农业发展客观规律，围绕其未来发展趋势，开展政策研究，着力解决农村产业发展的重点、难点、关键点，为都市型现代农业发展创造有利的政策环境。

（一）制定生态价值补偿机制

都市农业具有巨大的生态价值，其生态服务具有典型的公共物品特征。要重点围绕补偿主体、补偿依据、补偿数量、补偿形式、补偿征收、补偿使用、补偿监管等生态补偿的有关环节，研究政府引导、市场调控和社会参加的多元化多层次补偿机制。一方面，在人们收入水平不高，支付意愿普遍不强的情况下，为保护生态资源，政府有必要承担起相应的公共投资责任。另一方面，通过生态补偿监测评估体系，构建良好的生态补偿市场交易环境，建立生态补偿融资渠道，实现生态资本要素的商品化。

生态资源价值补偿机制要按照各种生态补偿目标和制度安排的不同特点和作用，合理组合、相互配套、协调一致，形成生态资源价值补偿机制的综合力量，取得生态补偿与环境治理最佳的政策效果。

（二）推进农业产业化经营

生产功能是都市农业的基本功能。要根据北京郊区资源禀赋条件和城市居民的市场需求变化，明确农业生产布局，培育区域主导产业，提高农业产业化经营水平，构建现代农业产业体系。

对产品加工增值优势明显，市场竞争力强，辐射带动农户作用明显，与农户利益联系紧密的农业产业化龙头企业，在设施设备更新改造、扩大加工生产规模、品种的改良更新以及技术革新、推广应用等环节，采取先干后奖、定额奖励方式，按照当年实际投入资金的一定比例予以扶持，扶持资金优先用于贷款贴息。

重点扶持发展一批示范性较强的农民专业合作社和协会。通过加强服务、指导、培训和投入，帮助农民专业合作经济组织解决生产经营、市场营销及技术信息服务中的突出问题，提高经营管理水平，推进标准化生产、专业化服务、产业化经营，不断增强农民合作组织服务功能和自我发展能力，为全市农民合作组织规范、快速发展提供借鉴。

(三)扶持特色乡村旅游带建设

生活功能是都市农业不断被强化的功能。现阶段，北京农业已经不仅是郊区农民赖以生存的基础，而且是城市居民生活不可缺少的一部分。发展休闲农业，既满足市场消费需求，又实现农民增收愿望。

要引导农业观光园、乡村旅游向集群化、主题化发展，提升产业水平。鼓励打造精品主题农业观光园。选择一批区位条件较好、农业观光采摘园相对集中、与民俗旅游村等其他旅游资源匹配较好的农业观光园区，进行统一标志、统一培训、统一宣传，提升文化内涵，打造主题型观光农业园。采取先干后奖、以奖代补方式，根据园区规模和总体发展水平，给予一定扶持。扶持资金主要用于园区内公共服务设施建设、乡村旅游产品开发，以及为形成品牌优势而进行的市场促销宣传等。

(四)提高农业科技示范水平

北京有丰富的农业科技资源，理应在发展现代农业中起示范带动作用，这是北京的功能定位所致，是首都农业的责任。

要围绕建设都市型现代农业总体方向，鼓励发展精准农业。结合北京资源环境发展的要求，发挥北京的技术和资金优势，围绕新品种、新技术和新装备的应用，加快精准农业的推广和普及，最大程度地节约资源，提供满足市场需求的高品质农产品。在生产上大力应用精准农业相关技术。对应用面积较大，采用精准农业核心技术较多，提质增效明显，示范作用较强的项目，给予一定的奖励。

要大力发展创意型农业，要搞好农产品的文化注入，面对高端消费群，完成农产品的工艺化过程，提高农产品的观赏性和附加值。要发展体现先进技术与经营理念的农业科技园。在生产高品质农产品的同时，使首都农业成为现代农业的示范窗口。

参考文献

1. 牛有成：《北京都市型现代农业发展的思路、内涵与途径》，《北京日报》，2007 年 7 月 16 日。
2. 方志权、吴方卫：《城市化进程与都市农业发展》，上海财经大学出版社，2008 年。
3. 文化、王爱玲：《聚焦都市农业——农业在首都经济发展中的地位与作用》，中国经济出版社，2005 年。

4. 王涛、刘拥军、王秀清：《北京都市农业发展的理论与政策》，中国农业出版社，2007 年。
5. 史亚军：《都市农业——一种大科学观》，《北京农业》，2008 年第 3 期。
6. 史亚军：《北京农业产业化经营现状及特点分析》，《中国农学通报》，2008 年第 8 期。
7. 刘宏曼：《北京市农业产业化的发展历程及趋势浅析》，《现代商业》，2009 年第 14 期。
8. 千龙网：《京郊创意农业年产值 22 亿》，2009 年 12 月 16 日。
9. 北京市农村工作委员会：《北京市农村产业发展报告（2009）》，中国农业出版社，2009 年。
10. 北京市农村工作委员会：《北京市农村产业发展报告（2008）》，中国农业出版社，2008 年。

（作者：史亚军　北京新农村建设研究基地研究人员　副研究员
高云峰　北京市农村工作委员会　高级经济师
黄映晖　北京新农村建设研究基地研究人员　助理研究员
唐　衡　北京新农村建设研究基地研究人员　助理研究员）

北京市知识管理研究基地

（北京信息科技大学）

基地名称：北京市知识管理研究基地
依托单位：北京信息科技大学
项目类别：研究基地自设项目

高校知识创新体系中产学研的博弈模式研究
——以联合开发方式为例①

一、相关文献综述与研究思路

产学研中的产是指企业，学是指学校，而研则是指科研机构。产学研联盟就是指企业、学校和科研机构，基于一定的制度和因素联系起来，相互协调，相互合作，利益共享、风险共担，实现既定目标的经济实体。1951年，当时任斯坦福大学校长的特曼创立了斯坦福工业园——世界上第一个真正意义上的产学研结合的实体，斯坦福工业园的建立标志着产学研联盟的建立。随着经济的不断发展，产学研联盟越来越受到世界各国的重视，产学研联盟成为推动经济发展的有力助推器。

(一)国外产学研联盟发展的基本模式

1. 美国产学研模式及特点

美国建立了世界上第一个真正意义上的产学研联盟，并在此领域一直领先于其他国家，美国产学研联盟在运行机制，制度创新，联盟内部各个主体间的协调已经非常成熟，非常值得我们借鉴学习。美国主要分为以下几种模式：

(1)政府与大学之间的合作。早在第二次世界大战时期，美国政府就已经开始与大学相互合作，尤其是在研发原子弹的曼哈顿计划和世界上第一台电子计算机的研发中，任教于大学中的科研人员更是功不可没。基于战时大学所表现出的巨大潜力，战后美国政府试图将这一成功模式运用到日常的经济运行当中，创立促进经济发展的科技创新体系。美国于1971年建立的国家科学基金陆续提出了7个合作计划，旨在促进政府与大学的合作，将基础研究，应用研究和国家工业未来发展紧密联系起来，它们分别是“大学工业合作研究计划”、“小企业等价研究计划”、“大学工业在材料研究方

① 本文是《北京地区高校知识创新体系建设研究》项目的最终成果摘要，项目编号：8041023501。

面的合作计划”、“工业与大学在生物技术和高级计算机研究方面的合作计划”、“工程研究中心计划”等。

(2)企业与大学之间的合作。美国在大学内设立的“大学—工业研究中心”(VICRC)是近十几年来兴起的，为了促进企业与大学的联合而设立的专门机构，该机构将基础知识、应用知识以及高科技人才的供应方—大学与需求方—企业紧密地联系起来。其中最成功的范例便是马萨诸塞州立大学的聚合物科学和工程研究中心，与该中心合作的公司，当时营业额曾高达30亿美元。而有的公司的骨干人员大部分都是大学的研究人员。在合作联盟初期，主要由政府出资，随着项目联合逐渐走上正轨，企业出资越来越多，而政府越来越少。马萨诸塞州立大学的聚合物科学和工程研究中心的成功为产学研今后的发展轨道指明了道路：前期由政府推动撮合，后期由企业—大学内部协调，依靠合作互助、利益共享、风险共担的良性循环解决资金问题。

(3)大学科技园模式。1951 年美国斯坦福大学建立了世界第一个科技园——斯坦福工业园。斯坦福工业园通过知识创新带动了经济发展，实现了科技与经济的相互促进。从 20 世纪 70 年代起，斯坦福工业园所在地区被称为硅谷(Silicon Valley)，它不仅是一个世界闻名的地区，更代表了当地的社会经济实力，成为科技腾飞和知识创新的象征。在 20 世纪 50 年代至 80 年代，在硅谷成功建立的范例指引下，在美国东北部杜克大学、教堂山北卡罗纳大学及北卡罗纳州立大学三校之间的三角地区，以及南部德州，中西部伊利诺伊州，西南部洛杉矶等高校比较集中的地区也纷纷建立了科技园区。这些科技园区，以高等院校和科研院所为依托，通过创建高新技术企业，使教学、研究、生产相结合，被公认为是推动科技创新、孵化和建立高新技术企业、推动地区和国家经济社会快速发展的最有效的途径之一。

2. 日本产学研模式及特点

日本是世界上仅次于美国的第二大经济强国，在产学研联盟上与美国有相似之处，但是差异也较为明显。日本号称产学官联盟，这一字之差就显露出日本模式与其他模式的最大不同。日本由二战后的满目疮痍迅速成长为全世界第二大经济强国，政府发挥了极其重要的作用，在产学研联盟当中也不例外。1956 年，日本通产省发布了《关于产学研合作的教育制度》的报告，1960 年日本内阁在“国民收入倍增计划”中特别强调要“重视产学研联盟”，“加强教育、研究、生产三者之间的有机联系”。1981 年日本科技厅和通产省分别确立了产学官三位一体的，以人为中心的科研体制。日本的产学研联盟模式主要有以下几种：

(1)委托研究制度。这是产学研联盟的基本模式，即高校作为受托人接受来自于政府或者企业等委托人的委托，就研究方向、内容和研究成果签订合同，在制定时间内交出研究成果的产学研联盟方式。这种模式责任清楚，分工明确，成本较低，一直以来都是产学研联盟的主要模式，但是这种委托研究制度不利于产学之间的深层次交流，且由于大学的研究多是基础知识，将研究成果转化为应用知识比较困难，导致成果的转化率较低，这是许多国家的产学研联盟面临的主要问题。

(2)共同研究制度。这种模式倡导企业也参与到大学的研发工作当中，鼓励企业的技术人员进入大学实验室等研究开发基地，与大学的研发人员平等地进行研究，以获得高水平的应用科研成果。该制度将大学的科研能力与企业的技术应用能力结合在一起。这种制度为产学之间深层次交流提供了机会，使大学的研究成果更加适应企业生产的需要，节省了成果转化的不必要成本，同时锻炼了大学的科研人员，并为大学生进入企业提供了机会。但是这种深层次合作也使合作成本加大，利益分配问题也随之而来。

(3)共同研究中心。这种制度其实是共同研究制度的升级版。为了更好地促进产学研的深层次合作，1987 年日本文部省对那些重要的大学研究机构和国立大学附设研究所等，配备大型的研究设备和大量的研究资料，整合成更为适宜大型化、综合化研究，面向国内及国际开放的共同研究中心。共同研究中心作为大学与产业界联系合作的窗口，既是共同研究的产所，又是企业技术人员接受高端培训的课堂。

(4)配套设施。为了促进产学官联盟的效率，日本政府还为知识流动和研究成果产业化建立了中介机构——高科技市场。高科技市场的主要工作是将大学的科研成果集合、整理、分析，选择出适合转化为产品的成果，并为这些成果产品化提供一定的资助，为科研人员代理申请专利，协助创办风险企业等。由于高科技市场依靠的是政府雄厚的财力支持，它的建立在一定程度上解决了成果产品化难的问题，促进了产学官联盟的发展。

3. 德国产学研模式及特点

与日本一样，德国为了尽快在废墟之上重振本国经济，恢复欧洲老牌强国的地位，德国政府大力发展产学研联盟希望以知识带动经济发展，其中最为著名的两项举措就是建立佛朗霍夫联合体和斯坦贝艾斯经济促进基金会。

(1)佛朗霍夫联合体。佛朗霍夫联合体于 1949 年在慕尼黑成立，该联合体以德国历史上著名的科学家、发明家、企业家，并在科研成果和商业应用上取得重大成就的约瑟夫·冯·佛朗霍夫命名，其用意就是为了强调该联合体的本质——产学研联盟。佛朗霍夫联合体其实是众多委托合同的综合体，它现在共有 58 个研究所，研究范围涵盖信息通讯、交通运输、能源、生产与制造、生物和生命科学、国家安全等各个领域。联合体与企业、政府签订项目合同，希望在政府—企业—科研机构之间建立基于利益而又通过合同紧密联系在一起的纽带，相互协作，利益共享，风险共担，共同发展。该联合体工作重点是知识创造与知识转移，政府和企业可以从联合体得到最新的应用知识。同时，企业和政府还可以在佛朗霍夫联合体的研究所中建立实验室，与联合体的科研人员共同工作，这样既有助于相互交流学习，又做到了相互监督。佛朗霍夫联合体不仅注重知识创新，而且还把培养高水平人才作为重中之重。这样联合体不仅做到了显性知识的流动，而且还令隐性知识在联合体内部循环起来。据不完全统计，从 1971 年到 1990 年，已有 180 余名科研人员从联合体内部转移到业界工作，其中有 2/5 晋升到最高执行岗位上，其他都是作为董事会成员或者主要负责人管理公司。佛朗霍夫联合体是欧洲最为著名的非营利性应用技术研究机构。与其他私营机构相比有着巨大的优势，即德国政府对联合体的资助占其年收入的 30%，这是佛朗霍夫模式的第一推动力。

(2)斯坦贝艾斯经济促进基金会。为尽可能发挥高技术潜力为企业技术创新服务使企业(尤其是中小企业)从其广泛的技术转让网络中受益，斯坦贝艾斯经济促进基金会于 1971 年成立，总部设在斯图加特，是学界、业界和政界精诚合作的中枢机构。斯坦贝艾斯技术转让网络以高等专业学院科研力量为依托，涵盖 260 多个按专业设立的转让中心，拥有 4000 名科学家、工程师、经济学家和企业管理专家等。围绕广大客户，根据客户委托从事技术和产品的研发工作，比如仅在 1995 年，在该框架内就完成了 23937 个项目。

扶持中小企业在高技术领域内进行革新，是斯坦贝艾斯经济促进基金会的又一重要内容。从斯坦贝艾斯应用型计算机集成制造工艺中心与一家新成立的无名小公司间的合作经历可看出该合作关系对中小型企业的突出意义。比如，计算机集成制造(CIM)技术是一项具有开创性的制造工艺技术，它虽然先进但是始终未被中小型企业大面积采纳，原因就在于费用高昂、专业人员匮乏。斯坦贝艾斯应用型计算机集成制造工艺中心通过众多项目，证明了以不高的费用也可成功地掌握并运用这一技术。巴克斯系统公司(Bikes System Co.)是来自 Iffezheim 的一家成立不久的小企业，主要生产自行车零部件。该公司接受了研制新型自行车前灯的委托，在中心的帮助下，通过运用计算机集成制造技术，在短短几周内顺利完成了样品快速成型工艺的关键步骤，并在极短的时间内拿出了新产品，与常规工艺相比，实际研发费用明显减少。对于该次技术转让，正如该公司经理所认为的那样："斯坦贝艾斯技术转让中心的样品快速成型技术对我们来说是一项重大的技术突破，为本公司带来这竞争优势和广阔的市场前景。"①

① 资料来源：基于 TH 的大学、企业、政府关系研究。

(二)国外产学研联盟的成功案例对我国的启示

针对上述问题，并结合国外产学研联盟成功案例，给我国产学研联盟今后的发展以下几点启示：

(1)政府在产学研联盟当中应发挥重要作用。我国政府应加大对产学研联盟的直接投入，实行优惠的税收政策，并出台一系列行之有效的法律法规，让技术研发有法可循，有法可依。政府还应积极在企业、大学以及科研机构三者之间扮演红娘的角色，为产学研合作拉线搭桥。

(2)大学、科研机构作为知识创新的主体，应充分利用自己的知识资源优势，充分发挥科研能力，切实了解企业的需求，提高科研成果转化率，让科研成果真正转化为生产力，促进我国产学研联盟的发展。

(3)完善市场经济，引入优胜劣汰机制，建立现代企业制度，培养企业危机意识，让企业向同行业佼佼者看齐，加大技术创新投入，研制新产品、新工艺，增强本身的竞争力。外界的压力也是推动企业、大学与科研机构构建产学研联盟的动力之一。

(4)为产学研联盟配备必要的中介机构。为了促进产学官联盟的效率，日本政府为知识流动和科研成果产业化建立了中介机构——高科技市场。这种高科技市场不仅加快了知识流动，而且减少了产学研联盟的运行成本，极大地促进了产学研联盟的发展，非常值得我国借鉴。

(三)产学在高校知识创新体系中的应用

高校知识创新主要通过国家投资于高校促使其进行科研教学及通过产学研方式进行知识在产业中创造与传播。但是，通过国家投资于高校促使其进行科研教学的方式产生的知识都是静态的知识，应用与转化是促进静态知识被激活的关键路径。然而，我国高校每年产生的大量科技成果能够转化与产业化的还不到十分之一(梅姝娥、仲伟俊，2008)。一直以来，在高校科研和科研成果产业化之间被认为存在一个断层，使得二者不能够很好地衔接转化，探索影响高校科研和科研成果产业化之间的因素与机制显得非常必要。

从传统技术变革经济的研究视角来看，基础的科研工作和技术发明之间的关系是线性的(Romer，1990)。技术的发明创造对于企业而言具有获取利润的前景和价值，所以企业为了寻找技术发明创造则参与与之相关的研究和开发中。这些创造被专利保护，继而为企业产生租金(Rosenbeng，1988)。近年来，科学知识的传统知识库(比如高校和科研院所)已经从基础科学研究转移向了包含科学商业化的科学研究。与这种趋势相对应，高科技企业已经采取了“开放科学”学术范式，目前也规则地参与基础科研并雇佣发表科研论文的产业科学家。通过这样做，产业科学家经常和高校研究人员合作解决特殊的科学问题。Gittelman 和 Kogut(2002)指出这种公私合作的伙伴关系在高科技产业的成功中起到了关键的作用。

因此，高校和企业之间的公私合作机制可以促进企业、产业或者地区绩效的提升，对于公私之间合作机制的深入研究无疑可以促使企业和产业获得持续发展。而高校和企业双方合作的过程实际上也是博弈的过程，从成本—收益角度而言，双方都对于联合开发的项目有成本和获益的估计，在此基础上就会有自己投入与否的一个概率，研究此概率取决于什么条件非常重要，这也是本文的研究重点。

本文之后篇章的结构如下安排：首先是对于高校知识创新体系中产学研合作模式的相关文献进行回顾，分析了高校知识创新体系联合开发模式中高校和企业的角色，提出了影响双方合作的因素和原因。随后在博弈论的基础上，建立高校和企业双方的博弈模型，并采用单阶段静态博弈分析方法，寻找双方的贝叶斯纳什均衡及存在的条件。最后，在作出结论的基础上，针对双方的博弈模式提出了相应的对策建议。

二、基于联合开发方式的高校知识创新体系中产学研的博弈分析

(一)高校知识创新体系中产学研模式分析

企业与高校的合作有很多模式，主要模式是企业提供资金投入，高校提供人力资本的模式。具体而言，又可以分为以下几种模式：联合开发、委托开发、技术成果转让、合作培养人才等。对个别省份的调查结果显示，企业与高校合作的主要模式中，联合开发方式占了主导地位。而联合开发的形式又包括共建重点实验室、共建工程技术研究中心、共建技术开发中心或者联合开发中心、共建研究开发企业和共建合作研究院等。刘小真等(2010)经过调查得出了各种模式的比例，如图 1 所示：

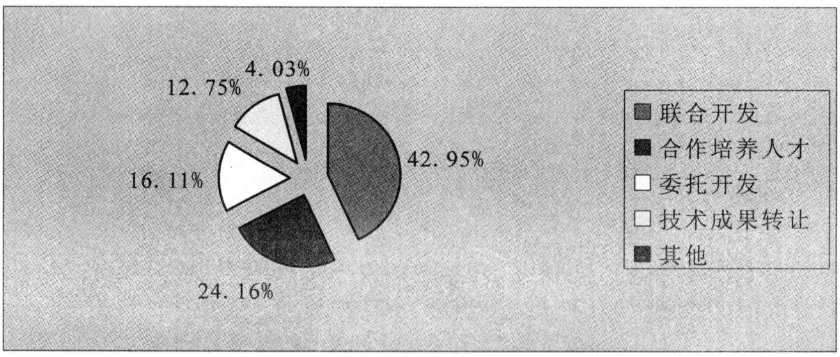

图 1　产学研合作形式百分构成图

从各种合作模式中可以看出，联合开发方式占的比例最大，因此，产学研合作中的联合开发方式是我们需要研究的重点。接下来，我们将谈论

在联合开发方式当中，各自的角色和影响高校和企业合作的因素。

（二）高校知识创新体系联合开发方式中高校的角色

在与企业的合作过程中，高校的角色被认为有两种：第一种观点认为高校是被动响应者。Pearce（1999）指出，在产学研合作中，高校应当响应企业社团的需求，因为商业是商科教育的主要消费者，而教育改革应当是教育方和企业方合作关系的结果。第二种观点认为高校应当是创业者和研究人员的混合体。Zucker 等（1998）研究了美国的生物科技企业，结果表明高校科学家在企业的成立和成长过程中扮演了关键的角色，既扮演了企业家角色也扮演了研究人员的角色。在目前科研成果市场化、商业化的要求下，高校不应该是被动的响应者，而应该是“创业者和研究人员”的混合体，应该是积极的参与者。对于科研成果的积极转化，不仅符合国家的政策方向，更是对科研的进一步肯定和利用，也是增加社会福利的重要方式和手段。

（三）高校知识创新体系联合开发方式中的企业角色

在市场经济条件下，企业应该也必须是技术创新的主体，而且企业的这种主体性必然会延伸到产学研合作的行为中。因此，《国家中长期科学和技术发展规划纲要》以及《中共中央国务院关于实施科技规划纲要增强自主创新能力的决定》提出了建设以企业为主体、产学研结合的技术创新体系的重要理论。这也指出企业在技术创新活动以及产学研结合的技术创新体系中的主体地位，说明了企业实施自主创新，参与产学研合作，应该是一种自发性的逐利行为。

企业之间的战略关系是一种战略博弈关系（汪长江，2010），企业和高校之间的战略关系也可以看作是战略博弈关系。在市场经济和政策鼓励下，企业越来越关注技术和知识创新，并希望通过产品和服务的发展保持自身竞争优势。为了支持这些技术活动，企业承担了研究项目。一些大的跨国企业，比如石油天然气行业，制药行业和航空业的企业提供大量资金资助高校的科研工作，这些高校遍布全球而不是仅仅局限于自己的国家。

此外，企业还是桥接科学研究和公共研究的主体。高校科研工作者通常偏好可以发表文章的研究项目，如果企业采取开放科学方式，那么企业则可以吸引高质量的学术合作者。根据 Cohen 和 Levinthal（1989）的“吸收性的能力”观点，Cockburn 和 Henderson（1998）认为企业运用“预先开放科学”这种刺激去发展规矩和技能，并进而有效运用这些规矩和技能，就能使公共研究得到发展。根据 Cockburn 和 Henderson（1998）的研究，企业不仅致力于雇佣和回馈科学工作者，他们在公共部门科学中也有一定的身份地位，所以企业也鼓励公共部门科学中的工作者积极参与到学术团体中来。所以，企业在产学研合作当中发挥了创新主体的作用。

（四）影响高校知识创新体系联合开发方式成功的因素

高校向产业的知识转化和应用是指一系列的相互作用，包括了不同层次的不同活动，大多数情况是指高校和企业之间知识和技术的转换。这些包括了参与商业开发项目的企业的建立，企业和学术机构之间的合作绩效，合约研究和学术咨询，高校智力资产产权的发展和商业化，以及其他活动，比如研究生教育合作，企业职员的高等教育，企业和高校之间的研究人员交流（Debackere，2004）。

对于高校的科研工作人员而言，产学研合作中联合开发项目得到的利润分成是影响他们合作与否的因素之一。Stern（1999）指出，与支持出版的企业相关的劳动力的成本优势可能是存在的。通过对博士后工作申请者样本的分析，科学家更乐意接受低工资而不是继续进行高质量的基础科学研究。

此外，机会成本也是影响高校研究人员知识转化成功与否的因素。做基础研究是高校科研人员进行知识转化的机会成本，定量和定性的研究表明基础研究的回报率通常可能比较高，定量研究估计此比率在 25%—40% 之间（Adams，1990；Mansfield，1989）。

也有很多因素影响企业的投资，比如说联合开发项目的利润等。此外，企业的能力和意愿也会影响到知识的转化，规模大的企业通常有多余的资源用于投资与学术界的交流（Fontana et al.，2006；Laursen and Salter，2004；Mohnen and Hoareau，2003）。

三、高校知识创新体系联合开发方式中产学研的博弈模型构建

基于第二部分的文献梳理，我们构建出高校和企业双方在联合开发项目时的博弈模型，本部分采用单阶段静态博弈分析方法对模型进行进一步的检验和证明，寻找双方的贝叶斯纳什均衡及存在的条件，并对结果进行深入的解释。

如上文分析，在高校与企业的合作中，知识创新联盟成功与否取决于双方的投入和收益分析。在联合开发方式中，高校有大量的人力资本和相应的知识存量，而企业可以对高校的研究与开发进行投资。在整个合作的博弈过程中，高校的战略空间包括知识的转化和不转化，这一方面取决于企业投资的概率和条件，另一方面取决于高校知识转化与否的收益。相应的，企业的战略空间包括投资与不投资，这取决于高校进行知识转化的概率和企业投资与否的收益。双方对对方信息的了解是不完全的，但可以判断对方的战略选择的概率，二者的合作实际构成了不完全信息静态博弈。简言之，本文采用单阶段静态博弈分析，寻找贝叶斯纳什均衡及存在的条件。

(一)博弈模型的基本假设

在高校和企业方的博弈过程中，博弈模型的基本假设规定如下：

(1)只有高校和企业两个参与主体；

(2)博弈参与人是理性的，各自以追求自身利益最大化为目的；

(3)机会成本的存在。对于高校来说，如果将人力资本投入知识的产业化，那么这些人力资本投入科研的其他科研成果将是机会成本；对于企业来说，如果不对高校的知识成果转化项目进行投资，则这笔资金可能用于投资其他项目赚取利润或者获得存款利息，那么赚取的利润和存款利息将是这笔资金的机会成本；

(4)企业投资的概率取决于高校知识转化成功的概率，而高校知识转化成功的概率取决于企业投资的概率。

(二)高校知识创新体系联合开发方式中产学研的博弈分析

博弈模型中相应的变量定义如下：企业投资并且高校知识转化成功后企业的利润分成 P_1，企业为产学研联合开发项目的资金投入为 I，企业不为该项目投入而投入其他项目所获取的净利润或者存入银行的利息所得(即企业投资产学研联合开发项目的机会成本)为 O_1；高校知识成果转化成功之后可以分得的利润为 P_2，高校投入的人力资本为 H，高校如果不投入人力资本于该项目而投入于其他科研项目产出的科研成果为 O_2。最后，企业投资的概率为 α，高校知识转化成功的概率为 β。根据高校和企业收益与成本的博弈分析，我们建立高校知识创新体系联合开发方式中产学研博弈模型的支付矩阵如图 2 所示：

		高校：知识转化成功	高校：知识转化失败
	概率	β	$1-\beta$
企业：投资	α	Ⅰ $(P_1-I,\ P_2-H)$	Ⅱ $(-I,\ -H)$
企业：不投资	$1-\alpha$	Ⅲ $(O_1,\ O_2)$	Ⅳ $(0,\ 0)$

图 2　高校知识创新体系联合开发方式中产学研博弈模型

根据高校知识创新体系联合开发方式中产学研博弈模型，我们知道企业的预期收益为：

$$\pi l_1 = \alpha[\beta(P_1 - I) - I(1-\beta)] + (1-\alpha)\beta O_1$$

对 α 求偏导得：

$$\frac{\partial \ \pi l_1}{\partial \ \alpha} = \beta(P_1 - I) - I(1 - \beta) - \beta O_1$$

令一阶偏导为零，可得：

$$\beta = \frac{I}{P_1 - O_1} \qquad (*)$$

因此，β 即为企业收益最大时高校知识转化成功或者知识转化失败的概率，它是关于企业预期收益的反映函数，（＊）式即为高校的贝叶斯纳什均衡的条件。从中可看到：高校知识创新体系中通过产学研联合开发方式进行知识创新与转化是否成功取决于以下几个条件：(1)企业为产学研联合开发项目的资金投入；(2)企业不为该项目投入而投入其他项目所获取的净利润或者存入银行的利息所得(即企业投资产学研联合开发项目的机会成本)；(3)企业投资并且高校知识转化成功后企业的利润分成。具体而言，可以得到如下的结论：

第一，当企业为产学研联合开发项目的资金投入增大时，高校的知识转化成功的概率增大。由于企业为联合开发项目的投资决定了知识转化成功之后高校的利润分成多少，同时也反映了合作方企业对该项目的重视程度。因此当企业为联合开发项目的资金投入增大时，高校参与联合开发项目的科研工作人员则有更大的科研动力，并投入更多的努力，使得高校的知识转化成功的概率增大。

第二，企业的利润分成及利润分成与其机会成本之差越大，高校知识转化成功的概率越小。当高校可以知道企业的利润分成及利润分成与其机会成本之差大于高校科研人员的分成比例时，就意味着高校方在联合开发项目中利润分成的比例较小，参与联合开发项目的高校科研人员会认为自身的努力得到低估，利润分成不够公平。因此高校科研人员对于联合开发项目的投入和努力程度相对较低，因此高校知识转化成功的概率会降低。

第三，当企业不为该项目投入而投入其他项目所获取的净利润或者存入银行的利息所得(即企业投资产学研联合开发项目的机会成本)增大时，高校知识转化成功的概率增大。企业投入联合开发项目的机会成本较大时，如果企业仍坚持投入与高校合作的联合开发项目，则反映了企业对于此项目的重视和信心，这也表达了企业对与联合开发项目的承诺，而这也是真正的团队合作精神所在。因此，高校也更有可能遵守承诺，努力进行联合开发项目的科研工作，进行学术知识向产业知识的转化。当企业的利润分成与企业投资产学研联合开发项目的机会成本的差值等于企业对产学研联合开发项目的投资资金额的时候，高校知识转化成功的概率为 100%。

同样，根据高校知识创新体系联合开发方式中产学研博弈模型，我们可以计算出高校从联合开发方式中的预期收益为：

$$\pi l_2 = \beta[\alpha(P_2 - H) + (1-\alpha)O_2] + (1-\beta)(-H\alpha)$$

对 β 求偏导得：

$$\frac{\partial \ \pi l_2}{\partial \ \beta} = \alpha(P_2 - H) + (1-\alpha)O_2 + H\alpha$$

令一阶偏导为零，可得：

$$\alpha = 1 - \frac{O_2}{P_2} \qquad (**)$$

因此，α 即为高校收益最大时企业投资的概率，它是关于高校预期收益的反映函数，(＊＊)式即为企业的贝叶斯纳什均衡的条件。从中可看到企业是否投资取决于以下两个因素：(1)高校如果不投入人力资本于该项目而投入于其他科研项目产出的科研成果；(2)高校知识成果转化成功之后可以分得的利润。具体而言，可以得到如下的结论：

第一，当高校投入于其他科研项目产出的科研成果越多，也就是高校的机会成本增大时，企业对产学研联合开发项目的投资概率变小。因为高校科研人员完全投入基础研究或者其他科研项目时产出的成果很大时，那么科研人员对于联合开发项目的投入努力程度相对较低，心理承诺较低，而企业获得这些信息时，为了预防高校知识转化的失败，企业对于联合开发项目的投资概率减小。

第二，高校的利润分成越大，企业对产学研联合开发项目的投资概率越大。当企业和高校之间的利润分成中高校分成比例增大时，高校科研人员会对联合开发项目投入更大的科研热情，并争取最终的获利。当企业方了解到高校科研群体的这个信息，便对联合开发项目最终的知识成功有更多的信心，因此对于该项目投资的概率就会越大。

第三，当高校在联合开发项目中的利润分成远远大于高校投入人力进行其他的科研项目的成果时，企业投资的概率越大。当二者相等时，企业投资的概率为零。当高校投入人力进行其他的科研项目的成果为零时，企业投资的概率为100%。具体而言，企业一定不会投资于产学研联合开发项目的行动会发生在以下的情况中：高校科研人员在联合开发项目中的利润分成与他们进行其他科研活动所得到的科研成果相等。那么高校科研人员有可能选择进行其他的科研活动而不选择联合开发项目，那么企业对于高校的努力程度并没有信心，因此选择不进行投资。而企业一定投资产学研联合开发项目的行动会发生在以下的状况中：高校科研人员在联合开发项目中的利润分成远远大于他们进行其他科研活动所得到的科研成果，甚至他们进行其他科研活动的成果为零。此时，高校科研人员对于联合开发项目的努力程度和热情非常高，企业得知此行动，便增加对联合开发项目的承诺和信心，以至投资的可能性增加到 100%。

四、结论及进一步的展望

通过基于贝叶斯纳什均衡的博弈分析，可以得知高校知识创新体系联合开发项目中通过产学研方式进行知识转化主要有以下四种结果：第一，当企业为产学研联合开发项目的资金投入增大时，高校的知识转化成功的概率增大。第二，企业的利润分成越大，高校知识转化成功的概率越小。第三，当企业不为该项目投入而投入其他项目所获取的净利润或者存入银行的利息所得（即企业投资产学研联合开发项目的机会成本）增大时，高校知识转化成功的概率增大。当企业的利润分成与企业投资产学研联合开发项目的机会成本的差值等于企业对产学研联合开发项目的投资资金额的时候，高校知识转化成功的概率为 100%。

此外，高校知识创新体系联合开发项目中企业是否投资主要有以下三种情况：第一，当高校投入于其他科研项目产出的科研成果越多，也就是高校的机会成本增大时，企业对产学研联合开发项目的投资概率变小。第二，高校的利润分成越大，企业对产学研联合开发项目的投资概率越大。第三，当高校在联合开发项目中的利润分成远远大于高校投入人力进行其他的科研项目的成果时，企业投资的概率越大。当二者相等时，企业投资的概率为零。当高校投入人力进行其他的科研项目的成果为零时，企业投资的概率为 100%。

因此，高校和企业需要本着互相信任、双方互利的原则，在政府机构、行业协会等中介服务机构、金融和银行机构等组织的帮助和支持下，按照共赢的机制和规则进行合作与交流，合作开展技术的研究、开发与应用，实现资源的最大利用和优势互补。企业要积极融入科学研究并成为技术创新的主体，通过技术创新和开发来获取利润，引领“开放科学”的趋势。同时，对高校而言，树立高校的科研人员服务社会的意识，也要不断完善高校的科研奖励评价制度，引导和激励科研人员参与产学研活动，这样才可以通过产学研联合开发项目实现高校的知识创新与应用，最终为企业发展和经济增长提供智力支持。

参考文献

1. Adams, J. (1990), Fundamental stocks of knowledge and productivity growth, Journal of Political Economy, Vol. 98 No. 4.
2. Cockburn, I. and Henderson, S. S. (1998), Absorptive capability, co – authoring behaviour, and the organization of research in drug discovery, The Journal of Industrial Economics, Vol. 46, June.

3. Cohen, W. and Levinthal, D. (1989), Innovation and learning – the two faces of R&D, Economic Journal, Vol. 99 No. 397.
4. Debackere, K. (2004), Introduction, Introduction, R&D Management, Vol. 34 No. 1.
5. Fontana, R., Geuna, A. and Matt, M. (2006), Factors affecting university – industry R&D projects: the importance of searching, screening and signaling, Research Policy, Vol. 35.
6. Gittelman, M. and Kogut, B. (2002), Does good science lead to valuable knowledge? Biotechnology firms and the evolutionary logic of citation patterns, Management Science, Vol. 49 No. 4.
7. Laursen, K. and Salter, A. (2004), Searching low and high: what types of firms use universities as a source of innovation? Research Policy, Vol. 33.
8. Mansfield, E. (1989), Basic research and productivity increase in manufacturing, American Economic Review, Vol. 70 No. 5.
9. Mohnen, P. and Hoareau, C. (2003), What type of enterprise forges close links with universities and government labs? Evidence from CIS2, Management and Decision Economics, Vol. 24.
10. Pearce, J. A. II (1999), Faculty survey on business education reform, The Academy of Management Executive, Vol. 132.
11. Romer, P. M. (1990), Endogenous technological change, Journal of Political Economy, Vol. 98 No. 5.
12. Rosenberg, N. (1988), Inside the Black Box: Technology and Economics, Cambridge University Press, New York, NY.
13. Stern, S. (1999), Do scientists pay to be scientists? Working paper, No. 7410, National Bureau of Economic Research (NBER), available at: www. nber. org
14. Zucker, G. L., Darby, M. R. And Brewer, M. (1998), Intellectual capital and the birth of US biotechnology enterprises, American Economic Review, Vol. 88 No. 1.
15. 梅姝娥、仲伟俊:《我国高校科技成果转化障碍因素析》,《科学学与科学技术管理》, 2008 年第 3 期。
16. 汪长江:《企业战略关系研究:基于博弈论的理性思考》,《经济社会体制比较》, 2010 年第 2 期。
17. 刘小真、梁越、刘校惠、麻智辉、李志萌:《江西省企业产学研合作的模式及影响因素分析》,《科技管理研究》, 2010 年第 6 期。

(作者:葛新权　北京市知识管理研究基地首席专家　教授
崔　瑜　北京市知识管理研究基地研究人员　讲师
彭　伟　北京市知识管理研究基地　硕士研究生)

基地名称：北京市知识管理研究基地
依托单位：北京信息科技大学
项目类别：研究基地自设项目

企业知识管理绩效评价模型研究[①]

一、相关文献综述与研究思路

企业知识管理是通过知识的共享运用集体智慧提高企业的应变能力，利用企业组织的无形资产创造价值的艺术，运用先进的信息，将企业知识作为"资产"来进行管理的一套独特的管理方式，为帮助企业管理者借助知识管理创造企业价值。在一定的程度上，企业知识管理的完善程度大小决定企业核心竞争力的大小。那么，在未来几年里，测算知识管理的完善程度将是国内外管理学家研究任务所在，而测算企业知识管理的完善程度唯一途径就是要理性评价企业知识管理绩效。

达尔尼夫指出度量和管理无形知识是困难的，因为知识及其效果并不容易精确度量，它们既没有出现在资产负债表上，也不能反映在国民经济增长的图表中。

目前在国外，1992 年美国哈佛大学教授 Robert Kaplan 和诺朗顿研究院执行长 David Norton 在《未来组织绩效衡量方法》中首先提出了平衡计分卡，以使组织的策略能够转变为行动。平衡计分卡强调，传统的财务会计模式只能衡量过去发生的事项，但无法评估企业前瞻性的投资，因此，必须改用一个将组织的远景转变为一组由四项观点组成的绩效指标架构来评价组织的绩效。此四项指标分别是：财务（Financial）、顾客（Customer）、企业内部流程（Internal Business Processes）、学习与成长（Learning and Growth）。

美国的亚瑟·安徒生（Arthur Andersen）提出知识管理评估工具，它用五个维度（领导、文化、评估、技术和学习行为）来评估企业知识管理的成效。

David Skyrme Associates 在全球最佳知识管理实践报告——《创造以知识为基础的企业》中发展出一套知识管理评估工具，提出了一个包括十个部分，每个部分由 5 道问题组成的知识管理评估量表。这十个部分是：领导、文化环境、流程、显性知识、隐性知识、知识中心、市场效果、评估、人

① 本文是《企业知识管理绩效评价研究》项目的最终成果。

员和技术、科技基础设施，共计 50 道题目。

Davenport& Prusak 将知识管理绩效评价分解为五个部分，分别为相关资源的成长、知识内容以及利用率的成长、知识管理项目的普及度、全体员工对知识管理概念的接受程度、财务回收的可能性。利用这五个指标进行知识管理绩效评价。

1997 年 Skandia Navigator 在《知识资本：组织的新财富》中提出了 Skandian 模型，从财务、顾客、流程、更新和开发、人力因素五个方面对知识资本进行了动态分析和评估。在一定程度上克服了传统的财务报表仅注重当前财务结果的弊端，强化了对组织内部过程的监测。

1997 年斯图加特提出知识资本是由人力资本、结构资本和顾客资本构成。人力资本是内涵于个人之中的知识和技能；结构性资本是企业组织结构、企业制度、企业组织文化及企业内部控制等一系列的结构最优；顾客资本又称关系资本，是凭借企业良好的信誉和雄厚的资本与供应商、顾客、竞争对手及政府机关建立起来的关系网。

在国内，合肥工业大学蒋翠清、叶春森和杨善林在《组织知识管理绩效评估研究》中，基于知识创造、积累、共享、使用和内化的知识循环过程的组织知识管理绩效评估体系，使用知识循环过程指数来构造知识管理绩效指数的 S 型 logistic 函数，用于评估组织在某个时点的知识管理绩效。

北京航空航天大学王君在《组织知识管理绩效的一种综合评价方法》中，针对如何评价知识管理绩效的问题，从知识管理的过程、组织结构和知识管理受益情况出发，分析了评价知识管理绩效应该考虑的主要因素，建立了一套包括知识管理的过程、组织结构、经济上的收益和效率的变化情况等四个不同方面的评价指标体系，并在此基础上，给出了一种知识管理绩效的综合评价方法。

南京财经大学陈建军在《知识管理系统绩效评价研究》中，运用平衡计分卡，结合 COBIT 框架，通过知识管理能力、用户、学习与创新和战略与财务绩效四个指标建立了一个基于 BSC 的 KMS 有效性评价模型。

华侨大学黄立军在《企业知识管理综合评价的数学模型》中，在建立企业知识管理评价指标体系的基础上，通过建立数学模型，研究企业知识管理的综合评估问题。

北京航空航天大学王军霞在《复合 DEA 方法在测度企业知识管理绩效中的应用》中，运用复合 DEA 方法，提出了测度和评价企业知识管理绩效的方法。该方法能够找出被测度企业与同行之间的差距，并探明其原因所在，促使企业从组织行为角度去审视其知识管理活动，发现问题所在及产生的原因。

同济大学经济管理学院刘仲英、吴斌冰、张新武在《企业知识管理系统相对柔性的 DEA 方法》中，从社会—技术系统角度理解企业知识管理系统（Enterprise Knowledge Management System，EKMS）柔性的组成，在建立相应的测度企业知识管理系统柔性指标体系基础上，利用 DEA 方法，选择合适的比较模型，分析企业知识管理系统相对柔性，从而促使企业从影响企业知识管理系统柔性的有关指标着手，分析现存的问题及其产生原因，以增强企业适应复杂多变的市场环境的能力。

而针对知识管理绩效评价的研究论文相对较少，主要是从影响知识管理的要素出发，对知识管理绩效进行分解。最典型的是 Kaplan 和 Norton 首先提出的平衡计分卡，是一种综合性的绩效评价系统，对知识管理绩效评价分解为对财务、客户、内部流程以及学习与创新的评价。不过近年来，知识管理绩效评价的研究论文数量逐步上升，研究方向也有所改变。目前国内外管理学者们主要是从微观的角度出发，定量地对财务、客户、内部流程以及学习与创新等绩效指标进行打分，运用数学方法进行评价分析。这样不仅可以对企业内部业务进行横向比较，还能与同行业的其他企业进行纵向比较，认清自己的定位，建立企业知识管理行业标杆。

因此，探索和建立适合企业自身性质的知识管理绩效评价体系尤为必要。知识管理绩效评价本身就是知识管理过程中的一部分，如何对知识管理进行准确的评价，实现对知识管理实施过程以及发展变化进行有效监控，找出影响绩效评价的主要因素，并提出相关的科学评价方法，具有非常重要的意义。

本文将在借鉴和综合国内外关于知识管理绩效评价理论的基础上，从宏观角度出发，定性地对知识管理系统环节进行分解建立知识获取、知识运用以及知识共享为主线的投入指标和从微观的角度出发，定量地对知识管理系统要素建立以平衡计分卡模式为主线的产出指标的知识管理绩效评价指标体系。通过对我国企业在实施知识管理绩效评价的现状与存在的问题用数学 DEA 方法进行实证分析，提出知识管理绩效评价方法。

本文的主要研究内容是根据知识管理的基本理论以及已有的知识管理绩效评价理论，更加细致地对影响知识管理绩效评价的因素进行分解，建立一个比较完善的企业知识管理绩效评价模型，并为我国企业提供一套系统的易于操作的知识管理绩效评价实施方案。本文的研究技术路线如图 1 所示：

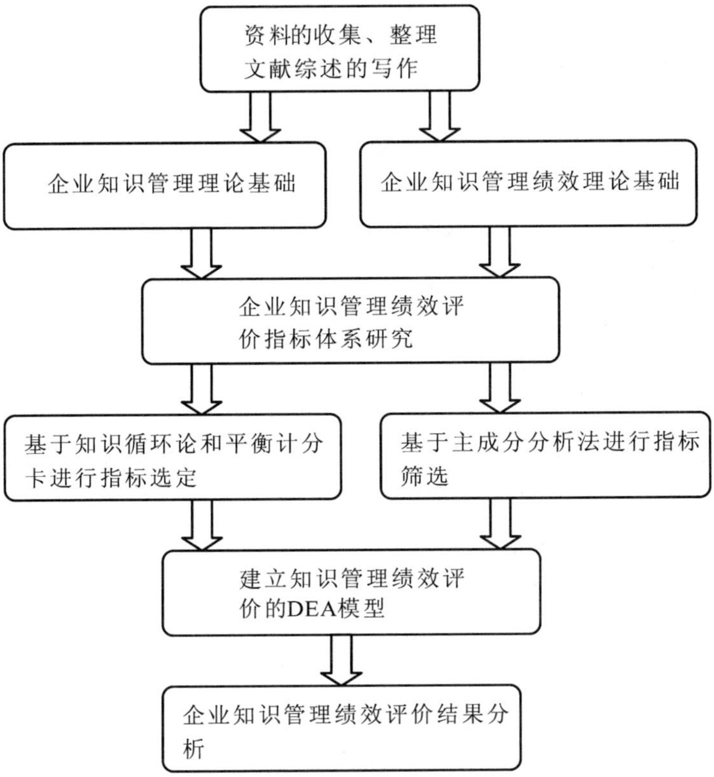

图 1　框架安排

二、DEA 方法

(一)DEA 方法基本思路和应用步骤

1978 年由著名的运筹学家查恩斯、库伯以及罗兹首先提出了一个被称为数据包络分析(Data Envelopment Analysis，简称 DEA)的方法，去评价部门间的相对有效性(称为 DEA 有效)。他们的第一个模型被命名为 C^2R 模型。从生产函数的角度看，这一模型是用来研究具有多个输入、特别是具有多个输出的“生产部门”同时为“规模有效”与“技术有效”的十分理想且卓有成效的方法。1985 年查恩斯、库伯、格拉尼、塞弗德和斯图茨给出了另一个模型，被命名为 C^2GS^2 模型，这一模型是用来研究生产部门间的“技术有效”性的。1986 年查恩斯、库伯和我国著名运筹学家魏权龄为了更进一步地估计“有效生产前沿面”，利用查恩斯、库伯和克达尼克于 1962 年首先提出的半无限规划理论，研究了具有无穷多个决策单元的情况，给出了一个新的数据包络模型，被称之为 C^2W 模型。

数据包络分析(DEA)是根据一组关于输入和输出的观察值来估计有效生产前沿面的。在经济学上，估计有效生产前沿面，通常使用统计回归以及其他一些统计方法，这些方法估计出的生产函数并没有表现出实际的前沿面，得出的函数实际上是非有效的。因为这种估计是将有效决策单元与非有效决策单元混为一谈而得出来的。除了 DEA 方法之外，还有其他的一些方法，但几乎仅限于单输出的情况。相比之下，DEA 方法在处理多输入、特别是多输出的问题上处于绝对优势。

除此之外，DEA 的优点还有许多。查恩斯和库伯等人的第一个应用 DEA 的十分成功的案例，是在评价为弱智儿童开设公立学校项目的同时，描绘出可以反映大规模社会实验结果的研究方法。在评估中，输出指标就包括"自尊"等许多无形指标，输入包括父母的照料和父母的文化程度等。因此，输入输出指标不完全需要定量化这也是 DEA 的一个绝对优点。

数据包络分析是运筹学的一个新的研究领域。DEA 的优点吸引了众多的应用者，应用范围已扩展到技术创新、关于成本收益利润问题、资源配置、金融投资、非生产性等各个领域，进行有效性分析，从而进行评价决策。

DEA 方法的应用步骤，如图 2 所示：

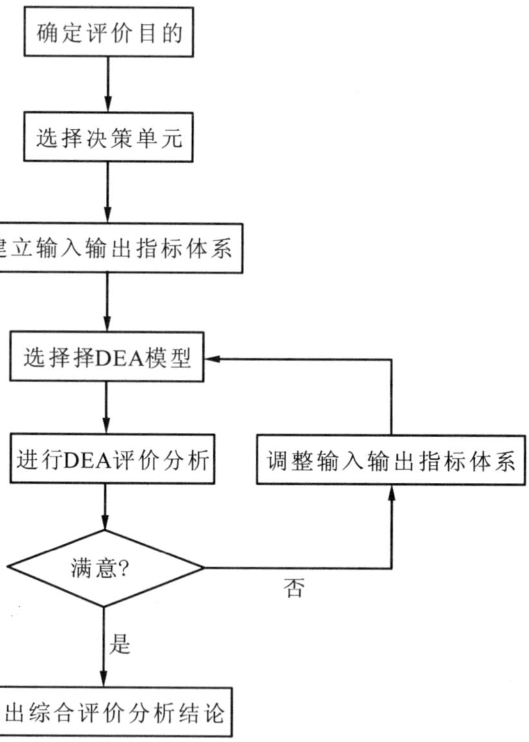

图 2　DEA 方法应用步骤

(二) DEA 基本模型

本文是系统论述部门间的相对有效性的 C^2R 模型。C^2R 模型可以转化为一个等价的线性规划问题，再利用线性规划的对偶理论，可以得到一个对偶规划。该对偶规划有着其经济含义的，可以用来判断决策单元对应的点是否位于生产前沿面上。这里所说的生产前沿面实际上是指由观察到的有限个决策单元的活动信息所得到的经验生产前沿面，它是决策单元对应点的数据包络面的一部分。可见，此方法被称之为数据包络分析是有道理的。

假设有 n 个决策单元(Decision Making Units，DMU)，每个 DMU 都有 m 种类型的“输入”(表示该 DMU 对其投入资源的耗费)以及 s 种类型的“输出”(表示该 DMU 消耗了资源之后产生的效果)。

$$\begin{array}{ccc} v_1 & 1 \rightarrow \\ v_2 & 2 \rightarrow \\ \mathrm{M} & \mathrm{M} \rightarrow \\ v_m & m \rightarrow \end{array} \begin{pmatrix} x_{11} & x_{12} & \mathrm{L} & x_{1j} & \mathrm{L} & x_{1n} \\ x_{21} & x_{22} & \mathrm{L} & x_{2j} & \mathrm{L} & x_{2n} \\ & & \mathrm{L} & & \mathrm{L} & \\ x_{m1} & x_{m2} & \mathrm{L} & x_{mj} & \mathrm{L} & x_{mn} \end{pmatrix}$$

$$\begin{pmatrix} y_{11} & y_{12} & \mathrm{L} & y_{1j} & \mathrm{L} & y_{1n} \\ y_{21} & y_{22} & \mathrm{L} & y_{2j} & \mathrm{L} & y_{2n} \\ & & \mathrm{L} & & \mathrm{L} & \\ y_{s1} & y_{s2} & \mathrm{L} & y_{sj} & \mathrm{L} & y_{sn} \end{pmatrix} \begin{array}{cc} \rightarrow 1 & u_1 \\ \rightarrow 2 & u_2 \\ \rightarrow \mathrm{M} & \mathrm{M} \\ \rightarrow s & u_s \end{array}$$

其中：

x_{ij}是第 j 个决策单元对第 i 种类型输入的投入总量，$x_{ij} > 0$

y_{rj}是第 j 个决策单元对第 r 种类型输出的产出总量，$y_{rj} > 0$

v_i 是对第 i 种类型输入的一种度量(或称权)

u_r 是对第 r 种类型输出的一种度量(或称权)

$$i = 1,\ 2,\ \mathrm{L},\ m \qquad r = 1,\ 2,\ \mathrm{L},\ s \qquad j = 1,\ 2,\ \mathrm{L},\ n$$

x_{ij}及 y_{rj}为已知数据，它可以根据历史的资料或预测的数据得到；v_i 及 u_r 为变量，对应的权系数为：

$$v = (v_1,\ v_2,\ \mathrm{L},\ v_m)^T,\ u = (u_1,\ u_2,\ \mathrm{L},\ u_s)^T。$$

每个 DMU 都有相应的效率评价指数：

$$E_j = \frac{\sum_{r=1}^{s} u_r y_{rj}}{\sum_{i=1}^{m} v_i x_{ij}}, j = 1, 2, \mathrm{L}, n$$

可以适当地选取权系数 v 及 u，使其满足 $E_j \leqslant 1$，$j = 1$，2，L，n。

因此，现对第 j_0 个 DMU 进行效率评价，以所有 DMU(也包括第 j_0 个 DMU)的效率指数：

$$E_j \leqslant 1,\ j = 1,\ 2,\ \mathrm{L},\ n$$

为约束，构成如下的最优化模型(C^2R 模型)：

$$
(C^2R)\begin{cases} \max \dfrac{\sum_{r=1}^{s} u_r y_{rj_0}}{\sum_{i=1}^{m} v_i x_{ij_0}} \\ s.t.\ \dfrac{\sum_{r=1}^{s} u_r y_{rj}}{\sum_{i=1}^{m} v_i x_{ij}} \leqslant 1,\ j_0 = 1,2,\mathrm{L},n \\ v = (v_1, v_2, \mathrm{L}, v_m)^T \geqslant 0 \\ u = (u_1, u_2, \mathrm{L}, u_s)^T \geqslant 0 \end{cases}
$$

上述模型一个分式规划，使用 Charnes-Cooper 变换成一个等价的线性规划，然后进行对偶转换，最终得出线性规划的对偶规划(D)：

$$
(D)\begin{cases} \min\theta = V_D \\ s.t.\ \sum_{j=1}^{n} x_j\lambda_j + s^- = \theta x_0 \\ \sum_{j=1}^{n} y_j\lambda_j - s^+ = y_0 \\ \lambda_j \geqslant 0,\ j = 1,2,\mathrm{L},n \\ s^+ \geqslant 0, s^- \geqslant 0 \end{cases}
$$

由于对偶规划(D)存在最优解,并且最优解 $V_D \leqslant 1$。在本模型中 x_j、y_j 分别为 DMU_j 的投入和产出要素集合,λ_j 表示通过线性组合重新构造一个有效的 DMU_j 时,第 j 个决策单元的组合比例。θ 表示 DMU_j 离有效前沿面的径向优化量或"距离",θ 越接近 1 表示越有效。S^-、S^+ 为松弛变量,非零的 S^-、S^+ 使无效 DMU_j 沿水平或者垂直方向延伸达到有效前沿面。

对于对偶规划(D)进行判断 DEA 是否有效是很不容易的,查恩斯和库伯通过引进了非阿基米德无穷小 ε,成功地解决了计算和技术上的困难,建立了具有非阿基米德无穷小量 ε 的 C^2R 模型:

$$
(D_\varepsilon)\begin{cases} \min[\theta - \varepsilon(\sum_{j=1}^{m} s^- + \sum_{j=1}^{r} s^+)] = v_D(\varepsilon) \\ s.t. \\ \sum_{j=1}^{n} x_j\lambda_j + s^- = \theta x_0 \\ \sum_{j=1}^{n} y_j\lambda_j - s^+ = y_0 \\ \lambda_j \geq 0 \\ s^+ \geq 0, s^- \geq 0 \end{cases}
$$

这样，我们可以根据(D_ε)的最优解来判断决策单元的 DEA 有效性和弱 DEA 有效性。

三、建立企业知识管理绩效评价的 DEA 模型

(一)决策单元的选择

前面我们就知道 DMU 就是 DEA 模型中的部门或者单位，DEA 模型就是对每一个 DMU 进行评价，判断其对应的点是否位于在生产前沿面，如果某个 DMU 对应的点位于在生产前沿面，那么说明该 DMU 不仅技术有效，而且规模有效，即 DEA 有效。本研究将选择 20 个企业作为 DEA 模型中的 DMU。

(二)建立 DEA 输入输出指标体系

建立输入输出指标体系是 DEA 方法的一项基础性工作。DEA 输入输出指标体系的设计，既要考虑指标体系设计原则和设计方法，又要考虑 DEA 方法的特殊情况。

一方面由于该方法对原始指标要求较高，特别是在决策单元和指标的对等数据方面，它要求决策单元的个数不少于输入指标与输出指标总数的二倍；另一方面，DEA 评价中每个决策单元都从最有利于自身的角度确定指标权重，因此，容易产生大量单元甚至全部决策单元都被评为有效的情况，特别是当输入输出指标数量多于决策单元数量时，更容易产生大量有效的决策单元，此时，DEA 将无法鉴别被评价对象的优劣[40]。在评价复杂系统时，投入产出指标数目众多，而在现实收集大量企业指标数据存在困难。因此，可以运用主成分分析法，设法将原来众多指标重新组合成一组新的、互相无关的几个综合指标来代替原来指标，同时根据实际需要从中可取几个较少的综合指标，尽可能多地反映原来指标的信息，通过得到的新的几个综合指标组成 DEA 输入输出指标体系。

根据评价模型中的“投入”与“产出”之间的逻辑关系，以“投入”作为输入指标，“产出”作为输出指标，建立 DEA 输入输出指标体系，如图 3 所示：

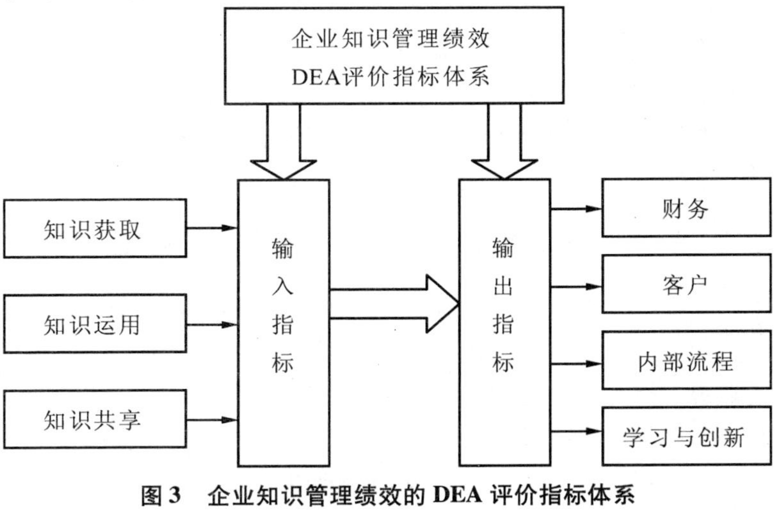

图 3　企业知识管理绩效的 DEA 评价指标体系

(三)利用选定的绩效评价指标进行 DEA 有效性分析

DEA 是对有一些同类型的决策单元进行相对有效性评价的一种方法，一个决策单元的有效性是用该单元的多指标输出加权和与多指标输入加权和之比来定义的。

作为每个 DMU 相应的效率评价指数：

$$E_j = \frac{\sum_{r=1}^{s} u_r y_{rj}}{\sum_{i=1}^{m} v_i x_{ij}}, E_j \leqslant 1, j = 1,2,\mathrm{L},n$$

在 DEA 中，如果 E_j 达到最大值 1，则称该对应的决策单元 j_0 至少弱 DEA 有效的；如果 $E_j < 1$,则称该对应的决策单元 j_0 非有效。但是在实际问题中，往往很多决策单元对应的效率评价指数都能到达最大值 1，仅用 E_j 一般不能分辨这些决策单元的优劣。

因此，能够从 C^2R 模型中判断决策单元是否同时技术有效和规模有效。对于对偶规划(D)有：

(1)如果(D)的最优解 $V_D < 1$ ，那么决策单元 j_0 为 DEA 无效，说明决策单元的经济活动既不技术有效，也不规模有效。

(2)如果(D)的最优解 $V_D = 1$ ，那么决策单元 j_0 为弱 DEA 有效，说明决策单元的经济活动不是同时为技术有效和规模有效；反之亦然。

(3)如果(D)的最优解 $V_D > 1$ ，并且它的每个最优解都 $S^- = S^+ = 0$ ，那么决策单元 j_0 为 DEA 有效，说明决策单元的经济活动既技术有效，也规模有效；反之亦然。

还可以用 C^2R 模型中的 λj 来判断决策单元的规模收益情况：

(1)如果存在 $\lambda_j *$ (j = 1，2，…，n)使得 $\sum \lambda_j * = 1$，则决策单元为规模收益不变。

(2)如果不存在 $\lambda_j *$ (j = 1，2，…，n)使得 $\sum \lambda_j * = 1$，若 $\sum \lambda_j * < 1$，则决策单元为规模收益递增。

(3)如果不存在 $\lambda_j *$ (j = 1，2，…，n)使得 $\sum \lambda_j * = 1$，若 $\sum \lambda_j * > 1$，则决策单元为规模收益递减。

四、基于 DEA 模型的企业知识管理绩效评价实证分析

在本研究提出的企业知识管理绩效评价指标体系的基础上，为了说明本文所描述的绩效评价方法，我们通过中国软实力研究中心，搜集了 20 家该公司的客户，这些客户涉及食品业、制造业、信息业以及服务业四个领域，都是经过中国软实力研究中心进行了深入的诊断，从战略、组织、人力资源管理、内部组织气氛等角度全方位分析了公司现行制度，提出针对

性解决方案的大型企业。之后聘请中国软实力研究中心的专家对其知识管理绩效进行简要评价打分并给出改进的方向。

（一）对评价指标进行评分

首先，请五位中国软实力研究中心的专家，根据我们设计好的各项指标，对应于评语集 V =（很强，较强，一般，较差，很差），评语加权系数 F =（9，7，5，3，1），对其 20 家客户的知识管理绩效进行评价，并再次聘请一位资深专家综合五位专家的评价结果，其综合评价结果如表 1、表 2 所示：

表 1　知识管理投入

指标内容		评价分数																			
		A	B	C	D	E	F	G	H	I	J	K	L	M	N	O	P	Q	R	S	T
知识获取 U1	U11	3	5	5	1	3	3	1	3	1	3	3	5	3	3	5	7	1	1	3	3
	U12	5	3	5	3	5	7	5	5	5	3	9	5	3	3	5	1	7	7	5	3
	U13	7	5	5	3	3	3	7	9	5	5	7	5	3	3	5	7	7	9	3	3
	U14	3	3	1	1	1	1	3	3	5	5	3	7	7	5	1	1	5	3	1	3
	U15	7	3	5	3	9	9	7	5	3	7	5	7	9	3	5	5	7	9	9	9
	U16	5	5	3	1	7	3	7	5	7	7	7	9	7	5	7	9	7	9	7	5
知识运用 U2	U21	9	5	5	3	7	5	7	7	9	1	5	7	5	3	5	5	7	3	3	5
	U22	3	3	1	5	5	7	3	1	5	7	5	3	5	7	5	5	7	3	5	3
	U23	5	7	3	3	5	7	7	1	5	3	7	5	7	7	9	5	3	7	1	7
	U24	5	5	7	3	3	5	5	5	5	7	5	7	9	7	7	5	9	9	5	3
知识共享 U3	U31	1	7	2	3	7	5	7	5	1	5	5	3	5	1	3	3	1	5	5	1
	U32	7	5	3	5	1	1	1	7	5	9	5	1	3	5	7	3	7	1	3	3
	U33	9	9	5	1	7	5	7	5	1	5	7	1	3	1	9	9	7	7	9	5
	U34	1	3	3	1	5	5	1	3	5	1	5	3	5	7	5	1	3	1	1	3
	U35	9	7	7	3	5	5	5	7	1	9	5	3	7	1	5	7	9	7	5	7
	U36	7	7	5	3	7	9	9	7	1	9	5	5	3	3	7	9	9	5	7	7

表 2 知识管理产出

指标内容		评价分数																			
		A	B	C	D	E	F	G	H	I	J	K	L	M	N	O	P	Q	R	S	T
财务 U1	U11	7	7	3	3	7	5	7	5	7	5	5	1	7	9	5	7	9	7	5	5
	U12	5	3	5	7	5	9	5	5	5	3	9	3	7	5	5	9	7	7	5	7
	U13	3	3	5	7	3	3	7	7	9	3	3	3	3	5	5	3	3	5	7	5
	U14	1	3	3	1	1	5	1	3	5	1	1	1	3	7	5	5	1	3	5	1
	U15	5	7	5	3	3	1	1	3	9	5	5	5	7	7	9	5	3	9	7	9
	U16	5	5	3	5	7	3	7	5	7	7	7	1	7	7	7	9	7	9	7	5
	U17	9	5	5	7	7	5	7	9	9	1	5	1	5	9	5	5	7	3	3	5
客户 U2	U21	3	3	1	5	5	7	1	9	5	7	5	7	5	7	9	5	7	3	5	3
	U22	5	7	3	7	5	7	7	9	5	3	7	3	7	7	9	5	3	7	1	7
	U23	5	5	7	5	3	5	5	5	5	7	5	7	9	7	7	5	9	9	5	3
	U24	9	7	9	9	7	5	3	5	7	5	5	5	5	9	3	3	1	5	5	1
内部流程 U3	U31	7	5	3	1	1	1	3	7	5	9	5	3	3	5	7	3	7	1	3	3
	U32	9	9	5	7	7	5	1	5	5	5	7	5	3	9	9	9	7	7	9	5
	U33	1	3	3	3	5	5	3	3	5	1	5	1	5	1	3	1	3	1	1	3
	U34	9	5	7	9	5	5	5	7	3	9	9	9	7	9	5	7	9	7	5	3
	U35	3	3	5	9	3	9	3	3	5	1	9	1	3	3	1	9	7	5	7	5
	U36	3	1	3	1	1	3	7	3	5	7	3	3	3	3	7	5	3	5	5	5
	U37	1	9	5	5	1	9	7	3	9	3	9	3	3	7	3	7	7	3	3	9
学习与创新 U4	U41	7	7	3	9	1	7	7	1	7	7	7	7	3	7	7	5	9	5	3	7
	U42	1	3	3	5	3	3	1	3	7	5	3	5	3	1	5	1	3	3	5	3
	U43	3	7	1	3	5	9	5	5	5	3	7	3	3	9	9	9	3	1	3	7
	U44	7	5	5	3	1	1	3	7	5	1	9	1	3	5	7	3	1	1	3	7

（二）指标体系的筛选整理

由于 DEA 方法对原始指标要求较高，它要求决策单元的个数不少于输入指标与输出指标总数的二倍，然而我们只选取了 20 家企业（DMU），对应的输入输出指标总数共有 38 个，完全没有达到输入输出指标的两倍，不能满足 DEA 模型的要求。

在众多的因素中，需要把这些众多因素综合为若干不相关的主要因素，主成分分析法（PCA）为我们提供了方法，它是一种把多个指标转化为少数几个综合指标的统计分析方法。那么本文利用 SPSS 统计分析软件，进行主成分分析以减少输入输出指标的维数。

首先，借助 SPSS15.0 对输入指标(知识管理投入)数据进行分析，得方差分析主成分提取结果，如表 3 所示：

表 3　输入指标方差贡献率表

Component	Tnitial Eigenvalues			Extraction Sums Of Squar ed Loadings		
	Total	% of Variance	Cumulative %	Total	% of Variance	Cumulative %
1	5.453	41.579	41.579	5.453	41.579	41.579
2	2.906	24.413	65.992	2.906	24.413	65.992
3	2.249	20.079	86.071	2.249	20.079	86.071
4	1.727	8.624	94.695	1.727	8.624	94.695
5	1.312	2.124	96.810	1.312	2.124	96.810
6	1.076	1.549	98.368	1.076	1.549	98.368
7	.871	.846	99.214	.871	.846	99.214
8	.599	.293	99.507	.599	.293	99.507
9	.252	.054	99.561	.252	.054	99.561
10	.135	.048	99.609	.135	.048	99.609
11	.227	.051	99.660	.227	.051	99.660
12	.229	.052	99.712	.229	.052	99.712
13	.114	.047	99.759	.114	.047	99.759
14	.101	.042	99.801	.101	.042	99.801
15	.326	.114	99.915	.326	.114	99.915
16	.286	.085	100.000	.286	.085	100.000

Extraction Method：Principal Component Analysis.

在计算主成分的步骤中将出现因子载荷矩阵，我们可以取得每个主成分的方差，即特征根，它的大小表示了对应主成分能够描述原来所有信息的多少(更多情况下是由方差贡献率来反映)。一般来讲，为了达到降维的目的，只提取前几个主成分[5]。由于前 3 个特征值累计贡献率达到 86.071%，根据累计贡献率大于 85% 的原则，故选取前 3 个特征值。所以决定用 3 个新变量来代替原来的 16 个变量。之后用主成分载荷矩阵中的数据除以主成分相对应的特征值开平方根便得到三个主成分中每个指标所对应的系数，即可得到主成分表达式，详见表 4：

表 4　输入指标主成分表达式

F1 = 0.090U11 + 0.066U12 + 0.233U13 − 0.155U14 + 0.197U15 + 0.138U16 + 0.020U21 − 0.124U22 − 0.006U23 + 0.015U24 + 0.179U31 − 0.011U32 + 0.366U33 − 0.264U34 + 0.377U35 + 0.345U36

F2 = − 0.153U11 + 0.124U12 + 0.337U13 + 0.411U14 + 0.059U15 + 0.336U16 + 0.124U21 − 0.044U22 + 0.205U23 + 0.405U24 − 0.069U31 + 0.056U32 − 0.073U33 + 0.123U34 + 0.053U35 − 0.107U36

F3 = − 0.096U11 + 0.063U12 − 0.239U13 + 0.197U14 + 0.296U15 + 0.196U16 − 0.437U21 + 0.457U22 − 0.341U23 + 0.307U24 + 0.001U31 + 0.014U32 − 0.043U33 − 0.073U34 + 0.119U35 + 0.095U36

然后，重新利用 SPSS15.0 对输出指标(知识管理产出)数据进行分析，同理得出方差分析主成分提取结果，详见表 5：

表 5　输出指标方差贡献率表

Component	Tnitial Eigenvalues			Extraction Sums Of Squar ed Loadings		
	Total	% of Variance	Cumulative %	Total	% of Variance	Cumulative %
1	3.612	18.507	18.507	3.612	18.507	18.507
2	3.313	17.149	35.656	3.313	17.149	35.656
3	2.835	14.523	50.179	2.835	14.523	50.179
4	2.607	12.942	63.121	2.607	12.942	63.121
5	2.474	11.629	74.750	2.474	11.629	74.750
6	2.285	10.251	85.001	2.285	10.251	85.001
7	1.474	4.801	89.802	1.474	4.801	, 39.802
8	.968	3.009	92.811	.968	3.009	92.811
9	.506	2.691	85.430	.506	2.691	85.430
10	.374	3.973	89.404	.374	3.973	89.404
11	.226	3.302	92.706	.226	3.302	92.706
12	.197	2.261	95.072	.197	2.261	95.072
13	.146	1.945	97.017	.146	1.945	97.017
14	.075	.925	97.942	.075	.925	97.942
15	.062	.655	98.597	.062	.655	98.597
16	.043	.502	99.099	.043	.502	99.099
17	.055	.518	99.617	.055	.518	99.617
18	.030	.359	99.976	.030	.359	99.976
19	.005	.024	100.000	.005	.024	100.000
20	1.47E−016	6.70E−016	100.000	1.47E−016	6.70E−016	100.000
21	1.36E−017	5.19E−017	100.000	1.36E−017	6.19E−017	100.000
22	−8.9E−017	−4.04E−016	100.000			

由于前 6 个特征值累计贡献率达到 85.001%，根据累计贡献率大于 85%的原则，故选取前 6 个特征值。然后用主成分载荷矩阵中的数据除以主成分相对应的特征值开平方根便得到六个主成分中每个指标所对应的系数，即可得到主成分表达式，如表 6 所示：

表 6　输入指标主成分表达式

F1 = -0.428U11 - 0.024U12 + 0.167U13 + 0.163U14 + 0.224U15 + 0.173U16 - 0.099U17 + 0.146U21 + 0.124U22 - 0.132U23 - 0.321U24 - 0.321U24 - 0.006U31 - 0.171U32 + 0.099U33 + 0.391U34 - 0.087U35 + 0.341U36 + 0.091U37 - 0.076U41 + 0.226U42 + 0.254U43 + 0.117U44

F2 = -0.020U11 + 0.377U12 - 0.076U13 + 0.048U14 - 0.175U15 - 0.192U16 + 0.170U17 + 0.018U21 + 0.235U22 - 0.179U23 - 0.033U24 - 0.191U31 + 0.012U32 + 0.305U33 - 0.062U34 + 0.344U35 + 0.241U36 + 0.376U37 + 0130U41 - 0.140U42 + 0.318U43 + 0.123U44

F3 = 0.074U11 - 0.260U12 + 0.081U13 + 0.180U14 + 0.153U15 - 0.138U16 + 0.301U17 + 0.119U21 + 0.23U22 - 0.181U23 + 0.230U24 + 0.346U31 + 0.259U32 - 0.088U33 + 0.058U34 - 0.290U35 - 0.061U36 + 0.018U37 + 0.075U41 - 0.074U42 + 0.214U43 + 0.390U44

F4 = -0.015U11 + 0.168U12 - 0.209U13 - 0.004U14 - 0.101U15 + 0.193U16 - 0.141U17 + 0.344U21 + 0.076U22 + 0.221U23 - 0.286U24 + 0.281U31 + 0.132U32 - 0.236U33 + 0.303U34 + 0.029U35 + 0.256U36 + 0.121U37 + 0.348U41 - 0.221U42 - 0.166U43 - 0.080U44

F5 = -0.021U11 + 0.119U12 - 0.169U13 + 0.247U14 + 0.350U15 + 0.123U16 + 0.258U17 - 0.348U21 - 0.221U22 - 0.233U23 + 0.044U24 - 0.071U31 + 0.416U32 - 0.216U33 - 0.007U34 + 0.205U35 - 0.018U36 + 0.071U37 + 0.015U41 + 0.008U42 + 0.097U43 + 0.033U44

F6 = 0.253U11 + 0.028U12 + 0.449U13 + 0.237U14 + 0.153U15 + 0.075U16 + 0.157U17 - 0.024U21 + 0.322U22 + 0.322U23 + 0.117U24 - 0.096U31 - 0.012U32 - 0.062U33 - 0.023U34 + 0.178U35 + 0.091U36 + 0.219U37 + 9.298U41 + 0.232U42 - 0.079U43 - 0.047U44

最后，在将 16 个输入指标(知识管理投入)和 22 个输出指标(知识管理产出)分别线性组合成 3 个输入综合指标和 6 个输出综合指标的基础上，根据主成分表达式可以分别得出输入指标(知识管理投入)和输出指标(知识管理产出)综合主成分值，如表 7、表 8 所示：

表 7　输入指标综合主成分值

指标内容		F1	F2	F3
综合主成分值	A	12. 268	9. 397	0. 505
	B	10. 864	7. 461	0. 141
	C	8. 699	7. 15	1. 14
	D	3. 658	4. 097	2. 101
	E	10. 002	6. 547	2. 411
	F	8. 912	6. 405	3. 855
	G	12. 062	9. 507	0. 949
	H	10. 622	9. 129	0. 551
	I	1. 824	11. 381	0. 139
	J	10. 942	9. 115	8. 603
	K	8. 986	10. 525	1. 587
	L	6. 16	12. 219	2. 955
	M	6. 428	12. 433	5. 557
	N	0. 942	9. 901	3. 473
	O	9. 806	9. 337	1. 289
	P	12. 922	7. 427	2. 119
	Q	11. 152	12. 409	6. 297
	R	12. 246	13. 015	4. 359
	S	11. 384	5. 653	6. 369
	T	8. 854	7. 231	2. 111

表 8　输出指标综合主成分值

指标内容		F1	F2	F3	F4	F5	F6
综合主成分值	A	0. 316	3. 085	13. 077	8. 013	1. 503	10. 356
	B	2. 35	7. 409	12. 159	7. 347	6. 131	12. 142
	C	2. 262	3. 909	6. 435	3. 233	4. 283	11. 716
	D	2. 958	9. 121	6. 355	6. 753	3. 991	14. 502
	E	0. 852	5. 081	6. 467	3. 365	3. 395	8. 094
	F	4. 03	14. 431	4. 589	9. 759	2. 909	12. 612
	G	4. 49	6. 351	5. 625	7. 967	0. 669	12. 758
	H	6. 072	5. 461	12. 567	7. 351	0. 249	10. 248
	I	5. 758	6. 529	10. 615	4. 837	5. 577	18. 298

续表

指标内容		F1	F2	F3	F4	F5	F6
综合主成分值	J	5.654	0.717	5.589	9.061	0.073	9.222
	K	6.3	12.095	8.517	11.083	5.099	11.834
	L	6.768	4.387	5.003	4.955	3.719	12.632
	M	4.214	3.939	5.421	7.219	1.271	11.662
	N	3.982	6.931	14.995	11.015	6.979	15.408
	O	9.612	3.595	13.795	12.317	3.531	12.616
	P	5.334	9.453	6.175	12.711	8.449	12.522
	Q	2.22	6.035	4.883	14.425	2.879	14.164
	R	3.794	1.471	3.709	8.583	5.053	14.456
	S	4.676	1.573	5.569	6.327	6.989	13.492
	T	7.094	9.343	8.169	7.937	5.615	12.044

(三)企业知识管理绩效评价 DEA 模型的建立及计算

根据 DEA 原理建立了具有非阿基米德无穷小量 ε 的 C^2R 模型：

$$
(D_\varepsilon)\begin{cases}
\min\left[\theta-\varepsilon\left(\sum_{j=1}^{3}s^{-}+\sum_{j=1}^{6}s^{+}\right)\right]=v_D(\varepsilon)\\
s.t.\\
\sum_{j=1}^{20}x_j\lambda_j+s^{-}=\theta x_0\\
\sum_{j=1}^{20}y_j\lambda_j-s^{+}=y_0\\
\lambda_j\geqslant 0,\ j=1,2,\mathrm{L},n\\
s^{+}\geqslant 0,\ s^{-}\geq 0
\end{cases}
$$

为了方便，减少计算量，提高计算精度，我们采用 MATLAB7.0 数学软件进行计算 C^2R 模型线性规模，得到 20 个决策单元的相对效率评价指数分别为见下表 9：

表 9 相对效率评价指数

$E_{11}=0.5797$	$E_{22}=0.7952$	$E_{33}=1.0000$	$E_{44}=1.0000$	$E_{55}=0.7029$
$E_{66}=1.0000$	$E_{77}=0.8970$	$E_{88}=0.8769$	$E_{99}=1.0000$	$E_{1010}=0.6574$
$E_{1111}=1.0000$	$E_{1212}=0.4687$	$E_{1313}=1.0000$	$E_{1414}=1.0000$	$E_{1515}=0.9760$
$E_{1616}=0.7698$	$E_{1717}=0.9225$	$E_{1818}=1.0000$	$E_{1919}=0.8946$	$E_{2020}=1.0000$

根据 C^2R 模型原理，如果相对效率评价指数达到最大值 1，则称该对应

的决策单元至少弱 DEA 有效的；如果相对效率评价指数小于 1，则称该对应的决策单元非 DEA 有效。从上表可以看到 DMU3、DMU4、DMU6、DMU9、DMU11、DMU13、DMU14、DMU18、DMU20 至少是弱 DEA 有效，其他 DMU 则都非 DEA 有效。

但是，仅知道相对效率评价指数还是不够，因为它一般不能从 C^2R 模型中判断决策单元是否同时技术有效和规模有效。为此，本文还需利用 MATLAB7.0 进一步进行计算，得计算结果表 10、表 11 如下：

表 10 松弛变量计算结果表

DMU	S_1^{-0}	S_2^{-0}	S_3^{-0}	S_1^{+0}	S_2^{+0}	S_3^{+0}	S_4^{+0}	S_5^{+0}	S_6^{+0}	θ^0
1	4.8	0	0.1	0	0	6.3	0	0	0	0.5797
2	3.2	0	0	0	0	0	4.2	0	0	0.7952
3	0	0	0	0	0	0	0	0	0	1
4	0	0	0	0	0	0	0	0	0	1
5	2.4	0	0	1.2	0	6.5	0	0	0	0.7029
6	0	0	0	0	0	0	0	0	0	1
7	0	3.1	0	0	0	0	0	4.7	0	0.8971
8	4.5	0	0	0	0	0	0	0	8.3	0.8769
9	0	0	0	0	0	0	0	0	0	1
10	3.1	2.6	0	0	0	2.3	3.8	0	0	0.6574
11	0	0	0	0	0	0	0	0	0	1
12	0	3.2	0.3	0	3.2	0	1.7	0	0	0.4687
13	0	0	0	0	0	0	0	0	0	1
14	0	0	0	0	0	0	0	0	0	1
15	0	0	6.7	0	0	0	14.4	0	9.6	0.976
16	3.7	1.5	0	0	0	3.8	0	1.8	0	0.7698
17	0	4.1	0	0	0	12.3	0	0	0	0.9225
18	0	0	0	0	0	0	0	0	0	1
19	99.1	0	0	0	0	0	23.1	0	11.5	0.8946
20	0	0	0	0	0	0	0	0	0	1

表 11　规模收益参数计算结果表

DMU	λ_1	λ_2	λ_3	λ_4	λ_5	λ_6	λ_7	λ_8	λ_9	λ_{10}
1	0. 3468	0	0	0	0	0. 2316	0	0	0	0. 5161
2	0	0	0	0	0	0	0. 2223	0	0	0
3	0	0	1	0	0	0	0	0	0	0
4	0	0	0	1	0	0	0	0	0	0
5	0	0	0	0	0	0. 463	0	0	0	0. 1029
6	0	0	0	0	0	1	0	0	0	0
7	0	0	0	0	0	0	0	0	0	0. 3712
8	0. 4865	0	0	0	0	0	0	0	0	0
9	0	0	0	0	0	0	0	0	1	0
10	0. 1437	0	0	0	0. 2364	0	0	0	0	0
11		0	0	0	0	0	0	0	0	0
12	0	0	0	0	0. 1647	0	0	0	0	0. 4687
13	0	0	0	0	0	0	0	0	0	0
14	0	0	0	0	0	0	0	0	0	0
15	0	0	0	0	0	0	0. 4465	0	0	0
16	0	0	0	0	0	0	0	0	0	0. 4365
17	0	0	0	0	0	0. 2323	0	0	0	0. 6212
18	0	0	0	0	0	0	0	0	0	0
19	0. 3423	0	0	0	0	0	0. 2123	0	0	0
20	0	0	0	0	0	0	0	0	0	0

DMU	λ_{11}	λ_{12}	λ_{13}	λ_{14}	λ_{15}	λ_{16}	λ_{17}	λ_{18}	λ_{19}	λ_{20}	$\sum\lambda_1$
1	0	0	0	0	0	0	0	0	0	0	1. 0945
2	0	0	0	0	0. 4321	0	0	0	0	0	0. 6544
3	0	0	0	0	0	0	0	0	0	0	1
4	0	0	0	0	0	0	0	0	0	0	1
5	0	0	0	0	0	0	0	0. 5743	0	0	1. 1402
6	0	0	0	0	0	0	0	0	0	0	1
7	0	0	0	0	0. 3673	0	0	0	0	0	0. 7385
8	0	0	0	0	0	0	0	0. 3321	0	0	0. 8186
9	0	0	0	0	0	0	0	0	0	0	1
10	0	0	0. 3674	0	0	0	0	0	0	0	0. 7475
11	1	0	0	0	0	0	0	0	0	0	1
12	0	0	0. 1243	0	0	0	0	0	0	0	0. 7577
13	0	0	1	0	0	0	0	0	0	0	1
14	0	0	0	1	0	0	0	0	0	0	1
15	0	0	0. 2341	0	0	0	0	0	0	0	0. 6806
16	0	0	0	0	0	0	0	0. 2541	0	0	0. 6906
17	0	0	0	0	0. 3231	0	0	0	0	0	1. 1766
18	0	0	0	0	0	0	0	1	0	0	1
19	0	0	0	0	0. 1127	0	0	0	0	0	0. 6673
20	0	0	0	0	0	0	0	0	0	1	1

1. DEA 有效性分析

根据 DEA 有效性判别定理，通过以上表可以看出：至少弱 DEA 有效的 DMU3、DMU4、DMU6、DMU9、DMU11、DMU13、DMU14、DMU18、DMU20 的解中的松弛变量 $S^- = S^+ = 0$，故这 9 个决策变量同时技术有效和规模有效，即 DEA 有效。

而其他决策单元的相对效率评价值均小于 1，说明它们都是非 DEA 有效的。从相对有效性的值分布情况来看，大部分的决策单元有效性均大于 0.75，但也存在极个别决策单元（企业 L）效率评价值仅为 0.4687，这也说明了企业之间的效率差别很大。从原始指标值来看，企业 L 在知识共享指标上投入较低，这就说明了该企业和个人积累的知识传播能力差，具体表现在企业与合作者的战略合作能力、对竞争对手的了解和向客户的学习机制、企业内部交流平台、局内网的开发和利用水平以及内部员工共享激励机制等各个方面，这也充分印证了知识共享在企业知识管理中的地位是举足轻重的。

2. DEA 的规模收益分析

根据 DEA 有效性的经济含义，在一定的取值内，生产函数为增函数和凸函数的基础上，当生产函数的边际函数为增函数时，生产商的投资积极性明显递增，这时称之为规模收益递增。

我们可以用 C^2R 模型中的 λj 来判断决策单元的规模收益情况：

(1)如果存在 $\lambda j*$ ($j=1, 2, \cdots, n$)，使得 $\sum \lambda j* = 1$，则决策单元为规模收益不变。

(2)如果不存在 $\lambda j*$ ($j=1, 2, \cdots, n$)使得 $\sum \lambda j* = 1$，若 $\sum \lambda j* < 1$，则决策单元为规模收益递增。

(3)如果不存在 $\lambda j*$ ($j=1, 2, \cdots, n$)使得 $\sum \lambda j* = 1$，若 $\sum \lambda j* > 1$，则决策单元为规模收益递减。

从表 3 上可以看出，DMU3、DMU4、DMU6、DMU9、DMU11、DMU13、DMU14、DMU18、DMU20 规模收益不变；DMU2、DMU7、DMU8、DMU10、DMU12、DMU15、DMU16、DMU19 规模收益递增；DMU1、DMU5、DMU17 规模收益递减。因此企业自身应该注意这么一条重要的经济规则，尤其是那些规模收益递减的企业。

3. DEA 相对有效面上的投影分析

DEA 有效如果用图像描述，就是 C^2R 模型中决策单元对应的点位于生产可能集的前沿面上。生产前沿面的形状是一个凸锥形，是所有决策单元对应点的数据包络面的一部分。对于非 DEA 有效的决策单元对应的点就不在生产前沿面上。因此，我们可以通过调整其投入指标数值，也就是将决策单元的点在 DEA 相对有效面的投影重新构造一个新的决策单元，使其转化为 DEA 有效。

根据 DEA 模型定理，设

$$\hat{x}_0 = \theta^0 x_0 - s^{-0}$$

$$\hat{y}_0 = y_0 + s^{+0}$$

其中 λ^0，s^{-0}，s^{+0}，θ^0 是决策单元 j_0 对应的线性规划问题(D_ε)的最优解，则($\hat{x}_0$，$\hat{y}_0$)为原来的决策单元对应的(x_0，y_0)在 DEA 相对有效面上的投影，它是 DEA 有效。

由上述定理可知，对应非 DEA 有效的 DMU，可将其投影到 DEA 有效面，即把非 DEA 有效的 DMU 变成有效的 DMU。下面以效率评价值最小的企业 L 为例(见表 12)，为了得到同样的输出，输入可以减少到：

表 12　投影分析结果表

DMU	输入评价指标	原始指标数据	DEA 相对有效面“投影”面
企业 L	F1	6.16	2.887
	F2	12.219	2.527
	F3	2.955	0.497

$$\hat{F}_1 = \theta F_1 - S_1^- = 6.16 \times 0.4687 - 0 = 2.887$$

$$\hat{F}_2 = \theta F_2 - S_2^- = 12.219 \times 0.4687 - 3.2 = 2.527$$

$$\hat{F}_3 = \theta F_3 - S_3^- = 2.955 \times 0.4687 - 0.3 = 0.497$$

在输入数据的调整过程当中，可以发现在非 DEA 有效的企业中，普遍存在投入相对过剩，没有实现企业技术和规模同时最大化，即在要达到未来经营效果最优并保证产出的情况下，其投入仍然可以减少；或者在投入不变的情况下，其产出还可以增加。而从产出数据的调整当中，可以发现对非 DEA 有效单元的投入要素进行调整后，产出改变的主要内容是内部流程和学习与创新，而在财务和客户产出方面发生的变化较小，可见，企业知识管理绩效评价首先反映在内部流程的改变，使核心流程自动化，提高产品的合格率，并能使企业的学习和创新能力增强，研制新产品的专利数量增加，提高企业知识的创新能力。

五、结论

本文基于 DEA 方法的应用步骤，进行了决策单元的选择，建立 DEA 模型输入输出指标体系，并对选定的指标进行 DEA 有效性分析后建立了企业知识管理绩效评价 DEA 模型。基于 DEA 模型，在对评价指标进行打分和利用主成分分析法对指标进行筛选后根据 DEA 原理建立了具有非阿基米德无穷小量 ε 的 C^2R 模型，并对其结果进行了 DEA 有效性分析、规模收益分析以及相对有效面上的投影分析，从而对企业知识管理绩效评价进行了实证分析，客观地评价了企业知识管理的实施效果。

参考文献

1. ［美］彼得·德鲁克著，杨开峰译：《知识管理》，中国人民大学出版社，1999 年。
2. 知识管理绩效评价 . http：//wiki. mbalib. com/wiki. mht
3. ChoiB，Lee H. An empirical investigation of KM styles and their effecton corporate performance. Information & Management，2003，（40）.
4. AlaviM，LeidnerD E. Review：Knowledge management and knowledge management systems：Conceptual foundations and research issues. MIS Quarterly，2001，（25）.
5. 张绍辉：《知识管理在管理咨询企业中应用的研究》，北京信息科技大学硕士学位论文，2008。
6. Satayadas A，Harigopal U，Cassaigne N P. Knowledge management tutorial：An editorial overview. IEEE Transactions on Systems，Man，and Cybernetics（Part C），2001，31.
7. 曹兴、陈琦、彭耿：《企业知识管理绩效评估研究》，《科技管理研究》，2006 年第 12 期。
8. NAH F，SIAU K，TIAN Y，LING M. Knowledge management mechanisms in e-commerce：A study of online retailing and auction sites. Journal of Computer Information Systems，2002，42(5).
9. NAH F，SIAU K，TIAN Y. Knowledge management mechanisms of financial service sites. Communications of the ACM，2005，48(6).
10. 吴庆海：《KM 在企业中的实践》，学习型组织研修中心，2005 年。
11. 王军霞、官建成：《复合 DEA 方法在测度企业知识管理绩效中的应用》，《科学学研究》，2002 年第 1 期。
12. 刘仲英、吴斌冰、张新武：《企业知识管理系统相对柔性的 DEA 方法》，《系统工程学报》，2005 年第 2 期。
13. DAVENPORT T H，PRUSAK L. Working Knowledge：How Organizations Manage What They Know [M]. Boston：Harvard Business School Press，2000.
14. 蒋翠清、叶春森、杨善林：《组织知识管理绩效评估研究法》，《科学学研究》，2007 年第 2 期。
15. 王君、樊治平：《组织知识管理绩效的一种综合评价方法》，《管理工程学报》，2004 年第 2 期。
16. 陈建军：《知识管理系统绩效评价研究》，《情报杂志》，2007 年第 10 期。
17. 黄立军：《企业知识管理综合评价的数学模型》，《运筹与管理》，2001 年第 4 期。
18. 蒋翠清、叶春森、梁昌永：《知识循环过程的知识管理绩效评估》，《哈尔滨工业大学学报》，2009 年第 6 期。

19. 贺金凤：《质量绩效评价模型与方法研究》，西北工业大学博士学位论文，2009 年。
20. 周志英、田城、王琦峰：《基于 BSC 及模糊评价的企业知识管理绩效评价研究》，《图书情报工作》，2009 年第 7 期。
21. 佟玲莉：《基于平衡计分卡的企业知识管理研究》，南京工业大学硕士学位论文，2005 年。
22. 吴应良、吴昊苏：《基于主成分分析法的知识管理绩效评价研究》，《情报杂志》，2007 年第 6 期。
23. 韩水华：《基于 DEA 模型的制造企业信息化绩效研究》，第三届中国管理学年会，2008 年。
24. 张目：《基于数据包络分析的地理信息工程综合评价的研究》，武汉大学博士学位论文，2005 年。
25. 马立杰：《DEA 理论及应用研究》，山东大学博士学位论文，2007。

（作者：刘　宇　北京市知识管理研究基地研究人员　教授
黄济民　北京市知识管理研究基地　硕士研究生）

北京社会建设研究基地

（中国人民大学）

基地名称：北京社会建设研究基地
依托单位：中国人民大学
项目类别：研究基地自设项目

世界城市人口调控的政策措施及启示①

目前，北京的经济社会发展已经进入了一个全面建设现代化国际大都市的新阶段。世界各国城市发展的历史证明，随着工业化水平的不断提高和城市化进程的不断加快，一些大城市会出现人口持续、大量涌入的现象，给城市经济社会的进一步发展造成很大的压力。北京作为我国的政治、文化和国际交往中心，正面临着这样一种压力，迅速膨胀的人口数量对住房、交通、资源能源供应和城市秩序管理等各个方面都造成了很大的冲击。所以，从建设世界城市的高度出发，要以更高标准推动北京经济社会又好又快发展，就必须处理好人口压力问题，做好人口调控工作。

一、世界各大城市人口调控的政策措施

人口压力问题是世界上任何一个国际大都市在发展过程中都不得不面临的问题。这些城市的政府部门并没有放任城市人口自由发展，而是无一例外地采取了积极主动的态度，通过一系列的人口调控政策和措施来应对人口压力。而且，各个城市在人口调控方面的努力贯穿了整个城市发展的始终。由于一些国家和地区的城市化进程较早，所以他们较先经历了大城市的人口压力问题。他们在城市人口调控方面进行了许多不同方式的探索，吸取了深刻的教训，积累了丰富的经验。这些都是北京在应对人口压力、制定实施人口调控政策措施时值得借鉴的。纽约、巴黎、伦敦、东京、香港等世界城市的人口调控政策措施丰富多样，主要可以归纳为四个方面。

（一）制定城市规划，主动对人口进行调控

纵观巴黎、伦敦、东京等世界城市的发展历程，政府在城市人口发展过程中起着非常重要的作用。他们通过城市规划，有意识地对人口规模、分布进行调控。

巴黎在1965年出台了《巴黎地区国土开发计划》《巴黎地区国土开发计划与城市规划指导纲要：1965—2000》（以下简称《纲要》）。《纲要》规划的

① 本文是《北京市人口调控研究》项目的阶段成果。

人口规模将从1965年的900万增长到2000年的1400万，城市建成面积将从1965年的1200平方公里增长到2000年的2300平方公里。《纲要》扬弃了历史上同心圆的城市发展模式，转而采取轴线式带状发展的模式。

1944年颁布的著名的《大伦敦规划》直接对伦敦地区人口的规模、分布做出了规划。《大伦敦规划》提出了“控制市中心区、发展分散新城”的规划模式，规定规划区面积为6731平方公里，人口为1250万人规划的主要内容是把距伦敦中心半径约为48公里范围内，由内向外划分为四层地域圈：内圈、近郊圈、绿带圈、外圈，分别确定其发展目标。规划从伦敦人口密集的内圈地区迁出工业，同时也迁出100万左右的人口。其中，40万人疏散到外圈新建的新城中，另外60万人疏散到外圈地区原有的小城镇中。近郊圈和绿带圈不再新设居民点，并对原居民点采取控制发展的政策。

日本1954年颁布了以东京为核心的首都圈整备法，1960年明确对大都市圈做出界定：其中心城市为中央制定市，或者人口超过100万且附近还有50万人口以上的城市。外围地区到中心城市的通勤量不得少于自身人口的15%，并以此划分为八大都市圈。为推进整备工作的规划和落实，在国土厅下设立了大都市圈整备局这一政府职能部门，并成立了相当于相关区域县长、市长联席会议的协调机构。每隔8—10年制定基本计划，根据不同时期主题，提出相应政策措施。自首都圈形成以来，日本进行过5次人口规划的调整，每一次基本规划都是在充分考虑不同政治、经济和文化背景、地域对象以及人口规模等诸多因素下形成的，并适时根据实际情况加以修改。如第一次基本规划的基本思想是限制城市的膨胀，但是此次规划制定后，由于人口和产业的迅速发展，并没有达到预期的目标，城市扩展大大超出了原来的规划。为此，1968年的第二次基本规划进行了重大修改。在1976的第三次基本规划中，发展战略进一步强调对人口增长的考虑，安全和环境能力、住宅和产业的发展在规划中也被置于重要地位。随着首都圈规划的实施，基本规划的内容也日益详实和具体。这种充分发挥政府主导的计划性，并由地方广泛参与的规划对促进日本大都市圈的健康发展起到了积极的作用，也对日本经济的发展起到重要作用。

可见，要实现人口规模的合理调控，制定与之相适应的城市和人口规划并适时进行调整是十分必要的。就各个大都市的人口发展过程来看，政府的城市和人口规划都起到了十分积极的作用。

（二）建立城市新区，分流城市人口

为了缓解原来城区的人口压力，各大世界城市都采取了利用建立、发展新城区的方法来疏散人口。

纽约通过纳入邻近行政区域减缓了中心城区曼哈顿的人口压力，同时通过纽约市的合理规划和发展经验使新兴城区得到快速发展。

巴黎1965年提出了城市发展轴线和新城等概念，实现了从“以限制为主”到“以发展为主”的战略转变。设计在原有城市建成区南北两侧设定两条平行的城市发展轴线，沿这两条发展轴建设8座人口规模30万—100万的新城。以后新城建设都沿着这些重要交通干线布局形成城市发展轴线，并在郊区和新城市化地区内新建多功能城市中心。这些措施打破了原来的单中心布局模式，使以前的压缩发展模式转变为开放式发展和优化调整并重的新模式。在此之后，巴黎地区一直延续着这种城市发展思路，摈弃1965年之前人为限制城市建成区扩展的做法，取而代之的是有计划地为城市建设寻找新空间的发展方式。因此城市发展空间不断扩大，解决城市问题途径日益增多，多中心的空间概念也从城市建成区延伸到整个巴黎地区，从而使区域的城市空间布局更具灵活性。

伦敦从二战后开始兴起了兴建新城的浪潮。20世纪40年代完成了大伦敦规划，提出了“控制市中心区、发展分散新城”的规划模式。60年代时重新制定了伦敦的区域布局模式，改变大伦敦规划中同心圆封闭布局模式，使城市沿着三条主要快速交通干线向外扩展，形成三条长廊地带，在长廊终端的南安普顿-朴茨茅斯、纽勃雷和勃莱古雷分别建设三座具有“反磁力吸引中心”作用的城市。70年代时又提出把原有“城镇聚集体”的人口规模扩大到100万以上，把东南部人口分到各“城镇聚集体”中，形成多中心结构的模式。

日本根据《建成区改建法》对东京进行改建，把东京由原来的一点集中型城市结构发展为多心型城市结构，由原来的一极结构性城市发展为两极结构性城市——东京都为一极，新建多摩连环城市为另一极。在东京城市内部，也采取建立新的二级中心的方法疏散人口。在离城镇中心三个区(港区、千代田和中央区)以外6公里不远的地方，沿山手铁路环线的丸之内地区周围，建了三个二级中心，即新宿、池袋和涉谷。新宿副中心60年代开始建设，1968年完成，面积18万多平方公里，人口超过37万。这个地区建了许多超高层建筑，包括各种类型的公共建筑以及住宅，也逐渐成为一个新的文化娱乐、行政和商业中心。

香港在新界先后建设了沙田、大埔、粉岭、元朗、天水围、屯门、荃湾、将军澳等8个新市镇，使人口从原来稠密的九龙、新九龙逐渐流入新界。

由此可见，在解决大城市人口拥挤的问题时，发展城市新区、兴建新城，形成多中心的结构已经成为世界各大城市普遍采用的一项举措。从实践上来看，这些新城对于吸纳市区人口，降低市区的人口密度，发挥着一定的作用。伦敦共建设了11座新城，这些新城吸收了部分从市区迁出的人口和工业，同时又接纳了大量的外地流动人口。整个伦敦地区从1951年到

1961 年间外迁了 56 万人，从 1961 年到 1971 年间又外迁了 101 万人，这和新城的建设是分不开的；巴黎的新城建设也使巴黎地区的人口在较大范围内均衡分布，从 1962 年到 1982 年的二十年间，巴黎市区人口减少了 56 万；东京通过建设新城，形成"双磁极结构"，一定程度上解决东京都过于密集的困难。从 1965 年到 1990 年，东京市区人口共下降了 60 多万；香港新城建设取得的成效更大，到 20 世纪末，香港共发展了 8 个市镇，人口合计约 330 万，约占香港总人口的一半以上。当然，这一时期伦敦、巴黎等城市市区人口的减少并不一定全部是由新城建设所引起的。但总的来说，新城为缓解这些城市过分集中的人口压力做出了一定的贡献。

（三）改变产业布局，带动人口对外疏散

世界城市人口的大量流入与城市中劳动密集型产业的迅速发展是密不可分的，要改变人口持续增长的状况，就必须改变城市的产业布局。

纽约市通过税收等优惠条件将一些外来人口比较集中的劳动密集型产业迁出中心城区，打造各区核心产业，增强新兴城区对人口的吸引力。

英国在 1945 年、1947 年前后制订了工业重新安置法和城市农村计划法，规定在伦敦重建、扩建和改建工厂总建筑面积超过 1000 平方米，要提请有关部门批准，发给许可证。除了对工厂的建筑面积进行控制外，对愿意搬迁的工厂给予鼓励和具体补助，办法包括：对搬迁工厂基建费用补助 20%—40%，对于第一年搬迁后的机器折旧费给予补助 44%—100%，并且给职工发给雇佣奖励金、职业训练补助费。

20 世纪 60 年代，法国对巴黎地区工业采取严格的分散政策。它限制巴黎中心区工业的继续集中，要求对厂房占用地超过 500 平方米的一切企业的建立和扩充加以控制。同时用经济手段鼓励巴黎地区的工业企业向边缘地区迁移。巴黎还限制各种办事机构在市中心的发展，对市中心新建办公楼征收高税率，称为"拥挤税"，各种办事机构新增面积 1000 平方米以上的办公场所都要经过批准。这种分散人口的政策取得了很好的效果，从 20 世纪 60 年代到 90 年代这 30 年间，巴黎地区中心区域的人口得以减少，从 300 万下降到了 212 万。

日本提出对于搬出东京城市中心区的工业企业给予固定资产费 3 年内免税的优惠条件，固定资产中，建筑物、机械装置等设备的价值不得超过 1000 万日元，新厂房总建筑面积不得超过拆去的旧工厂建筑物的两倍，拆迁期限一般规定在 3 年之内。在市区的工业搬迁后，政府会采取措施，对旧址的利用加以控制，以防又出现再次集中的现象。东京政府根据都市计划法，规定除了在工业专用地区和港区迁出的厂址用地可再建新厂外，其他地区，一律不能再建新厂。而且在可建厂地区建设时，也必须改善环境。1972 年，东京地区就曾腾出 277 公顷用地作住宅和市政设施。

通过产业的再布局来推动人口再分布也是各大世界城市在调控城市人口发展过程中普遍采用的措施之一。目前，在纽约、伦敦、巴黎和东京的市区内，除有部分为居民直接服务的服装、日用品等企业外，其他大工业都已基本上迁至郊区。这对缓解城市人口压力，合理分布人口起了很大的作用。

（四）确立生活质量标准，鼓励人口主动迁移

在世界各大城市发展过程中，如何应对和解决大量外来人口的生活特别是居住问题，也成为各大城市人口调控政策的主要内容之一。在这个方面，既有失败的教训，也有成功的经验。

墨西哥城以相对墨西哥其他城市有着更为优越的条件，吸引着大量来自农村地区的穷人。但是由于缺乏规划，政府在城市基本维护和服务供应方面支出有限，城市不能为迅速增加的外来人口提供住房和基本服务。大量的贫困人口买不起住房，就通过非法占领的手段占据城市的闲置土地，建成了大量违章建筑，造成了贫民窟包围城市的困境，严重影响了城市的建设和规划。这些违章建筑并不在墨西哥城市政和有关部门规划之中，政府甚至认为这些住宅不合法，很少在这些居住区内进行基本建设投入和基本规范管理，致使这些住宅区基础设施和医疗服务、社会福利极度缺乏，导致贫民窟现象愈演愈烈。1952 年墨西哥城的贫民窟占据城市建成区的 23.48% 和人口的 14.2%，到 1970 年这两个比例分别扩展到了 41.5% 和 35%—40%（此时的总人口约为 850 万）。20 世纪 50 年代到 70 年代之间，贫民窟的年增长率在 10%—15% 间，而城市的增长率仅有 5.7%。发展最盛时，在墨西哥城陆续形成了 500 多个贫民居住区，居住的人口达 400 万之多，各种违法犯罪活动以贫民窟为据点展开，给社会的安定和谐带来极大隐患。

1867 年，美国通过了《出租房屋法案》，规定了出租房屋的最低标准，如水的供应、卫生和维修等。1901 年，纽约州出台了《1901 年出租房屋法案》，该法律针对纽约市制定了比先前法案更严格的强制条款，包括对电灯、卫生、通风设备和使用期的要求，还有新住房及其维修标准以及对建造不合格房屋进行定罪。纽约的这项措施改善了外来人口的生活环境，提高了他们的生活质量，客观上也造成了中心城区曼哈顿生活成本的提高。此时，政府配套在新兴城区实行了一系列税收和住房优惠的措施，鼓励一些无法承担在中心城区昂贵生活成本的外来人口主动地向郊区迁移。这些人口的迁移适应了新兴城区服务业的发展需要，促进了新兴城区与经济的发展。

可见，对外来人口的各项生活标准特别是居住环境进行基本的规定和管理，一方面有助于提高外来人口在城市内居住的生活质量，保障其基本权益；另一方面在客观上也提高了城市的生活成本，对人口大规模持续、无序流入城市现象也起到了一定的抑制作用。

二、世界各大城市人口调控措施对北京的启示

世界城市的发展大都经历了相似的发展过程：在发展的初期，城市吸引了大量的人口自发地向其集中，城市本身也因此不断发展壮大。期间政府通常采取放任的态度，对人口的增长不加干涉，任其自由发展。当城市的人口数量膨胀到一定阶段时，对城市的交通、住房、环境等都产生了巨大的压力，政府部门逐渐认识到人口规模、分布等问题的重要性，开始制定、实施人口调控政策，分散城市人口。根据城市不同的功能定位和发展特点，各个城市政府都采取了不同的人口调控措施。这些城市人口调控的政策、措施和经验对北京建设世界城市具有很好的借鉴作用，主要体现在五个方面。

（一）主动积极调控，引导人口向适应城市发展需求的方向发展

世界各城市的发展历程都表明，城市的发展离不开政府对人口的合理调控。一直放任人口自由发展会造成城市人口规模的恶性膨胀，带来许多社会问题。墨西哥城就是一个典型的反面教材。墨西哥城政府对外来人口采取放任自由的态度，结果造成人口过度膨胀、贫民窟丛生、失业激增等一系列社会问题，政府不得不开始对人口进行调控。北京在建设世界城市的过程中，必须吸取墨西哥城的教训，主动积极地对人口进行调控。根据城市发展的规律，运用法律、行政和经济等多种手段，严格控制人口规模，合理引导人口分布，吸引符合城市发展需要的优秀人才在京居住、工作。

（二）遵循客观规律，合理分散人口

世界城市的发展往往伴随着人口聚集的过程。人口聚集会促进城市发展，也会带来城市人口膨胀、尤其是城中心人口压力过大的问题。所以必须在人口聚集到一定阶段时采取有效的措施分散中心城区的人口，延缓人口进一步流入的速度。当人口分散后，经过若干年的发展，城市的卫生、交通、住房等基础设施水平和医疗、教育、养老等公共服务水平会逐步提高，人口容量会逐渐扩大。由于城市发展的需要又会再次出现人口的聚集。如此往复，形成一种集中、疏散及平稳发展、再集中、再疏散及平稳发展的规律，而城市在这个过程中呈现出一种非直线推进的发展态势。伦敦、巴黎城区的人口变迁就体现了这个过程，先集中后分散，在过去的二十多年里，又出现了再城市化的集中现象。持续的、直线式的人口膨胀不利于城市化的发展。因此政府需要适时采取措施在某些时期分散人口、延缓人口急剧膨胀的速度，使城市平稳地发展，这是世界城市人口发展的规律。北京要建设成为世界城市，处理好人口压力问题，就必须在遵循这一基本

规律的基础上进行。北京在建设世界城市的过程中经历了人口快速和高度聚集的阶段，快速膨胀的人口对资源、环境、交通、居住等生产生活各个方面产生了巨大的、甚至是过度的压力。目前北京已经到了采取适当政策延缓人口快速聚集和流入，为城市提供平稳发展环境的新阶段。

（三）制定人口规划，将人口调控纳入整个城市的发展规划之中

就巴黎、伦敦和东京这些世界城市的经验来看，在人口调控过程中人口规划起到了十分积极的作用。北京也应根据自己城市功能和发展的定位，制定短期、中期和长期的人口规划。例如采取大伦敦的规划办法，制定分不同区域的人口规划，积极发挥政府的宏观调控作用，通过调节产业结构升级以及提高中心城区生活成本等手段来实现对人口的调控。北京市政府发布的《北京城市总体规划》和《北京市"十一五"时期功能区域发展规划》明确了各个区的功能定位，并鼓励人口和工业迁移新区，人口调控的作用正在逐步显现。但是规划中缺乏专门的人口规划，对于人口的结构、分布和发展预期都缺乏详细的规划和明确的定位。而且新区各项配套政策和措施的吸引力度仍不够大，不能对中心城区的外来人口形成吸引。

（四）措施明确有力，重视法律保障

为了缓解庞大的人口数量给城市的发展带来巨大的压力，达到对人口规模进行合理调控的目的，各个城市都采取了一系列明确有力的举措。主要包括兴建一批新城和二级中心，促进市区工业向郊区分散，限制各种办事结构在市中心的发展，产业布局调整，完善基础设施以及政策和税收优惠等。而且，伦敦、巴黎、日本等城市对人口调控的措施都以专门立法的方式确立人口调控的措施，其内容包括制定战略规划、城市改建、产业结构调整、人口管理、公共卫生等各个方面。这些法令都具有强制性和"刚性"，为人口调控提供了有力的法律保障。北京应该根据自身实际情况，借鉴这些世界城市的人口调控政策和措施，制定包含一系列人口调控措施的政策体系，及时地调整完善有关人口聚集的法律法规，这样才能适应迅速变化的城市发展需要。

（五）确立合理的生活质量标准，提高外来人口的居住条件

墨西哥城市发展中的贫民窟问题，对于北京制定人口规划而言是一个很好的启示和教训。来到北京的流动人口为了减少生活成本，大多选择租住居民的房屋，其中大部分居住在平房，还有不少在乱搭建的窝棚中。北京可以学习纽约的做法，对出租房的最小面积、水电暖气供应、卫生设施和居住条件等方面的质量标准做出规定，不符合标准的房屋不允许出租。这样一方面改善了外来人口的居住条件，防止类似"贫民窟"和"胶囊公寓"等恶劣居住环境问题的出现，符合"以人为本"的精神；另一方面客观上增加了流动人口的迁移成本和生活成本，起到控制低端产业流入、防止首都人口规模继续膨胀的作用，一些已经落户在北京的低端产业工作和低收入的人口也无法在北京立足，将自发地迁移到生活成本较低的城市和地区去。

参考文献

1. 陈明、彭桂娥：《美国 150 年城市发展历程及其对我国城市发展的启示》，《经济问题探索》，2004 年第 8 期。
2. 陈雪明：《美国城市化和郊区化历史回顾及对中国城市的展望》，《国外城市规划》，2003 年第 1 期。
3. 付恒杰：《日本城市化模式及其对中国的启示》，《日本问题研究》，2003 年第 4 期。
4. 黄柯可：《英美法德俄城市化特点以及出现的问题》，《兰州学刊》，1994 年第 1 期、第 2 期。
5. 刘建芳：《美国城市化进程中的城市问题及对策》，《山东社会科学》，2003 年第 4 期。
6. 吕军：《试论墨西哥的城市化进程》，《拉丁美洲研究》，1999 年第 5 期。
7. 戎殿新、司马军：《各国农业劳动力转移问题研究》，经济日报出版社，1989 年。
8. 苏振兴：《拉美经济：在复苏路上蹒跚而行》，《拉丁美洲研究》，2004 年第 1 期。
9. 王章辉、黄柯可：《欧美农村劳动力的转移与城市化》，社会科学文献出版社，1999 年。
10. 薛庆根：《英国农村劳动力转移及对中国的启示》，《生产力研究》，2004 年第 4 期。
11. 许平：《法国近代农业人口的迁移》，《中国社会科学院研究生院学报》，1992 年第 5 期。
12. 张卫玲：《20 世纪墨西哥城人口剧增的原因》，《城市问题》，2000 年第 3 期。

（作者：翟振武　北京社会建设研究基地研究人员　教授
杨　凡　北京社会建设研究基地研究人员　博士研究生）

首都国际文化研究基地

（北京语言大学）

基地名称：首都国际文化研究基地
依托单位：北京语言大学
项目类别：研究基地自设项目

国学宗旨与道德文章传统

——新世纪“国学”主体自觉的实践课题①

当今之世，经济全球化与文化多元化实际上是同一个世界的正反两面，彼此相倚。值此之时，“中国模式”的经济发展已经取得举世瞩目的成功经验，同时也生出了基于经济发展模式的文化发展思路的设计问题，于是，继上世纪的百年之后，又一次将“中国”问题的方方面面提上了古今中西交汇冲撞的思想议程，而“国学”问题堪称问题中的问题。这是因为，此一番“国学”讨论，不仅切近于如何办好大学本科“国学”专业这样的具体问题，而且事关中华文化复兴的千秋大业，从象牙塔里的学理考辨，以及博物馆里的文献清理，到大学校园的学子教育，以及社区生活的文化引领，涵涉广泛，浸润深微，“国学”平台上万象纷陈。惟其如此，在客观地承认“国学”界说多元多样的同时，我们更需要科学地剖析其所以如此之缘由，以便穿行在“国学”界说的言论丛林之中而不至于迷路，不仅不至于迷路，还有可能从中悟出话语丛林的生态特征，从而丰富我们的思想智慧，并“适当其时”地构建我们的“国学”学科理论体系。客观地说，经过学界的认真讨论，问题能够辨明的，大致已经辨明，问题无法说清的，至今依然混沌，彼此异同之间，或求自洽，或求他适，总体呈现出健康的学术态势。然而，这并不意味着问题已然不复存在，深度的探询，仍然在期待之中。本文以为，基于前此讨论而深进一层的“国学”主体自觉，首先需要就自身的思维方式展开辩证和历史的反思，继之需要找到能使思想信念落实为实践行为的实践载体和现实主题。本着如是精神，我们认为，新世纪现代集成意义上的“国学”，乃是古今中外关于“中国问题”研究的学术总和，与此相应，“国学”主体自觉的核心精神，乃是道德文章传统的现代化实践。

① 本文曾发表于《中国文化研究》2010 年第 4 期。

一、全球多元文化互倚生态中的“国学”自觉维度与“中国形象”国际化实践中的人学现实主义

“中学”“西学”对峙的话语模式，由来已久。“中学”投射为国外学者心目中的“中国学”或“汉学”时，这又意味着“国学”与“汉学”的对应。“中学”与“西学”的对峙，其背景实质上是一体两面，一面是晚清“中学为体”还是“西学为体”的争论，另一面则是“西学东渐”以及相应的“向西方寻求真理”的思潮。缘此之故，中西对峙或对应的“国学”从一开始，就是一种开放的“国学”。关于中西之学何者为体，除非涉及民族主义感情和国家主义立场，否则，这个问题的提出本身就是有问题的，道理很简单，无论从追求真理的角度，还是为自己国家寻求发展空间的角度，任何清醒的思想者都不会简单地以“中”“西”划界来做出终极价值的判断，而是或者以实践所证实了的真知为追求目标，或者以是否有利于自身发展为选择标准。简言之，或者以求真为原则，或者以趋利为原则，而当不得不面临“义利之辨”时，即便实践上或可先利而后义，但理念上决不可利益优先而道义滞后。这个道理是必须讲明而且实际上早已讲明了的，而讲明这个道理的文化主体，必然秉有一种超越狭隘民族主义和封闭国家主义的胸怀和眼界，就像当年的马克思主义者说无产阶级的爱国主义总是和国际主义连接在一起那样，在这个意义上的“国学”自觉，恰恰以“国际化”视野和普遍真知探求为内在精神支柱。

回首20世纪初年，王国维《国学丛刊序》就指出：“学之义，不明于天下久矣！今之言学者，有新旧之争，有中西之争，有有用之学与无用之学之争。余正告天下曰：‘学无新旧也，无中西也，无有用无用也。凡立此名者，均不学之徒，即学焉，而未尝知学者也。’”王国维从人类学术的通约性入手，提出此影响深远的“三无”说，而且是在以“国学”命名的学术刊物上，其启示意义之深远，方今乃见。诚如王国维所言：“中西二学，盛则俱盛，衰则俱衰，风气既开，互相推助。且居今日之世，讲今日之学，未有西学不兴，而中学能兴者；亦未有中学不兴，而西学能兴者。”在如是中西学术共同体的视野里，“国学”被赋予超越本土文化的超越特性，实际成为国际学术视野里的“国际学”了。也正是这种生成于近百年之前的学术眼光，如今再次提醒我们，必须认识到一个潜藏在“国学”横向界说背后的民族性与世界性的关系问题，究竟如何在新的世界文明历史高度上来重新认识“越是民族的，就越是世界的”这句话，并使与之相反的“越是世界的，就越是民族的”也可以成立呢？王国维提示我们注意的世界学术共同体和通约性问题，一旦作为一种学术规范——绝不仅仅是而今学界学术评价体系所倚重的那种指标化的技术规范，而同时也是思想方法的科学规范，那将如何保

证“国学”在民族性与世界性的历史关系中，既不会导致思想学术的闭关自守，也不会导致思想学术的“失语”呢？这其实才是真正应该讨论的问题。

近年来，思想学术界关于“失语”事实的确认和“复语”愿景的规划，以及“去他者化”而复原中国文化历史主体的讨论，无不反映出国人特有的忧患与焦虑。问题在于，“失语”与“复语”之“语”，其为思想语言的生命力，终究表现在价值阐释的普遍有效性和特殊生动性上，譬如中国传统医学“中医”和中国传统绘画“国画”，之所以在百年来的新文化历史时期显现出盛衰不同、荣枯不均的两种命运，最终不妨归结到科学与艺术的本质差异上，除非我们提出两种不同的科学观以及相应的科学方法论体系，否则，中医的前途将无从摆脱西医科学诊断而中医辨证治疗这种中西结合的路径，而身为艺术的国画则不必有此焦虑，凸显个性与本土文化的新世纪创新思潮，将为其提供更为宽阔的发展空间——当然，由于艺术评价失去客观普适标准而带来的主观性，在发展到近乎极端的时候，艺术自身的危机也就不可避免了，但这是后话。就“国学”而言，“中医”的医学哲学与“国画”的艺术哲学是需要整合起来的，而在这一实质上意味着科学与艺术之整合的思想学术深度构建过程中，其“复语”又该如何解决王国维曾经提出的世界共同体的“通约性”问题呢？

与此相关，海外汉学家研究中国问题的“中国学”或“汉学”，其实是国人所谓“国学”的另一面，尽管由于学术眼光与研究方法的不同，“国学”家与“汉学”家之间存在着很大的互补空间，但共同的研究对象使他们感到彼此间的“同行”关系。问题的症结恰恰在于，这种“同行”关系的背后，必然存在着王国维自觉到的人类学术的通约性，必然存在着世界学术共同体对普世价值的共同追求。这就意味着，“国学”自觉最终不是一个独立自主的问题，就像离开了世界性无法谈论民族性一样。何况，在多元文化共存的当今世界，也不能将世界学术化简为“中学”“西学”这对立的两极，除非回归“东风”“西风”的意识形态冷战。每个国家，每个民族，倘若都以自己本土文化学术为“国学”，则地球村将长满“国学”之林，而作为林间一木的中国“国学”，其所面对的将是整个多元的世界，换言之，恰恰是“国际”。既然如此，“自立于世界民族之林”的“国学”自觉，不可能是“独坐幽篁里，弹琴复长啸。深林人不知，明月来相照”的萧然“独语”，否则，又怎么让更多的人理解我们的思想学术而使“中华文化走出去”！亦惟其如此，所谓“中国形象”的“他者化”问题，如果是指“失语”状态下的无法自白，那就是一个真问题，如若是指杜绝“他者”之误解误传，则又大可不必，中华民族应有足够的自信接受各类“他者”的“中国形象”肖像画，不管是写意的还是写实的，也不管是具象的还是抽象的，即便是我们自己的文化“自画像”，也不能强求一致，正面侧面、顶光逆光、剪影素描，何妨百花齐放。“国学”，首先是中国人自己关于自己文化的学问，同时也是“他者”关于“中国问题”的学问，在这个意义上，“他者化”现象丝毫不值得奇怪，只有“他者化”遮蔽了自我于浑然不觉之中，这才是我们应该花大力气去追问的问题。

经济全球化以及伴随而来的“地球村”多元文化互相倚靠的新生态关系，已经一再提醒地球村民，需要在尊重文化多元的同时，格外注意多元文化互倚的生态规律，参照这一文化生态规律的新世纪“国学”自觉，最需要“同行”间对话讨论式的比较阐释学的思想方式和话语习惯。不言而喻，这意味着“国学”阐释的国际多元化，应该包括“他者”的多元化，也就是在摆脱“西学”中心主义的同时，也要超越“中学”中心主义。同样不言而喻，“自我”的话语影响力，也只能来自于多元交流讨论过程中的思想说服力，而不是其他方面。值此全世界都在关注“中国模式”经济增长经验之际，“中国形象”的国际化，是当今时代赋予“国学”主体的神圣使命，这里不存在可否以及能否担当的问题，只存在如何不负时代重托的问题。但问题中的问题又在于，“国学”国际化背景下的“中国形象”塑造，不仅需要建立在世界学术通约性和人类普世价值观基础上的思想深度，而且需要建立在实践证明基础上的真实可信度，此两者的实践统一，我们可以称之为人学现实主义。

二、大历史通观的“国学”自觉维度与中国文化精神凝练之际的“民学”批判意识

恩格斯曾说：“黑格尔的思维方式不同于所有其他哲学家的地方，就是他的思维方式有巨大的历史感作基础。”①以此为借鉴，我们的“国学”能否具有那种“通古今之变”的大历史通观的视野和智慧，关键在于能否紧紧把住决定着中华民族历史命运的历史发展症结问题，而把住症结问题的前提，是必须超越一般来说最容易产生的“古为今用”惯性思维之下的“史从论出”。举例来说，建设和谐社会进而构建世界和平，无论从哪个角度来讲都是天经地义的，然而，“如果毫无批判精神和历史眼光，关于中国哲学和谐之道的美好言谈连中国的古代世界都不能解释，遑论改变和指导现在的世界呢?”②

一旦将“国学”自觉置于数千年中华文明史的大历史通观视野中，凸显而出的重大历史现象，一是古代时期蒙元征服欧亚建立多元文化的中华王朝，一是近代以来中西文明冲突引发中国社会之大变局，尽管两者所面临的问题有许多差异，但其间异质同构的共同问题尤其值得思考——那就是“强力征服——文化认同”的历史矛盾论。中国历史上，不同于一般性王朝

---

① 《马克思恩格斯选集》第 4 卷，人民出版社，1995 年，第 42 页。

② 赵敦华：《向黑格尔学习如何做中国哲学》，《北京大学学报》，2010 年第 5 期。

更替的三次历史大变局，其一是秦始皇结束春秋战国时代，其二是蒙元王朝征服欧亚大陆，其三是民国革命结束数千年东方专制主义开创民主主义革命传统。三次大变局均关乎思想学术，第一次关乎“百家争鸣”与文化同一，第二次关乎“夷夏之别”与“夷夏之变”，第三次关乎“中西之争”与“新旧之别”，三次之间，更有通观性历史主题，那就是强力征服与文化认同之间的矛盾论。三次之中，发生在近现代之交的“三千年未有之大变局”，更是历史大通观的焦点所在，因为当时贤哲关于“国学”的定位，非常鲜明地表现出历史大变革的思想精神指向。

清末革新思潮中，邓实、章太炎等人在《国粹学报》上所提倡的作为“君学”对立面的“国学”，格外引人注目。如邓实曾针对当时“国学无用”论而说道：“其亦知吾国之古学，固未尝用，而历代所用者，仅君学乎?”①而所谓“古学”，则有当时学者所言：“古学之盛，首推周秦。……自汉武罢黜百家，儒定一尊，则古学之涂隘。自宋儒立名道学，举世风靡，则儒学之真晦。”②“十五世纪，为欧洲古学复兴之世，而二十世纪，则为亚洲古学复兴之世。”③在这种意义上，当时的“古学复兴论”确实带有中国特色文艺复兴的意味。当然，从学理上辨析，“古学”与“君学”之间似乎缺乏必要的对应性，按照“古学复兴论”者批判“君学”的鲜明立场，其实应该称“古学”为“民学”才是，“古学复兴”就是“民学复兴”，就像同盟会创办《民报》，或如国画大师黄宾虹明确提出“君学国画”与“民学国画”，中华民族值此三千年未遇之大变局，以发扬“民学”而批判“君学”为思想内核的“国学”观，首先是一个不容遮蔽的历史事实，其次更是具有不容抹杀的历史意义。如今再度阐释这种意义，恰值中华民族伟大复兴的新机遇期，就有必要强调：第一，“国学复兴”绝不是“君学复兴”，恰恰相反，应该以“民学”启蒙和“君学”批判为核心精神；第二，胡适《〈国学季刊〉发刊宣言》写道：“中国的一切过去的文化历史，都是我们的‘国故’……‘国故’包含‘国粹’；但他又包含‘国渣’。我们若不了解‘国渣’，如何懂得‘国粹’?”在这个意义上，“国学”其实是“国故”评判学，而在保护“国粹”的意义上，诚如当时的“民学”思潮投射为新文学的总主题“改造国民性”，“国学”的焦点问题正是“民学”问题。

需要指出的是，以“民学”为焦点的“国学”问题意识，并不意味着民粹主义。这种生长在三千年未遇之大变局关节点上的“国学”自觉，因其特定

① 邓实：《国学无用辨》（原载《国粹学报》第三十期，1907 年 6 月），《时论选集》第 2 卷下册，第 632 页。

② 李世由：《国粹学报第三周年题辞》，《光绪丁未政学丛书》，附录，湖海青镫集卷上，台北文海出版社，总第 2999 页。

③ 邓实：《古学复兴论》（原载《国粹学报》第九期，1905 年 10 月），《时论选集》第 2 卷上册，第 57 页。

的历史走向和价值追求，必然具有对外的开放性和对内的兼容性。对内，自然不会固守儒学主导论，“孔子之学固国学，而诸子之学亦国学也。”“诸子并兴，各有创获”，“旁逮九流百家，苟有诠明，靡不采撷。”推此理至于极端，“国学”就是中华学术文化之总和，即“中华民族学术文化总代表”。对外，主张以西证中、参验会通，有道是“西学入华，宿儒瞠目，而考其实际，多与诸子相符。”正因为中西学术可以会通互证，诸子百家可以融汇互补，所以，“国学”在价值观念和思维方法上的独立价值，才真正落实到具有特定历史内涵的焦点问题上。也正是在这个意义上，“巨大的历史感”也就正是指那种富有巨大历史感的问题意识。

长期以来，无论学界还是社会，相对忽略了此间潜在的一个问题，那就是“国学”价值论与“国学”文献学的交错纠葛，究其原因，当与20世纪前期中国思想文化的巨大变迁有关。就像胡适曾认为乾嘉学派的学术具有科学性，从而使追求科学民主的新文化人居然转向回归清代考据学风一样，新文化运动在遭遇到思想的自由创造与学术的科学实证之间的深刻矛盾的时候，未及在理论上给出完整系统的答案，而当时一面存在着实业救国的实学思潮，一面又生出了激进革命的社会思潮，形势已不容学人从容探讨。换言之，当时以“民学”为焦点问题的“国学”自觉，眼看着已被导向了“新民学”那革命的阶级学说的阶级斗争“国学”，于是，相对于阶级说“国学”的激进和偏激，“国学”文献学的考据实证越发显得科学可信。在这个特定的意义上，历史大变迁中的“国学”自觉，有一个“民学”价值观转型为阶级分析论的过程，其间又有一个思想激进与文献实证分道扬镳的内在裂变。

有鉴于此，当中华民族历经三十年改革开放而又一次置身历史大变局之中时，“国学”自觉所体现的思想文化主体自觉，无论侧重于文献整理还是思想阐释，都应有一种“巨大的历史感”，也就是心中想着中华民族的历史命运，不仅是在世界文明史进步轨迹的参照系里思考中华民族的历史命运，而且是在“民学”精神的导引下思考“国民性”的现代塑造问题，包括哲学的人学思考、政治学的人权学思考和“文学是人学”的思考。特别是当国家高度关注民生问题之际，“国学”研究作为思想创造的特殊力量，理当关注那些具体的民生问题背后的深层问题，以便在探究所以然的思想学术实践中真正切中国家民族思想文化建设的命脉。而要实现上述目标，一个前提性的思想学术课题，则是超越“国学”将现代新文化排除在外——或许是新文化的思想学术自觉外在于“国学”——的思想认识，而真正贯通古今以构建自身“巨大的历史感”。对于新世纪集成性的“国学”历史主体来说，已不仅仅是研究从孔夫子到孙中山，而是研究从孔夫子到邓小平了。这个意义上的“国学”，将不再只是中国传统文化的同义语，其典型的表述也不再是“中国文化：传统与现代”，而是“中国文化：传统到现代”。

三、现代教育学的“国学”自觉维度与德性学问间讲求中的“君子”实践品格

自中国人民大学创办国学专业并正式招收大学本科学生，实际上就开始了当代“国学”教育的实践探索。尝试“国学”学科教育与从事国学研究，既有本质的贯通，又有根本的区别，学术研究可以无所不包，唯学者兴趣是从，学子培养却必须得其要领，唯培养目标是从。在这个问题上，“国学”学科的归属，学科基础的确认，都必须与培养目标相对应。惟其如此，当有人说“国学”的基础是“儒学”，“儒学”的基础是“经学”时，我们相信他至少不是在“国学”教育的意义上讨论问题，因为当代“国学”教育的培养目标想来也不会是培养“经师”。

取决于培养目标的“国学”教育，追根溯源，其称谓肇自西周礼乐制度之所谓“国子”教育与国民教育。《周礼·地官·师氏》：“以三德教国子。”《汉书·礼乐志》：“朝夕习业，以教国子。”自此以后，制度虽有沿革，立意始终如一，有如吕祖谦所言：“设教、受教当知无穷意思，若死则配食于乐祖，祭于学校，使天下常不忘，所谓君子以教思无穷者也。盖不特是时尊师敬长之义，使国之慎终追远、民德归厚，亦是当时有道德者教之入人之深，当时设教有时雨化之者，人自不能已。”吕祖谦所谓“使国之慎终追远、民德归厚”，正是“国学”设教、受教的宗旨所在。西周教育分“乡学”与“国学”，《周礼·地官·大司徒》：“以乡三物教万民而宾兴之。一曰六德：知、仁、圣、义、忠、和。二曰六行：孝、友、睦、婣、任、恤。三曰六艺：礼、乐、射、御、书、数。”与此相应，“以三德教国子：一曰至德，以为道本；二曰敏德，以为行本；三曰孝德，以知逆恶；教三行：一曰孝行，以亲父母；二曰友行，以尊贤良；三曰顺行，以事师长”，“保氏掌谏王恶，而养国子以道，乃教之六艺：一曰五礼，二曰六乐，三曰五射，四曰五驭，五曰六书，六曰九数；乃教之以六仪：一曰祭祀之容，二曰宾客之容，三曰朝廷之容，四曰丧纪之容，五曰军旅之容，六曰车马之容。”“大司乐掌成均之法，以治建国之学政，而合国之子弟焉。凡有道者、有德者，使教焉，死则以为乐祖，祭于瞽宗。以乐德教国子，中和、祗庸、孝友；以乐语教国子，兴道、讽诵、言语；以乐舞教国子，舞《云门》、《大卷》、《大咸》、《大夏》，《大护》、《大武》。”要之，无论“教万民”还是“教国子”，最终是以德性养成为先，同时具有的全面知识的传授，也始终围绕着这种“德性的学问”。

历史真有惊人的相似处。基于中华文明具有道德主义鲜明特色的社会共识，针对当下国人关于世道人心的深度忧患，探究道德文化主体的精神建构问题，显然也是现代教育意义上的“国学”宗旨之所在。而这一新世纪

"国学"的实践主题，居然在一定程度上回应着上世纪梁启超在《治国学的两条大路》中的呼声："我以为研究国学有两条应走的大路：一、文献的学问。应该用客观的科学方法去研究。二、德性的学问。应该用内省的和躬行的方法去研究。"他进而讲道，这一"应用内省及躬行的方法来研究"的"德性的学问"，"与文献学之应以客观的科学方法研究者绝不同。这可说是国学里头最重要的一部分，人人应当领会的。必走通了这一条路，乃能走上那一条路。"玩味其意，确有以此为本的意味。梁启超当时确有反省"西学"中心主义的思想迹象，缘此或许会有民粹主义情绪的流露，但是，他强调知行合一，强调国民性问题，却是至今仍有启示意义的远见卓识。尽管和梁启超所处的时代相比，中国已经富强起来，但是，在实现民富国强和民主和谐意义上的"以德治国"的实践过程中，"德性的学问"穿透时光而依然是关乎国民根性培养的根本性问题。基于此，本文试图再度强调"实践理性"意义上的"德性的学问"。

为此，儒家先贤"躬行君子"的实践品格，就值得我们深入体味并在现代化的实践中举一反三。《近思录》卷四载明道先生语云："若不能存养，只是说话。"为了预防道德空谈，处当今之世而重提"存养"课题，就是非常必要的。"存养"者作为具体的道德实践主体，是必然要置身于具体的现实境遇之中的，所以，"存养"者的道德讲求就必然处于各种现实问题的围困之中，而"存养"之所以是一种创造性实践，也就恰恰体现在其直面现实的问题意识上。所以，"实践理性"的现实体现，恰恰就是"问题意识"。

追思先儒道德主义讲求的风范，其典型特征分明就在于强烈的现实问题意识和鲜明的当下实践作风。要充分认识到这一点，首先意味着对"躬行君子"之现在进行时的确认。孔子所说"若圣与仁，则吾岂敢"(《论语·述而第七》)，未尝不是在强调"躬行"过程的未完成时态，当然，这也恰好是其自觉"躬行君子"的内证。如果说"圣与仁"是先儒所确立的理想人格，那"躬行君子"便意味着始终跋涉在通往"圣与仁"之路上的求索过程。"路漫漫其修远兮，吾将上下而求索"，屈原的人格意象中，应有着孔子的影子，那是一个永远"躬行"在路上的形象。如若现在来提议塑造一个新的孔子塑像，笔者的建议就是要突出其精神跋涉者的风貌！"志于道"者，能不永远在"道"上"行行重行行"吗？

永远在"道"上的跋涉者所经历的艰难苦辛，需要后来者以"同情之了解"深入体味。我们不仅要关注传统道德文化的承诺是什么，如"皇天无亲，惟德是辅"(《尚书·蔡仲之命》)，而且要关注历史的实践究竟证明了什么，如"贤者恒不遇，而不贤者比肩青紫"(韩愈《与崔群书》)，毕竟，实践的证明才是检验真理的唯一标准。也就是说，作为现代道德文化讲求者的我们，更需要那种"接着说"的主体自觉，以便在发现相关历史难题的同时，寻找到相应现实问题的症结所在。

比如，当今之世，人们痛感诚信稀缺，伪劣言行防不胜防，殊不知，早在先秦时代，类似的现实问题已进入“儒道互补”的思虑空间。如《庄子·杂篇·列御寇》即藉孔子之语曰：“凡人心险于山川，难于知天。天犹有春秋冬夏旦暮之期，人者厚貌深情。故有貌愿而益，有长若不肖，有慎狷而达，有坚而缦，有缓而悍。故其就义若渴者，其去义若热。故君子远使之而观其忠，近使之而观其敬，烦使之而观其能，卒然问焉而观其知，急与之期而观其信，委之以财而观其仁，告之以危而观其节，醉之以酒而观其侧，杂之以处而观其色。九徵至，不肖人得矣。”这种以“九徵”而“观”人的智术，显然是为了解决“贤”与“不肖”之辨识的现实课题，其中提到的“忠”“敬”等九个范畴，与孔子此前每以“君子……小人……”话语方式所阐释的道德人格规范，分明有着内在的协调互补性。如此“儒道互补”而直面现实问题，正是先贤“躬行君子”之实践品格的生动显现。

中国传统道德文化，设计了修、齐、治、平的系统化实践模式，试图建构个体生活与社会整体有序整合的伦理政治社会。但是，人我之间、家国之间的权界之辨，实质上仍然是无法回避的问题。世间常语也说“忠孝难两全”，传统伦理价值观以“孝”为本而逻辑地推出“忠”的道德主义逻辑，从尊重个体权利的现代人文主义立场上来审视，显然是有问题的。而值得注意的是，先贤思虑实际上已经触及到了与此相关的问题领域。比如“以德报怨，何如?”这一问题，原始儒家和道家始祖就都曾直接面对，孔子的态度是：“何以报德？以直报怨，以德报德。”(《论语·宪问第十四》)而老子的态度则是：“和大怨，必有馀怨；报怨以德，安可以为善？是以圣人执左契，而不责于人。有德司契，无德司彻。天道无亲，常与善人。”(《老子》七十九章)显而易见，孔、老两家都不赞成“以德报怨”。值此之际，孔子“何以报德”的追问，说明他在思考着道德生活的原则是否真正体现公正的问题，而老子“必有余怨”的担忧，说明他在思考着如何根除心性隐患的问题。时至今日，我们再来跟踪先贤思路，就应该接着思考：“以德报怨”为什么不是中国道德君子的性情讲求？由此跟进，先儒值此而倡导的“以直报怨”，道祖值此所主张的“有德司契”，是否涵涉普适公正原则和社会契约理念？循此再进，孔子在“直躬”问题上反对“大义灭亲”而主张“父为子隐，子为父隐”的“隐”(《论语·子路第十三》)，是对“隐私权”的保护吗？至于老子之“有德司契，无德司彻”，是否体现了限制权力主体的“不责”原则，或者是一种对人性化管理的期许？总之，先贤如此这般的“躬行”风范，以直面现实难题的现场探讨和深远思虑，开启了中国道德文化传统中最富创意的一面。

道德文化建设始终是一个实践课题，必须面对世道人心的生存现实。

道德理想的申说不能替代躬行实践的体验，而实践的课题必然带有实验和探索的性质，那些在人心难测和理想难得之间苦苦探索的道德性灵的苦与乐，是中国道德文化的宝贵财富，即使还来不及被提炼到哲学的高度，即使还不免于困惑和疑虑，也比那些早已被教条化了的道德戒律更有价值。看来，凡志在复兴中华道德文明者，需要去研读一部“躬行君子”的性情铸塑史，此亦所谓以史为鉴。

中国文化的真精神，不仅表述在哲学性的著作里，也存活在史家记述和文学抒写之中，也贯通于哲思、史笔、文辞之间。躬行君子的性情世界是一个兼容形而上哲思与形而下体验的复合世界，是一个既包含了“儒道互补”也包含了“法道互补”，同时还包含了“百代皆行秦政制”之历史现实的综合体。因此，道德文化的观照便是基于特殊群体之历史命运的整体观照，相关的问题以及这些问题的复杂性和艰难性，将因此而凸现出来。

和当下现实问题脱节的道德文化讨论，是博物馆话语，其价值自然不容低估，但我们毕竟更需要博物馆外的生活现场话语。进入生活现场，亲身感受当下国人性情的存在状态，自觉塑造国人宁静致远的文明性情，从民族性情的内在生发上培育道德文化的健康生命力，应该说，是一个需要认真对待的现实课题。

复兴中华文化，是要复兴那种在传统社会体制里不可能真正兴盛，而只有在新世纪改革开放的大格局中才有可能发扬光大的文明内容。复兴中华文化，意味着改造被历史所利用而异化的传统文化，使其在“返本归真”的过程中也实现自身的脱胎换骨——脱落皮囊，解放性灵。中华文明的历史形态，其有益于世界文明之新创造者，乃在辨析于善恶、义利、真伪之际而躬行不怠的君子德性，因此之故，以上讨论才用“躬行君子”一语来概括。

20世纪20年代，北京大学国学门成立，高举“以科学方法整理国故”的大旗，借“五四”新文化运动之推力，带动国内高校纷纷仿效，1923年4月，东南大学国文系决议设立国学院，1925年底，厦门大学也开始筹建国学研究院。

与此同时，高校也出现了另一类以清华国学研究院为代表的机构，相对于北大国学门复杂的建制和多功能特征，清华国学研究院则是一个培养高层次人才的教育机构，其《章程》规定：“本院以研究高深学术，选就专门人才为宗旨……其目的专在养成下列两项人才：（一）以著述为毕生事业者；（二）各种学校之国学教师。”其教育内容上的最大特色，是包括“外国语”和“自然科学”，这些都表明，清华国学研究院实施的是一种相当正规的研究生学历教育。北大国学门作为科研本位式的学术机构和清华国学研究院作为研究生教育机构之间的两种体制，一度并行，各有所长，如国学门重心偏于新材料的发掘整理(如民间社会歌谣、风俗、方言等资料的征集、古器物的搜罗、明清档案史料资料的整理等)，而国学院主要运用现代学术理念进行传统文化的研究，国学门强调集体协作机制，其利用学会会员向全国各地大规模搜集民谣、民俗资料以及整理明清档案史料的工作，无不体现了这一特点，而国学院则偏重于个人技能训练和自主研究，尤其是“其分组不以学科，而以教授个人为主，期使学员与教授关系异常密切，而学员在此短时期中，于国学根柢及治学方法，均能确有所获”一点，至今仍有现实意义。关键在于，无论北大国学门还是清华国学院，无论偏重研究还是偏重教育，其宗旨均归“学术”，而学术背后的时代精神则是“科学”。

值得注意的是，近现代以来以“科学”“民主”为核心价值观的学术研究，深层里都关联着“国民性”的文学文化主题。1920年成立的歌谣研究会，体现着北大国学门与学术团体间的密切关系，刘半农在为顾颉刚所编《吴歌甲集》写的序言中说道：“我们研究民歌俗曲，以至于一切民间作品，有种种不同的意趣。归并起来，却不外乎语言、风土、艺术三项。”“这语言、风土、艺术三件事，干脆说来，就是民族的灵魂。”[①]在一个倡导“民学”、呼唤“新民”人格的历史新时代，学人们自然注重从乡土民间发觉民族灵魂塑造的资源，于是，乡土调查、民歌采集便被赋予远远大于文学艺术的重大意义。也正是因为如此，新时代的新学术，恰恰与悠久的“采诗观风”的传统相衔接，只不过，如是国学门中的民俗学调查研究，其旨归民族灵魂改造意识是富有鲜明的批判精神的，最终，自然也就成为对传统“乡学”“国学”教育之道德学术宗旨的历史批判。

于是要问：我们今天的“国学”教育的培养目标究竟是怎样的？进一步，更可以具体地问：在培养专门学术人才与实施全面素质教育之间，究竟怎样抉择呢？此间许多问题，尚未进入世人的话题空间！在笔者看来，“国学”教育完全可以而且应该同时定位于培养“国学”专门研究人才和养成国民优秀民族文化素质。无论哪种定位，首要问题是教育模式问题。有教育学学者指出，创新性的实质，是“主体对知识经验或者思想材料的高度概括，而后集中而系统的迁移，进行新颖的组合分析，找出新颖的层次和交合点。”并进而指出其因果关系是“概括性越高，则创造性越突出；知识系统性越强，则创造性越突出；减缩性越大，则创造性越突出；迁移性越灵活，则创造性越突出；注意性(灵感的基础)越集中，则创造性越突出。”[②]从中我

---

① 刘半农：《〈吴歌甲集〉序》，陈子善编《刘半农书话》，浙江人民出版社，1998年，第85页。

② 林崇德：《创造性人才特征与教育模式再构》，(《新华文摘》2010年第17期)，原载《中国教育学刊》，2010年第6期。

们不难再度提炼出一对教育学范畴，那就是高度概括的理性能力与自由迁想的思想灵感，如果说高度概括的能力是哲学科学的，那自由迁想的灵感就是审美艺术的，众所周知，魏晋艺术家顾恺之就提出过“迁想妙得”的命题，而这样一来，教育模式的问题最终可以概括为科学与艺术、哲学与文学的交融。意味深长地是，中国历史上第一位伟大的教育家孔子的教育模式，恰恰是这样的模式，仅举“绘事后素”一例便可领略其中原理。惟其如此，现代教育模式的实践探索，某种意义上，正是远古经验的再度阐释，此亦“国学”本义之所归。

最后，我想强调的是，“国学”应该被确认为一门事关思想创造的学问。从思想创造的角度出发，“国学”需要在“优秀传统文化”的价值选择和“中国先进文化”的价值标准之间实现思想创造意义上的统一。这自然是一项富有挑战性的思想课题，但却是必须直面的思想课题，否则，将有愧于时代的期盼。既然是思想创造，就不能满足于简单的古义今释，至于通俗化和普及化的工作，尽管必不可缺，毕竟不属于思想创造。既然是思想创造，就不能满足于海量文献的穷尽性搜求和集成式汇集，无论是 20 世纪初期所谓“整理国故”，还是20 世纪后期所谓“古籍整理”，都只是“国学”学术建设的基础工程，并不能替代思想理论体系的创造发明。既然是思想创造，就不能满足于重修各类专门史的“修史”规划。国人素来好修史，甚至有“六经皆史”的经典论断，如今站在新的世界文明发展的高度上，宜有新的思想创造意义上的史观史笔，如若新修史著只是旧著的详尽本，至少在思想创造的意义上，将是不足师法的。换言之，既然是思想创造，就需要在“通古今之变”的意义上探询中华民族精神建构的学理根据，就需要在注重“实践的证明是检验真理的唯一标准”的基础上，确认中华民族历史命运的内在规定，就需要探询可以给中国社会发展史上主要现象以合理解释的思想逻辑，如此等等。思想创造的主体是“思想者”，这个意义上的“国学”主体，自然应是“思想家”。“思想家”区别于“思想史家”的地方，犹如百年之前王国维关于“哲学史家”与“哲学家”的痛苦思忖，含有思想创造之高难度突破的“思想家”，才真正是当今社会热切呼唤中的“国学大师”。“铁肩担道义，妙手著文章”，从中国共产主义思想先行者李大钊的慷慨抒怀，追溯到明代文化名人杨继盛遭严嵩杀害临刑前写下的名联：“铁肩担道义，辣手著文章。”进而追溯到诗人杜甫《偶题》诗句“文章千古事，得失寸心知。”深长的历史追溯过程，正是主体之历史担当与人文素养的积淀过程！

（作者：韩经太　首都国际文化研究基地首席专家　教授）

基地名称：首都国际文化研究基地
依托单位：北京语言大学
项目类别：研究基地自设项目

西方主流媒体“上海世博”报道研究[①]

一、研究背景及文献综述

世界博览会(World Exposition，World's Fair)创始于1851年，时至今日，世博会已拥有百余年的历史，成为由主办国政府组织或政府委托有关部门举办的有较大影响和悠久历史的国际性博览活动。世博会也被誉为世界经济、科技、文化的“奥林匹克”盛会。

作为国际性事件，世博会始终是西方媒体关注的焦点，新世纪以来，2000年德国汉诺威世博会、2005年日本爱知世博会都成为媒体广泛报道的重大事件，在国际国内引起较大影响。2010年4月30日，第41届世界博览会在上海正式开幕。在全球经济一体化的历史背景下，上海世博会为后金融危机时代全球经济的复苏与发展提供了商机，主办国在全球日益上升的大国地位和它对于上海世博的大力投入，也使得这届世博会尤其引人注目。

中国政府举全国之力来举办一届成功的世博会，目的在于向世界展示中国经济发展和社会进步的客观事实。那么，上海世博是否得到了西方世界的认可？美国学者盖伊·塔奇曼说过：“新闻是人们了解世界的窗口。”[②]我们通过西方媒体的报道，也可以窥见西方世界对于上海世博的基本认识和态度。基于此，本研究选取西方媒体对上海世博报道最为密集的时段，对之分析考察，试图以此探究西方世界对于上海世博的认识和评价。

在新闻传播研究领域，中西方关于世博会报道的研究都比较少。本研究借助中国知网出版的中国学术期刊全文数据库进行了中文文献检索，检索文献出版时间为1979年至2010年9月，共得到世博会中文文献1729条，

---

① 本文是《中美电视文化比较研究》项目的阶段成果。

② ［美］盖伊·塔奇曼著，麻争旗译：《做新闻》，华夏出版社，2008年，第1页。

其中关于媒体报道研究的文献仅 4 篇①；关于跨文化传播、视觉传播、体验传播的文献 32 篇②。从已有中文文献来看，关于世博会的历史与现状的研究很不充分。

本研究选择 SAGE 出版公司出版的 SAGE Journals Online 在线期刊③进行了英文文献检索，检索文献出版时间为 1879 年至 2010 年 9 月。检索“World Exposition”主题所得 233 篇，其中关于信息传播（communication）、媒体研究（media studies）和文化研究（cultural studies）的论文 3 篇④，这 3 篇论文研究的是 1967 年加拿大蒙特利尔世博会、2010 年中国上海世博会；此外还有一些论文是关于本国博览会研究的，如瑞士学者欧拉·索德斯特罗姆（Ola Söderström）的论文《2002 博览会：展示瑞士身份》（Expo. 02：Exhibiting Swiss identity）⑤，指出瑞士国家博览会既是商品展示的盛会，也是爱国教育的节日，还是不同语言和宗教文化融合的机会。检索“World's Fair”主题所得 480 篇，其中与媒体相关的论文 185 篇，这些论文涉及多个领域，关于媒介技术发展、视觉传播、全球化与国际性事件、记者职业规范、关于科学传播、新媒体发展史等。上述 185 篇论文中有 32 篇主题涉及新闻传播，但未见到对多国媒体对世博会报道的比较研究。

从已见到的中英文文献来看：一、已有世博会的相关研究，主要存在于旅游、经济、科技、文化等领域，对世博会相关报道、传播活动的研究分析较少；二、尚未发现关于世博会新闻报道的比较研究。

---

① 魏婷：《2010 年上海“科技世博”的宣传报道策略研究》，《科技传播》，2010 年第 4 期；张洪忠、刘奔：《国家大型活动举办前的传播状况——以上海世博会与第 16 届广州亚运会为例》，《中国社会科学报》，2010 年 3 月 23 日；张垒：《世博报道下一步》，《中国记者》，2010 年第 6 期；相德宝：《全方位策划阶段化推进上海世博会新闻发布模式探析》，《新闻与写作》，2010 年第 6 期。

② 徐宁、李远：《世博会上视觉传播设计的元素及文化意蕴》，《工会论坛》，2009 年第 9 期；周小祥、庄恩平：《2010 年上海世博会跨文化传播的价值与策略》，《徐州师范大学学报》（哲学社会科学版），2010 年第 2 期；李弋：《上海世博报道的体验传播》，《新闻研究导刊》，2010 年第 3 期。

③ SAGE 出版公司与全球超过 245 家专业学术协会合作出版高品质学术期刊、百科全书和专著，SAGE 期刊中的 183 种人文社科类期刊被 2007 年社科引文索引（SSCI）收录。SAGE Journals Online 是 SAGE 旗下期刊的在线阅览平台，支持对 500 余种商业、人文、社会科学、自然科学、科技和医学类的期刊全文进行检索。

④ Yuhong Zhou. (2009). The Public Library as the Local Gateway to Knowledge: Shanghai Library's information service for the 2010 World Expo. Information Development, Vol. 25, No. 2, pp. 127 – 132. Jansson, André. (2007). Encapsulations: The Production of a Future Gaze at Montreal's Expo 67. Space and Culture, Vol. 10, No. 4, pp. 418 – 436. Brissenden, Constance. (1988). Expo 86—Scenario for Success. Tourism Management, Vol. 8, No. 1, pp, 26 – 41.

⑤ Söderström, Ola. (2001). Expo. 02: Exhibiting Swiss identity. Cultural Geographies. Vol. 8; pp. 497 – 501.

二、研究方法

本研究采用内容分析法，通过北京语言大学语言信息处理研究所罗智勇副教授研发的分析软件，对西方国家30家主流媒体英文网站发布的"上海世博"相关报道，进行了量化分析和处理。

（一）样本选取

1. 研究媒体的选取

为保证媒体选取的广泛性和代表性，本研究借助美国NewsBank公司最具代表性的数据库之一《世界各国报纸全文库》抽取了30家主流媒体。该文库是目前全球最大的报纸数据库，并配合主要通讯社、有线电视等新闻来源，资源丰富；目前收录4000多份来自世界各地的主要报纸，内容全面，涉及政府、政治、国际关系、商业、财经、法律、环境、能源、科技、文化、人口、社会、教育、体育、艺术、健康，以及所收录资源涵盖的各个领域。①

本研究以报纸作为主要研究对象，同时兼顾广播电视媒体，通过各类媒体的英文网站抓取与上海世博会相关的报道与评论。抽取的30家主流媒体包括15种日报、4种新闻周刊、4家国际广播电台、7家电视网，覆盖欧洲、北美、大洋洲、亚洲各国。见表1。

表1

媒体名称	地域分布	国别分布	媒体类型
澳大利亚广播公司	大洋洲	澳大利亚	电视网
澳大利亚人报	大洋洲	澳大利亚	日报
日本放送协会	亚洲	日本	国际广播
新加坡海峡时报	亚洲	新加坡	日报
德国镜报	欧洲	德国	日报
法国国际广播电台	欧洲	法国	国际广播
英国广播公司	欧洲	英国	国际广播
天空电视台	欧洲	英国	电视网
英国经济学家	欧洲	英国	周刊
金融时报	欧洲	英国	日报
卫报	欧洲	英国	日报

① http：//www. cinfo. net. cn/CALIS_ AWN. htm

续表

媒体名称	地域分布	国别分布	媒体类型
泰晤士报	欧洲	英国	日报
每日电讯报	欧洲	英国	日报
金融邮报	北美	加拿大	日报
国家邮报	北美	加拿大	日报
美国广播公司	北美	美国	电视网
哥伦比亚广播公司	北美	美国	电视网
有线电视新闻网	北美	美国	电视网
福克广播公司	北美	美国	电视网
全国广播公司	北美	美国	电视网
洛杉矶时报	北美	美国	日报
芝加哥论坛报	北美	美国	日报
纽约时报	北美	美国	日报
今日美国	北美	美国	日报
华盛顿邮报	北美	美国	日报
华尔街日报	北美	美国	日报
美国新闻与世界报道	北美	美国	周刊
新闻周刊	北美	美国	周刊
时代周刊	北美	美国	周刊
美国之音	北美	美国	国际广播

30 家媒体中，美国媒体为 15 家，占总量的 50%；英国媒体为 7 家，占 23%；加拿大和澳大利亚的媒体各 2 家，占 6%。

根据世界报业协会第 60 届年会的报告，全球每天有超过 5.15 亿人购买报纸，读报人口超过 14 亿，报纸“保持了作为数亿人首选媒介的巨大活力”。①鉴于此，本研究选择的媒体类型以日报为主，达到媒体总量的 50%，同时兼顾新闻周刊和电视网（台）、国际广播电台。见图 1：

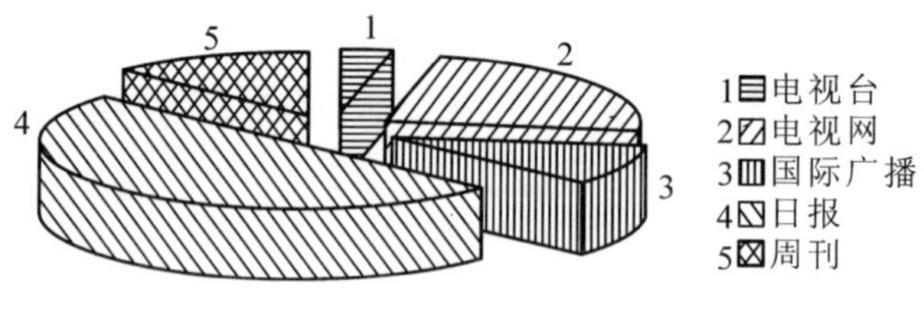

图 1　媒体类型分类

---

① 《世界报业协会称报纸顶住网络冲击发行上升》，《北京晨报》，2007 年 6 月 4 日。

由于计算机检索的要求限制，本研究未将图片报道计入样本，只有视频而无文字的报道未计入样本。本研究的目的在于发现西方主流媒体对上海世博会报道的特征及报道倾向，因此也将30家媒体英文网站中的博客文章排除于样本之外。

2. 时间范围的选取

自上海世博会开幕以来，关于世博会的报道数量最多、报道频度最密集的时段是开幕后的一周，也是30家西方主流媒体全部、同时发布上海世博会报道的时段。鉴于此，本研究以上海世博会开幕的北京时间2010年4月30日为初始时间，以北京时间5月14日24点为截止时间，借助计算机软件抓取30家主流媒体网站关于上海世博会的相关报道。为了避免计算机搜寻信息时可能出现的不完全，同时运用人工方法，通过《世界各国报纸全文库》来补察计算机信息抓取可能出现的遗漏新闻。

(二)数据分析

结合研究的目的与需要，本研究的内容分析类目包括：

(1)发表时间：时间标识为新闻发表的本地时间。

(2)新闻来源：通讯社(AP，UPI，Reuters，AFP，Xinhua)，本报(台)，转载。

(3)新闻主题：开幕/开幕式；场馆介绍；参观情况；安全；杀害儿童案；经济投入；环境保护；科技；文化；中国崛起；中国威胁；其他。共计12个主题。

(4)新闻倾向：正面褒扬；客观述事；冷嘲热讽；批评。

按照分析类目，通过计算机处理分析研究对象在各个分析类目的量化数据。相同分析类目的评判，一般有两个研究者分别做出记录，以便进行信度检验。

三、资料分析

(一)新闻数量分析

从总体分布上看，从2010年4月30日至5月14日，本研究搜集的目标样本数量为170条。其中，报纸对上海世博的新闻数量达95条，占样本总量的55.9%；新闻周刊的新闻数量为5条，占样本总量的2.9%；国际广播的新闻数量为16条，占样本总量的9.4%；电视网的新闻数量达54条，占样本总量的31.8%。见图2：

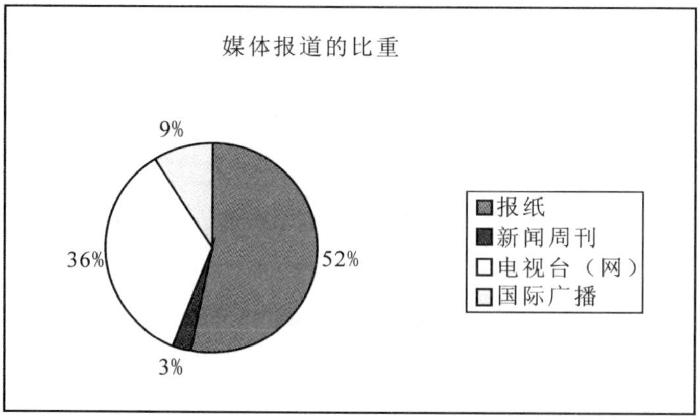

图 2　媒体报道的比重

（二）发布时间分析

从时间分布上，4 月 30 日上海世博开幕，报道最为密集，当日发表各类相关报道 51 篇，5 月 1 日为 29 篇，5 月 2 日为 16 篇，此后，各媒体的新闻数量总体呈明显的下降趋势。见图 3：

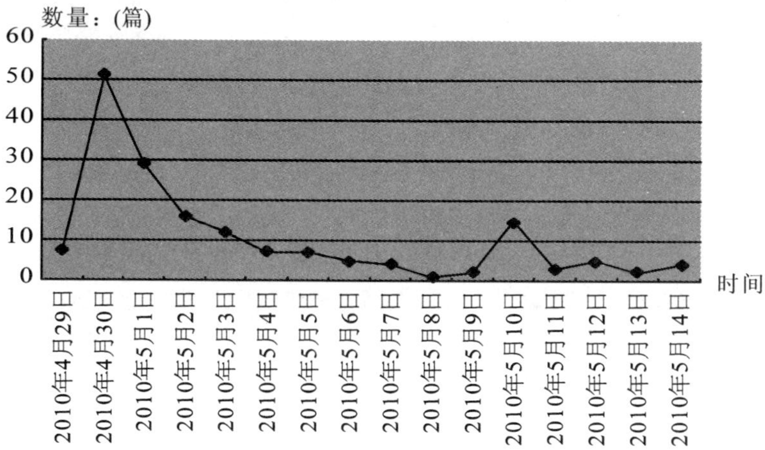

图 3　新闻按日期统计

5 月 10 日报道量出现一个峰点，仅次于 5 月 2 日达到 15 篇，当日美国多家媒体如《芝加哥论坛报》《纽约时报》《洛杉矶时报》和 NBC 转载了美联社的消息：美国环境保护署（EPA）将与中国环保局联合发布世博会期间上海空气实时报告。多家美国媒体纷纷报道中美合作治理中国上海的环境问题，既显示了媒体很高的热情，也流露出作为大国的优越性。

（三）新闻来源分析

西方主流媒体关于上海世博的报道 57.6% 来源于本媒体（报/台），来自通讯社（AP，Reuters，AFP）的消息达到 40.6%。通讯社稿件中，消息使用频度最高的是美联社，共有42条消息来自美联社，占据西方媒体报道总量的1/4。见图4：

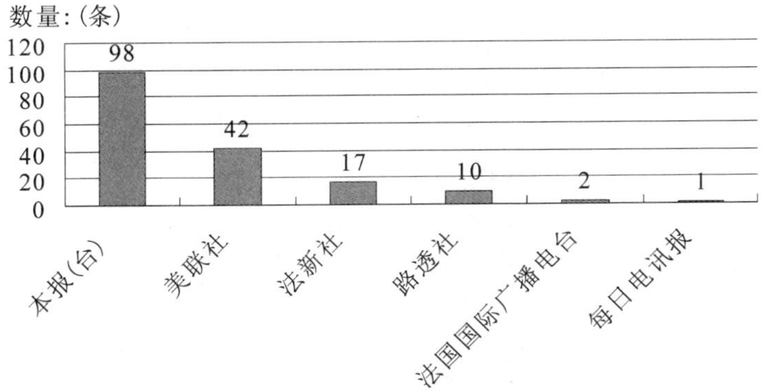

图4 新闻来源分析

(四)新闻主题分析

在本研究所设立的12个新闻主题中，报道主题最多的是关于"上海世博开幕与开幕式"的报道，达47条，占报道总量的27.6%。其次，是"中国崛起"主题的报道，共16条，占所有报道的9.4%。对于4、5月间中国发生的多起幼儿园及学校杀害儿童事件，西方媒体也十分关注，有9条报道，占全部报道的5.3%。见图5：

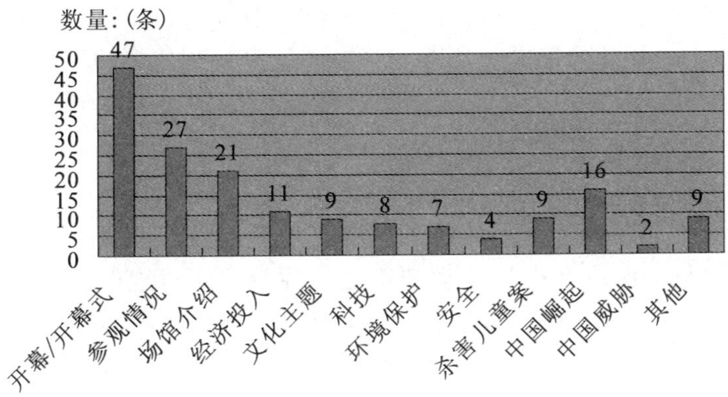

图5 新闻主题分析

(五)新闻倾向分析

在上海世博的报道中，西方媒体的总体倾向是客观的。根据统计数据，持"客观述事"态度的达106条，占据新闻总量的62.4%，这种现象的出现，一方面基于30家媒体的报道有近1/2是来源于通讯社的，通讯社在非政治性的国际事件报道中，往往持客观中立立场；另一方面，西方媒体的基本价值追求是客观报道。

还有近1/6的新闻(新闻总量的16.5%)持"正面褒扬"态度，共28条，这些新闻主要来自加拿大、澳大利亚、法国和新加坡的媒体，美国主流媒体对上海世博的组织布展、经济投入等方面持一定的赞赏态度，但是对 4、5 月间发生的幼儿园、学校杀害儿童案持比较鲜明的贬斥态度。此外还有持批评态度的报道 14 篇，持冷嘲热讽态度的报道 20 篇。见图 6。

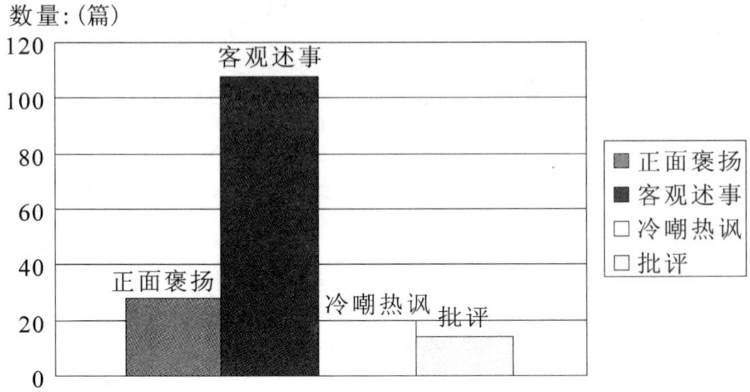

图 6　新闻倾向类型分析

四、结论与讨论

上海世博会与北京奥运会都属于非政治性事件，但是作为国际性重大事件被西方媒体报道时，它们都不可避免地被各国媒体过滤——以其意识形态和价值观。正如美国传播学者赫伯特·甘斯(Herbert J. Gans)所指出的："对于国际新闻的报道通常不会严格遵循客观与超然的原则，而且在国内新闻当中被认为是不合理、不恰当的鲜明价值判断却可以出现在对世界其他地方——特别是共产主义国家——的报道中"。①

本质上来说，上海世博会属于经济、科技、文化领域的全球盛事，西方媒体对于它的报道基本上是立于客观立场的，对于上海世博开创的诸多世界纪录进行了比较客观的展示和正面的评价；同时也应该理解，长期以来西方媒体对中国的刻板印象，难免在上海世博会的报道中有所流露，表现出一定程度上酸溜溜的挖苦与嘲讽。

西方主流媒体在 15 天的上海世博会报道中，总的来看：一是报道的时效快、主题广，侧重对上海世博经济功能的展示，显示了西方媒体挖掘新闻的实力；二是报道倾向大体趋于正面、客观，基本上以客观报道为主。报道量最多的两家媒体是法国国际广播电台(16 篇)和美国《纽约时报》(15 篇)，其客观述事和正面褒扬类报道的比重分别占到该媒体上海世博总报道量的 56.3% 和 73.3%(表 2)。这些报道认可中国政府对上海世博的投入，

① [美]赫伯特·甘斯著，石琳、李红涛译：《什么在决定新闻》，北京大学出版社，2009 年，第 49 页。

比较客观地展现了中国经济发展、文化繁荣、民族团结的社会现状。

表2　法国国际广播电台与美国《纽约时报》报道倾向比较

法国国际广播电台(RFI)	报道篇数	所占本媒体报道总量	纽约时报(NYT)	报道篇数	所占本媒体报道总量
正面褒扬	4	25%	正面褒扬	1	6.67%
客观述事	9	56.30%	客观述事	11	73.33%
冷嘲热讽	3	18.70%	冷嘲热讽	1	6.67%
批　　评	0	0%	批　　评	2	13.33%
共计	16	100%	共计	15	100%

本研究限于样本抽取时间的限制，未能将世博会召开之前和此后五个多月中的相关新闻进行全面的统计，同时，研究方法仅限于内容分析法，也使得对于意识形态和价值观的分析有所欠缺。我们认为，分析西方主流媒体在国际性事件中对于中国的态度，需要从历史与现实的二维空间中把握其来龙去脉，应在实证研究与思辨研究的结合中找寻西方主流媒体对华报道的趋势，以勾勒西方主流媒体对华报道的总体评价及完整镜像，进而启示中国传媒认清国际传播的变化态势，积极选择应对之策。

五、西方媒体上海世博报道的启示与建议

西方主流媒体关于上海世博会的报道，广泛涉及科技、经济、文化的各个领域，在报道主题选择上，近七成媒体能够客观评述上海世博的重大意义，认识到这是近160年世界博览会历史上首次在发展中国家举办，而中国政府也是举全国之力，吸引最多的国家与国际机构参与盛会。不能忽视的是，即使在盛赞上海世博会的宏大规模之时，西方媒体也没有走出"中国威胁论"的思维惯式。

(一)中国处于西方媒体的全景监视下

多家媒体把2008年北京奥运会与2010年上海世博会视为一种连续性的仪式，认为这两个仪式是中国作为大国形象、强国形象在国际舞台的正式亮相。美国《纽约时报》在《上海将由世博会华丽转身》(4月29日报道)中，引用加利福尼亚大学欧文分校历史学教授华志建的观点，指出："世博会不但将推动中国像其他崛起的大国一样，完成奥运会和世博会'两步舞曲'，也将是上海重生的标志。"加拿大《环球邮报》在《2010年世博会证明中国已经成为世界中心》(5月1日报道)中，认为，"如果说北京奥运会是中国在经历了几十年封闭后首次将自己标榜为世界大国，那么上海世博会便是一个让全世界承认中国那不容置疑的新地位的盛会。……自从1851年维多利

亚女王邀请各国参加首次世博会以来，世博会便一次次地成为向全世界宣告新生国际力量的舞台。埃菲尔铁塔就是在 1889 年巴黎世界博览会召开时建造的。而美国在 20 世纪初期举办的三场世博会则向世人宣告，美国已经迅速崛起，实力赶超欧洲。”新加坡《海峡时报》在《三大盛事标志着中国崛起》(5 月 1 日报道)中，指出：“奥运会是世界为中国提供了一次展示机会，而世博会是中国为世界提供了一次展示机会。……在经历 2008 年令人兴奋的北京奥运会和 2009 年令人敬畏的国庆 60 周年阅兵后，世博会完成了中国走上世界舞台的‘三连胜’。”

西方主流媒体对上海世博的报道，可以说坚持了比较客观的报道态度，在半个月的报道中没有出现拿西藏、新疆问题等来指责、批评中国的报道。5 月 13 日，中美重启停顿两年之久的人权对话，继续就西藏、台湾、互联网自由和人民币汇率等问题进行正式磋商，CNBC 及时转发了路透社的这则消息，文中承认，世博会召开期间中国人对于政府的满意度远远高于美国人对政府的满意度。[①] 这种态度既是北京奥运期间中国政府信息公开透明的结果，也是中国经济迅速发展的结果。

与此同时，西方媒体也没有放弃对中国一贯的批评立场，在这半个月的报道中，数家媒体报道了中国近期发生的多起“幼儿被杀案”，《纽约时报》4 月 30 日(纽约时间)头版头条新闻是《袭击者在中国的一家幼儿园扎伤 28 名儿童》，长篇报道了江苏省泰兴中心幼儿园 28 名儿童及 3 名教师被砍伤事件，消息评价说：“这是两天内的第二起大规模砍伤儿童事件，类似事件一个月内至少发生了三起”。值得一提的是，涉及美国自身贸易、经济发展的上海世博会并未在前一天登上该报头条。

两相比较，可以看出，中国处于西方的全景监视之下。法国政治学者阿历克谢曾对大众传媒进行过这样的分析：媒介就像一双充满权力的眼睛注视着我们的生活。当人们日渐依赖大众传媒以与生存环境建立依存关系时，权力因素正活跃于人与媒体无法回避的联系之中。在全球紧密联系为一体的时代里，国际社会成为一个监督的社会，每个国家的大事小情都成为国际社会紧密关注的对象，而这种关注与监督，正是通过大众传媒得以实现的。

(二) 习惯平衡报道方式

在西方主流媒体关于世博的报道中，持尖锐批评态度的仅占 8.2%，而高调褒扬者也只有 16.5%，其中六成以上是客观报道。在事关中国的国际事件报道中，西方主流媒体能够以超过半数的报道量，秉持客观立场如实报道，甚至超过了北京奥运报道，这是前所未有的。这也说明国际舆论环

① U. S., China resume human rights talks. http://www.cnbc.com/id/37140228.

境正在朝着中国所努力追求的方向缓慢地变化着，而非政治领域报道的变化也许将逐步地影响到政治、军事和其他领域的报道倾向。

有专家认为，近年来西方报道中国主要有四论："中国威胁论"、"中国崩溃论"、"中国发展论"、"中国妖魔论"。[①] 北京奥运和上海世博的召开，改善和提升了中国的国际地位和国家形象，"中国崩溃论"和"中国妖魔论"的论调逐渐低沉，"中国发展论"日渐上升，特别是在经济事务的报道中有增多趋势。

在西方主流媒体的世博报道中，既有官方的声音也有非官方的声音；既有正面的褒扬，也有负面的批评，基本上保持了平衡报道的准则。"平衡报道"是西方新闻报道普遍遵循的基本原则之一。1729 年，年仅 23 岁的本杰明·富兰克林接办《宾夕法尼亚报》，他首次提出"平衡原则"——"当人们各持异议的时候，双方均应享用平等的机会让公众听到自己的意见"。合众社的创办人爱德华·斯克里普斯也要求记者："在争论中，一定不要带有倾向性或站在某一方面。你不可能做到总是完全客观，但你必须永远力争把争论双方的观点都反映出来。"美国联邦电信法关于"公平原则"的规定，要求广播电视媒介保持公正和平衡的标准，在对公众而言十分重要的议题上应为冲突双方提供合理的辩驳机会。美国哥伦比亚大学新闻学院研究生院终身教授梅尔文·门彻在《新闻报道与写作》一书也指出，新闻报道应当求得平衡、公正和客观，所谓平衡即"呈现双方的观点"[②]。美国报业发行人协会为"具有特殊成就的报纸"提出的四项标准之一是："报纸的新闻报道，必须顾及各种性质新闻的平衡"。

中国媒体及政府对西方平衡报道方式的认识，经历过一个由不理解到理解的过程。过去有学者提出，西方新闻文化是"乌鸦文化"，中国新闻文化是"喜鹊文化"。这种认识一方面是出于对西方平衡报道的表象化理解，另一方面也是对西方新闻追求"反常"的误解。随着中国成长为发展中国家中最大的一员，并日益成为国际社会中的大国，中国既要了解西方媒体的报道方式，更要理解西方媒体的报道意识，认可并习惯西方的平衡报道方式，争取更多机会展示国家建设的成就、社会文明的进步。

（三）强化事前舆论塑造

西方世界长期以来形成的关于中国的刻板印象，还将在今后一段时期内影响着、扭曲着对华报道，面对这种媒介环境，中国需要通过多方面的努力力争国际舆论环境向着于我有利的方向发展，这需要更加透明的信息

---

① 刘小彪：《唱衰中国的背后：从"威胁论"到"崩溃论"》，中国社会科学出版社，2002 年，序。

② ［美］梅尔文·门彻著，展江主译：《新闻报道与写作》，华夏出版社，2003 年，第 60 页。

发布和高超的舆论引领技巧。

5 月 1 日，加拿大《金融邮报》的报道《绝妙、火热的 2010 年世博开始了》指出："2000 万人的城市已经在很大程度上向世界证明，它是一个当之无愧的世界中心，几个月来它让市民们上街时换掉睡衣，让市民们学会排队等候。"这篇报道不仅介绍上海投入 580 亿美元来打造世博、改善城市交通和安全，而且指出上海正在着力提升市民的整体素质，培养文明的城市文化。这些成就，并非来自世博召开之时中国政府的宣告，而是此前政府实实在在的行动，以及中国媒体对之广泛及时的报道，这些报道也吸引了西方媒体的关注，留下了深刻的印象，重塑了中国国家形象。

（四）善加利用"晕轮效应"

在国际性事件的报道中，中国政府应利用社会心理学中的"晕轮效应"，着力影响西方媒体，为在国际社会中构建良好的舆论氛围创造条件。所谓"晕轮"，原指月亮被光环笼罩时产生的模糊不清的现象。"晕轮效应"即对一个人（国家）或一件事进行评价时，往往会因为对他某一方面强烈而清晰的感知，掩盖了其他方面的品质、特征，甚至是弱点、缺点。

近年来，中国不遗余力地承办大型国际盛事，如北京奥运、上海世博、广州亚运会等，为世界和平与发展做出了重大贡献，仅仅做出贡献还不够，中国政府还应当让世界充分认识到中国的进步，积极推进"大国形象"的塑造，以争取在国际社会中拥有与国家实力相匹配的地位。为此，中国政府与中国媒体应学会运用"晕轮效应"，以及时、高效地将中国经济发展和社会进步的实绩传播开来，改变国际社会中往昔中国"政治制、经济落后"的历史形象，在西方媒体、西方新闻从业者、西方公众面前塑造正面、积极的中国形象，最大限度地捍卫国家利益。"晕轮效应"是一种普遍存在的心理现象，中国政府如能善加利用，定能较快地改变西方世界关于中国的刻板印象。

"晕轮效应"的产生，有赖于中国政府及时、准确、客观地公开本国政府在国际性事件中付出的努力。同时，在借助"晕轮效应"之时，不能刻意制造"光环"效果，那种虚妄的行为，只会适得其反。

（作者：高金萍　首都国际文化研究基地研究人员　教授
罗智勇　首都国际文化研究基地研究人员　副教授）

北京世界城市研究基地

（北京市社会科学院）

基地名称：北京世界城市研究基地
依托单位：北京市社会科学院
项目类别：2009 年度北京市哲学社会科学重大项目

建设世界城市的战略思维①

后奥运的北京，鲜明地提出了建设世界城市的未来发展目标。这是一个新的起跑点，是顺应世界格局变化和应对国际金融危机挑战的重大举措。北京能不能成为世界城市？北京距离世界城市还有多远？北京应当怎样努力？笔者试从“世界格局”和“中国崛起”的高度、从方法论的角度作如下分析。

一、树立世界眼光，登高望远

世界城市是世界城市格局中的高端形态，是引领全球城市发展进步的旗帜和标杆，对世界经济、政治、文化、社会等方面产生举足轻重的影响。世界城市是全球城市化浪潮奔腾向前的必然产物。它的形成通常具有以下几个显著的特征：一是城市现代化的领先发展使其极具竞争力；二是城市国际化的较高水准使其颇有影响力；三是在国家的经济、政治等领域拥有一定的控制力；四是在全球舞台和城市体系中展示出独特的表现力。当今世界能够获取世界城市资格的仅有纽约、伦敦、东京等少数几个“领跑者”，可以说是“凤毛麟角”。而中国的北京、上海等特大城市由于历史和现实发展的种种因素，还属于“发展中”和“欠发达”的系列，距离世界城市还有很大的差距。

城市，尤其中心城市、特大城市和国家城市，是国家力量的载体，是国家形象的“窗口”。国运顺、国力强则城市兴；反过来，城市的快速发展、强劲发展、高端发展，又深刻影响着国家提升综合实力和参与国际分工，对国家走向未来、走向世界、走向现代化具有重大的意义。

当今时代风起云涌，世界格局深刻变化，国际竞争和力量对比正在由发达国家向发展中国家、由欧美向亚洲、由“一超”向“多强”及“非极力量”增添砝码。中国在崛起，中国在国际舞台的表现力在增强，中国在国际分工和较量中的竞争力在扩大，中国应对国际金融危机交出了一份优异的答

① 本文是《北京建设世界城市的战略研究》项目的阶段成果，项目编号：09ZDB10。

卷，所有这些都是不争的事实。面对前所未有的挑战，中国应当“坚持韬光养晦”；面对前所未有的机遇，中国更应当“积极有所作为”。相应的，中国的各条战线、各个区域、各大城市，都应当顺势而为，乘势而上，为中国的崛起做出应有的贡献。在这样的背景下，作为中国首都的北京，提出建设世界城市的发展战略，既是高瞻远瞩的“大思路”，更是时在当下的“大手笔”。

二、运用战略思维，统筹谋划

北京是中国的政治中心、文化中心和国际交往中心，这是北京的独特优势；经过改革开放三十多年的快速发展，全市人均 GDP 突破 1 万美元，地方财政收入超过 2000 亿元，第三产业比重超过 75%，城市建设、管理和服务现代化水平明显提升，这是北京的领跑优势；北京拥有厚重的历史、文化遗产，丰富的科技、教育资源，又是全国性的总部、企业、机构的聚集地，这是北京的比较优势；北京近年来极其成功地承办了奥运会和新中国成立 60 周年大庆活动，展现了北京能办大事、办好大事的能力，加快了北京融入世界的进程。所有这一切都表明，北京具备了建设世界城市的客观基础和先决条件。

但北京建设世界城市面临的挑战、差距、困难还是巨大的，征程绝不是一蹴可就，更不会一帆风顺。需要审时度势、科学谋划，处理好世界性与民族性、目的性与阶段性、理想与现实、需要与可能、扬长与避短、竞争与合作等一系列复杂关系。从战略思维的角度，可把握好以下几个方面：

——坚持中国特色。在世界上人口最多、最大的发展中国家建设世界城市，在社会主义制度条件下建设世界城市，在马克思主义中国化意识形态背景下建设世界城市，没有先例可循，没有现成的经验借鉴。既要坚持走自己的道路，又要以更加宽广的视野、更加开放的姿态融入全球化，将面临诸多困难和挑战，可以说是一项开创性的新的伟大工程。

——彰显首都特点。北京作为首都，在国家经济、政治、文化生活中占据着重要位置，在中国城市化道路上具有示范和带动责任。要充分发挥已有优势，增创后发优势，在现代化和国际化“双轮驱动”中大力整合首都资源，在城市发展进步中与国内各大城市、城市集群携手共赢，在攀登世界城市高峰中始终践行“四个服务”的宗旨。

——遵循一般规律。世界城市有其内在的成长规律，有诸多的构成要素，但没有固定的一成不变的模式，没有国内外统一的评价标准。需要理念先行、理论引导、研究探路，集合方方面面的智慧和力量，开展深入细致的基础研究工作，建立并不断完善相对科学的评价指标体系，加强国内外城际间的交流与合作，为开辟实践路径提供可靠的智力支撑。

——着眼长远、抓紧当前。既要坚定建设世界城市的必胜信念，又要充分估计其长期性，做好总体规划，缜密部署分阶段的行动计划；既要发扬已有优势和成功经验以再接再厉，又要警视其艰巨性和复杂性，找准前进中的问题、矛盾、瓶颈、软肋、风险以攻坚克难，既要有锲而不舍的使命感，更要有只争朝夕的紧迫感，自加压力，奋发有为，快马加鞭，勇攀新的高峰。

三、坚持全面发展，转型升级

建设世界城市是一个宏大的系统工程，要打总体仗、持久战、攻坚战。当前要站在新的高度和新的起点上，谋划好北京的未来发展，至少可推进以下六个方面的城市转型升级：

——富强型。经济规模大、总量高是世界城市的显著标志，而这正是北京的一个明显差距。必须坚持向科学发展的转型，加快经济发展方式的转变，推动产业结构优化升级，保持首都经济长期稳定快速增长，不断提高占国内经济的份额，提升人均 GDP 的领先水平。积极寻求新的经济增长点，加快拓展新技术、新产品、新服务、新市场，加快培育新能源、新材料、新医药、航空航天等战略性新兴产业，加快发展绿色经济、循环经济、低碳经济。建立完善绿色、健康、安全、节能、环保的导向机制和评价体系，重视提高经济增长的质量和效益，显著提高居民的收入水平和消费能力，让首都人民生活得更宽裕、更便利、更舒适、更加具有幸福感。

——创新型。创新是抢占制高点的重要引擎，是实现跨越式发展的强大推动力量。北京应充分发挥科技、教育、人才信息资源雄厚的优势，率先在全国实现经济发展向创新引领、创新驱动、创新主导的转型。下大气力抓好以中关村为核心的国家自主创新示范区建设，加快构建技产学研联动的技术创新体系，广泛吸收运用全球创新资源和最新成果，提高国际标准、国际品牌、核心技术、知识产权的占有率。推进金融创新，以 CBD 为领集聚金融要素，拓展金融市场，完善金融体系建设，把北京打造成具有国际影响力的金融中心城市。加快构建具有明显特色和优势的区域创新体系，推进创新社会化，显著提高全社会的创新意识和创新效率，增强创新的核心竞争优势。

——智慧型。知识是发展永恒的重要资源，智慧是引领世界未来发展的核心要素。从知识化浪潮到智慧型革命，是人类发展和社会进步不可阻挡的大趋势。北京应当因势利导、顺势而为，积极推动城市形态从学习型城市、知识型城市到智慧型城市的前瞻布局、战略转型和梯形提升。充分凝聚和发挥首都方方面面庞大的智慧力量，加强智力投入、智库建设和智慧设计，掌握发展和普及互联网、物联网、传感网、云计算等先进技术，拓展知识服务、智能服务、智慧服务的领域和市场。通过智慧革命，促进城市生产方式、生活方式、公共服务的变革，提升城市规划、建设、管理的科学化、智能化、精细化水平，攻克人口过度膨胀、交通拥堵、资源短缺、生态污染等瓶颈制约和都市顽症，更好地改善民生、造福民生。

——开放型。城市现代化与城市国际化相辅相成，现代化离不开国际化，国际化又加速了现代化。北京应当以更加开放的胸怀、视野、姿态面向世界、走向世界、融入世界，把持续提升国际化程度作为始终不渝的重大战略决策。以加快与国际接轨为尺准，全方位提高市民的国际交往素质与能力，改善国际服务环境与水平，集聚和整合国际化资源。在确保国家安全的前提下，降低门槛，创新制度，逐步提高在京生活、旅游、工作、发展的外籍人口比重，促进总部经济、跨国公司、国际机构、外国民间组织来京落户，吸引国际会议、国际会展、国际活动在京举办，显著提升北京在这些领域的国际排名。大踏步地“走出去”，加强与世界各国与地区特别是友好城市的学习、考察、交流、研讨、合作，拓展北京在世界经济、政治、文化等各方面的辐射力与影响力。

——人文型。“以人为本”是科学发展观的核心，“以文化人”是建设精神家园的灵魂。坚持不懈地走人文北京的发展道路，是北京巩固和提高历史文化名城和国际文化中心地位的战略取向。大力培养和锻造新型的“北京人”、“首都人”，倡导和弘扬开放包容、热情友好、谦虚有礼、创新活跃的“北京精神”，显著提高市民的思想道德素质、科学文化素质和健康素质，率先建立完善覆盖城乡的民生保障体系，真正做到发展为了人民、依靠人民、成果由人民共享。深入发掘首都丰厚的文化资源，加强历史文化名城保护，大力发展文化事业和文化产业，开展丰富多彩的对内对外文化活动，增强文化中心功能和文化软实力，不断展现北京应有的文化魅力。

——和谐型。和谐是建设首善之区的重要标志，是提高北京核心竞争力、综合影响力、文明感召力的最终追求。要加强社会主义民主法治建设，推进社会建设，协调各方面的利益关系，维护市民各方面权益，促进人际关系更加和谐，社会秩序更加稳定，社会安全更有保障。统筹城乡发展，调整区县功能布局，率先构建城乡经济社会一体化新格局，促进城乡和谐。进一步推动“绿色北京”建设，倡导和推广绿色的生产方式、生活方式、消费方式，治理空气质量，加强绿化美化，合理利用资源，改善生态环境，真正把北京打造成环境友好型和资源节约型的模范城市，打造成具有较高知名度和美誉度的宜居城市。

四、建立联动机制，携手推进

建设世界城市，既要谋发展，更要求合作。在世界城市格局变化发展的大趋势下，北京要有宽阔的视野和良好的心态，联动上下，携手左右，在千帆竞发中奋发有为争上游。

(1)争取国家战略层面的支持。中国的城市化是个不可逆转的长期进程。国际要制定城市化发展纲要和行动计划，加强宏观指导、战略统筹和路径设计，既不断推动城市化率的提升，又重视城市化质的攀高。从中国国情和区域特点出发，分类指导和规划现代化大都市、国际城市乃至世界城市的发展和建设，国家各有关部门要给予政策支持和工作帮助。以更好地抢占世界城市格局发展变化的制高点。

(2)加强区域合作。中国城市群综合竞争力排名前三位的是长三角城市群、珠三角城市群和京津冀城市群，这三大集群是中国城市未来发展的“领头羊”和“主力军”。国家已批复了长三角、珠三角未来发展纲要，给予了明确发展定位和强有力的政策支持，这为京津冀或环渤海区域发展提供了借鉴和遵循。可以探索规划“首都圈”的发展，放大和倍增首都的功能和优势，带动和辐射北京周边、京津冀及环渤海地区提升联动效应和整体实力。北京还要加强向长三角、珠三角地区的学习取经，实现优势互补、互利共赢。

(3)拓展城际合作。在全球化大背景下，“和平、发展、合作”是主旋律，是驱动力。北京应放眼全局、虚怀若谷，更好地借鉴纽约、伦敦、东京等世界城市的发展模式，学习上海、广州等国内发达城市的有益经验。倡导构筑互动平台、积极参与峰会、论坛等活动，加强与国际大城市、国内直辖市、发达城市的走访、考察、交流、合作，促进城市发展道路越走越宽，为人类社会进步做出更大的贡献。

（作者：谭维克　北京世界城市研究基地负责人　研究员）

基地名称：北京世界城市研究基地
依托单位：北京市社会科学院
项目类别：2009 年度北京市哲学社会科学重大项目

北京建设世界城市的战略问题研究①

把北京建设成为世界城市，是中共北京市委和北京市人民政府科学把握国内外发展形势和北京发展新的阶段性特征作出的重大战略决策。实施这个战略决策，需要进一步明确战略目标、战略任务、战略步骤和战略组织等要素，进而把全市人民的思想认识和实际行动统一到市委、市政府的战略部署上来，调动各类积极因素，克服各种消极因素，万众一心实现北京新的发展目标。本文旨在运用马克思主义的立场、观点、方法，对几个重大战略问题进行探讨，力求得到符合实际的解答。

一、社会主义国家能否建设世界城市

人们对世界城市的认识经历着由浅到深的过程，有关世界城市的理论仍处在探索阶段，目前要给世界城市下一个完整的定义是困难的。但是实践的发展，已经使人们认识到：世界城市是全球城市网络中的重要节点，对世界经济具有很强的影响力和控制力，在全球城市层级中处于最高端。这样的城市除了具有超强的经济实力外，其政治影响力、文化感召力、社会吸引力、科技创新力、生态保护力也是较强的。

当前，人们认为纽约、伦敦、东京是世界城市，这既是器物层面的判断，也包含了价值层面的判断。世界城市概念的提出及其理论的形成，是由西方国家的专家学者主导的。GDP 和人均 GDP 是衡量世界城市必不可少的指标，纽约、伦敦、东京在这方面名列前茅，而这些城市都处在发达资本主义国家，他们在价值观上是趋同的。这使一些人在判断世界城市时产生了偏见，即世界城市是资本主义长期发展的产物，只有在资本主义制度以及与之相应的价值观基础上才能产生。现在，有人对北京建设世界城市持怀疑态度，很大程度上受此影响。

社会主义国家能否建设世界城市？答案是肯定的。正如社会主义国家能建立市场经济体制一样，社会主义国家也能建设世界城市。形成世界城

① 本文是《北京建设世界城市的战略研究》项目的阶段成果，项目编号：09ZDB10。

市的根本动力是经济的高度发展。国内经济的高度发展是世界城市形成的内因，世界经济的高度发展是世界城市形成的外因。马克思认为，世界市场的形成和发展是商品经济和国内市场发展的必然结果，当国内狭小的市场限制了资本追逐利润的欲望时，资本就会跨越国界，在世界市场上寻求自己的增殖。世界市场的形成，把各国经济联系在一起，导致了世界经济的形成。世界经济的形成与发展，产生了以大城市为代表的经济增长极，也产生了为其服务的各类中心，这些集于某城市一身，导致世界城市的形成。

当信息技术在世界经济发展中起主导作用时，经济全球化迅猛发展，世界市场迅速扩大，生产要素的国际流动明显加快，国际分工和国际贸易不断深化，各国经济关系更加紧密，为世界城市的形成提供了良好条件。未来谁能抓住机遇，在经济全球化进程中扬长避短，趋利避害，壮大经济实力，增强对世界经济的影响力和控制力，谁就有机会成为新的世界城市。

在认识经济对世界城市形成的决定作用的同时，不能忽视政治、文化、社会乃至生态环境等因素对世界城市形成的影响。这些因素是重要的，但不起决定作用。用社会制度和意识形态标准来判断一个国家能否建设世界城市，是唯心主义和形而上学的表现。从历史唯物主义的角度看，社会制度和意识形态对世界城市形成的影响，是通过经济基础来实现的。一定的社会制度和意识形态，建立在一定的生产力基础之上，反过来又促进生产力发展。生产力的发展带来了经济的繁荣和城市的发展，促使生产要素在一些具有传统优势和区位优势的城市集聚与扩散，促进了世界城市形成。社会主义和资本主义，两种制度，两种意识形态，在历史上进行了反复较量，孰优孰劣、孰胜孰败，只有用实践来检验。现在就断言社会主义国家不能建设世界城市，是武断的、不负责任的。

我国在改革开放后走上了中国特色社会主义道路，从建立社会主义市场经济体制到不断完善这一体制，从进入世界市场到积极参与经济全球化进程，实现了社会主义制度与市场经济体制的有效结合，促进了生产力的快速发展，提高了经济的国际化程度。我国已经融入世界经济体系并成为其新的增长极。在由美国次贷危机引发的国际金融危机中，我国成功地克服了危机的冲击，并对在世界范围内战胜危机作出了重要贡献，不可避免地被推向了世界前台，彰显了经济实力和社会主义制度的优越性。这是一些西方国家政要和专家学者也承认的。在中国这样的社会主义国家建成世界城市，已不是遥不可及的幻想，而是有着坚实的基础，这是任何不抱偏见的有识之士都能预见并且迟早会到来的事情。

二、发展中国家能否建设世界城市

纽约、伦敦、东京这些世界城市，都在发达资本主义国家，而我国是发展中国家，在发展中国家建设世界城市是破天荒的事情，难免会有人对此提出疑问。我国仍处于并将长期处于社会主义初级阶段的基本国情没有变，人民日益增长的物质文化需要同落后的社会生产之间的矛盾这一社会主要矛盾没有变，同时我国发展呈现一系列新的阶段性特征，出现一系列新情况新问题。这些都是建设世界城市必须认真把握的，但是不能因此而否定发展中国家能建设世界城市。

经济高度发展是世界城市形成的根本动力，而国家的强盛并最终成为世界强国的历史进程则催生了世界城市。纽约、伦敦、东京城市发展史清晰地表明，这些城市的兴盛是与国家的逐步强盛结伴而行的。纽约建城史只有 300 余年，它成为国际化大都市是近百年的事，而成为世界城市则在二战结束美国成为头号世界强国后。伦敦从 1801 年到 20 世纪初，作为当时头号世界强国——大英帝国的首都，在政治、经济、文化、科技等领域取得了显著成就，而成为国际化大都市。以此为基础，它抓住经济全球化契机，发展成为世界城市。20 世纪 60 年代，东京进入城市的高速发展期，这个阶段也正是日本经济摆脱二战阴影后的高速增长期。那时的日本还算不上是发达国家，但是东京却瞄准世界一流城市这个目标进行建设。1964 年奥林匹克运动会由东京举办。为了迎接奥运会，东京除了大力兴建体育场馆等奥运所需设施外，也同时兴建其他多项重大公共设施，整个城市进入建设高潮，促进它跻身国际化大都市行列。当日本成为世界经济强国后，东京成为了世界城市。

我国虽然是发展中国家，但却是世界上最大的发展中国家，也是发展速度最快的发展中国家。最大、最快，决定了我国不同于一般的发展中国家，不能用一般的眼光来看待我国的发展。现在，我国已经成为世界第二大经济体，虽然人均 GDP 在世界排位还较落后，但是再经过 20 至 40 年的发展，我国的生产力将得到更大的发展，经济质量将大幅提高，经济总量也将增大，综合国力会进一步增强，相应对世界的贡献会更大。我国正在加快转变经济发展方式，促进经济增长由主要依靠投资、出口拉动向依靠消费、投资、出口协调拉动转变，由主要依靠第二产业带动向依靠第一、第二、第三产业协同带动转变，由主要依靠增加物质资源消耗向主要依靠科技进步、劳动者素质提高、管理创新转变；同时，正在加快政治建设、文化建设、社会建设和生态建设，国家的发展由偏重经济转向经济社会并重，以人为本、促进人的全面发展、建设社会主义和谐社会已经深入人心并成为人们的实际行动。社会主义初级阶段制约我国发展的因素正在逐步得到消除，中国人民近百年来的强国之梦必将在21世纪上半叶变成现实。

在这样一个民族复兴、国家强盛的历史进程中，国家的城市化步伐大大加快，必然会产生一批优秀城市引领全国的发展。这些优秀城市本身就具有较强的综合实力和较高的国际化程度，它们以强大的祖国为后盾，面向世界，积极参与经济全球化进程，在激烈的国际竞争中用好国内、国际两个市场、两种资源，突出自身特色，发挥后发优势，努力提高在全球城市中的层级，其中的佼佼者必将成为全球城市网络中新的重要节点——世界城市。

三、建设什么样的世界城市

有研究认为，世界城市对世界经济、政治、文化具有很强的影响力和控制力，是世界权力中心。这种理论具有浓厚的西方霸权色彩，是不正确的。一个城市对世界经济具有影响力和控制力，在理论上能说得通，在实践中也能做得到，但是对世界政治、文化具有控制力，在理论上、实践上都是行不通的。一个国家要对世界政治、文化实行控制都办不到，何况一个城市。

因此，我们建设世界城市应避免受这种理论的影响，要高扬和平与发展的旗帜，体现时代特征；要高扬中国特色社会主义旗帜，体现中国特色；要发挥首都的优势，体现北京特点，从而使自己在政治上立于不败之地，在实际工作中有正确方向。

（一）有时代特征的世界城市

北京建设世界城市是为了求和平、谋发展、促合作，世界城市建成后，其核心功能也是求和平、谋发展、促合作。这是时代对我们的要求，也是社会主义国家的性质所决定的。

求和平，要求北京本身是一个和谐的城市，同时又为建设和谐世界服务，通过吸引重要的国际组织落户北京、在北京举办大型国际活动，增进世界人民的友谊，促进世界人民大团结，成为国际组织、国际活动聚集地与世界和平友好的纽带。

谋发展，要求北京抓住经济全球化深入发展的契机，在全球这个更加宽广的层面上谋求更大发展和科学发展，创造宜居的人文与自然环境，吸引世界高端企业总部、高端人才落户北京，在更高水平上聚集巨大的发展势能，为推动世界发展作出重要贡献，成为世界经济增长极和世界发展的策源地。

促合作，要求北京以更加开放、包容的胸怀，吸纳人类优秀文明成果，尊重国际惯例、创造良好的法制环境，构建发达的交通和信息网络，广泛开展国际交流与合作，统筹协调各方利益，公正合理地使用各种资源，实现互利共赢、共同发展，成为世界商业谈判、协调中心和全球资源配置的枢纽。

（二）有中国特色的世界城市

我国是有着悠久历史和灿烂文明的国家，也是社会主义国家，同时又是最大的发展中国家，这些特点决定了北京必须建设市场经济发达、政治民主、文化先进、社会和谐的世界城市。

发展社会主义市场经济，要求北京进一步发挥市场在配置资源中的基础作用，加快转变经济发展方式，巩固和发展公有制经济，鼓励、支持和引导非公有制经济发展，坚持效率与公平并重，促进先进生产力高度发展，以后发优势赶超世界顶级城市，成为后发强劲、快速赶超的发展之都。

发展社会主义民主政治，要求北京进一步把坚持党的领导、人民当家做主和依法治国三者有机统一起来，加强民主法制建设，大力培育市民的民主意识、法制意识，完善法律法规体系，严格依法办事，增进与世界政治、法律界的交流，促进世界对中国特色民主政治的了解与认同，成为高度民主、高度法制的政治文明之都。

发展社会主义先进文化，要求北京更好地继承中华民族优秀传统文化，挖掘促进社会发展和人类进步的内容，汲取合理思想内核，赋予新的时代内涵，使之与当代社会相适应，与现代文明相协调，不断开拓文化建设的新领域、新途径，使中国特色社会主义先进文化走向世界，成为传统与现代交融、东方与西方交汇的文化之都。

建设社会主义和谐社会，要求北京进一步健全社会保障体系、社会管理体系和公共服务体系、公共安全体系，提高人民思想道德素质、文化素质和健康素质，实现社会公平正义，增强社会创造活力，形成和谐人际关系，为建设和谐世界作出贡献，成为高度安全、高度稳定的和谐之都。

（三）有北京特点的世界城市

北京有着3000多年的建城史和850余年的建都史，是新中国的首都，是世界文化遗产最多的城市，也是中国高等教育和科学技术最发达的地区。这些特点决定了北京必须建设服务功能强大、文化特征突出、创新能力卓著的世界城市。

服务功能强大，要求北京“四个服务”水平大为提高，服务业内部结构优化，以金融、商务、信息为主导的现代服务业集群基本形成，现代服务业在GDP中的比重提高、国际竞争力增强，向社会提供高附加值、知识密集型的生产服务和生活服务，成为集金融、商务、信息等高端业态为一身的世界服务中心。

文化特征突出，要求北京历史文化遗产得到科学保护和利用，现代文化元素大量涌现，各类文化资源有机结合，文化事业与文化产业蓬勃发展，文化生产力、文化竞争力、文化感召力大为增强，成为古都风貌鲜明、现代气息浓厚的世界文化中心。

创新能力卓著，要求北京科教体系健全、基础资源丰富、管理体制机制先进，社会创新意识、创新精神增强，产品开发、技术创新集群基本形成，世界一流水平的新型研究机构数量较多，创新对经济社会发展的贡献率大幅提高，成为全球创新资源聚集、创新成果丰富的世界创新中心。

四、如何建设世界城市

（一）科学规划城市布局

城市规划是城市发展的蓝图，科学规划城市的空间布局和功能布局，对于建设世界城市具有重要意义。按照建设世界城市的目标，立足现实、着眼长远规划北京的城市布局，需要从以下几个重点方面着手。

(1)上升为国家战略。北京建设世界城市必须依托国家发展，反过来又促进国家的发展。为此，应瞄准三个以北京为核心的梯次扩大的发展圈，即京津冀发展圈、环渤海发展圈和华北东北西北发展圈，结合国家建立北方金融、贸易、航运中心战略和振兴东北老工业基地战略、西部大开发战略，制定北京建设世界城市规划，力争得到中央的批准，上升为国家发展战略。在中央的支持下，建立广阔的战略腹地和顺畅的战略通道，使生产要素在北京集聚与扩散的规模扩大、速度加快，提高北京在国家发展中的地位，更好地发挥北京在国家发展中的辐射和引领作用。

(2)制定大都市圈规划。世界城市是由一批大城市烘托而出的，这就需要建立大都市圈。建立大都市圈不是城市空间的简单扩张，而是实现城市功能的优势互补。它要求选择北京周边的大城市和若干中等城市，建立“卫星城”，逐步从城市功能重叠转向功能整合，实现大都市圈内城市发展一体化，产生强大的合力；着眼于产业结构升级、大规模发展现代服务业，根据区位优势和资源禀赋，调整城市产业布局，形成大都市圈内产业梯度空间，疏解北京城市功能；统筹协调土地、水、能源等战略性资源的利用，综合保护与治理生态环境；加快大都市圈内道路网络建设，缩短城际间的“距离”；加快机场、港口、铁路等战略通道的建设，为北京走向世界创造更好条件。

(3)建立分工协作体系。跨行政区大都市圈规划的落实，需要周边省市的大力支持与配合。为了增强规划的权威性，必须把规划上升为法律法规，极大地强化规划实施的力度。同时，建立跨行政区的协调组织，成立大都市圈委员会和各类跨地区的行业协会，积极倡导区域规划和区域合作，形成区域发展协调机制。这些跨行政区的协调组织，并不代替地方政府行使权力，而是对传统行政管理体制的必要补充，目的是有力地保障规划的实施，使区域经济协调发展成为可能，使有关各方在分工协作体系中各尽所能、各得其所。

(4)引导资源合理流动。世界城市是人流、物流、资本流、技术流和信息高度集聚与广泛扩散的空间，这种资源流动必须是有序的，必须用规划来引导。因此，在规划城市建设时，要把握现代市场资源高度集聚与广泛扩散这个特点，辩证地处理好动与静的关系，建立并完善各类要素市场，在空间上形成结构合理、服务设施配套的网络体系，在运行机制上形成法律法规齐全的法律体系，在发展方向上由半垄断、半竞争市场转变为竞争市场，在国际关系上与国际接轨、按国际惯例办事，使各类资源进得来、留得住、出得去，加速人才交流中心、商贸物流中心、金融中心、技术产权交易中心、信息发布中心的建设，提高资源配置效率。

(5)推动城市集约发展。面对巨大的人口、资源、环境压力，北京必须从粗放型发展走向集约型发展。集约型城市不仅要严格能源消耗与排放的环境标准，而且要保证居民具有良好的生活质量。要用规划带动建设集居住、办公、休闲、娱乐、购物、就医、学习等功能于一体的城市综合体，在有限的土地资源上同时开发住宅、写字楼、酒店、购物中心等不同物业，使居民生活所需的大多数设施及服务可以在步行距离内解决，从功能上实现土地的集约化利用，从效果上实现低碳生活目标。提高城市的信息化程度，利用先进的电子技术控制水电气和纸张等消耗资源物品的使用，利用计算机网络代替部分会议场所、图书馆、电影院、商店等公共服务设施，使信息化渗透到市民工作、生活的方方面面。同时，大力建设以大运输量的轨道交通为导向的城市公共交通体系，为大众提供安全、便捷、高效的公共交通。

(6)扩大生态建设规模。在中央的统一领导下，协调各方发展经济，提高发展水平，减少对自然资源的依赖，加强对生态环境的保护。积极参与“三北”防护林工程建设，发挥北京人才、技术和经济实力较强的优势，开发新技术、新产品、新设施，依靠科技进步保护生态资源。在建设生态涵养区的同时，各区县协动建设“绿色长城”，扩大城区绿化面积，延长生态涵养区绿化链，为此要专门制定“绿色长城”计划。培养市民环保意识、生态意识，加强以保护生态为荣、以破坏环境为耻的生态荣辱观教育，在全社会形成生态建设的良好氛围，依靠广大人民群众搞好生态建设。

（二）加快五大中心建设

(1)加快建设世界服务中心。加快培育要素市场，逐步成为生产要素的全球性配置中心；抓好世界500强企业总部及其研发中心、结算中心在北京落户，逐步建立全球性的经营管理决策中心；加快金融产业发展，逐步建成全球金融交易市场的重要节点；大力发展物流业，保证商品和其他生产性要素的迅速集散；加快信息资讯基础设施建设，保障信息流在全球范围内能顺畅流动；为全球范围内的各类人才提供一流的生活工作环境和多元化的服务。

(2)加快建设国际交往中心。创造条件吸引国际组织总部和外交机构入住；为开展国际交流和举办国际会议创造最优条件；就常年关注的全球或地区热点问题举办重量级的国际会议和品牌活动；建立健全信息发布平台，逐步使国际媒体、国际问题研究机构及媒介人才入住。

(3)加快建设世界文化中心。打造世界级的适宜于生活、工作、娱乐的文化消费和时尚文化氛围；通过创意与体验扩大本土文化影响力，加快建设著名的国际旅游、国际会展、国际教育城市；在影视、戏剧、舞蹈、音乐、视觉艺术、时装等方面形成独具优势的国际文化品牌和文化产业；努力创造适宜于创造性业务、知识经济、优秀文化人才的文化环境。

(4)加快建设世界创新中心。建设高速通讯网络和"智能信息城"，满足世界经济、金融、技术、文化、政治、军事等领域信息资源集中、分析、处理、发布需要；迅速满足知识产业获得技术工人、供应商和与研究机构联系的需求；尊重、保护知识产权，使创意成为最能体现城市竞争力的核心价值；创造有利于创意人才和技术精英创业、发展的城市文化和软硬环境。

(5)加快建设世界航运中心。加快建设现代化立体化交通体系。这个体系包括三个方面：一是各种交通工具的相互配合，二是交通的战略、规划、建设、管理、可持续发展，三是外部区域体系和城市内部体系的关联。着力加强交通规划，更好地适应城市规模的扩张、世界城市多层次、多样性、多元化的出行需求。加强与周边城市在交通体系方面的合作。港口在商品输出方面是航空无法替代的。由于北京没有港口，北京就必须跟天津合作，还有在机场等方面也要合作，同时还要与其他城市合作。

五、建设世界城市要经过哪些阶段

北京已经迈向全面建设现代国际城市发展阶段，这个阶段的总体特征是进入了后工业化社会。目前，北京处于后工业化社会的初期，主要体现为服务业产值已占 GDP 的 75.8%，但它又是在工业化没有得到充分发展的情况下进入后工业化社会的，工业资本、商业资本和金融资本聚集度不高，物质财富不雄厚，基础设施不健全，法律体系不完备。尽管 2009 年北京 GDP 达到 11865.9 亿元、人均 GDP 突破一万美元，但是离建设世界城市的要求还有较大差距。这就决定了北京建设世界城市需要较长时间，大致经历以下三个阶段：

(一)整合资源、奠定基础阶段

这个阶段的主要经济目标是人均 GDP 达到二万美元、居民收入差距拉大的趋势得到遏制；主要社会目标是城乡差别缩小、基本公共服务均等化、法律法规体系比较完备；主要任务是加快经济发展方式转变，引导各类资源朝着建设世界城市的方向配置。“优化一产、做强二产、做大三产”，培育科技创新基地和金融、商务、信息中心，治理工业化遗留的环境污染、交通拥堵、贫富差距拉大等问题，加快基础设施建设，统筹城乡协调发展和城区区域协调发展。

(二)优化组合、快速发展阶段

这个阶段的主要经济目标是人均 GDP 达到五万美元、缩小居民收入分配差距；主要社会目标是城乡一体化发展、公共服务基本满足社会需求、依法办事渗透社会各方面；主要任务是加快城市功能调整，形成大都市圈，使重化工业和服务业中不适应城市发展的业态向外部转移，完善第三产业内部结构，突出高科技产业和文化创意产业在城市发展中的地位，建立高度分工而又密切协作的社会化生产体系，促进城市从低端服务向高端服务转变，从松散型的区域经济协作向紧密型的区域经济协作转变，从政治、文化功能突出向政治、经济、文化功能并重转变。

(三)集成创新、全面建设阶段

这个阶段的主要经济目标是人均 GDP 达到六万美元、中等收入阶层成为社会的主体；主要社会目标是社会高度信息化、法制化和常住外籍人口比例大幅上升，呈现辐辏首善、协和万邦的景象；主要任务是引导资源向科技、教育、信息、生态等领域倾斜，汇聚各领域的创新成果，使科技创新、制度创新成为经济社会发展的主要推动力。建成世界一流水平的新型教育体系和研究开发体系，建成世界先进的金融、商务、信息中心，建成发达的公共交通和远程运输系统，建成良好的生态保护系统和宜居的环境。

建设世界城市的三个阶段是有机联系的，每个阶段的划分只是基于建设的侧重点不同。建设的进程需要根据当时的国际国内环境、条件和北京自身努力的程度来研判，现在要制定一个精确的时间表是办不到的。目前多见的“2010 至 2020 年、2020 至 2030 年、2030 至 2050 年”三阶段论只是大概的估算，严格来说是不科学的。如果我们把北京建成世界城市的时间设定在 2050 年以内，也就是说在 40 年内建成，说服力会更强些。这样的话，上述第一阶段大致需要 5 至 10 年时间，第二阶段大致需要 10 至 20 年时间，第三阶段大致需要 5 至 10 年时间。快速发展阶段是较之于此前的发展速度来说的，是承上启下的阶段，所承担的任务更重，因此所需的时间要长于其他两个阶段。即使是这样，也不能说是准确的，一切都要以当时当地的条件为出发点，确定建设的步伐。我们所求的是加快建设步伐，缩短建设进程，早日建成世界城市。

（作者：唐鑫　北京世界城市研究基地秘书长）

首都高校党建研究基地

（北京航空航天大学）

基地名称：首都高校党建研究基地
依托单位：北京航空航天大学
项目类别：北京市哲学社会科学“十一五”规划研究基地项目

探索提高干部队伍建设科学化水平的有效途径①

《中共中央关于加强和改进新形势下党的建设若干重大问题的决定》(以下简称《决定》)首次提出了“提高党的建设科学化水平”这一重大命题和战略任务。认真学习领会《决定》精神，深入总结干部队伍建设的新经验，积极探索提高新形势下干部队伍建设科学化水平的有效途径，对于推进党的建设的科学化，具有重要的意义。

一、以科学的理论指导干部队伍建设

以科学的理论指导干部队伍建设的核心在于将干部队伍建设问题从经验总结和政策研究的层面提升到科学范畴和规律研究的层面，贯彻党的干部工作的路线方针政策，用新的理念、新的战略、新的路径来加强干部队伍建设。

(一)以马克思主义理论中国化最新成果为指导，保证干部队伍建设的方向

(1)立党为公、执政为民。我们党的性质、宗旨和执政地位以及党管干部的原则，对我们的干部队伍建设提出了很高的要求。我们的干部队伍建设，必须高举中国特色社会主义伟大旗帜，坚持以马克思主义中国化的最新理论成果为指导，坚持改革开放、与时俱进，使我们的干部队伍，具备坚定的理想信念，具备改革创新的精神，具备引领各项事业科学发展的能力。这是指导干部队伍建设的政治原则。

(2)解放思想，实事求是。抵制教条主义的束缚。结合地方单位实际和干部队伍实际，制定切实可行的干部队伍建设方案，在实践中研究新情况，解决新问题，创造新经验，总结新理论，以实践作为检验干部队伍建设的标准。这是指导干部队伍建设的思想原则。

(3)统筹兼顾，科学引领。从战略全局的高度正确认识和处理诸如干部

① 本文是《首都高校建设马克思主义学习型党组织研究》项目的阶段成果，项目编号：10AbKD102。

与组织、干部与干部、干部与群众、政治与业务工作等各种关系和矛盾，围绕牵动全局的主要工作和突出问题，优化配置人、财、物资源，实现干部队伍的可持续发展。这是指导干部队伍建设的方法原则。

(4)以人为本，和谐发展。科学发展观的核心是以人为本，从人的立场和需要出发，促进人的全面发展。它要求立足于干部的实际需要和发展期望，建立完善的教育培训体系和交流选拔机制，给干部的全面发展提供良好的平台。这是指导干部队伍建设的价值原则。

(二)借鉴当代科学研究的最新成果，促进干部队伍建设的现代化

借鉴利用当代自然科学和社会科学研究的最新成果。各门科学之间相互渗透和交叉融合是当代科学研究的一大趋势，指导干部队伍建设的科学理论应充分吸收当代科学研究的最新成果，并进行创造性运用。突出表现在以下几点：

(1)系统思考，结构优化。系统论强调“整体大于部分之和”。因此，我们在建设干部队伍时，要着眼于干部队伍系统，在德才标准的基础上，优化干部队伍的专业、知识、年龄以及能力和气质结构，实现干部队伍的整体结构优化。

(2)人本原则，动力激励。充分运用社会学、心理学、管理学等现代管理理论。如马斯洛的需要层次理论以及弗鲁姆期望激励理论，启发我们在干部队伍建设中，一方面应确立以人为本的价值取向，了解干部的需要，针对不同需要层次的干部，采用不同的激励措施；另一方面，完善干部选拔任用机制，形成健康的用人环境，激励干部提高自身素质。

(3)多维共用，综合创新。注重综合运用自然科学和社会科学各学科科学的理论和方法，多维交叉，创新发展，共同促进和保证干部队伍建设的科学化，实现干部队伍建设的现代化。譬如法学理论为干部队伍建设提供依法、依章、依程序办事的理念；数学为干部队伍建设的现代化建构培养和管理模型；经济学为干部队伍建设进行效能分析；信息化理论有助于提升干部队伍建设的信息化思维；人力资源管理学的人才测评体系以及心理学的量表，有利于干部的甄选和培养；控制论的黑箱理论和反馈原理为干部队伍的党风廉政建设提供了技术手段；社会学则为检验干部队伍建设成效提供了调研统计等实证方法。

(三)吸取中国传统思想文化的精华，充实干部队伍建设的文化内涵

中华文化是人类历史上唯一延续至今的古老文明。更好地理解中华民族的历史，吸收中华文化优秀传统，是保证干部队伍建设理论具有民族特性的重要保证。在诸多优秀的中华文化传统中，着重吸收“和而不同”的工作方法和“德才兼备”的建设原则。

确立“和而不同”的工作方法，就是要着眼于人才总量的增长和干部队伍整体功能建设，尊重和发挥每一个干部的积极性、主动性和创造性，严格干部队伍的民主生活，建设人尽其才、充满活力的用人机制，增强干部队伍的凝聚力和战斗力。

坚持“德才兼备”的建设原则，注重培养干部的理想信念，使他们淡泊名利、作风端正、公道正派、严于律己、率先垂范、敢于担当，具备崇高的人格魅力，能够自觉抵制腐朽思想的侵蚀，真诚地服务人民。

二、以科学的选拔任用制度体系保障干部队伍建设

科学的选拔任用制度体系的制定应该在把握“五要诀”的基础上，营造民主、公开、竞争、择优的氛围，实现干部选拔任用专业化。

要诀一：广泛推荐拓宽选人视野。一是建立主体明晰、程序科学、责任明确的干部选拔民主推荐制度，扩大推荐人主体范围，拓宽干部选拔来源，使隐性权力显性化、显性权力规范化。二是恰当运用民主推荐、个人推荐、组织推荐和个人自荐等推荐方式，合理划定参加推荐人员的范围，尽可能让“管他的”、“他管的”和“他服务的”对象参加推荐和测评，提高识人敏锐度和准确度。

要诀二：通过实践考察突出以德为先。一是坚持多渠道考察干部。考察干部要深入基层，听取民意，力求“三个重在”，即重在一贯表现、重在经验积累、重在能力水平，用发展的眼光看潜力，用全面的眼光看长处，增强考察的准确性。二是完善德的评价标准。考察干部既要看才，更要看德，不但要考察表现为道德品行的“品德”，更要考察体现政治品质的“大德”。

要诀三：通过民主程序规范选人用人。一是把各种渠道产生的干部人选纳入民主程序之中，利用民主程序检验出最优的干部人选，实现领导意志与群众意愿的有机统一。二是注意听取“用人的人”的意见，选拔基层单位负责人要注意听取分管领导的意见，选拔基层单位副职要注意听取基层单位领导班子的意见。三是完善竞争上岗制度，从规范报名资格、专家选聘、答辩流程等方面，不断提高竞争上岗工作质量。

要诀四：通过全程监督彰显公开透明。一是结合内外监督，扩大监督覆盖面。凡属重要干部的任免，必须经过领导班子集体讨论决定，同时充分发挥纪检、监察、审计部门的监督作用，强化权力制约。二是建立干部选拔任用信息公开和违规失职追究制度。在干部选任过程中，及时公开选任程序、职位条件和选任结果，明确公布推荐、考察、决策各环节的责任主体和责任内容，真正让广大干部群众参与监督。

要诀五：完善引进高端人才任职重要领导岗位的聘任制。坚持党管干部的原则，实现选拔任用干部与引进培育人才结合起来，实现干部聘任与

高端人才培养的有机统一。

三、以科学的培养教育方法推进干部队伍建设

科学的培养教育方法是推进干部建设的关键环节。只有通过科学的培养教育方法，干部队伍建设才能最终落到实处，取得实效。在诸多培养教育方法中，坚持教育、管理和服务三结合，是实践证明行之有效的科学方法。

第一，实施“三结合”，实现干部教育培养精细化。加强对干部的再教育和培养，要求我们统筹兼顾，选择和设计好干部教育培训系统，使其达到效益最大化。

其一，内外结合，整合分类分层、多元组合的教育培训资源。一是充分发挥单位内部教育培训作用，坚持按需施教，打造精品型“营养套餐”和个性化“自选套餐”。二是充分把握单位外部的培训机会，坚持“走出去”与“请进来”相结合。三是有效利用世界著名学府的优势资源，精心做好境外培训，以培养和储备具有全球眼光和熟悉国际通行规则的干部队伍。

其二，动静结合，打造内容丰富、方式灵活的多维培训平台。一是坚持知行统一，将课堂讲授、辅导报告等静态方式与考察调研、互动教学等动态方式相结合。二是建设现场教学基地，实施案例式、体验式教学，把“看、听、思、悟”融为一体，强化干部的综合能力。三是在受训干部中开展汇报一次学习成果、主讲一次党课、组织一次研讨的“三个一”活动，拓展培训成效。

其三，训用结合，构建有机统一、良性互动的交流培养模式。一是大力推进业务干部、党政干部的交流任职，开拓挂职锻炼渠道，形成长效机制。二是在后备干部队伍建设中坚持“三基层”思路：优先从基层中选拔后备干部、重视利用基层岗位锻炼后备干部、坚持选派优秀后备干部任职基层领导职务，重点建立来自基层一线党政领导干部的培养选拔链。

第二，在管理服务中突出干部队伍建设的人性化。“以人为本”既是现代管理的基本理念和精髓，也是科学发展观的核心内容。一是在工作、政治和生活上主动接触干部、关心爱护干部，树立可亲、可信、可敬的组工干部形象，建好干部之家。通过座谈调研、民主生活会等形式，加强与干部的经常性沟通，了解干部的所思、所想，解决干部的所虑、所盼，格外关注长期在条件艰苦、工作困难的地方和基层工作的干部。二是坚持做好谈心谈话工作，加强对干部的人文关怀和情感关怀，针对“退出领导岗位的干部”、“退休干部”、“过生日的干部”等不同类型干部，把握契机谈思想、谈工作、谈感情，增进团结、促进工作。

四、以科学的标准检验干部队伍建设

提高干部队伍建设的科学化水平，其目的在于培养高素质的干部队伍。究竟所采纳的理论是否科学，是否进了干部的头脑，制度是否完善，是否真正起到了激励约束作用，以及所采用的方法是否行之有效，这些最终都会通过是否培养了高素质的干部队伍这个最终结果体现出来。必须坚持科学的检验标准，牢固树立“实践是检验真理的唯一标准”理念，因地制宜、因时制宜，敢于修正偏颇、及时肯定成效、善于固化经验，推动和保障干部工作的高效运行。具体来讲，科学的检验标准包括以下四个方面的内容：

第一，是否坚持了以人为本的执政理念。干部队伍建设必须始终坚持“以人为本”。具体表现在两个方面：第一，要把人民群众“高兴不高兴，满意不满意，赞成不赞成，答应不答应”作为检验干部的根本标准；第二，要从干部队伍的思想、工作和生活实际出发，培养、激励、鼓舞干部，调动他们的积极性，实现他们的全面发展和协调发展。在干部选配上坚持人岗相适原则；在干部培养上坚持因材施教原则；在干部使用上坚持人尽其才原则。

第二，是否提升了选人用人的公信度。为政之要，在于用人。提高选人用人的公信度，是检验干部队伍建设成效的重要环节。落实到具体工作中，就是要不折不扣地坚持干部选拔任用工作四项监督制度；在干部的选用原则上看党性、重实绩、尊民意；在干部的选用过程中坚持公开、公平、公正；在干部的选用标准上坚持德才兼备、以德为先。

第三，是否加强了党风廉政建设。党风廉政建设是干部队伍建设的重要内容，不仅事关干部队伍建设的成败，更事关党和人民事业的兴衰。加强党风廉政建设，必须坚持统一思想、提高认识、制度创新、整体推进的原则，切实深化干部人事制度改革，健全权力制约机制，实行“以权力制约权力”、“以法律制约权力”、“以民主制约权力”、“以道德制约权力”、“以责任制约权力”的有机结合。同时大力推行诺廉、述廉、评廉、考廉制度，即公开诺廉、本人述廉、群众评廉、组织考廉制度，把自律与他律、组织考核与群众评议、教育、制度、监督有机结合起来，推动党风廉政建设工作跃上一个新台阶。

第四，是否确立了科学的评价体系。科学的评价体系是推动干部队伍长足发展所必需的制度保障之一，也是检验干部队伍建设成效的客观依据之一。具体来说，一要科学设置考评指标。考评指标的制定要反映“以德才素质为基础、以工作实绩为核心、以量化考核为手段”的原则，并在理论论证和实际运用中不断完善。二要有效改进考评方式。采取公开述职、民主测评、资料查阅、实地考察、追踪调查、结果公示等全方位、多角度的方式。三要合理利用考评结果。把考评结果作为干部提拔重用、荣誉嘉奖、物质奖励等的重要依据，重用优秀者、培养有潜力者、鞭策落后者，充分调动和发挥全体干部的积极性和创造性，保持干部队伍的整体活力。

综上所述，干部队伍建设的科学化是一个历史范畴，必须适应实践和时代的要求不断推进。它要求我们必须紧密联系自身实际和外部客观环境的实际，坚持改革创新精神，以科学理论、科学的选拔任用制度、科学的培养教育方法以及科学的检验标准不断改进和完善干部队伍的建设，培养一支“善于推动科学发展、促进社会和谐的高素质干部队伍”。

（作者：谭振亚　首都高校党建研究基地负责人　教授）

基地名称：首都高校党建研究基地
依托单位：北京航空航天大学
项目类别：北京市教育工委重点课题

高校学习型学生党支部建设与政治理论学习[①]

学习型学生党支部是把学习型组织理论运用到支部建设上，以学习建设为契机实现支部的思想、组织、制度以及作风建设，结合我们党政治上的先进性与学习型组织管理中的科学性，把党支部建设成为政治型的学习组织。它为高校学生党组织实现政治理论建设的科学化提供了重要载体和基本途径，对改变当前高校学生党员政治理论学习弱化的现状，提高学生党员的政治理论水平具有重大的现实价值。

一、政治理论学习是学习型学生党支部建设的内在要求

十七届四中全会决议提出要建设马克思主义学习型政党这个战略任务，是对我们党强调思想建设，实现思想上建党基本经验和原则的继承和坚持。高校建设学生学习型党支部是马克思主义学习型政党建设的基础工程，肩负着提高学生党员政治理论水平的艰巨任务。

提高政治理论水平要加强政治理论学习。1929 年，毛泽东同志在《古田会议决议》中首次提出了思想上建党的原则，强调党员不仅要组织上入党，而且思想上也要入党，要用无产阶级思想改造非无产阶级思想。“不提高党内政治水平，不肃清党内各种偏向，便决然不能健全并扩大红军，更不能担负起重大的斗争任务[②]。”政治理论学习是思想建党的有效措施之一，为此，毛泽东提倡在全党开展学习竞赛，党中央设立了专门负责学习的干部教育部和高级学习组，开展了大规模的学习整风运动。通过持之以恒的政治理论学习与教育，我们党克服了种种非无产阶级思想，提高了党的战斗力。在新时期，高校学生党建工作面临着与古田会议召开时近似的问题。

一是学生党员思想复杂，组织上的入党并不等同于他们已在思想上入党。古田会议召开时，党员成分的复杂造成他们思想的多元化。根据古田会议决议的列举，至少存在单纯军事观点、极端民主化、非组织观点、绝

---

① 本文是《高校学习型学生党支部建设研究》项目的阶段成果，项目编号：BJSZ2010ZD03。

② 《毛泽东文集》第 1 卷，人民出版社，1993 年，第 94 页。

对平均主义、主观主义、个人主义、流寇思想、盲动主义残余八种错误思想。当前大学生党员同样存在思想认识的问题。根据一项针对入党动机的调查，76%的被调查者表示他们的入党动机仅仅是为了获得实际利益。其中，35%的同学表示是因为入党能在评奖评优时特殊加分，15%是因为他们觉得入党可以让自己在政治上镀金，6%是为了以后更好地找工作，20%是因为直觉上觉得入党是一件非常光荣的事情，是为自己的理想而奋斗的坚实一步。入党动机反映了这些学生党员的思想觉悟还没有提高到应有的高度。

二是社会环境复杂，给党员思想建设带来不利影响。中国共产党是在一个幅员广大、人口众多，尤其是农民、小资产阶级占人口绝大多数、情况复杂、经济文化落后的半殖民地半封建社会里诞生并进行革命斗争的。非无产阶级思想不断地侵蚀着党。“无产阶级思想和非无产阶级思想(其中有小资产阶级、资产阶级甚至地主阶级的思想，而主要是小资产阶级的思想)之间的矛盾，即马克思主义思想和非马克思主义思想之间的矛盾[①]”是当时党需要解决的极为严重的一个矛盾和困难。在现时代，信息网络化、社会利益复杂化以及社会思潮多元化，各种非无产阶级的思想不断地冲击着学生党员的思想，给他们带来一些思想和行为选择上的困惑。这要求提高当代大学生党员的政治素养，培养他们坚定的政治立场，提高他们的政治水平、政策水平和政治辨别力，自觉抵制各种不良思想的侵蚀。

要解决上述问题，必须坚持和继承我们党思想建党的基本经验，加强政治理论学习。然而当前高校普遍存在着学生党员政治理论学习弱化的问题。学生党员缺乏政治理论学习的兴趣。根据访谈，不少学生党员表示政治理论没有必要学，学了也白学。“学好政治理论，并不能增加找工作的砝码，就业单位并不关心就业者的政治理论学习情况。”但也有同学表示他们之所以对政治理论学习缺乏兴趣，是因为当前的政治理论学习存在着假大空的问题，内容与形式的设置无法吸引学生兴趣。此外，高校学生党建工作重心在于对入党积极分子的教育和培训，忽略对已入党学生的政治理论学习和再教育。

要从根本上转变当前高校学生党员政治理论学习的状况，提高他们的政治理论素养，需要实现政治理论学习建设的科学化。学习型学生党支部由于借鉴和吸收了学习型组织理论，在组织文化、组织结构和工作模式等方面实现了对传统学生党支部的变革，具有传统党支部所不具有的优越性，是高校学生党员政治理论学习建设科学化的重要载体和基本途径。

---

① 《毛泽东选集》第3卷，人民出版社，1991年，第1108页。

二、以新的学习理念重塑政治理论学习的动力机制

学习的动力机制是引起和维持组织学习的各要素的有机组合。加强学生党员的政治理论学习，首先需要改善动力无效的问题，建构行之有效的动力机制。

政治理论学习是高校学生党建的重要内容。高校按照中央文件精神和要求，设置了政治理论教育的系统目标和实施步骤，通过课堂教学、党校培训、组织活动等渠道给大学生党员系统灌输主流意识形态、社会主义价值观和政治规范。学生党员长期处在一种被动接受的状态，对政治理论学习缺乏好学、勤学、深学的动力，在功利性目的的推动下被迫学习。如，获得必修课的学分、完成党组织所布置的任务。这种以较低层次的功利目的推动的学习动力，不具有较强的推动力和持久性。根据调查，不少学生党员表示在政治理论课程的学习中，他们的积极性并不比普通学生的更高，有时他们也会旷课迟到，不认真完成作业。

个体学习是组织学习的基础和起点，当个体从组织内部或外部接受到知识时，会向组织内其他成员及外界输出，推动组织学习①。学生党员构成了学习型党支部的细胞，他们的学习状况决定了党支部的学习状况。因此，要建设动力机制，首先需要塑造学生党员的学习动力，将政治理论学习变为他们的内在需求，实现政治理论学习的“要我学”为“我要学”。

学习型党支部拥有全员主动学习、全面学习的理念。学习建设是我们党的优良传统，我们党八十多年的历史就是一部重视学习、善于学习、不断创新的历史。学习型党支部不仅继承了我们党重视学习的优良传统，而且还确立了新的学习理念。改变传统的被动学习为主动学习。在传统党支部建设中，学习常常被视为完成组织任务，学生党员被动参与学习。学习型党支部立足于信息社会和知识经济，强调以学习求发展，使学习成为党员的内在需要，全体党员主动积极地自觉学习，成为学习的主体。全面学习不仅指参与学习的主体具有广泛性，而且学习内容也具有全面性，不仅重视专业知识的学习，还重视政治理论学习，改变过去重专业轻政治理论的局面。学习理念的变革，实现了党支部学习文化的变革，这使加强政治理论学习成为每个学生党员发展成才的内在需要。

学习型党支部的学习建设不仅仅在于获得资信和知识，还在于改变思维方式。在《第五项修炼》中，彼得·圣吉提出学习型组织建设的核心在于改变思维方式，由知性的注重部分的个人主义思维方式转变为注重整体的

---

① 卞吉华、陶厚永、沈晓笑：《论“四位一体”的组织学习动力学机制》，《科学学与科学技术管理》，2010 年第 4 期。

系统论思维方式。市场经济利益原则的影响，多元文化思潮的渗透，使当代大学生思考问题的立脚点在于个人的发展，分析问题也习惯从局部片面出发，无法形成宏观系统思维能力。通过持续不断地学习，使他们形成正确的自我认识，逐渐形成正确的世界观、人生观和价值观，超越小我有局限的视域，确立系统思维方式，认识到集体主义价值原则和共产主义理想的崇高性，坚定他们的中国特色社会主义理想信念。根据学习理论，学习需求是学习动力的诱导性因素，需求层次越高、学习的动力也就越强越持久。当学生党员超越对政治理论学习的功利性需求水平，认识到加强政治理论学习是奉献社会，成为社会主义建设者和接班人的中坚力量的必需。

学习建设的配套机制作为外驱力有利于维持和加强学生党员政治理论学习的动力。动力机制是一个包括理想、信念、兴趣、动机、意志、情感以及学习热情、求知欲、成就动机、自制力等因素的复杂系统，要坚定学生党员的理想信念，培养他们政治理论学习的兴趣和热情，仅靠学生个人的努力是不够的，还需要有相应的机制来培育一种重视学习的文化氛围，引导、维持和加强他们的学习动力。这些机制具体包括与学习内容、学习形式相符合的学习激励机制、学习交流机制、学习保障机制、学习考核机制。学习激励机制有利于形成加强政治理论学习的导向，激发学生党员政治理论学习的兴趣。学习交流机制则能够实现党支部政治理论学习的氛围，推动学生政治理论学习的热情。学习保障机制则从人、财、物等方面保障学生党员政治理论学习的开展。学习考核机制以完善的指标体系来测评学生党员政治理论学习的效果，使学生党员个人以及党支部组织能够制定有针对性的改进措施。

学习型党支部建设拓宽视野，立足于信息化社会和知识经济的时代背景，强调以学习求发展，采取个人学习与组织学习相结合、学习与实践相互促进的形式，使学习变为大学生发展成才的内在需要，并以配套的制度驱动学生党员的政治理论学习，内在需求与外力推动的相互作用，能够实现政治理论学习的有效开展。

三、以人为本的工作模式保障党员政治理论学习的主体地位

学习型党支部坚持以人为本的建设理念，转变传统的单向型工作模式为互动的工作模式，保障了党员政治理论学习的主体性地位。

在目前的大学生党员政治理论学习中，普遍的工作模式为上级指定相关的学习内容，在规定的时间集体学习讨论。主要方式为支部书记宣读相关材料，然后学生党员根据自己听到的或者本人的知识背景对相关的问题发表意见。学习的目的为完成上级布置的任务。甚至存在部分学生党支部干部在组织学习时图省事，存在应付过关的想法，工作缺乏耐心，上面怎

么布置，下面就怎么安排，只追求表面上的热热闹闹，实际上没有效果或少有效果。这种完成任务式的被迫学习存在三个主要问题：第一，由于学习内容是上级所规定的，缺乏现实性和针对性，学习形式单一，缺乏结合党组织和个人特点的学习方式和方法。学习没有做到理论联系实际，用理论武装头脑，指导工作、解决工作中的具体问题。第二，学生党员的学习主体地位被忽略，学习流于形式化。第三，学习管理队伍薄弱。高校一般是低年龄设有党小组，专业设有党支部。学生干部担任党小组长，学生辅导员兼任党支部书记。学生干部自身理论素养和水平有限，缺乏党务工作的经验。学生辅导员忙于日常工作，没有足够的精力来管理学生党员的政治理论学习。管理队伍的薄弱，导致学生党员政治理论学习流于自发，没有系统的学习计划和实施方案。这些问题导致党支部的政治理论学习效果不佳，常常是学完即完，应付了事。这种传统的单向型工作模式不适应新时代学生党员的特点。

我国社会目前正处在由传统社会向现代社会的转型过程中。根据马克思在《1857—1858 年经济学手稿》对人类发展历史三阶段的划分，传统社会中，人处于对人的依赖状态，个人隶属于更大的整体。在现代社会，个人从对整体的从属依赖状态中摆脱出来，成为独立的个人，在哲学史上，这表现为主体性的发展和成熟。个人是时代之子，凸显主体地位也是学生党员们的要求和呼声。一切依靠群众，一切为了群众，从群众中来，到群众中去，这是中国共产党的工作路线。学习型党支部需要在群众路线的指导下，变革传统的工作模式，以开拓创新、以人为本的工作模式来保障学生党员的主体地位。

发扬民主作风，调动学生党员参与政治理论建设活动的积极性。学习型党支部改变工作观念，将任务视为体现支部凝聚力和战斗力，体现党员价值的重要过程，在执行上级布置任务的同时，创造性地工作，由单向性的执行机构变为双向性的参与式的高校学生党建平台。广泛开展各种谈心和交流活动，了解学生党员的思想实际，聚集他们的智慧，调动学生党员参与党支部政治理论建设活动的积极性。

调整学习内容与学习形式，体现学生党员的主体地位。尊重学生党员的主体地位，就需要尊重学生党员的发展成才规律和学习规律。学习内容的安排上，要灵活处理上级规定的学习内容与学生党员要求的学习内容之间的关系。传统的政治理论学习之所以不能吸引学生党员的兴趣，主要原因在于学习内容的陈旧空泛。要改变这种局面，就需要立足于学生的思想实际、社会生活实际来安排学习内容。通过学习真正解决学生的思想疑惑，习得社会主义政治价值和政治规范，提高政治素养和能力。学习形式的选择上，广泛听取学生党员的意见和要求，在民主集中制的基础上，选择合适的学习形式。

在党员教育模式上，因材施教，实现一般与特殊的统一。当前的高校学生党员培养和教育模式，注重标准的统一，按照规定的模式进行。在高校学生数量激增的背景下，这种党员教育模式保障了工作效率，以较少的成本培养了数量庞大的学生党员群体。但不可否认，这种教育模式忽略了学生党员的个性特征，使教育的实效性受到影响。学习型党支部强调实现每个党员的全面发展。“五项修炼”的创造者彼得·圣吉说过“真正的学习涉及人之所以为人此一意义的核心”。这要求结合党员的个性特征，创造性地开展党员教育活动，在力图达到既定标准的同时，实现党员个性的发展和能力的提升。

加强对学生党员的人文关怀。政党是指一定阶级、阶层或集团的积极分子为维护和实现本阶级、阶层或集团的根本利益，围绕夺取和巩固国家政权，影响政府而结合起来采取共同行动的现代政治组织，它具有鲜明的阶级性。高校学生党支部是青年学生利益的代言人。然而传统党支部仅仅作为一种执行组织存在，没有发挥出政党组织应有的利益表达和实现功能。学习型党支部改变传统的工作模式，由单纯的执行组织变为沟通上级党组织和基层学生的中介，它不仅聚智聚力，保质保量地完成任务，而且还发挥着基层青年学生利益代言人的角色，维护本组织成员的各种合法权益，从根本上保障学生党员的党员主体地位。

四、以开放的组织结构整合政治理论学习的资源平台

学习型党支部以系统思考为指导来开展支部建设活动。在圣吉的《第五项修炼》中，系统思考是贯穿在其他四项修炼中的灵魂和基石，是指看得见整体的一种组织运作模式，它要求组织中各个层面特别是决策层和管理层习惯于运用系统的观点看待组织的发展，同时要习惯于从看局部到纵观整体，从看事件的表面到洞察其变化，从静态的分析到认识各种因素的相互影响，进而寻求一种动态的平衡。系统思考不仅是一种思维方式，还是一种组织管理方式。它重视组织内部各要素之间的有机关联，组织与系统外各要素的交互作用。以系统思考为特点学习型党支部，打破了封闭的组织结构，开创了一种新型的开放的组织系统结构。

第一，学习型党支部通过借鉴学习型组织的管理方式，变革传统党支部的组织结构，整合党支部内部的信息资源。根据学习型组织最初的设计者美国麻省理工学院福瑞斯特教授的构想，学习型组织与其他组织最大的区别在于组织结构的不同。传统的组织是金字塔式的科层结构，它具有理性化的优点，但过多的中间环节使上情下达或下情上达难以畅通，信息传递成本过高。学习型组织变革了这种科层制结构，实现层次扁平化、组织

信息化、结构开放化。传统党支部是一种垂直结构，上级组织布置规定的学习内容经过若干中间环节后，到达学生党员时常常被简化或教条化。相反，学生党员的学习由于要经过层层组织环节，才能实现与其他党员学生的交流，这导致学生党员之间无法形成有效的思想交流和沟通。虽然个体学习是组织学习的基础，但个体学习并不等同于组织学习，唯有整合个体学习资源和信息，才能实现个体学习与组织学习的良性互动。学习型党支部通过借鉴学习型组织的组织模式，废除冗余的中间环节，系统内部资讯化，能够充分实现信息的沟通和整合。

第二，学习型党支部处于一种与高校其他学生社团组织的相互学习、合作交流的关系中。除了高校学生党支部外，高校还存在着各种其他的学生社团组织。2006 年高校学生思想政治状况滚动调查显示，68% 的学生至少参加了一个学生社团。高校学生社团组织对学生政治理论学习的影响具有二重性。某些社团组织通过调动学生对公共事务的关注与参与，提高学生政治参与的热情，激发学生党员的政治学习兴趣。然而某些社团组织，在大学生同辈群体的长期交往中形成了自己的亚文化，有自己的一套价值体系，它可能偏离社会主流文化和主流价值观，对大学学生党员的政治理论学习产生不利影响。根据阿尔蒙德的研究，对特定信息的持续性影响直接关系到政治理论学习的效果。假如社会专业机构给公民灌输一定信息，然而他们在实践和日后的生活经历中所接受的信息与此不一致，这将削弱灌输的效果。高校学生党支部应该对高校学生社团在政治方向上进行引导。然而在当前高校学生党建工作中，高校学生党支部并没有发挥出对其他高校社团应有的引导作用，这削弱了学生党员政治理论学习的效果。

学习型学生党支部以开放的心态融入到高校各种社团组织的建设活动中，在政治方向上指导这些组织的发展，在管理方法和运行机制上吸纳这些组织的优点，这不仅扩大了学习型党支部在政治理论学习建设上的辐射范围，而且还增加了学习建设的科学性，实现了理论学习与实践应用的有机结合。

第三，学习型党支部建设发挥课堂教学、政治学习两个传统阵地作用的同时，还要积极开辟网络阵地，充分利用网络平台信息量大、传播面广的优势，整合网络海量的信息资源，打造精品理论学习论坛、红色网站、微博，实现学习阵地的虚实结合。

此外，学习型党支部建设的开放性还体现在对古今中外优秀学习资源的整合。根据十七届四中全会决议精神，学习型党支部建设不仅要坚持推进马克思主义理论中国化，重点学习中国特色社会主义理论、科学发展和社会主义核心价值，它还需要整合古今中外的有效学习资源。首先，学习型党支部建设需要从中国传统文化中吸取精髓，使学习型党支部具有深厚的文化底蕴；其次，学习型党支部还要积极学习西方文明中优秀的内容，使学习型党支部具有世界眼光。

学习型党支部建设符合新时代学生党员政治理论学习的基本规律，提高了高校政治理论学习建设的科学性，是加强高校学生党员政治理论学习建设的有效途径和重要载体。

（作者：姚小玲　首都高校党建研究基地办公室主任　教授
王代月　首都高校党建研究基地研究人员　讲师
高俊梅　首都高校党建研究基地研究人员　副教授）

首都大学生思想政治教育研究基地（北京交通大学）

基地名称：首都大学生思想政治教育研究基地
依托单位：北京交通大学
项目类别：北京市哲学社会科学“十一五”规划研究基地项目

社会主义核心价值体系几个深层次问题探析[①]

从党的十六届六中全会第一次明确提出“建设社会主义核心价值体系”这个重大命题至今已有四年多时间了。期间，学术理论界的同仁对这个重大命题作了系统探讨，提出了许多非常有益的见解，对帮助社会各界正确理解社会主义核心价值体系的科学内涵、基本内容、精神实质、建设途径等起到了重要作用。但是，在社会主义核心价值体系学习教育过程中，有些同志对社会主义核心价值体系的一些深层次问题仍然存在模糊认识。为此，本文特就社会主义核心价值体系几个深层次问题在理论上作一些初步探讨，以便帮助大家对这些问题进一步加深认识和理解，从而更加自觉地践行社会主义核心价值体系。

一、社会主义核心价值体系与社会主义核心价值观是不是一回事

社会主义核心价值体系与社会主义核心价值观，是两个既有内在联系又相互区别的概念，不宜将二者完全等同。那么，社会主义核心价值体系和社会主义核心价值观的联系和区别究竟在什么地方呢？

大家知道，社会的核心价值体系是确保该社会系统得以运转、社会秩序得以维持的基本精神依托。马克思指出：“‘价值’这个普遍的概念是从人们对待满足他们需要的外界物的关系中产生的。”价值作为一个关系范畴，是指人们在认识和改造世界的过程中形成的一种满足与被满足的关系。人们在创造和实现价值的过程中，必然要形成一定的价值观。价值观就是主体以自身的需要为尺度，对外在于自身的事物或现象所蕴涵意义的认识和评价，它往往表现为信念、信仰、理想、追求等形态。一定的价值观是处于一定经济和社会关系之中的人们利益需要的反映，它决定着人们的思想取向和行为选择。不同的主体有不同的利益需求，因此必然会产生不同的价值观。

核心价值观是一个社会中居统治地位、起支配作用的核心理念，也是

① 本文是《社会主义核心价值体系问题研究》项目的阶段成果，项目编号：10AbKD099。

一个社会必须长期普遍遵循的基本价值准则，它具有相对稳定的特点。社会主义价值观是对社会主义价值的总的看法和最根本观点。社会主义核心价值观，是指那些在社会主义价值体系中居统治地位、起指导作用的价值理念，比如富强、民主、文明、和谐等，都属于社会主义核心价值观。以社会主义核心价值观为内核、全面体现社会主义意识形态本质要求的、系统化的核心价值理论，我们称之为社会主义核心价值体系。社会主义核心价值体系是建立在社会主义经济基础之上、反映社会主义经济、政治和文化制度要求、体现社会主义发展趋势的核心思想意识和价值观念。党的十六届六中全会明确提出："马克思主义指导思想，中国特色社会主义共同理想，以爱国主义为核心的民族精神和以改革创新为核心的时代精神，社会主义荣辱观，构成社会主义核心价值体系的基本内容。"

社会主义核心价值观与社会主义核心价值体系是两个既有内在联系，又彼此相互区别的命题。从根本上来说，社会主义核心价值观与社会主义核心价值体系在本质上是一致的、统一的，它们都体现了社会主义的核心价值追求，是建设中国特色社会主义不可或缺的重要组成部分。从严格的意义上来说，它们又是有区别的。社会主义核心价值体系指的是社会主义意识形态中那些反映社会主义经济、政治和文化制度要求、体现社会主义发展趋势的核心思想意识、价值观念的总和，而社会主义核心价值观则是对社会主义核心价值体系核心内容和精神实质的高度凝练及抽象概括。从具体内容来看，社会主义核心价值体系是一个由马克思主义指导思想、中国特色社会主义共同理想、以爱国主义为核心的民族精神和以改革创新为核心的时代精神、社会主义荣辱观等多方面内容所构成的科学价值体系，而社会主义核心价值观则是集中体现这种核心价值体系的根本要求，即"富强、民主、文明、和谐"等社会最高价值追求。社会主义核心价值体系的内容比较具体全面，而社会主义核心价值观的内容则比较抽象概括。确立社会主义核心价值观与构建社会主义核心价值体系，是一个相辅相成、有机统一的过程。

二、社会主义核心价值体系的基本内容之间是否具有内在逻辑联系

如前所述，社会主义核心价值体系是一个马克思主义指导思想、中国特色社会主义共同理想、以爱国主义为核心的民族精神和以改革创新为核心的时代精神、社会主义荣辱观等四个方面的基本内容构成的科学理论体系。那么，社会主义核心价值体系四项基本内容各自的地位作用是什么？它们之间究竟有没有一个内在逻辑联系呢？回答是肯定性的。

根据笔者的理解，社会主义核心价值体系的内容应该是博大精深、丰

富多彩的。因为社会主义核心价值体系是社会主义意识形态的本质体现，而社会主义意识形态是对社会主义基本经济、政治和文化制度的集中反映，社会存在形式的丰富性、复杂性就决定了社会意识形式的丰富性和复杂性。社会主义核心价值体系必须客观反映和正确体现社会主义意识形态的基本内容和本质要求。根据党的十六届四中全会的概括，社会主义核心价值体系的基本内容虽然由紧密联系的四个方面所构成，但这四个方面内容的地位和作用是各不相同的。

首先，马克思主义指导思想是社会主义核心价值体系的灵魂。马克思主义是我们立党立国的根本指导思想，是社会主义意识形态的旗帜和灵魂。在社会主义核心价值体系中，马克思主义提供的是科学的世界观，是认识世界和改造世界的立场、观点、方法。我们党坚持把马克思主义基本原理同中国具体实际紧密结合，从而形成了毛泽东思想、邓小平理论和“三个代表”重要思想，形成了科学发展观和构建社会主义和谐社会等重大战略思想。这些理论成果是中国化的马克思主义。在当代中国，坚持马克思主义的指导地位，就是要把马克思列宁主义、毛泽东思想、邓小平理论和“三个代表”重要思想作为党和国家长期坚持的指导思想，坚持以科学发展观统领经济社会发展全局，坚持用发展着的马克思主义指导改革开放和现代化建设实践。马克思主义指导思想是中国特色社会主义共同理想形成的理论基础，如果动摇马克思主义的指导地位，就会动摇中国特色社会主义的理论根基，动摇全党全国人民团结一致走中国特色社会主义道路的决心和信心。马克思主义指导思想还为民族精神和时代精神提供了正确的价值导向，为社会主义荣辱观提供了科学的价值判断标准。有了这种价值导向和判断标准，民族精神和时代精神就会更加彰显魅力，社会主义荣辱观就会更加深入人心，成为亿万人民的行为坐标和精神动力。

其次，中国特色社会主义共同理想是社会主义核心价值体系的主题。我们党在领导人民建设社会主义的过程中，经过艰辛探索，找到了建设中国特色社会主义的正确道路。在中国共产党领导下，走中国特色社会主义道路，实现中华民族的伟大复兴，这是现阶段我国各族人民的共同理想。这个共同理想，把党在社会主义初级阶段的目标、国家的发展、民族的振兴与个人的幸福紧密联系在一起，把各个阶层、各个群体的共同愿望有机结合在一起，经过实践的检验，有着广泛的社会共识，具有令人信服的必然性、广泛性和包容性，具有强大的感召力、亲和力和凝聚力。这样的共同理想和价值追求，集中了我国工人、农民、知识分子和其他劳动者、建设者、爱国者的共同利益和愿望，是保证全体人民在政治上、道义上、精神上团结一致，凝聚各党派、各团体、各民族、各阶层、各界人士的智慧和力量，克服任何困难、创造美好未来的强大精神纽带和动力。中国特色社会主义共同理想是马克思主义基本原理同中国实际相结合的产物，是科学社会主义在当代中国的主要表现形式。中国特色社会主义共同理想为民族精神和时代精神注入了时代主题和思想烙印，为弘扬社会主义荣辱观提供了现实基础和实践途径。

再次，以爱国主义为核心的民族精神和以改革创新为核心的时代精神是社会主义核心价值体系的精髓。民族精神是民族文化最本质、最集中的体现。以爱国主义为核心的伟大民族精神，已经深深地融入我们的民族意识、民族品格、民族气质之中，成为各族人民团结一心、共同奋斗的价值取向。以改革创新为核心的时代精神，是马克思主义与时俱进的理论品格、中华民族富于进取的思想品格与改革开放和现代化建设实践相结合的伟大成果，已经深深地融入我国经济、政治、文化、社会建设的各个方面，成为各族人民不断开创中国特色社会主义事业新局面的强大精神力量。民族精神和时代精神是相互交融的，它们深深熔铸在民族的生命力、创造力和凝聚力之中，深深熔铸在社会主义核心价值体系之中，使中华民族能够以昂扬向上的精神状态自立于世界民族之林。以爱国主义为核心的民族精神和以改革创新为核心的时代精神是马克思主义与时俱进的思想源泉，是推进中国特色社会主义伟大事业的精神动力，也是开展社会主义荣辱观教育的重要内容和主导精神。大力弘扬以爱国主义为核心的民族精神和以改革创新为核心的时代精神，使全体人民始终保持昂扬向上的精神状态，是建设和谐文化的主旋律。

最后，社会主义荣辱观是社会主义核心价值体系的基础。荣辱观是人们对荣誉和耻辱的根本看法和态度，属于道德的范畴。道德是人们行为规范的总和，是一种通过社会舆论、教育感化、自身修养、传统习惯等起作用，用以调整社会关系、维护公共秩序、保证社会生活安定有序的精神力量。以“八荣八耻”为主要内容的社会主义荣辱观，是与社会主义市场经济相适应、与社会主义法律规范相协调、与中华民族传统美德相承接的社会主义思想道德体系。社会主义荣辱观旗帜鲜明地指出了在社会主义市场经济条件下，应当坚持和提倡什么、反对和抵制什么，为全体社会成员判断行为得失、作出道德选择、确定价值取向，提供了基本的价值准则和行为规范。只有在全社会大力弘扬社会主义荣辱观，才能进一步加强和巩固马克思主义的指导地位，进一步推进中国特色社会主义事业又好又快地发展，进而使以爱国主义为核心的民族精神和以改革创新为核心的时代精神在全社会得到进一步弘扬。

社会主义核心价值体系所包含的四项基本内容，既彼此区别，又相互联系、相互制约、相互影响。坚持马克思主义指导思想和树立中国特色社会主义共同理想是一致的。社会主义和共产主义的理想信念，是建立在马克思主义揭示的人类社会发展规律基础之上的，马克思主义的根本政治理想信念就是社会主义和共产主义。因此从一定意义上说，坚定马克思主义信念，就是坚定社会主义和共产主义的理想信念。中国特色社会主义就是中国共产党人把马克思主义运用于中国当代实际的产物。以爱国主义为核心的民族精神和以改革创新为核心的时代精神，为我们实现中国特色社会主义共同理想提供了不竭的精神动力。而以“八荣八耻”为核心内容的社会主义荣辱观，是马克思主义的世界观、人生观、价值观的具体体现，是与社会主义市场经济相适应、与社会主义法律规范相协调、与中华传统美德相承接、与世界道德文明的优秀成果相接轨的社会主义思想道德体系的系统概括，为我们判断行为得失、明确价值取向、做出道德选择提出了基本规范。社会主义核心价值体系的四项基本内容结合在一起，构成了一个逻辑严谨、层次分明的有机统一的科学体系。

三、为什么说社会主义核心价值是社会主义意识形态的本质体现

“意识形态”一词产生于18世纪末的法国，当时法国启蒙学者、哲学家德·特拉西在其撰写的《意识形态原理》(一译为《观念学原理》)一书中首次提出了“意识形态”这一概念。特拉西把“意识形态”理解为“观念的科学”，其目的是为了把意识形态与经院哲学、宗教神学等区分开来。后来，黑格尔、费尔巴哈、弗洛伊德、葛兰西等人都从不同角度使用过意识形态概念。

马克思、恩格斯在《神圣家族》《德意志意识形态》等著作中，多次使用过意识形态这一概念，他们曾在两种含义上使用“意识形态”一词：一是作为与唯物史观基本范畴相对立的唯心史观的意识形态，如他们把当时流行的、受黑格尔哲学影响的思辨唯心主义哲学嘲讽为“德意志意识形态”；二是把它作为和社会存在相对应的、历史唯物主义的一个基本范畴来使用，指的是在一定社会结构中，适应一定经济基础以及竖立在这一基础之上的法律的和政治的上层建筑而形成的“观念的上层建筑”。在马克思、恩格斯后来的一些著作中，意识形态一词主要是在这样的含义上使用。马克思主义唯物史观告诉我们，意识形态作为社会的思想上层建筑，指的就是反映和代表一定社会或阶级的利益、愿望的思想观念体系，包括政治思想、法律思想、哲学、宗教、艺术等，它是建立在社会存在之上，又受到社会政治法律制度影响和决定的社会意识。社会意识虽然受社会存在决定和制约，但在一定条件下它又对社会存在产生巨大的反作用。

从社会发展的历史进程看，任何社会的意识形态，都与该社会形态的本质规定性相适应，并决定于这种本质规定性。社会存在决定社会意识，社会主义生产方式的性质决定社会主义意识形态的性质。党的十七大提出“社会主义核心价值体系是社会主义意识形态的本质体现”的科学论断，这

是对社会主义意识形态本质和规律的新认识，标志着我们党对社会主义本质的认识达到了一个新的境界。

社会主义意识形态是社会主义制度体系的一个重要方面，社会主义本质决定着社会主义意识形态的性质。社会主义意识形态是建立在社会主义生产关系和经济基础之上、代表工人阶级和最广大人民根本利益的思想意识及观念体系。坚持以公有制为主体、多种所有制共同发展的社会主义基本经济制度和坚持共产党领导及人民民主专政的社会主义政治制度，决定了社会主义意识形态的根本性质。社会主义意识形态的主体内容是社会主义核心价值体系，而社会主义核心价值体系的核心和灵魂是马克思主义指导思想。坚持马克思主义在意识形态领域的指导地位，是社会主义意识形态与其他社会意识形态的本质区别，也是社会主义核心价值体系与其他社会核心价值体系的本质区别。在长期的中国革命、建设和改革过程中，马克思主义一直成为中国共产党人的指导思想。新中国成立后，随着社会主义意识形态的确立，马克思主义成为社会主义意识形态的旗帜和灵魂。确保社会主义意识形态的性质不变，就必须始终坚持马克思主义在意识形态领域的指导地位。

当然，任何一种社会意识形态都是一个庞大而又复杂的体系，其中各个部分的内容既相互依存、相互联系，又相互作用、相互制约。意识形态的本质就是指那种渗透在意识形态所有部分之中、起着决定性作用的灵魂和核心，包括它代表什么阶级、群体的利益，它的基本指导思想，它所提倡的精神和道德，以及它所昭示的方向和道路等等。社会主义核心价值体系恰恰是这样一个完整系统的思想理论体系，它科学回答了发展中国特色社会主义的指导思想、共同理想、精神动力和道德标准等一系列社会主义意识形态所必须回答和解决的根本问题，指引着中国特色社会主义的道路和前进方向。正是从这个意义上，我们说社会主义核心价值体系是社会主义意识形态的主体内容和本质体现。

社会主义核心价值体系与中国特色社会主义理论体系是内在统一的。中国特色社会主义理论体系，是把科学社会主义基本原则与我国实际和时代特征有机结合而形成的科学理论体系，这个理论体系，坚持和发展了马列主义、毛泽东思想，是马克思主义中国化的最新成果，是党最可宝贵的政治和精神财富，是全国各族人民团结奋斗的共同思想基础。社会主义核心价值体系是中国特色社会主义理论体系的核心内容，它所强调的马克思主义指导思想、中国特色社会主义共同理想、以爱国主义为核心的民族精神和以改革创新为核心的时代精神、社会主义荣辱观等，都体现了中国特色社会主义理论体系的内在精髓，是中国特色社会主义理论体系在世界观和价值观上的根本要求。

坚定不移地走中国特色社会主义道路，是中国特色社会主义理论体系的内在需要，也是社会主义核心价值体系的本质要求。中国革命、建设和改革的经验证明，只有社会主义能够救中国，只有中国特色社会主义能够发展中国。中国特色社会主义之所以成为全国各族人民的共同理想，成为振兴中华民族的伟大道路，关键就在于它既坚持了科学社会主义的基本原则，同时又根据我国实际和时代特征赋予其鲜明的中国特色。中国特色社会主义道路是一条引领当代中国实现共同富裕、共同民主、共同文明和促进社会和谐的道路，是实现中华民族伟大历史复兴的道路。这条道路不仅体现了人类社会发展的共同规律，也体现了中华民族走向复兴的特殊规律；不仅是实现中国工人阶级根本利益的道路，也是实现各民族、各社会阶层共同的、长远的利益的道路。在当代中国，坚持中国特色社会主义道路，就是真正坚持社会主义；坚持中国特色社会主义理论体系，就是真正坚持马克思主义。

参考文献

1. 胡锦涛：《高举中国特色社会主义伟大旗帜，为夺取全面建设小康社会新胜利而奋斗》，《人民日报》，2007 年 10 月 25 日。
2.《马克思恩格斯全集》第 19 卷，人民出版社，1972 年。
3. 中央宣传部：《社会主义核心价值体系》，《学习读本》，2009 年。
4. 中央宣传部：《科学发展观学习读本》，学习出版社，2008 年。
5. 中央宣传部：《社会主义核心价值体系学习读本》，学习出版社，2009 年。
6. 中央宣传部理论局：《中国特色社会主义理论体系学习读本》，学习出版社，2009 年。
7.《中共中央关于构建社会主义和谐社会若干重大问题的决定》，人民出版社，2006 年。
8.《中共中央关于进一步加强和改进新形势下党的建设若干重大问题的决定》，《人民日报》，2009 年 10 月 14 日。

（作者：韩振峰　首都大学生思想政治教育研究基地首席专家　教授、博导）